国家出版基金项目
NATIONAL PUBLICATION FOUNDATION

分卷主编　杜继东

中华民国时期外交文献汇编

1911—1949

第五卷

下

中华书局

外交部管卷规则
1934 年 5 月 3 日公布

第一章 总则

第一条 本部为集中保管所有文件起见,特设立管卷室。

第二条 管卷室设管卷主任一人,管卷员及录事若干人,分别办理文卷之收发、编纂装订、归档检调及保管事宜。

第三条 本部所属各司、处、会所有之案件均须集中庋藏于管卷室,其编卷保管调阅均依照本规则办理之。

第四条 凡在民国十六年迁都南京以后业经及尚未编档之文卷均应依照本规则整理之,又北平前外交部文卷整理办法另定之。

第五条 管卷室启闭时间以本部办公时间为准,但有特殊情形不在此限。

第二章 分类编卷

第六条 凡文卷以主办之司处会分类,以案件事由之性质分卷。

第七条 一文分叙两种事由以上之文件,除该文件应编归于所叙第一事由之卷册外,其余各事由应于各该事由应编档之卷册内各将原文类卷号册年月日及编入某类卷号分别相对登记。

第八条 如有一时无可编档而又不宜专立档卷之文件,应暂存离档,而俟续来文件察其有可先后衔接必须另立档卷者再行提出编卷。

第三章 附件

第九条 附件以不离原文为原则,如因附件体质过大,应在该原文内及编档总登记簿,该文事由下记明附件,另存字样,一面将该附件上加浮签记明该附件之原文号数及编入某类卷号码,其原文有变更位置时浮签亦应同时更正。

第十条 附件如系书报等类,应提存以备浏览者,须在该文件上及编档文件总登记簿该文事由下明记之,其册类较多应分送者亦同。

第十一条 凡缴销之证书执照应与原存根另行庋置一处,一面在原文件上及归档文件总登记簿该文件事由下记明该旧证书执照号数,并另存字样,一面在旧证书执照上加盖注销戳记并记原文号数及归入某类卷。

第十二条　凡请领某种证书执照或护照,呈文内所附之各项证明文件应于原文内记明发还若干件,留存若干件,如留存之证明文件应另行汇置一处并于原文及归档文件总登记簿该文件事由下记明件数及另存字样,一面于该证明文件上记明原文号数及归入某类卷。

第十三条　发还执照证书等费原稿如注有款项另寄字样者应即将该文件检交经手款项人员办理,俟款寄出再行归档。

第四章　归档

第十四条　凡收到归档文件应即逐件检阅,如有漏印漏签以及附件不符时须查明补齐。

第十五条　凡收到归档文件时,应于收发文簿内该文件事由下盖印"收到归档"字样,一面将文件之号数年月日事由机关附件逐一登明于归档文卷总登记簿后,一面按其主办之司处会及审查其事由之性质分别逐一登入案卷,分类登记簿以资考证,然后分别归档,如未立卷者另立新卷并于簿内注明归入某类卷。

第十六条　凡经归档之文件因续来文件之关系须移置或另立始能适当者,于变更位置时应于归档文卷总登记簿内及案卷分类登记簿备考栏内分别注明改归某类卷字样。

第十七条　部长次长手谕及个人往来函电之关于公务者应由各司处会主管收发人员签明事由,依第六条归档。

第十八条　归档文件应按其年月日之先后次序衔接装订整齐,并于卷内各文之首页附订文件目录,将文件之事由文别号数收发年月日机关姓名附件种类及附件随时依次登记。

第十九条　案卷文件过多者,一卷得分为若干册,每册内须附订文件目录。

第二十条　每卷于文件归齐时应记明卷内文件之总件数及附件数。

第二十一条　每卷应于卷面编列卷名档类卷号以备保管而便稽查。

第二十二条　凡密件含永久性质者应汇立专卷另行提存,惟须于该文件上记明应归入某档某卷,并于应归之案卷目录内记明该文件之号数收发年月日机关姓名等不叙事由仅注密件另存字样,其暂时之密件俟办完后归档。

第二十三条　管卷人员于收到归档文件后,至迟不得过三日即须将该文件分别编卷归档。

第五章　记录

第二十四条　管卷室应置左列各登记簿:

一、归档文卷总登记簿

送来归档文件一经接收应即随时登入归档文卷总登记簿。

二、案卷分类登记簿

归档文件经审查事由依其性质分类编号,登入案卷分类登记簿。

三、案卷索引卡

为检卷便利起见,凡设立新案卷时应随同编制案卷索引卡三份,以一份存管卷室,以一份存公共调卷橱,以一份存该案卷主办司会或处。

四、调卷簿

凡调卷人姓名、案卷事由及调取日期并其收回日期均须按司会处分别登入调卷簿。

第六章　调卷

第二十五条　调阅案卷除本部职员应依照调卷证填办外,其外若有调卷以资参考者亦非经主管长官签字许可不得检付,又重要案件特别保存者非经主管长官签字盖章不得检付,秘书处机密文件非经部次长许可不得调阅。

第二十六条　调阅案卷应用调卷证,由调卷人依式填写,由调卷人及主管长官署名盖章。

第二十七条　管卷室接到前项调卷证时应随时检付,调卷人不得自行抽出,归卷时亦应由管卷员验收归档。

第二十八条　管卷室遇检付调卷或收回调卷时均须依照本规则第二十四条第四款办理,并将调卷证注销收存或退还之。

第二十九条　调卷人于案卷用毕应即时送还,如送稿时有应附卷者由送稿人负责,俟主管长官核阅后即将该卷抽出送还归档。

第三十条　凡立卷装订后之文件只能全卷或分册检交,不得拆散,调卷人亦不得自行拆散。

第三十一条　调出案卷满一星期尚未送还者,管卷人员应向调卷人催问,如仍需用得延长若干日并于调卷簿内注明。

第七章　保存

第三十二条　凡各项合同契据有价证券及其他重要文件应注明特别保存字样交管卷室铁柜保管之,其提取抄阅手续另订之。

第三十三条　外交部北平保卷处及上海保卷处所有文卷应编制案卷目录及索引卡片以备调阅。

第三十四条　会计帐簿单据合同契约等件应照审计部通行办法处理。

第三十五条　庋藏案卷之档橱应按卷类分为若干部,分别标明档类卷号,将各类案卷分别庋藏,并另辟部分为庋藏附件之所。

第三十六条　散值时各卷橱须一律加锁。

第三十七条　各橱案卷应随时整理,每月至少须扫除一次。

第八章　附则

第三十八条　本规则如有未尽事宜得随时修正之。

第三十九条　本规则自呈准公布之日施行。

外交部录事支薪表
1936 年 3 月 5 日部令公布

级别	一	二	三	四	五	六	七
薪额	70	65	60	55	50	45	40

《外交部法规汇编》, 第 60 页

(三)驻外使领馆

说明:驻外使领馆是国家权力的延伸,中华民国国民政府在融入国际社会的过程中,对使领馆的开设及其建设,用力非常多。特别是在对使领馆的规范管理方面,出台了一系列文件规定。

驻外使领馆组织条例
1930 年 2 月 3 日公布

1930 年 2 月 3 日国民政府公布,1937 年 5 月 12 日修正。

第一条　使馆分大使馆、公使馆、代办使馆三类。

第二条　使馆设外交官员额如左:

大使馆:

　　　　全权大使一人

　　　　参事一人

　　　　秘书二人或三人

　　　　随员一人或二人

公使馆:

　　　　全权公使一人

　　　　秘书一人至三人

　　　　随员一人或二人

代办使馆:

　　　　代办一人

　　　　秘书一人或二人

　　第三条　领事馆分总领事馆、领事馆、副领事馆三类。

　　第四条　领事馆设领事官员额如左：

　　总领事馆：

　　　　总领事一人

　　　　副领事一人或二人

　　　　随习领事一人或二人

　　领事馆：

　　　　领事一人

　　　　随习领事一人或二人

　　副领事馆：

　　　　副领事一人

　　　　随习领事一人或二人

　　于必要时，总领事馆得增设领事一人，领事馆得增设副领事一人。

　　第五条　全权大使、全权公使及代办，承外交部之指挥办理本国与所驻国之外交事务，监督所属职员及领事。

　　第六条　全权大使或全权公使兼驻国之使馆秘书，得由外交部派充代办使事。

　　前项兼驻国之使馆秘书兼充代办使事时，仍应承该兼驻使之指挥。

　　大使公使未到任或暂离任所或因事故尚未派定时，得派临时代办。

　　前项临时代办适用第五条及本条第二项之规定。

　　第七条　参事承大使之指挥襄办外交事务及总核机要事项。

　　第八条　秘书承大使公使代办之指挥掌理机要文书及调查报告事项。

　　第九条　随员承长官之指挥分掌文书及调查报告事项。

　　第十条　总领事、领事馆领事、副领事馆副领事，承外交部之指挥保护驻在地本国侨民及本国在外商业并监督所属职员。

第十一条　总领事馆领事、副领事承总领事之指挥，领事馆副领事承领事之指挥襄办领事事务及掌理文书调查事项。

第十二条　随习领事承长官之指挥分掌文书调查事项。

第十三条　总领事、领事馆领事及副领事馆副领事未到任或暂离任所或因事故尚未派定时，得由外交部酌派代理总领事领事副领事执行各该馆职务。

第十四条　未设领事馆之地得酌设通商事务员。

第十五条　未设领事或通商事务员之地得酌派名誉领事或名誉副领事。

第十六条　大使馆、使馆设主事一人至三人，总领事馆、领事馆设主事一人或二人，承长官之指挥分掌档册登载缮写及庶务事项。

第十七条　外交官、领事官依外交官、领事官官等官俸表，分特任、简任、荐任，其任免由外交部依照法令行之。

第十八条　使馆领事馆主事委任由外交部任免之。

第十九条　外交官、领事官官等官俸另表定之。

第二十条　使馆、领事馆得由外交部分派考试及格或学力相等人员为学习员，学习外交官、领事官事务。

第二十一条　使馆、领事馆得酌用雇员及译员。

第二十二条　本条例自公布日施行。

《外交部法规汇编》，第 61—64 页

外交部外交官领事官任用暂行章程

1936 年 8 月 17 日公布

第一条　外交官、领事官分下列名称：

（甲）外交官：

（一）大使；（二）公使；（三）参事；（四）一等秘书；（五）二等秘书；（六）三等秘书；（七）随员。

（乙）领事官：

（一）总领事；（二）领事；（三）副领事；（四）随习领事。

大使公使之任用不受本章程之拘束。

第二条　外交官、领事官之任用应就外交官、领事官考试及格或外交官、领事官资格审查委员会审查及格人员中遴选任用。

第三条　外交官、领事官员缺依照驻外使领馆组织条例第二条及第四条之规定设置之。

第四条　各使领馆馆员得依事务之繁简由外交部随时酌派之。

前项馆员应尽先于各馆中调用或以在部年资较深之合格人员派充。

第五条　外交官、领事官之调派由外交部先以部令行之，并依照公务员任用法呈请任命。

第六条　外交官、领事官在部服务者得照使领馆人员回部服务俸给表支俸。

第七条　外交官、领事官在使领馆服务者以三年为任期，任满后得连任调任或调部服务。

热带地方以二年为任期。

第八条　外交官、领事官派往使领馆者，至少应具有在部服务半年以上之年资。

第九条　外交官、领事官在使领馆服务满二年以上成绩优良者，得予嘉奖或晋级满三年以上成绩优良者得予升缺。

前项办法遇窒碍时得先予存记。

第十条　外交官、领事官在部服务者于考绩时，与其他部员一律办理。

第十一条　外交官、领事官服务成绩不良者得予降职或减俸，倘有重大过失者，得先以部令停职。

第十二条　外交官、领事官在使领馆或在部服务满十年以上，成绩优异者，酌予奖励；满十五年以上，有异常劳绩者，得由外交部呈请特别奖励之。

第十三条　外交官、领事官服务满二十年以上,因积劳不能服务者,应准其退职并给予养老金。

前二条奖励及养老金办法另定之。

第十四条　本章程如有未尽事宜得随时修改之。

第十五条　本章程自公布日施行。

《外交部法规汇编》,第66—67页

外交部驻外使领馆人员资格审查委员会暂行规则
1936年4月10日部令公布

第一条　外交部为慎选驻外使领馆人员起见,依据组织法第五条,设置外交部驻外使领馆人员资格审查委员会。

第二条　驻外使领馆人员除大使、公使外,其资格应由本委员会审定之。

第三条　本委员会设主任委员一人,以常务次长兼充,委员六人由部长于本部简任职员中选派之。

第四条　本委员会设秘书一人,由总务司典职科科长充任,于必要时得就本部职员中临时调用助理人员。

第五条　本委员会职掌如左:

(一)现任驻外使领馆人员迁调时之资格审查事项。

(二)本部职员志愿充任驻外使领馆人员者之资格审查事项。

(三)曾任本部职员或驻外使领馆职员,并经本部存记有案,志愿充任驻外使领馆人员者之资格审查事项。

(四)部长特交人员之资格审查事项。

第六条　前条第一款人员应由总务司典职科填具驻外使领馆人员资格审查表送本委员会审查。

本委员会于必要时得调取各项证件。

第二款人员应填具志愿书,连同各项证件,呈经主管长官核转总务司典职科送本委员会审查。

第三款人员应先向本部呈请,经核准交付审查后填具志愿书,连同各项证件送由总务司典职科转送本委员会审查。

第四款人员应填具志愿书,连同各项证件送由总务司典职科转送本委员会审查。

第七条　本委员会应编制审查合格人员名册,附具意见送交总务司典职科。

驻外使领馆人员遇有派遣或迁调时,部长由前项名册内选定适当人员派调之,必要时得征询本委员会之意见。

第八条　本规则自公布日施行。

附表:请求派任驻外使领馆职员志愿书(略)

《外交部法规汇编》,第 68—70 页

外交部使领馆任用人员训练班简章
1930 年 7 月 24 日部令公布

第一条　本部为慎重培养外交佐理人才起见,特设使领馆人员训练班。

第二条　凡公使馆随员、领事馆随习、领事以下职员,均应入班训练。

第三条　本部人员志愿充任前条职务呈准部长交由外交官、领事官资格审查委员会审查合格,均得入训练班。

第四条　训练时间定三个月,训练期满试验及格者由审查资格委员会呈请部长核定注册,优先外放,其试验不及格者得仍留班训练。

第五条　训练班讲授事务,由部长于部员中择其有学识经验者指派若干人充任之。

第六条　训练班讲授科目如左:

一、党义。

二、外交史。

三、国际法。

四、政治学。

五、经济学。

六、国际贸易。

七、使领馆人员服务通则。

八、国际礼仪。

第七条　训练班管理事务由总务司司长兼任之。

第八条　本简章自公布日施行。

《外交部法规汇编》,第 71—72 页

国际联合会中国全权代表办事处组织条例

1930 年 2 月 3 日国民政府公布

第一条　全权代表三人,由外交部呈请国民政府就富有外交经验资望人员或现任驻外大使公使中简派充任或兼任。

第二条　全权代表办事处设处长一人,处理处内例行事务,在开会期间应禀承全权代表办理一切事务。

第三条　全权代表办事处设一等秘书一人,二等秘书一人,三等秘书一人或二人,随员二人,主事二人分理处内事务。

第四条　本条例所称处长及以下人员均与驻外使领馆人员资格相同,所有任用升转及待遇方法悉照驻外使领馆人员一律办理。

第五条　全权代表除专任代表比照大使、公使支给俸薪外,其兼任代表得于开会期内酌支津贴,其数目由外交部核定之。

第六条　全权代表办事处办事执掌,由处长拟定呈外交部核准之。

第七条　全权代表办事处因缮写纪录事项得酌用雇员。

第八条　本条例自公布日施行。

《外交部法规汇编》,第 92 页

国际联合会中国全权代表办事处设置专门委员暂行办法

1936 年 9 月 2 日第 659 号部令公布

第一条　国际联合会全权代表办事处设专门委员若干人,受办事处处长之指挥监督,分别掌管国际联合会所主办之左列专门问题之研究事项。

一、法律

如国际联合会盟约之运用解释及修改事项,大会行政院秘书厅所经办之条约及法律事项,国际法庭公断及其他解决国际争议事项,编纂国际公私法事项属之。

二、经济

如国际贸易、国际银行、世界金融及各种财政经济事项属之。

三、军事

如军缩会议及其他军事事项属之。

四、交通

如技术合作、交通运输、顾问委员会事项及国际联合会所属各种交通铁路航海邮电会议等事项属之。

五、卫生

如卫生禁烟救灾等事项属之。

六、劳工

如国际劳工局所主办各事项及其他国际劳工问题属之,他如禁奴禁娼等社会问题亦应附带包括在内。

第二条　专门委员由外交部派充之。

第三条　专门委员之任用升调及转职等事项暂行准用关于驻外使馆人员之规定。

第四条　专门委员得就其主管事项与外交部主管司科通函接洽,但仍须随时报告办事处处长。

《外交部法规汇编》,第 93—94 页

驻外名誉领事职务暂行办法
1931 年 9 月 26 日部令公布

第一条　驻外名誉领事在所驻国管辖区域内以发展本国商业抚绥侨商为职务。

第二条　驻外各名誉领事受各所驻国之本国公使及管辖境内之本国领事指挥监督。

第三条　各名誉领事在所驻地遇有疑难事件应随时商承公使或领事办理,其有事关紧要而离公使或领事所驻地较远者得直接请示外交部。

第四条　各名誉领事不得与所驻国之中央政府直接交涉,遇事须详由公使或领事商办,其所驻国之地方政府在管辖区域内者各名誉领事得随时与之直接办事。

第五条　各名誉领事于其职务上应守秘密事件,非经外交部长官暨公使许可,不得泄露宣布登报,至外报有议论本国要政者须随时详报。

第六条　名誉领事对于所驻国之各项法律暨与本国所订国际条约应详细研究,并须熟习所驻地暨管辖区域内通商行船之法律与其习惯。

第七条　本国各部暨驻他国各使领馆有委托名誉领事办理或调查之事应即遵办,名誉领事致各部公文除奉有特别命令外均详由公使馆或领馆呈请外交部转达,惟委托事件在名誉领事有以为疑难照办者得详请转呈外交部核示。

第八条　名誉领事得照章办理签证及发给护照事宜。

第九条　本国人在外出入国籍、生死婚娶各项事宜,按照本国或所驻国法律应由名誉领事证明者,各该名誉领事得发证明书,并随时分别转呈详报外交部。

第十条　侨民在外身故,其所遗产业如未留有遗嘱无亲属证明领取者,得由名誉领事证明暂为接收,一面转呈外交部核办。

第十一条　关于各项调查事件,名誉领事除照例按期报告外交部外,应兼详公使及领事备案。

第十二条　本办法如有未尽事宜得随时修正之。

第十三条　本办法自公布日施行。

《外交部法规汇编》,第96—97页

驻外使领馆学习员暂行章程
1929 年 1 月 8 日公布

一、外交部得派学习员至使领馆学习外交领事事务。

二、学习员额大使馆至多不得过四人,公使馆至多不得过二人,总领事馆一人。

三、学习员分甲乙两种:

甲种、曾经外交官领事官考试及格者。

乙种、曾在国内外大学毕业得有文凭志愿学习外交领事事务经京内外长官两人以上合保,确系志趣正大、品行端方者。

四、甲种学习员在学习期内得照使领馆主事给俸,并得照使领馆主事支给到任离任川装费。

乙种学习员不给俸薪,亦不给川装费,所有费用均由各员自备。

五、甲种学习员须按时到馆办公,乙种学习员每星期至少须有六时以上到馆办公。

六、甲乙两种学习员均须按日将其学习心得填写日记,于月移送呈各该长官察阅,每半年则由各该长官加具考语将日记簿汇呈外交部,如查明确系成绩优良,甲种学习员得补使馆随员,领馆随习领事,乙种学习员得补使领馆主事。

七、学习期间如查有不名誉不守规则等行为应撤销其学习资格。

八、本章程自公布日施行。

《外交部法规汇编》,第98—99页

驻外使领馆人员支给川装费章程

1933 年 11 月 4 日部令公布

第一条　驻外使领馆人员赴任离任及调任川费应照实支数目核给。

第二条　大使及大使待遇除本人川费外得另给眷川二份、仆川二份。

公使除本人川费外得另给眷川一份、仆川二份。

代办总领事领事及副领事馆副领事除本人川费外得另给眷川一份仆川一份。

大使馆参事秘书、公使馆秘书、国际联合会代表办事处处长秘书及副领事除本人川费外得另给眷川一份,眷川与本人川费同,仆川按照本人川费四成支给。

第三条　前条所列眷川以携眷赴任者为限,如尚未婚娶或已婚娶并不携眷赴任,均不得领眷川,但到任后接眷前往仍可具呈补领,仆川应以实在携带仆从者为限。

眷仆川资馆长应自行负责报部,馆员应将护照呈部并由馆长确实证明方准核销。

第四条　使领馆人员于令派时已在当地者不给川装费。

第五条　使馆随员、国际联合会代表办事处随员、领馆随习领事、使领馆主事及国际联合会代表办事处主事不给眷仆川资。

第六条　初次派充使领馆人员得给装费,其非初次派充,距上次领装费时已满三年者得给半费,调任及离任概不给装费。

本条于中华民国二十三年二月二十四日以部令修正如左:

初次派充使领馆人员得给装费,调任或升任时概不给装费,卸任使领人员回国已满三年复行令派得给半费。

第七条　大使公使支给装费二千元。

第八条　代办大使馆参事支给装费一千六百元。

第九条　使馆秘书、国际联合会代表办事处处长秘书、总领事、领事支给装费一千二百元。

第十条　副领事、使馆随员、国际联合会代表办事处随员支给装费八百元。

第十一条　随习领事、使领馆主事、国际联合会代表办事处主事支给装费五百元。

第十二条　本章程自公布日施行。

附记：中华民国二十三年九月十一日外交部发各使领馆会字八一二五号训令，以汇价高涨，前定驻外使领馆人员赴任离任川资不敷应用，自本年九月一日起发给川资，于舟车价目之外加发杂费二成。

《外交部法规汇编》，第100—101页

驻外使领馆人员赴任程期规则
1930 年 11 月 29 日部令修正公布

第一条　凡派往使领馆人员自发给川装等费之日起，应按照程期遄赴任所毋得逾限，赴任程期另表定之。

第二条　凡由部派往驻外人员，在未出发以前仍留部工作者得支原薪至交卸之日为止。

第三条　凡新派人员以到任所之日为赴任日期。

第四条　凡派往使领馆人员因事不能按期赴任者，虽未领得川装等费，亦应将不能按期赴任原由呈明以凭核办。

第五条　使领馆人员赴任程期系合筹备服装护照及赴任途程计算，凡业领得川装等费人员并无特别事故而不按期赴任者应即开缺并追缴原领川装等费。

第六条　凡派往使领馆人员抵任后即将日期报部以凭查考。

第七条　本规则如有未尽事宜得随时修正之。

第八条　本规则自公布日施行。

附：使领馆人员赴任程期表

日本、朝鲜、西伯利亚、斐律滨各地：一个半月。

英荷属南洋各地：二个月。

澳洲及其附近各地：三个月。

欧洲各地：铁路二个月、航路三个月。

北美洲各地：二个月。

中美洲各地：二个月。

南美洲各地：四个月。

南非洲：二个月。

《外交部法规汇编》，第 102—103 页

驻外使领馆人员请假规则

1931 年 5 月 7 日部令公布

第一条　驻外使领馆人员请假应声叙事由日期，呈奉核准后方得离职。

馆长请假应呈奉外交部长核准，派员代理馆务。

馆员请假在一月以内者得由馆长核准汇报备案，在一月以上者应呈奉外交部长核准。

前项所称馆长系指各馆主管长官，馆员系指各该馆所属人员而言。

第二条　请假计分左列各项：

一、事假。因事请假者，每月合计以三日为限不以年论。

二、病假。因病请假者，每年合计以四十日为限，如每次请假在十日以上者应将医生诊断书呈核。

三、婚丧假。因本身婚嫁请假者，以二十日为限，因直系尊亲及本人配偶丧事请假者以三十日为限。

四、生育假。女职员因生育请假者，以两个月为限。

第三条　凡请假人员除在前条规定期限之内免扣薪俸者外，逾期按日扣薪。

第四条　凡请假回国人员依照左列规定办理：

一、服务未满三年者除患病婚丧准用第二条规定办理外不得请假

回国,但有特殊情形经外交部长核准者不在此限。

二、服务满三年以上者得给假三个月,满四年以上者得给假四个月,满五年以上者得给假六个月,满六年以上者得给假八个月,满七年以上者得给假十个月,满八年以上者得给假一年,假期内均准支本俸。

前项所称服务系指连续未间断者而言,其已间断请假回国者自销假后之日起算。

第五条　凡服务满三年以上准假回国者得给予本人及眷仆来回川资。

第六条　凡准假回国人员其往返必需程期不作假论,程期表另订之。

第七条　凡服务已届规定年限之人员应准假期以一次为限,不得分期请假。

第八条　有左列情事之一者以旷职论:

一、未经请假擅离职守者。

二、请假未经核准先行离职者。

三、假满未经续假亦不回馆者。

上列各项馆长由外交部长考核,馆员由该管馆长负责查报。

第九条　旷职人员由外交部长按时期之久暂、情节之重轻,分别处分之。

第十条　本规则如有未尽事宜得随时修改之。

第十一条　本规则自公布日施行。

附:使领馆人员请假回国来回程期表

日本、朝鲜、台湾各地:半个月。

西比利亚、斐律滨、英荷属南洋各地:一个月。

澳洲及其附近各地:二个月。

南非洲:二个月。

欧洲各地:陆路二个月、水路二个半月。

中美洲各地:二个半月。

南美洲各地:三个月。

北美洲各地:二个月。

《外交部法规汇编》,第 104—106 页

驻外使领馆人员请假回国暂行规则
1933 年 6 月 1 日公布

1933 年 6 月 1 日部令公布,1934 年 3 月 16 日外交部修正。

第一条　在国难期间使领人员不得请假回国,其因以下各情形:

1. 本人重大疾病。

2. 回国接洽要公。

3. 回国结婚(须在外继续供职三年以上,其未满三年请假回国结婚者虽声请自备川资仍不予准假)。

4. 遭父母及配偶之丧。

经本部查明核准者不在此限。

前项3、4两款如有窒碍情形仍得不予准假。

第二条　凡准假回国人员应声叙事由及起迄日期,馆长径呈外交部长核示,馆员应呈由馆长转呈核示。

第三条　凡准假回国人员给予川资,自离馆之日起停止勤俸只领本俸、前项离馆日期应由各该馆呈部查核,否则即以核准给假日期为离馆日期。

第四条　请假回国人员于回馆销假视事时应由各该馆将销假日期报部备案。

第五条　有左列情事之一者以旷职论:

一、未经请假擅离职守者。

二、请假未经核准先行离职者。

三、假满未经续假亦不回馆者。

前项各款情形馆长由外交部考核,馆员由该管馆长负责查报。

第六条　馆员旷职馆长隐匿不报者以失职论。

第七条　旷职及失职人员经查明后按情节轻重分别记过罚俸或免职之处分。

第八条　本规则于国难期间过去后停止施行,驻外使领馆人员仍遵照民国二十年五月七日公布之请假规则办理。

第九条　本规则自公布日施行。

《外交部法规汇编》,第 107—108 页

驻外使领馆人员调任调部暂行办法
1935 年 2 月 25 日部令公布

一、驻外使领馆人员任期四年,驻寒带热带者任期二年,任满本部审核有必要情形时得予连任,连任以一次为限,其不连任者得调任或调部。

寒热带使领馆驻在地另表定之。

二、驻外使领馆人员任期未满,除本部认为有必要外一律不准自请调任或调部。

三、凡调任或调部,本部均得斟酌经费及馆务情形办理。

四、调部人员在部服务满三年后得酌量情形再行外调。

五、调部人员经本部认为必要时得改派职务。

六、驻外使领馆馆员应优先于各馆中调用或以在部年资较深之合格人员派充。

七、本暂行办法施行前任命各员适用于本暂行办法之任期,一律自本暂行办法公布之日起算,其任期已久者得由本部斟酌办理。

八、本暂行办法如有未尽事宜得随时修改之。

九、本暂行办法自以部令公布之日施行。

附表

寒带使领馆

驻苏联大使馆

驻黑河总领事馆

驻伊尔库次克总领事馆

驻新西比利亚总领事馆

驻赤塔领事馆

驻庙街领事馆

驻斜米领事馆

热带使领馆

驻秘鲁公使馆

驻古巴公使馆

驻墨西哥公使馆

驻巴拿马公使馆

驻夏湾拿总领事馆

驻新嘉坡总领事馆

驻巴达维亚总领事馆

驻马尼剌总领事馆

驻马拿瓜总领事馆

驻瓜地马拉总领事馆

驻覃必古领事馆

驻顺拏腊领事馆(中华民国二十五年三月二十八日院令顺拏腊领事馆暂停,另设答巴租腊副领事馆。)

驻山打根领事馆

驻槟榔屿领事馆

驻吉隆坡领事馆

驻仰光领事馆

驻泗水领事馆

驻巨港领事馆

驻棉兰领事馆

驻望加锡领事馆

驻阿披亚副领事馆

驻孟买副领事馆

《外交部法规汇编》,第 109—111 页

驻外使领馆馆长交代暂行规则
1934 年 10 月 18 日公布

一、驻外使领馆馆长赴任接收及卸任移交馆务时应依照本规则办理之。

二、新旧任馆长接替时应联名会呈接收及移交日期,并将馆内所存文卷印信电本账目款项器具护照货单及其他一切公有物品填具移交清单呈部备案。

三、新旧任馆长接替时如发见移交事项有不符情事应由新任负责电部请示,不得徇情通融办理。

四、驻外使领馆馆长卸任,馆务由馆员暂代时得适用本规则之规定。

五、本规则如有未尽事宜得随时修改之。

六、本规则自公布日施行。

《外交部法规汇编》,第 112 页

驻外使领馆人员回部服务暂行办法
1932 年 12 月 8 日部令修正公布

第一条　使领馆职员在馆服务期满或因事故得令回部服务。

第二条　有左列各款情事之一者不得回部:

一、因事开缺者。

二、自请辞职者。

三、经他机关任用者。

第三条　回部人员以原资在部服务,其薪俸另定之。

第四条　回部服务人员经考核有成绩者得再外任或酌派部内职务。

第五条　回部人员薪俸由使领经费项下支出之。

第六条　本办法如有未尽事宜得随时修改之。

第七条　本办法自公布日施行。

《外交部法规汇编》，第 113 页

驻外使馆主事经办馆务暂行规则
1934 年 9 月 27 日部令公布

一、驻外各使馆应指定主事一人办理该馆会计出纳庶务及其他杂物等项。

二、该主事除受该馆馆长监督指挥外，其经办事务对本部应负完全责任。

三、该主事经办事务应完全遵照本部各项法规之规定。

四、该主事对于经费收支情形应每月造册报部一次，所有其他经办事务亦应按期造表呈部备核。

五、该主事对于经办事务得与本部总务司各科通信接洽。

六、未派主事各馆得指定其他馆员一人办理上项事务，并得适用本规则之规定。

七、本规则如有未尽事宜得随时修改之。

八、本规则自公布日施行。

《外交部法规汇编》，第 115 页

驻外使领馆报告规则
1929 年 5 月 9 日起施行

1929 年 5 月 9 日起施行，1932 年 9 月 2 日修正。

第一条　驻外使领馆职员应秉承各该馆长官命令将左列各项事宜汇编报告，经所属长官核定后寄呈本部：

（一）关于驻在国与本国之事。

（二）关于驻在国与他国之事。

（三）关于驻在国国内之事。

第二条　前条所列报告应为分别门类如左：

外交门，分三类：

（一）驻在国与本国相关之事。

（二）驻在国与他国相关之事。

（三）驻在国与他国议订各种条约或协定情事。

政治门，分五类：

（一）驻在国政治方针及其进行状况。

（二）驻在国朝野各政党策略及其势力之消长。

（三）驻在国议会之举动及其议论。

（四）驻在国朝野要人略历及其论著。

（五）驻在国各机关用人行政大要。

法律门，分二类：

（一）驻在国宪纲宪法及现行法规。

（二）驻在国新颁之法令或条例。

条约门，分四类：

（一）驻在国与他国所订普通条约。

（二）驻在国与他国所订密约。

（三）驻在国与他国特订专约。

（四）驻在国与其他各国所订公约。

军事门，分二类：

（一）驻在国陆海军航空之组织及其现状分三目：

①陆军　②海军　③航空

（二）驻在国军事上之动作：

财政门，分三类：

（一）驻在国现在之财政情形。

（二）驻在国未来之经济策略。

（三）驻在国之殖民政策。

商务门,分三类:

(一)驻在国与本国之商务近况。

(二)驻在国与他国之商务关系。

(三)驻在国国内农工商业等各项现状。

侨务门,分五类:

(一)驻在国华侨之党务。

(二)驻在国之华侨工商事业及经济之状况人数之增减。

(三)驻在国对于华侨之待遇。

(四)驻在国之华侨派别争潮。

(五)驻在国之华侨教育。

第三条　各馆报告关于外交门政治门军事门商务门侨务门者定为十日一次,其他门类定为一月一次,但有必要时得随时报告。

领馆报告应注意商务侨务两门并应将该两门报告缮具副本呈由本部,分转实业部及侨务委员会。

第四条　报告内应载明年月日号数,由承编馆长或馆员署名,其用纸不拘华洋,但须照本规则用纸,大小以归一律,以便汇订成册。

第五条　各馆员所编报告由本部于年终考核,其成绩卓著者由情报司查明开单呈请酌予奖励,其有不遵部章及各该馆长官命令编报或敷衍稽延者亦由情报司开单呈请酌予处分。

前项奖励或处分办法由本部另定之。

第六条　所编报告如得诸名流著述应注明作者姓名,若译自报端亦声明译自何日何报以备查考。

(附表略)

《外交部法规汇编》,第116—123页

驻外使领馆任用雇员暂行规则

1933年6月10日部令公布

第一条　本规则依据驻外使领馆组织条例第二十一条订定之。

第二条　本规则所称雇员指使领馆书记译员打字员等职员而言。

第三条　各馆雇用雇员应先详叙事由,开具拟用雇员姓名、履历及拟叙俸给等项呈请外交部核派。

第四条　各馆遇有雇员辞退或应解雇者均呈请外交部核办,其有情节重大应立即辞退或解雇者各馆馆长得先行办理报部备案。

第五条　各馆雇员俸给应由外交部酌量当地生活情形核定,雇员俸给表另定之。

第六条　各馆雇员在职满一年以上而成绩优良者,得由馆长详叙事实呈请外交部奖励。

第七条　各馆雇员俸给外交部得酌量情形指定在各馆公费项下开支。

第八条　各馆在未奉外交部核准派用雇员以前于必要时得用临时雇员,其薪给按日计算,由各馆公费项下开支。

第九条　各馆雇员到差及离职日期均应呈报外交部查考。

第十条　各馆聘用临时雇员时不用照第二条、第四条规定手续办理,其应支薪俸或夫马费津贴等得不受本规则第五条之限制。

第十一条　本规则如有未尽事宜得随时修改之。

第十二条　本规则自公布日施行。

附:驻外使领馆雇员俸给表(略)

《外交部法规汇编》,第124—125页

驻外使领馆行政收入贴用收据票办法

1934年11月21日国字10271号部令公布

一、驻外使领馆经收各项行政收入于左列三项均应贴用收据票:

(一)护照费。

(二)签证护照费。

(三)各项证明文件费。

二、护照费照护照条例所定数目征收签证护照费,对于外人护照,照其所属国政府征收我国人民数目征收。本国人护照无论延期或加签改往他国，一律收费国币一元，各项证明文件费在本部未经规定以前暂照当地习惯及历来办法征收，仍折合国币贴用收据票。

三、所贴收据票，应照贴用印花办法加盖部颁橡皮馆章。

四、收据票均系国币，所收当地货币折合国币，应照部定每三个月外币折合表计算。

五、此项收据票种类如左（国币）：

（一）十元（黄色）。

（二）五元（蓝色）。

（三）二元（红色）。

（四）一元（绿色）。

（五）二角五分（紫色）。

六、每一收据票分正副两联，正联在护照及各项签证书件内按照收费数目实贴，副联粘附照根及各该书件存根报部，未粘副联者不准核销。凡护照及签证未遵照粘用收据票者，经各查验护照机关查出之后，应将原签发护照机关持照人姓名及护照号码报部查究惩处。此外，无论何项证明文件收费而不贴用收据票者，一经发觉亦应严予惩处。

七、此项收据票实行之后，前此发行之签证护照三联单即行取消，所有收据副联即粘附于请求签证事项表中送部查核。

八、各项证明文件无专定事项表者，应就附订之普通签证事项表中粘附副联呈部。

九、各收据票均印有号码，各馆须按照号码顺序依次贴用，不得搀越凌乱致碍稽核。每月月终应将是月收到并贴用收据票总数及某种收据票自某号至某号列表呈报，仍照各专章则提取二成办公费之后，将应解之款随呈报解其汇解，期限不得迟至次月十日。

十、本部制备分馆账目，将发交贴用，余存之数及每月解款数目随时登记。

附记

（一）关于外币折合率,中华民国二十五年五月六日国字四二七八号部令各馆应将每届折合率撰具通告发登驻在地著名华洋报纸至少刊登三日,并用其他方法通知侨胞及外人,即将该登载之报剪下连同通知稿呈部以备查考。

（二）关于收据票种类,中华民国二十四年五月七日国字四四七三号部令又添发壹角、五分及免费票三种。

（三）为切实调查收据票之号码及总数,本部制印贴用收据票报解表,并为便于查考起见,加印签发护照及各项证明文件报告表,均于中华民国二十四年二月二十二日发驻外各使领馆,国字第一六八六号训令时附发所有报解手续及填写格式,另备说明一件,一并附发。自二十五年一月十四日起,查各馆有应报解到部而未据报解者,即由国际司以司函催办,嗣后每至月初如有此种情形者,均照上项办法办理。四月三十日又发各领使馆国字第三九二三号训令,嗣后贴用收据票应确计征收款数,粘贴适当之处,即不得已而有变通之处,应将相近数额之票凑合,不得任意杂凑。

附说明

一、报解表及各项报告表无论是月有无收入或签发照件贴用印花,均应填送二份。

二、表内各栏须逐一填明,毋得简略遗漏,致碍审核。

三、各表应于每月份终了后赶速填送,至迟不得过次月十日。

四、各表由填送之馆自行编号,嗣后如有关于某次表报有所说明或疑问时,本部及各馆往来文件均应提明号数以便查对。

五、报解表内某年月日核收、核收证第号及核收员三项应由本部主管司填注,各馆造送时勿填入任何文字。

六、当地币不以十进位或不用圆角分名称者,可将原印圆角分字样划去,另用当地货币单位注明。

七、报解表后幅附核收证一纸,内应填报解之馆馆名、报解表号数、月份及各项金额数目,均须逐一填明,惟核收证号数及年月日应由本部主管司编填,务勿误为填注,再每月应填之两份报解表核收证仅须照填一份。

八、报解表及核收证背面有"应注意及改正事项"一栏,系备本部对于报解及填表不合程式者予以指示或矫正之用,各馆填表时勿填入任何文字。

九、经收之款应扫数随表汇寄,不得稽迟,亦不得与别项收入混同汇解。

十、存根、事项表、汇水单及其他证件须同时附送。

《外交部法规汇编》,第 126—129 页

驻外领事馆发给领事签证货单章程
1932 年 6 月 11 日国民政府公布

第一条　自本章程施行之日起,所有由外洋运华各货价值在国币二百元以上者,除邮包及海关免税各货外,均须随附驻在出口地点或相近出口地点中国领事馆所发领事签证货单。

第二条　前条所指领事签证货单可向就近中华民国领事馆领取,货商须逐项填明并由负责人签字送请驻在出口地点或相近出口地点中国领事签证。

第三条　领事对于货单内所填各项应查验确实方予签证,认有调验单据或其他文件之必要时货商应即遵办。

第四条　领事签证货单每套计三份,正本一份,系白色,副本二份,系黄色。正本一份由发给领事货单领馆交与货商,转寄提货人,送关查验。其余副本二份,一份存馆,一份由领馆按月汇送外交部。

第五条　领事签证货单每套收手续费五个海关金单位,于发给时照收。

第六条　领事所收货单签证费应随同签证货单副本按月汇解外交部。

第七条　货物销售于两进口商家或分装两商轮或输入两口岸者,均不得填报于同一货单内。

第八条　货物运抵目的地后,提货人于报关时应将该项货单正本随交海关照验。

第九条　进口货物无领事签证货单者,由提货人按照规定签证费数目三倍补缴,作为罚款,由海关补发签证货单后始得放行。

第十条　海关每月终应将所收签证货单列表连同罚款数目册报外交部,并将货单暨罚款送解财政部关务署。

第十一条　海关金单位由外交部依照海关所公布之各国货币比价分令各领馆遵照收费。

第十二条　领事签证货单由外交部制印盖戳,发交各领馆及海关备用。

第十三条　本章程如有未尽事宜得随时呈请修改之。

第十四条　本章程自中华民国二十一年九月一日起施行。

附:本章程英译文及领事签证货单(略)

《外交部法规汇编》,第130—131页

中华民国驻外领事馆发给领事签证货单章程施行细则
1932年6月25日公布

1932年6月25日外交部部令公布,1936年1月25日部令修正。

第一条　领事签证货单暨章程用中英文印制,如所驻地货商不谙中英文字,领事馆得将该货单或章程译成当地文字印就单张,以备各货商索取参阅。

第二条　货商填具货单时,领事应将应填各事项予以指导,尤应注意于章程第七条之规定,俾免货商误将出售于两进口商或分装两商轮铁路或输入两口岸之货物笼统填入同一货单之内。

第三条　货物进口港名如因货商或运商一时未能决定者,可将拟入港名填入单内运送船舶或铁路名称,如未能决定时得将拟运船舶铁路填明，又货物包裹装箱之标记号码与数量必须填注清楚货物名称，以出口地所用名称为标准，该项货物于商业上如有特别名称，应从特别名称货物，经评定分类者，并应注明等级。

第四条　货单内所称货单价系指出口商之出售价格而言，如货商所填价格系按当地币制计算，应注明币制单位，又货单价如已包括运输保险税捐佣金等费，领事应于附注栏内注明。

第五条　领事应将单内所填各项逐一检查并得令饬该货商呈验厂家发票或订货单或运输契约或其他文件，如所列价格与当地市价相差或其他各项有可疑处应调查确实后，令该货商更正，否则在备考栏内详细注明，然后予以签证。

第六条　货商于填写货物时，如货单篇幅不敷填写，得继续填入于与货单同一尺寸之空白纸，此纸应与原货单相订连，并由货商及领事分别签字于其上。

第七条　货商请领货单除正本外，得加领蓝副本，每张收手续费一个海关金单位。

前项蓝副本系为货商留存参考并备必要时作为经领货单之佐证，但不得用以替代货单正本。

第八条　货商为便利起见，得预行领取货单或蓝副本，但应先按张缴费。

第九条　货商遗失预领或经签货单及蓝副本，概不退费，如遗失预领货单或蓝副本后仍须领用者，应按现行折合外币率重行纳费，请领其为遗失经签货单或蓝副本而请求补领者，应按失去货单或蓝副本纳费，原额另行纳费补领。

货商遗失经签货单如领有蓝副本者，得将蓝副本向进口地海关呈验纳费补领货单，免缴三倍罚款。

第十条　领事于签证货单时除签署外，应加盖馆章。

第十一条　填注货单不得涂改。

第十二条　所收签证费、海关金单位与外币之折合率，除有特殊涨落外,每三个月由外交部修正一次,通饬遵照是项折合率表另订之。

　　第十三条　领事所发签证货单及所收签证费,应于每月底结算,所有货单副本签证费应于结算后十日以内(即第二个月十日以前)汇解外交部。

　　前项副本应按照货单号码次序用甲种报解表编制报告。

　　签发之蓝副本亦应按照蓝副本号码次序用蓝副本报解表编制报告。

　　所存空白货单及蓝副本,应于每月终清结一次,用结存货单及蓝副本报告表编制报告。

　　第十四条　领事馆办理货单签证所收签证费除外交部另有指定外,不得请求津贴抵扣或办公费,应将一月内所收签证费全数汇解,如一月内并无签证货单或仅签发一二张者,仍应照章呈报。

　　第十五条　领事离任时,应将任内办理签证货单副本(指应报外交部副本)暨所收签证费移交继任领事并呈报外交部。

　　第十六条　海关收到领事签证货单后,应于每月底将该单正本按照签发领事馆馆名分类开列清单,连同补发签证货单副本暨所收罚款清册(用丙种报解表)汇送外交部,并将所收货单正本暨补发货单正本连同罚款(用乙种报解表)解送财政部关务署。

　　第十七条　外交部应将驻外领馆所解之签证费逐月造具清单汇解财政部。

　　第十八条　在货物出口相近地点如无中国领事驻扎,得由商务专员或由外交部指定华侨商会或委托他国领事代办领事货单签证事宜,其一切办理手续适用本细则之规定。

　　第十九条　本细则如有未尽事宜,得随时以外交部部令修改之。

　　第二十条　本细则自中华民国驻外领事馆发给领事签证货单章程施行之日起施行。

　　　　附:领事签证货单章则解释汇编

　　　　(中华民国廿五年二月外交部国际司重辑)

章程第一条　自本章程施行之日起,所有由外洋运华各货价值在国币二百元以上者,除邮包及海关免税各货外,均须随附驻在出口地点或相近出口地点中国领事馆所发领事签证货单。

细则第一条　领事签证货单暨章程用中英文印制,如所驻地货商不谙中英文字,领事馆得将该货单或章程译成当地文字印就单张,以备各货商索取参阅。

解释(一)免领货单最低货价国币二百元现经规定折合为海关金单位九十个(注:廿五年一月三十日国 25 字第八八二号训令改定此数)。

至海关金单位折合当地币价汇兑率则应按照细则第十二条所指折合率推算,如此计算货商对于运华某批货物事前亦能知其应否送请签证而免因汇率涨落货价折合金单位出口与进口时发生两歧之弊。

[编者按:各馆处如欲确定货商运华某批货物应否领取货单应以该批货物之上船价格(f. o. b"free on board")按照本部规定之核收货单签证费海关金单位与外币之折合率合成海关金单位数目,以视是否超出规定之免领货单最低货价为断。]

再货商填报货价或用上船价格 f. o. b 或用起岸价格 c. i. f. (cost, insurance, freight)或用当地市价价格既不一致免领货单标准自难公允,故现特规定免领货单最低价值应一律以上船价格为准,遇有货单仅载起岸价格该领应按照细则第四条规定将运输保险等费查明,分别填注于附注栏内,如系当地市价,应由货商声明该价格与上船价格有无差别(廿一年九月十日国字第五二○二号训令)。

(二)免税各货应根据海关进口税税则规定之各项免税物品及其他基于条约或合同之免税物品(廿一年七月六日国字第三七七一号训令)(海关免税物品见附件七)。

(三)章程内所称"货物"二字应作贩卖品解释,所有旅客携带随身之物如无贩卖性质,无须领取领事签证货单(廿一年九月十日国字第五二○二训令)。

（四）各馆处对于报运陈旧应税物品，如果该项物品确无随附商家货单无法估价者，得填给本部规定之说明书（书式见附件八），准其暂不领取货单装运来华待货物到达时，由进口地海关估价再视货价是否超出海关金单位九十个（注见前），以定应否领取货单海关对于是项补单并不征取罚款，故寄货人不致蒙受意外损失，且是项证明书亦经规定免费发给（廿四年十月十六日国24字第九六八四号训令）。

（五）货物之须有护照伴行者，其请领护照之手续向由进口货商办理，故于签证货单时毋须令寄货人呈验护照（廿一年九月三十日国字第五六五六号训令）。

（六）应凭护照进口之货物，例如军火、硝磺、航空器材、无线电材料等有系政府机关购用商准海关免税者，有系商人运华销售因合于章程所许而给予护照但仍须完纳进口税者，各馆处应向寄货人询明情形，分别办理（廿四年六月十三日国24字第五七六八号指令驻捷克使馆）。

（七）驻华各国使领馆及使馆人员由外洋购运应用物品来华是否系属免税，因使馆与领馆待遇既有不同且我国与各国所订相互免税协定内容亦不一致，应由寄货人先向收货人查明，再由各馆处分别办理（廿四年五月九日国24字第四五五四号致驻香港货单签证处代电）。

（八）外货运入大连租借地，因海关按照协定并不征税（一九○七年中日会订大连设关征税办法内规定，凡有货物由海路运进大连口岸，均不征完进口税饷）。可免领领事签证货单但外货经由大连运入中国各通商口岸者，不在此例（廿一年九月六日国字第五○八○号致关务署代电）。

章程第二条　前条所指领事签证货单可向就近中华民国领事馆领取，货商须逐项填明并由负责人签字送请驻在出口地点中国领事签证。

解释（一）负责人系指寄货或代理人而言，凡货单由代理人签字者，应注明其所代理之人或商号（廿一年八月廿二日国字第四八○一号训令）。

（二）货单中所称收货人不限于承买商人即寄货人之代理人或商店亦可包括在内。故凡遇有寄货人因便于卸卖起见或向银行押款关系不能豫定承买商人之时,可令其将代理人或商店填入作为收货人,但仍以必要者为限,以求正确（廿一年九月三十日国字第五六五六号训令）。

（三）凭数分别发给提单（Bill of Lading）,遇有商人为便利押汇请于提单内应填收货人名处仅填 order 字样,倘经查并无以多数进口商货物并填单内者应即准予通融办理以利商运（廿四年五月十三日国 24 字第四六六七号代电）。

（四）货商将其货物运往他国而中途改运来华者,应由该商就改运地点或相近改运地点之领事馆请领领事货单（廿一年九月三十日国字第五六五六号训令）。

（五）我国海关对于进口商人报运货物依照现行办法必须按照万国公制标明重量容积,如用他种度量衡制报关者,概不接受。兹为划一起见,嗣后驻外各馆处填发领事签证货单务须责令商人一律采用万国度量衡制以资便利（廿四年十一月廿日国字 24 字第一〇八三三号训令）。

细则第三条　货物进口港名如因货商或运商一时未能决定者,可将拟入港名填入单内运送船舶或铁路名称,如未能决定时得将拟运船舶铁路填明,又货物包裹装箱之标记号码与数量必须填注清楚货物名称,以出口地所用名称为标准,该项货物于商业上如有特别名称,应从特别名称货物,经评定分类者,并应注明等级。

解释:货物经评定分类者,并应注明等级字样系指货物出口地点商业惯例上之评定如糖麦类等（廿一年九月十三日国字第五二六七号指令驻奥使馆）。

细则第四条　货单内所称货单价系指出口商之出售价格而言,如货商所填价格系按当地币制计算,应注明币制单位,又货单价如已包括运输保险税捐佣金等费,领事应于附注栏内注明。

细则第六条　货商于填写货物时,如货单篇幅不敷填写,得继续填入于与货单同一尺寸之空白纸,此纸应与原货单相订连,并由货商及领事分别签字于其上。

细则第十一条　填注货单不得涂改。

解释:填注货单不得涂改,如经涂改,应作废,领馆将作废货单呈部注销(廿一年九月十三日国字第五二六七号指令驻奥使馆暨二十一年九月十九日国字第五四〇一号指令驻丹麦使馆)。

细则第十八条　在货物出口相近地点如无中国领事驻扎,得由商务专员或由外交部指定华侨商会或委托他国领事代办领事货单签证事宜,其一切办理手续适用本细则之规定。

解释:领事签证货单事宜本部规定由驻外领馆或委派使馆中职员一人负责办理,各馆不得另行委托名誉领事或各地货商代办(廿一年八月廿三日国字第四八〇一号训令)。

章程第三条　领事对于货单内所填各项应查验确实方予签证,认有调验单据或其他文件之必要时货商应即遵办。

细则第五条　领事应将单内所填各项逐一检查并得令饬该货商呈验厂家发票或订货单或运输契约或其他文件,如所列价格与当地市价相差或其他各项有可疑处应调查确实后,令该货商更正,否则在备考栏内详细注明,然后予以签证。

解释(一)调验单据或其他文件系指确有必要时始可调验,如确有调验厂家发票订货单或运输契约之必要,领事可饬由货商于函送货单请求签证时附送呈验,但领事收到函件后应于一日内办妥寄还(廿一年八月廿三日国字第四八〇一号训令)。

(二)领事办理签证货单事宜除必要手续外,不得稍加留难,以免货物运输发生迟延(廿一年八月廿三日国字第四八〇一号训令)。

(三)领事审查货单内所列价格务须缜密以求准确,但该项货单只能作为海关参考资料,并不得为货物。报关时,应纳税数之标准,此点应由领事于签证货单时向货商说明,免滋误会(廿一年八月廿三日国字第四八〇一号训令)。

细则第十条　领事于签证货单时除签署外,应加盖馆章。

章程第四条　领事签证货单每套计三份,正本一份,系白色,副本二份,系黄色。正本一份由发给领事货单领馆交与货商,转寄提货人,送关查验。其余副本二份,一份存馆,一份由领馆按月汇送外交部。

解释:各商填报领事货单,领事应将该单副本妥为保存,非奉部令不得毁灭遗弃,并不得将该单所载各项消息泄漏于外,盖各行货商同业竞争颇烈,领事办理签证货单亟宜公允,不得将一家商业情形告之他家有所偏护(廿一年八月廿三日国字第四八〇一号训令)。

章程第五条　领事签证货单每套收手续费五个海关金单位,发给时照收。

细则第七条　货商请领货单除正本外,得加领蓝副本,每张收手续费一个海关金单位。

前项蓝副本系为货商留存参考并备必要时作为经领货单之佐证,但不得用以替代货单正本。

细则第八条　货商为便利起见,得预行领取货单或蓝副本,但应先按张缴费。

解释(一)货商愿预行领取领事货单者,应由领事斟酌当地与中国贸易情形,准由货商先期具函请领货单若干份,并应按张预缴签证费,领馆于每月结账时应将前项预领而未经送签之货单在呈部报解表中注明号数再领馆管辖范围内货商如不在该馆所在地者,亦得具函请领(廿一年八月廿三日国字第四八〇一号训令)。

(二)应收每一货单或蓝副本之签证费数额系按签证月份之现行折合外币率征收,遇有补签前期不同折合外币率之商人纳费预领货单或蓝副本应仍按现行折合外币率计算,多则发还,少则饬补(廿三年十月廿六日国字第九四八六号训令)(注:驻香港货单签证处另有规定办法)。

(三)货商纳费预领货单以六个月为签用期限,逾限将单作废并不退还预纳签证费,兹为体恤商情以免预领货单间有逾期作废致负损失起见,规定通告前项办法。中英文橡皮戳记式样遇有商人纳费预领货单,即于该单正本上加盖上项戳记,并填注日期,俾众周知(廿三年八月二十二日国字第七五一〇号训令)(戳记式样见附件六)。

(四)前项经盖戳记之预领货单缴回退费时,应即作废,缴销不得涂改旧戳或另盖新戳转发他商填用,以免纠纷(廿三年十二月十七日国字第一一〇六七号训令)。

(五)各馆对于商人请签预领货单,必须查明号码系属本馆所发,方可签证收费,如遇有他馆所发货单,应向商人明白晓谕嘱其持向原领之馆请求签证,以免发生纠纷(廿一年十一月十七日国字第六九八三号训令)。

细则第九条　货商遗失预领或经签货单及蓝副本,概不退费,如遗失预领货单或蓝副本后仍须领用者,应按现行折合外币率重行纳费,请领其为遗失经签货单或蓝副本而请求补领者,应按失去货单或蓝副本纳费,原额另行纳费补领。

货商遗失经签货单如领有蓝副本者,得将蓝副本向进口地海关呈验纳费补领货单,免缴三倍罚款。

解释(一)商人纳费预领货单如在准予签用期内,遇有填写错误或期限将满无货报运,倘能将单缴回,均准退费,遗失或逾期者,均不准退费。其经签交商持运货单如单填报运香港并未注明转运中国,又或单内所载货物以我国海关规定免税或寄货人声明免税而各该馆处误为发给者,均准缴单退费,至货单均未寄运出口因货单经签证后,其中所载事项须有所变更者,应令货商缴销原单,换给新单,不另征费,但货物之数量增加致其所增之价格在国币二百元以上者,应就其增加部分另给货单作为另批货物办理。倘商人因事停运致原领经签货单归诸无用系属商人自误,不准缴单退费(廿一年九月三十日国字第五六五六号训令及廿三年十月廿六日国字第九四八六号训令)。

(二)商人遗失预领或经签各货单及蓝副本后,补领新货单或蓝副本时,各该馆处仍须在单本内注明"此系因商人遗失某年月日所发某号货单或蓝副本特予补发"等字样,以便海关查验(廿三年十月廿六日国字第九四八六号训令)。

章程第六条　领事所收货单签证费应随同签证货单副本按月汇解外交部。

细则第十三条　领事所发签证货单及所收签证费,应于每月底结算,所有货单副本及签证费应于结算后十日以内(即第二个月十日以前)汇解外交部。

前项副本应按照货单号码次序用甲种报解表编制报告。

签证之蓝副本亦应按照蓝副本号码次序用蓝副本报解表编制报告。

所存空白货单及蓝副本,应于每月终清结一次,用结存货单及蓝副本报告表编制报告。

解释(一)报解表应填各项均关重要货单号码及收费数目,尤须校对准确笔画清晰,各馆置有洋文打字机者,应将号码及数目等字用打字机抄录以便查核(廿一年十一月廿六日国字第七二〇七号训令)。

(二)各馆处签证货单其兼办签证货单,各使馆应由派定兼理领事事务人员在单内署名,领馆及办事处应由各该馆处长官在单内署名,至每日经收签证货单费无论使馆领馆及办事处均应由承办人员按日清算,交由各该馆处长官核明保存,俟月终结算清楚,依限汇解以昭郑重(廿四年三月十九日国24字第二五九九号训令)。

细则第十四条　领事馆办理货单签证所收签证费除外交部另有指定外,不得请求津贴抵扣或办公费,应将一月内所收签证费全数汇解,如一月内并无签证货单或仅签发一二张者,仍应照章呈报。

细则第十五条　领事离任时,应将任内办理签证货单副本(指应报外交部副本)暨所收签证费移交继任领事并呈报外交部。

细则第十七条　外交部应将驻外领馆所解之签证费逐月造具清册汇解财政部。

章程第七条　货物销售于两进口商家或分装两商轮或输入两口岸者,均不得填报于同一货单内。

细则第二条　货商填具货单时,领事应将应填各事项予以指导,尤应注意于章程第七条之规定,俾免货商误将出售于两进口商或分装两商轮铁路或输入两口岸之货物笼统填入同一货单之内。

解释(一)同一领事管辖区域内如有两家以上出口商,将货物合售于在华之一家,进口商并由一家运输商汇齐共填在同一提货单内(Bill of Lading),合装于一只商轮者,得填报于同一签证货单内,但该项领事货单应由运输商负责填报(廿一年八月廿三日国字第四八〇一号训令)。

(二)如货物于起运时确系全数指运某一港口之某一进口商,不问其达到中国港口如何分批转口,只需领事签证货单一张,由海关在结关单内注明已领有领事货单字样,俾货物转入中国港口免再呈验货单(廿一年九月十日国字第五二〇二号训令)。

(三)货物一批而有提单(Bill of Lading)数纸者,虽装运于同一船舶交付与同一进口货商及载入同一商家货单(Commercial Invoice),仍应依其提单数目分别发给领事货单(Commercial Invoice)(廿一年九月三十日国字第五六五六号训令)。

(四)商人不按照提单数目请领货单致短领货单者,照章应由提货人按每单规定应纳签证费之三倍向海关补缴,作为罚款,由海关补发签证货单始予放行,以为少报提单短领货单者,戒嗣后遇有货已到华经关处罚始向该馆补领货单者,应即拒绝补发以符定章(廿四年六月十九日国24字第五九七九号指令驻脱利斯领馆)。

(五)商人或有将多数实际分张提单合粘为一号提单,又或以一家进口商名称填报请领货单而于货单标记栏内分列多数进口商名称以期朦领一张货单,各该馆处倘认为有上项规避嫌疑者,应照细则第五条规定办法调验其发票与提单等各项单据,如查得系应按实际提单数目分领货单货物或系多数进口商货物务必责令分领货单以符规定。

　　至商人将价值在国币二百元以上之同船运售一家进口商货物分填多数提单以减少每提单货价规避领单者,现经关务署通令各海关饬商补单遵罚(廿三年五月八日国字第四七一二号训令)。

　　章程第八条　货物运抵目的地后,提货人于报关时应将该项货单正本随交海关照验。

　　章程第九条　进口货物无领事签证货单者,由提货人按照规定签证费数目三倍补缴,作为罚款,由海关补发签证货单后始得放行。

　　解释(一)章程第九条规定进口货物无领事签证货单者,应由提货人向海关补领并照缴原定之签证费三倍罚款,但货商往往因办理银行押款手续或货单中途误递致提货时无货单呈验,现准由货商先向海关照缴三倍罚款,在六个月内(廿二年七月卅一日国字第一四三四七号训令改定六个月)该货商能将原领货单补呈查验,再由海关发还所缴罚款,倘逾期不能呈验,即应照章再至海关补领(廿一年九月十日国字第五二〇二号训令)。

　　(二)货物出口地点距离各该馆处较远而货运以特殊情形确难照章于装运出口前请领货单者,则于货物出口后最短期间若能将轮船提单厂家发票送经各该馆处查验无讹得酌量补发货单以示体恤,但仍以确有上述困难情形者,为限不得曲解章则故予通融。各该馆处并须将特准情形注明单内以便海关查验(廿三年十月廿六日国字第九四八六号训令)。

　　章程第十条　海关每月终应将所收签证货单列表连同罚款数目册报外交部,并将货单暨罚款解送财政部关务署。

　　细则第十六条　海关收到领事签证货单后,应于每月底将该单正本按照签发领事馆馆名分类开列清单,连同补发签证货单副本暨所收罚款清册(用丙种报解表)汇送外交部,并将所收货单正本暨补发货单正本连同罚款(用乙种报解表)解送财政部关务署。

　　解释(一)海关对于领事证明书之无法估价之陈旧应税物品报运入口补发货单应免征罚款且于每月填制丙种报解表时于此项补单后加

以注明以资鉴别(廿四年九月九日国 24 字第八四三二号致关务署公函)。

(二)海关遇有货商遗失货单正本,将蓝副本呈验纳费补领货单者,应免征罚款并于丙种报解表内注明以清眉目(廿五年一月卅一日国 25 字第九四六号致关务署公函)。

章程第十一条　海关金单位由外交部依照海关所公布之各国货币比价分令各领馆遵照收费。

细则第十二条　所收签证费、海关金单位与外币之折合率,除有特殊涨落外,每三个月由外交部修正一次,通饬遵照收费是项折合率表另订之。

章程第十二条　领事签证货单由外交部制印盖戳,发交各领馆及海关备用。

章程第十三条　本章程如有未尽事宜得随时呈请修改之。

细则第十九条　本细则如有未尽事宜,得随时以外交部部令修改之。

章程第十四条　本章程自中华民国二十一年九月一日起施行。

细则第十二条　本细则自中华民国驻外领事馆发给领事签证货单章程施行之日起施行。

解释:章程系备各货商索阅之用,至章程及细则合本应留馆存阅(廿一年七月六日国字第三七七一号训令)。

《外交部法规汇编》,第 135—154 页

驻香港签证货单专员办事处简章
1936 年 9 月 28 日部令修正

第一条　本部为办理香港方面入口货单签证事宜起见,特设驻香港签证货单专员办事处。

第二条　驻香港签证货单专员办事处设专员一人,承本部长官之命处理本处事务及监督所属各职员。

第三条　驻香港签证货单专员办事处设主任科员一人,科员三人,办事员二人,承专员之命办理处务。

第四条　驻香港签证货单专员办事处因缮写文件及其他事务得酌用雇员二人。

第五条　驻香港签证货单专员办事处公费专员及所属各职员之俸额分别另定之。

第六条　本简章有未尽事宜得随时修改之。

第七条　本简章自公布日施行。

驻香港签证货单专员办事处经费表

公费:七百元。

薪俸:专员,六百元。

　　　主任科员,二百元。

　　　科员(一)一百六十元。

　　　　　(二)一百四十元。

　　　　　(三)一百二十元。

　　　　　　　一百元

　　　办事员,八十元。

　　　雇　员,四十五元至六十元。

《外交部法规汇编》,第155—156页

驻暹罗商务委员办事处简章
1933 年 4 月 12 日公布

第一条　本部为办理暹罗方面入口货单签证事宜起见,特设驻暹罗商务委员办事处。

第二条　驻暹罗商务委员办事处设委员一人,由本部选派当地富有声望之华侨充任之,承本部长官之命处理本处事务及监督所属各职员。

第三条　驻暹罗商务委员办事处因缮写文件及其他事务得酌用雇

员二人至四人。

第四条　委员俸额及公费分别另定之。

第五条　本简章有未尽事宜得随时修改之。

第六条　本简章自公布日施行。

驻暹罗商务委员办事处经费表

公费：三百元（雇员薪俸及邮电文具等项均在公费内开支）。

委员薪俸：三百元。

《外交部法规汇编》，第157页

华侨登记规则

1935年12月14日行政院令公布

第一条　凡旅外侨民无论向住当地或来自国内均需依照本规则登记。

第二条　侨民登记事宜由外交部督饬驻外领事馆负责办理，但遇该地尚未设立领馆时得令使馆或就近领馆办理之。

第三条　登记所用登记证、登记请求书、登记费收据票、月报表及统计表由外交部规定颁发之。

第四条　登记人请求登记时须先领取登记请求书，逐项填明无误，方准发给登记证。

第五条　登记人请求登记时须交二寸半身相片三张，配偶及未成年之子女同行登记时，得用合摄相片并合填一证。

登记人确系贫苦而其居留地又无照相馆时，领馆得斟酌情形呈请外交部核准后免贴相片。

第六条　凡领登记证者须纳登记费每张国币二角，以百分之五十汇解外交部，百分之五十留作领馆办公之用。

领馆经收登记费应按月填表汇解外交部。

第七条　华侨登记后除有第八条第一项迁移情形应再登记外，其登记证永远有效。

第八条 侨民于登记后迁移居留地时,应携带登记证向原该管领馆或使馆报告,并向新居留地之领事馆重新登记。

侨民归国时,应由本人或亲友携带登记证向该管领馆或使馆报告。

侨民死亡时,应由其家属或亲友将登记证呈缴该管领馆作废,并由领馆将死亡者之姓名、年岁、籍贯、职业及侨居地列入第十条规定之统计表内,以备查考。

第九条 登记请求书系用三联式,一联存领馆,其余二联以一联呈送外交部,一联由领馆径送侨务委员会。

第十条 领馆于每月呈报登记请求书时,应另附统计表二份,分送外交部及侨务委员会。

第十一条 凡负责办理登记人员,如有滥发登记证或浮收费用,或故意拒绝登记等情事,经调查属实,应由外交部严予处分。

第十二条 侨民向领馆有请求事项,应先呈验登记证;向中央有请求事项,应叙明登记证年、月、日及号数,倘查出未经登记者,应责令补行登记并加收五倍登记费。

第十三条 由二十五年起至二十七年止,为侨民总登记期间,所有海外侨民责成驻在地使领馆登记完竣,嗣后如属国内新来或属当地出生或居留地变更再随时登记。

第十四条 本规则自公布日施行。

附:华侨统计表(略)

《外交部法规汇编》,第158—160页

外交部呈请颁给友邦人员勋章暂行办法
1935年5月11日部令公布

一、本办法依照颁给勋章条例第十条第三项规定之。

二、凡颁给友邦人员勋章手续均依本办法办理。

三、友邦人员有颁给勋章施行细则第五条所列勋劳之一者得呈请颁给之。

四、友邦外交官及使馆陆海空军武官驻中国二年以上离任时,本部认为可予叙勋以示优异者,友邦公务人员及驻中国领事官对中国有特别勋劳者,均得呈请颁给之。

五、呈请颁给友邦人员勋章所叙绶色,除有特殊情形得依照颁给勋章条例第六条办理外:(一)驻中国外交官武官及领事官依照本办法附表办理;(二)公务人员应视其官等比照勋章条例第四条所规定参酌办理;(三)非公务人员应依照勋章条例第五条所规定办理。

六、友邦驻中国使馆武官得由军政机关,领事官得由驻在地方政府,将勋绩事实咨请本部审核,呈院转请颁给。

七、友邦公务人员得由驻外使领馆将其勋绩事实呈由本部审核,呈院转请颁给;非公务人员在中国者得由有关系机关或团体,其不在中国者得由驻外使领馆将勋绩事实送请本部审核,呈院转请颁给。

八、四六七各条呈请手续除有特殊情形得专案办理外,每年分三期汇案呈院转府,于民国纪念日、革命政府纪念日、国庆纪念日发表,原请机关应于上列各纪念日先期将拟请授勋文件送达本部。

九、拟请授给友邦人员勋章时,倘各该国政府对于接受外国勋章有特别规定者,可先照其规定将手续办竣再行呈请。

十、授予友邦人员勋章国府发交本部后,由部备通知书连同勋章及收据送交其使馆,或我国驻外使馆转给受勋人将收据填就签署送还后,再行填送授勋证书。

十一、特赠友邦元首大勋章或勋章国府发交本部后,由部备就国书送请签署盖玺发还,连同勋章令交专使或驻使呈递后,应即具报本部递转院府备案。

十二、勋章或证书如有遗失时得由受勋人声叙缘由,就近请我国政府机关依照勋章条例施行细则第二十四条规定转请补给。

十三、颁给勋章条例施行细则关于粘附照片各条对于友邦公务人员得参照各该国通例办理。

十四、本办法如有未尽事宜得随时修改之。

十五、本办法自部令公布之日施行。

附:各种表格和证件(略)

《外交部法规汇编》,第161—164 页

护照条例
1931 年 1 月 31 日国民政府公布

第一条　护照由外交部制定颁发之。

第二条　护照分外交护照、官员护照、普通护照三种。

第三条　外交护照适用于下列各项人员:

一、中国国民党中央执行委员、中央监察委员及其眷属。

二、国民政府委员、各院院长、副院长、各部会长官及其眷属。

三、外交官、领事官及其眷属。

四、国民政府因公派往各国简任以上人员及其眷属。

五、公文专差。

六、上列各项人员之随从。

第四条　官员护照适用于前条规定以外之中央及地方各机关因公派往各国之人员。

第五条　普通护照适用于第三条、第四条规定以外之本国人民。

第六条　外交护照、官员护照向外交部领取,普通护照向外交部或外交部指定之地方政府或驻外使领馆领取。

第七条　护照用三联式,以正联给领照人收执,其由驻外使领馆或外交部指定之地方政府发给者,以一联报外交部备核,一联存发照机关查考。

第八条　请领护照者每照应缴照费国币二元,学生、工人一元,又最近四寸半身相片三张,分贴护照及照根上,并应缴纳印花税,官吏、商人等游历护照二元,游学护照一元,侨工护照三角,但外交护照得免缴各费。

第九条　请领护照者应先填具请领护照事项表,其请领普通护照

者并应出具下列保证文件送请发照机关核准：

经商应由当地商会或华侨团体或殷实商号一家出具保证书。

作工应由当地中国国民党党部工会或华侨团体出具保证书。

留学应由教育部或地方教育行政机关照章核准并将核准文件呈验。

游历应由当地有正当职业者具函介绍。

第十条　领照人到达目的地时,应向当地或附近本国使领馆呈验护照免费登记。

第十一条　外交护照、官员护照自发给之日起其有效期间为一年。

普通护照自发给之日起其有效期间为三年,期满后三年内如欲继续使用得向当地或附近本国使领馆呈验延期。

第十二条　持照人所领护照如有遗失或毁坏,应向发照机关当地或附近之本国使领馆补领或换领新照,照章缴费。遗失护照应由领照人取具证明书,毁坏护照应将原照呈验注销,方得换领新照。

第十三条　持照人于回国后再行出国时,如护照尚未逾限得呈请外交部或外交部指定之地方政府免费签证,无庸再领新照。

第十四条　发照机关不得于第八条规定之费用外另收他费。

第十五条　驻外使领馆对于外人请求签证护照,应令其填写请求签证护照事项表两份,并缴纳签证费,其数额由外交部定之。

各领馆于签证时应填具签证三联单,以一联并事项表一份报外交部备核,一联报使馆,余一联并事项表一份存馆查考。其在使馆签证者只填三联单两联。

第十六条　发照机关应于每三个月将护照副联及所收照费、签证费造册解外交部,并准于上述费内提出百分之二十为办公费。

第十七条　本条例所定事项表、保证书由外交部制定格式交发照机关印发领照人填用。

第十八条　本条例自公布日施行。

《外交部法规汇编》,第 171—173 页

外国人来中国护照签证办法

1936 年 5 月 25 日部令公布

第一章　总则

第一条　凡外国人来中国请求签证护照应按照本办法办理。

第二条　外国人来中国护照签证分为普通护照签证、外交护照签证及官员护照签证三种,普通护照签证驻外使领馆均得办理,外交护照及官员护照签证除本办法另有规定外应由驻外使馆办理。

第三条　普通护照签证分为有约国人来中国签证,无约国人来中国签证及无国籍人来中国签证三类,此项签证办法于下列各章分别规定之。

第四条　外国人取得签证来中国只限于通商口岸居住或停留,驻外使领馆给予签证时须注明"此项签证仅适用于中国通商口岸"字样,倘外国人来中国目的在前往内地或边省各地者应到达中国后再请外交部或主管地方机关核给内地游历护照或内地游历签证。

驻外使领馆签证外国人来中国护照不得填写携带物品,亦不得发给携带枪械子弹或其他物品之证书。

第五条　驻外使领馆遇有护照签证请求人有左列情形之一者应拒绝签证:

(一)所持护照不合法或冒顶伪造者。

(二)言论行动有违反中国利益或妨害公共秩序及善良风俗者。

(三)有犯法行为或曾在中国犯罪者。

(四)贫无资产足供在中国生活者。

第六条　外国人请求护照签证,驻外使领馆应饬令填具请求签证护照事项表两份,以一份送部备核,一份存馆查考,此项表格由外交部制定并颁发之。

第二章　有约国人来中国签证

第七条　有约国人来中国除:(一)日本人来中国按照七年一月间中日换文,无需护照;(二)苏联人来中国护照签证根据相互原则,另有规定;(三)英国人自香港来中国,其护照载明生长香港或居留香港者根据相互原则毋庸签证外,应持其本国政府所发合法护照就近向中国驻外使领馆请求签证。

第八条　有约国人来中国签证,除美国人来中国签证收费办法二十四年四月九日之中美换文另有规定及瑞士人来中国应予免费签证外,无论过境入境一律收国币十元,签证有效期间定为一年入境不限次数。

第九条　在中国之有约国人除生长或居住香港之英国人暂回香港另有规定,日本人无需护照外,拟暂往香港、安南、缅甸、日本(高丽台湾在内)东西伯利亚、斐律滨等邻近中国各地于短期内再来中国者为便利起见,得于离中国前向中国发照机关预先请领再来中国签证,缴签证费十元。如出境时未请此项签证,再来中国时亦未经中国使领馆给予签证者,除最初来中国之签证尚未过期外,入境时须令其补行签证,仍收费国币十元。

第十条　外交官领事官与其眷属随从及外交公文专差来中国领有其本国外交护照者,其请求签证护照事项表可由中国驻外使馆代填,并随时予以外交待遇之免费签证。

第十一条　官员来中国由其本国政府机关向中国驻外使馆介绍或备函请予签证者,得予以官员待遇之免费签证(惟其本国政府签证他国官员护照收费者则亦应照章收费)。

第十二条　外交官领事官或官员来中国,如以所在地距离中国使馆较远拟就近请由中国驻领给予外交官或官员签证时,领馆亦得予以签证(关于官员护照签证收费应依照第十一条办理)惟须于签证后呈报外交部备案。

第十三条　外国船员入中国国境除美国船员按照中美换文另有船员名单签证之规定外,均无庸签证,惟登陆时应携带海员手册,以便中国地方官吏随时查验。登陆限于通商口岸,不得他往并限原船离境。

第十四条　本章所称有约国人(虽未与我国订约但已通使设领之

国家亦包括在内）除日本人来中国无需护照及苏联人来中国护照签证根据相互原则另有规定外,系指下列各国之人民:

英吉利、瑞典、那威、法兰西、美利坚、德意志、葡萄牙、丹麦、和兰、西班牙、比利时、意大利、奥地利、秘鲁、巴西、墨西哥、智利、瑞士、玻利维亚、伊朗、芬兰、波兰、希腊、捷克、土耳其、古巴、巴拿马、尼加拉瓜、瓜地马拉、埃及、拉特维亚。

第三章　无约国人来中国签证

第十五条　凡无约国人持其本国政府所发合法护照向中国驻外使领馆请求入境签证以便来中国时,除照章应填请求签证护照事项表两份外,并须出示其本国使馆或领事馆发给之保证书,保证下列两点:

（一）请求人向无犯法行为来中国绝无政治行动之企图。

（二）请求人在中国有固定职业足以自给或其经济能力足以在中国维持六个月以上之生活者。

第十六条　无约国人请求来中国,如因所在地距离其本国使领馆较远未能取得第十五条所规定之保证书时,得提供在中国可靠亲友或关系人之担保。

第十七条　驻外使领馆办理无约国人来中国签证,应将请求人来中国目的、拟往地点、船名、行期等项,连同证明书及请求签证护照事项表一并呈送外交部核办,倘请求人提供在中国亲友或关系人之担保时,则应将亲友或关系人之姓名、职业、住址、详细报部,若请求人以前曾来中国者,其从前在中国期间住址、职业及离中国原因亦须询明呈报,以便调查。

第十八条　驻外使领馆对于无约国人请求来中国,非经呈奉外交部核准,不得给予签证。

第十九条　驻外使领馆呈请外交部核给无约国人来中国签证,应于距请求人行期三个月前办理,倘行期急迫必须电报请示者,应于一个月前办理,请求人在未奉外交部核复以前不得擅自启程径来中国。

第二十条　无约国人请求来中国签证,必须经驻外使领馆以电报呈部核示者,其往复电费应由驻外使领馆酌定字数责成请求人预先缴纳提出半数作外交部复电之用,并于月终造表报解。

第二十一条　驻外使领馆电部请示入境签证,除请求签证护照事项表得随后寄部外,关于第十七条规定各节仍应于电文内详细叙明,以便审核。

第二十二条　无约国人请求过境签证,除照章应填具请求签证护照事项表外,应先取得前往国之合法签证,然后再由我国驻外使领馆验其船票、车票,或以其他方法调查证明确系经过中国转往他处者,方得予以签证。无须呈请外交部核准,惟须注明"此系过境签证不得在中国故意停留"之字样。

第二十三条　国内签发护照机关于无约国人离中国时,不得在其所持护照上给以"准予回中国"字样之签证,国内地方机关亦不得于发给外人居留执照或内地游历护照上签注"准予国内外往返"等字样。

第二十四条　无约国人来中国签证无论入境过境,均以一次为限,有效期间为六个月,签证费一律为国币十元。

第二十五条　凡持有外交护照或官员护照之无约国人请求来中国,无论入境过境均不适用以上各条所规定之限制办法,中国驻外使馆得按照本办法第二章第十第十一及第十二条之规定办理。

第二十六条　本章所称之无约国人系指第一章第十四条所列举有约国以外之人民而言。

第四章　无国籍人来中国签证

第二十七条　凡无国籍人持"南申"护照(Nansen Passport)或外国政府所发护照或暂时旅行护照或与护照有同样性质之其他合法执照向中国驻外使领馆请求入境签证以便来中国时,除照章应填请求签证护照事项表两份外,并须提供在中国可靠亲友或关系人之担保保证下列两点:

(一)请求人无政治行动及犯法行为;(二)请求人在中国有固定职业足以自给,倘失业或不能自给保证人愿担负其生活费用。

倘请求人不能提供在中国可靠亲友或关系人之担保时,驻外使领馆应径即拒绝其请求,无庸呈请外交部核示。

倘无国籍人虽已具备上项条件而并无护照,驻外使领馆亦应拒绝其请求不得发给中国护照。

第二十八条　驻外使领馆办理无国籍人来中国签证,应将请求人来中国目的、拟往地点、船名、行期及在中国亲友或关系人之姓名、职业、住址、门牌号数详细询明,连同请求签证护照事项表一并呈送外交部核办。

第二十九条　外交部允准或拒绝无国籍人来中国,须俟国内关系地方机关查明报告后决定之。如请求人提供各节属实,在中国确有可靠担保并核与第二十七条所规定之条件相符者,始得准其来中国,令行关系驻外使领馆给予签证。

第三十条　驻外使领馆呈请或电请外交部核给无国籍人来中国签证,应按照本办法第十九条所规定之期限办理。

第三十一条　无国籍人请求入境签证,必须经驻外使领馆以电报呈部核示者,应适用本办法第二十条之规定。

第三十二条　驻外使领馆电部请示无国籍人入境签证,除请求护照签证事项表得随后寄部外,关于第二十八条规定各节应于电文内详细叙明以便调查。

第三十三条　无国籍人请求过境签证,适用本办法第二十二条之规定。

第三十四条　国内发照机关得以外交部制定之护照发给无国籍人为离中国前往他国之用,惟先应查明该无国籍人在境内确无民刑未完案件暨其他纠葛,方得发给,此项护照不得填写往返字样,其有效期间定为一年,过期即行作废。过期后,无论国内发照机关或驻外使领馆均不得予以签证,亦不得延长有效期间或换发新照,国内其他机关不得于外人居留执照或内地游历护照上签注"准予国内外往返"等字样。

第三十五条　无国籍人持中国护照旅居外国,在护照期满三个月以前拟改往他国或重返中国时,驻外使领馆得呈请外交部核准后于原照上给予签证,惟仍以请求人具备第二十七条中所规定之条件者为限。

第三十六条　无国籍人来中国签证无论过境、入境均以一次为限,签证有效期间定为六个月,惟以不超过护照本身有效期间为限,如护照期满则签证之效力亦随之消灭。

第三十七条　无国籍人所持中国护照已过有效期间拟再来中国时,即应按照初次来中国手续,依据本办法第二十七条至第三十二条之规定办理。

第三十八条　无国籍人请领离中国前往他国,护照每照应缴照费国币二元,印花二元,请求签证改往他国缴费国币一元,入境及过境签证一律缴费国币十元。

第五章　附则

第三十九条　本办法有未尽事宜得随时修正之。

第四十条　本办法自二十五年七月一日起施行。

附:表格和证件(略)

《外交部法规汇编》,第174—187页

查验外人入境护照规则
1930年8月22日行政院令公布

第一条　凡外人入中华民国国境除法令及条约另有规定应依其规定外,其入境护照依本规则查验之。

第二条　前项护照应填明姓名、性别、年岁、籍贯、住址、职业、入境事由,黏贴照片并经中华民国驻外使领馆之签证。

眷属(子女以未成年者为限)及仆役得合填一护照,但应分别在护照上填明姓名等项及黏贴照片。

第三条　查验护照由国境之地方行政官署办理,于必要时并得委托海常关协助中央主管部于必要时得直接派员指导监督之。

前项查验地点另定之。

第四条　查验护照时发现有左列事项之一者,得禁阻其入境:

一、未带护照或抗不缴验护照者。

二、所带护照不合法或为冒顶伪造者。

三、行动有违反党国利益或妨害公共秩序之虞者。

四、浮浪乞丐。

五、携带违禁或有碍风化之物品者。

六、曾经因案受出境处分者。

第五条　查验员于查验时对前条所列事项如发生疑义,应以最迅速方法请主管长官核示并得将该外人暂予扣留听候核定。

第六条　依法令条约不用护照之外人入境,仍适用本规则第四条第三四五六各款及第五条之规定。

第七条　本规则施行细则另定之。

第八条　本规则于公布日起四个月后施行。

查验外人入境护照规则施行细则

第一条　本细则依查验外人入境护照规则(以后称本规则)第七条制定之。

第二条　本规则第二条第二项所称未成年子女之年岁限制,依中华民国民法之规定。

第三条　查验外人入境护照依左开地点行之:

甲、陆路

满洲里、绥芬河、珲春、延吉、哈尔滨、金州、张家口、绥远、伊犁、喀什噶尔、塔城、九龙(兼水路)、前山、东兴、腾越、思茅、蒙自、河口、龙州。

乙、水路

广州、北海、三水、江门、中山港、汕头、厦门、福州、上海、吴淞(凡不经由上海而入长江者在吴淞查验)、青岛、烟台、威海卫、龙口、天津或塘沽、秦皇岛、葫芦岛、营口、安东(兼陆路)、瑷珲、大黑河、同江。

丙、航空路

由航空器入境者，在空站未设定以前应于核准第一降落地点行之。

查验地点遇必要时得由各关系部随时呈准增减之。

蒙藏边境查验地点另行规定。

第四条　依本规则第四条被禁阻之外人，确系无力离去中华民国国境时，应就近送交该外人之本国驻华领事处理。

第五条　查验护照如需海常关职员协助时，由当地行政官署会同该海常关议定办法呈报主管部备案。

第六条　入境外人缴验护照除依本规则第三条规定外，得受内地地方行政官署之查验。

第七条　内地地方行政官署如查得外人有左列情事之一者，应即扣留并请主管长官核示办法：

一、有本规则第四条各款情形之一者。

二、所带护照未加盖验讫戳记者。

第八条　查验员查验护照不得向外人索取任何费用。

第九条　查验员查验护照时，应著制服并佩证章以示识别，其证章式样由主管部规定之。

第十条　查验员查验护照时，应将查验表交由入境之外人逐一填明，其表式另定之。

第十一条　查验员查验完毕后，应在原护照上加盖某年某月某日验讫戳记，其式样由主管部制定之。

第十二条　查验官署应于每月十日以前将上月份入境及禁阻入境外人姓名、性别、年岁、籍贯、职业、住址及事由分别列表报由地方最高行政官署分转主管部备案。

第十三条　查验官署遇有本规则及本细则所未规定之事项发生时，应速电请主管部核办。

第十四条　本细则自本规则施行之日施行。

附记

民国二十三年一月八日内政、外交部会行各查验外人入境护照机关总税务司建议三端应先试办。

　　兹拟即由各查验护照机关就近通知当地各国邮船公司:

　　(一)各轮船公司应按各国惯例于售票之际必先查明旅客所持护照等件,手续完备方准售给免受损失。

　　(二)船只到埠时,应由公司将搭客名单呈缴以便查验。

　　其拟请海关方面切实协助者,亦有二点,即按照该总税务司建议办法:(一)如船公司不肯呈缴搭客名单,应由海关责令将呈缴海关之单多缴一份,由关转送备查;(二)旅客未经呈验护照者,应阻止其登岸,其擅行登岸者,除由主管官厅追究外,应由海关严厉执行扣留行李之办法。以上二点由本部等咨请财政部通令各关遵照随时与各该查验护照机关接洽切实办理。

　　　　　　　　　　　　　　　　　《外交部法规汇编》,第188—192页

三、关税自主交涉

说明：1928 年 6 月，南京国民政府基本统一了中国，成为一个全国性中央政权，进入了撤废不平等条约的历史新阶段。协定关税不仅严重损害中国主权，而且直接制约整个中国的经济发展。实现关税自主成为南京国民政府修约的重中之重。1928 年 6 月，中美之间开始谈判订立关税新约。7 月 25 日，中美关税新约订立，中国关税自主得到确认，这是南京国民政府在废除关税协定权上取得的第一个成果。

与中国有协定关税关系的国家分为两类：一类是条约期满国，另一类是条约尚未期满国。1928 年 7 月 1 日，中国率先向条约期满国丹麦和意大利发出照会，要求废除旧约，另立平等新约。此后，南京国民政府又向法、日、比、西等条约期满国发出类似照会。南京国民政府此举遭到列强驻华外交使团的强烈反对，其中日本的反对态度最为强硬。

美国虽属条约尚未期满国，却是最先与南京国民政府谈判关税新约的国家。中美关税条约的达成，对中国与其他各国谈判关税新约产生了一定的促进作用。到 1928 年底，中国与条约期满国比利时、西班牙、意大利、葡萄牙、丹麦五国，以及条约尚未期满国挪威、瑞典、荷兰、英国、法国分别签订了友好通商条约。南京国民政府与日本在关税自主问题上的交涉耗时一年多，过程十分艰难，到 1930 年 5 月 6 日，新中日关税协定终于订立，自此，中国终于获得了关税自主权。

本章主要资料来源：

United States Department of State, *Papers Relating to the Foreign Relations of the United States*（《美国外交文件》，以下简称 "FRUS"），1928，Washington：United States Government Printing Office，1943

Kenneth Bourne and D. Cameron Watt ed., *British Documents on*

Foreign Affairs: Reports and Papers from the Foreign Office Confidential Print(《英国外交文件集》,以下简称"BDFA"),Part Ⅱ,Series E Asia, 1914—1939,Vol.35,China. University Publications of America,1994

中国第二历史档案馆编:《南京国民政府外交部公报》第一卷第四号、第一卷第五号、第二卷第一号,江苏古籍出版社,1990 年

中国第二历史档案馆编:《中华民国史档案资料汇编》第五辑第一编《外交》,江苏古籍出版社,1994 年。

（一）关税自主的提出

说明:1927 年 4 月 18 日,南京国民政府正式成立。1927 年 5 月 10 日,任外交部长的伍朝枢宣布"于相当时期提议废止不平等条约",并于次日发表《国民政府将采取正当手续废除一切不平等条约之宣言》。片面协定关税对中国政治经济的发展具有极其严重的影响,南京国民政府决定先从废除协定关税着手,自行宣告中国关税自主。1927 年 7 月 20 日,南京国民政府发布了关税自主布告。《裁撤国内通过税条例》、《国定进口关税暂行条例》及《出厂税条例》等也于同日公布。

国民政府关税自主布告
1927 年 7 月 20 日

吾国国民经济日形衰弱,固由政治组织不良,亦缘最近数十年来,外感协定关税之压迫,内受厘金制度之摧残,以致商货艰滞,实业不振。本政府受国民之托付,夙夜兢兢,深知欲图国民经济之发达,非将万恶之厘金及类似厘金之制度彻底清除,不足以苏民困;而不平等之关税条约,尤与国家之主权相妨,非迅速实行关税自主,不足以跻进国际之平等。爰本此旨,决定在最短期间内实行裁厘,并宣告关税自主。

查厘金之制,本系通过税之一种。在创办之初,原系权宜之计,其

后变本加厉,至今未废。更有类似厘金之各行杂税,节节设卡,物物抽税,商民痛心疾首,终以从前不良政府靳此收入而不能去。华商之茹苦含痛,固不待言,即外商亦同感不便。病国厉民,莫此为甚。今决定先在江苏、安徽、浙江、福建、广东、广西六省,将此数十年之秕政恶制根本铲除,继续推行全国,藉慰中外商民之望。举凡属于通过税之性质者,不问其名为何,一律摧陷廓清,以期与民更始。其大者,如内地之常关税、统税、货物税、铁路税捐、邮包厘金、海关之子口税、复进口税及由此口到彼口之出口税,连同正、杂各税捐中之含有通过税性质者,均在应行裁撤之列,即非通过税而不便商民之落地税,亦同时裁撤。

至关税自主,夙为全国人士所属望。现在国民政府基于国民经济及财政上之需要,根据国际平等之通则,以谋国定关税之实施,对于进口货物自应另订税则,蕲合乎时势之要求。一面对于国内各地工厂所出货品,亦应同时征收出厂税,以示平均,而资调剂。

凡此兴革,均系先总理素所主张,并指导实现新革政策之大端。本政府自当尊奉,从速施行,以副先志,而慰民望。所有《裁撤国内通过税条例》、《国内进口关税暂行条例》及《出厂税条例》,业于同日由本政府公布在案。

兹定于本年九月一日为裁撤厘金之期,同日宣告关税自主。即将江苏、安徽、浙江、福建、广东、广西六省境内各种通过税完全裁撤,并将进口货物改照国定税率征收,工厂制造货物,依照《出厂税条例》征税,以启发颓废之实业,挽救束缚之贸迁。除令行财政部转饬江苏、安徽、浙江、福建、广东、广西六省财政厅长暨各海关监督尊办外,合行晓示中外商民,一体知悉,特此布告。

中华民国十六年七月二十日

国民政府为增加关税暂缓的布告

1927 年 8 月 29 日

国民政府布告　十六年八月二十九日

照得关税自主、加税、裁厘一案,前经本政府布告中外,定期九月一日施行。查置关征税为独立国家固有主权,所以自保存在。兹宣告:自本年九月一日起,全国海陆关税一律自主,至增加关税、另征出厂税及裁撤国内通过税各节,迭经本政府另行财政部督促苏、皖、浙、闽、粤、桂六省财政厅长及各海常关监督,按照条例筹备实施在案,但增征税课与裁撤厘金二者,截然两事,本政府特定条例,同时施行者。盖欲在国库收入不受重大损失之范围内,减免商民之重复负担,且使中外贸易得充分之发展也。现在各省中或因境内军事影响,或以上游内地新隶本政府管辖,势难同时实行,若不统筹兼顾,遽行零星改革,难免无重征税之虞,使惠商爱民之政转而病商厉民,殊非本政府改良税制之本意。应俟本政府重加考量,另定施行日期。须知,关税自主为独立国家主权之行使,已定于本年九月一日实施。而增加关税,另征出厂税则须体恤商情,审察民力,以期推行尽利。至裁撤厘金等通过税,贵在事实能〔行〕,不贵空言徒托。本政府体察情形,暂缓举办,悉本此意。除训令财政部分令遵办外,合行晓谕中外商民人等一体知照。特此布告。

《中华民国史档案资料汇编》第五辑第一编《外交》,第 9—10 页

外交部为增加关税暂缓事致各国公使照会

1927 年 8 月 29 日

径启者:国民政府定于十六年九月一日实行关税自主,并裁厘加税一节,业于本年七月二十一日照会贵公使、代使在案。现在国民政府鉴于目下之情况,决定将新订之(一)裁撤国内通过税条例,(二)国定进口关税暂行条例,(三)出厂税条例,暂缓实行。惟对于前次所宣告自九月一日起实行关税自主之政策,仍然维持有效,并不变更。相应函请

查照。并希见复,为荷。此致

大英国钦命驻华全权公使爵士蓝

大荷国钦命驻华全权公使欧

大比国钦命驻华全权公使华

大丹国驻华代理公使狄

大西国钦命驻华全权公使嘎

大美国驻华代理公使梅

大法国特命驻华全权公使伯爵玛

大日本国钦命驻华全权公使芳泽

大那威国钦命驻华全权公使米

大葡国特命驻华全权公使毕

大瑞典国驻华代理公使男爵雷

大义国钦命驻华全权公使华

十六年八月廿九日

国民政府外交部长伍朝枢

次长郭泰祺代

《中华民国史档案资料汇编》第五辑第一编《外交》,第10—11页

郭泰祺为增加关税暂缓事致朱笑山电

1927 年 8 月 30 日

国急。限即刻到。南京外交部朱司长笑山兄鉴:两电悉。加税暂缓实行一节,前曾与伍部长接洽,现已时间匆促,正以部长名义由次长代署,用公函通知驻北京十二国公使、代使,文曰:径启者:国民政府定于十六年九月一日实行关税自主,并裁厘加税一节,业于本年七月二十一日照会贵公使、代使在案。现在国民政府鉴于目下之情况,决定将新订之(一)裁撤国内通过税条例,(二)国定进口关税暂行条例,(三)出厂税条例,暂缓实行。惟对于前次所宣告自九月一日起实行关税自主之政策,仍然维持有效,并不变更。相应函请查照。并希见复为荷。等

语。希咨财政部,并呈政府另发布告。泰祺陷。印。

《中华民国史档案资料汇编》第五辑第一编《外交》,第 11 页

(二)中美关税新约交涉

说明:南京国民政府统一全国后,向美国提出了谈判新约的要求。美国政府同意尽快与中国谈判关税新约。中美之间关于关税自主问题的谈判始于 1928 年 7 月中旬,谈判过程相对顺利,7 月 25 日就达成了《整理中美两国关税关系之条约》。然而,美国同意中国关税完全自主是有条件的:缔约任何一方在关税方面不得给予对方公民以低于第三国公民的待遇,在国内税方面不得给予对方公民以低于本国公民或第三国公民的待遇。

凯洛格致马克谟

华盛顿,1928 年 6 月 23 日

1. 授权你在适当的时间与国民政府权威人士在以下基础上就修改关税条款开始谈判,这一基础要随谈判的进程不时进行调整。

2. 我同意你的观点,除非国民政府提出,否则没必要先在国民政府的承认问题上花时间。毫无疑问,我们目前与南京政府有事实上的关系,并且与该政府进行条约谈判至少承认了那种状况。尽管与他们制订条款肯定有法律上承认的作用,但这样的承认问题在此刻不应提出。

3. 你可以通知国民政府,美国政府现在愿意就修改中美之间的关税条约之条款展开谈判。此前中美之间缔结和生效条约的所有条款中凡关于商品进出口税率、存票及吨位税的,应该在 1929 年 1 月 1 日或此条约生效 4 个月后,予以取消并失效,美国准备对此表示同意。待缔约方就上述事务及相关事务方面在彼此境内享有不低于第三国的待遇

之时,可以适用关税完全自主原则。建议将1月1日作为目前关税条款的终止时间,因为在新条约生效前应该适当有一段时间间隔,以便对商业进行调整使之适应新形势。不得以任何借口迫使缔约任何一方的公民在缔约另一方的境内支付高于本国或任何其他国家公民的国内税。

4. 应使国民政府明白任何关税方面达成的协议在该国需要国会批准。你或许可以表明在按建议的方式达成关税协议后,美国政府愿意展开治外法权问题的讨论。当国民政府准备给予美国公民人生和财产的适当保护时,美国愿意考虑取消治外法权。美国政府准备兑现1903年条约及1925年9月4日致中国外交部的同文照会中的承诺。美国政府已经对治外法权委员会的报告予以仔细考虑。当然无论何时开始讨论取消治外法权,都有必要考虑中国的法律及其执行状况,中国法庭的独立性,以及对美国公民之保护的质量及其效果。鉴于美国与中国1844年至1920年所订的条约涵盖了两国商业及公民待遇整个问题的方方面面,美国政府认为放弃治外法权的谈判将有必要对美中之间的所有条约进行修改。我的意见是,出于持久战的打算,现在就开始这么巨大的项目是不明智的,但在不久的将来这肯定是要进行的。

5. 对于公使的信息:如果中国能建立一个稳固的政府并且有足够的证据证明其履行义务的能力,美国政府准备开始治外法权方面的谈判。

6. 要求你将自己与上述内容直接相关的观点用电报完整地发过来。

7. 当你准备与南京政府进入谈判时,我期望在媒体上声明我们准备就关税条约进入谈判。请把你认为应该包括在我的声明之内的内容通过电报通知我。它肯定会出现在中国的媒体上,但我希望先在美国媒体上出现。也请你通知我你认为我们此次行动有必要通知的各国政府。

凯洛格致马克谟

华盛顿,1928 年 7 月 20 日下午 1 点

1. 我觉得除非我们立刻行动,否则国民党人将强迫采取两项行动,一是谈判包括关税和治外法权两方面的全新条约,二是在华盛顿而非在北京谈判。你认为假如按我建议的方法给他们提供谈判的机会,他们可能会利用这样的机会讨价还价。我已充分考虑了你的这种建议,但我觉得假如能在被他们强迫而于治外法权问题上处于防御地位之前准时公开地提供这种谈判机会,将使我们有更合宜的处境并证明我们愿意做一切形势许可的事。为了贯彻我 1927 年 1 月 27 日声明中的政策,我不希望使我国政府处于防御地位。另外我希望消除一些国民党人所倡导的在华盛顿谈判的想法。

2. 我已经考虑了你 547 号文件中的草案以及你的观点和建议。

3. 我希望你代表我向国民政府发如下的照会:

"在过去几个月中,中国的事件进展很快。美国政府和人民将继续对此予以深入和同情的观察。本年年初美国驻华公使作了长江流域之旅并于 1928 年 3 月 30 日在上海与国民政府外交部长互换了处理 1927 年 3 月 24 日南京惨案的照会。为了达成条件,授权中美联合调查团评估美国公民在事件发生的过程中所遭受的损失。

1927 年 1 月 27 日,我声明了美国对华态度。在这之后,我经常有机会重申美国的态度。在那里我表明美国自从华盛顿条约谈判时就已经准备和任何能代表中国或充当中国代言人的中国政府或代表进入谈判,不仅为了华盛顿条约附加税的实施而且也为了使中国恢复的关税完全自主。从那以后,美国政府一直以不断加增的兴趣关注着中国派系调和及美国可与之谈判的政府之建立的进展。通过媒体的报道及不时向媒体公布的政府报告,美国人民也热切关注着这些进展。

今年 3 月 30 日,美国驻华公使致南京国民政府外交部长的照会中,为了回复后者关于修改现存条约的建议,提到了美国政府和人民对中国人民发展自己的国民生活并实现主权尽可能不被不寻常的义务限

制的愿望。并且还表明了美国政府期望建立一个能代表中国人民的政府,该政府须有能力确保切实履行调整条约关系而来的义务。

1928年7月11日伍朝枢致函通知我,国民政府已经决定任命全权代表进行条约谈判,而且他受指示要求美国政府也为此委派代表。

美国对中国的善意是众所周知的,美国政府和人民欢迎中国在团结、和平和进步上迈出的每一步。我们不想干涉他们的内政。我们向他们要求的只不过是我们期望从每个国家获得的保持友好交往的待遇,尤其是对美国公民的人身、财产及合法权益的适当和足够的保护,总而言之,待遇不能低于任何其他国家的公民。

对中国所面临的巨大困难的深刻认识,坚定了我的信念,即一个统一的新中国正从困扰了该国数年的内战的混乱和骚动中产生。这绝对是美国人民的希望。

由于坚信在中国建立一个能代表该国的负责之政府对各国人民都有好处,现在我很乐意声明美国政府已经做好准备由美国驻华公使与国民政府委派授权的代表马上开始就美中条约的关税条款进行谈判。也许可以期待在缔结的新条约中,关税自主原则及在商业上缔约双方的一方在另一方的港口及境内所享受的待遇不得低于任何其他国家的原则将得到充分的表达。我很高兴进一步表明当对中国非常重要的关税问题成功解决后,我希望与中国政府讨论两国条约关系的其他方面,如果条件允许的话,缔结一项正规的新条约。"

4. 所有先前关于声明的提议取消并由这一指示代替。你会注意到治外法权在那里没有明确地提到。在回答可能的问题时,我将说明我希望在处理治外法权之前先解决关税问题。

5. 我希望上述照会在中国时间7月25日中午递交给中国外交部长,同时将照会的副本秘密地交给1922年2月6日九国关税条约签字国的代表及拥护这个条约的国家代表。当你安排相应的递交之后,请马上通知我,以便我准备好在这边同时秘密递送。

6. 在向外交部长递交照会时,你将另外说明国务卿建议24小时后由外交部长、你和国务卿对照会内容进行宣传,并且你的团队和美国国务院已经受我指示开展相应的活动。

7. 当照会确实递交之后,请立即通知我。

8. 我已经充分考虑了提前通知相关国家代表的问题并且认为对这一行动的反对比赞成更有价值。

FRUS,1928,Vol. 2,pp. 464-467

凯洛格致马克谟

华盛顿,1928 年 7 月 21 日下午 3 点

1. 我希望你递交给国民政府并期望在这边媒体公布的照会的内容在 7 月 20 日下午 1 点我的第 230 号电报中传达给你。

2. 我在电报中曾建议 7 月 25 日递交提议的照会。现在建议你立刻把照会递交给宋子文和王正廷,并在递交后通知我以便我在这边公布。在向宋子文递交照会时,你可以告诉他,你有权按你第 555 号电报中暗示的方式进行谈判。

3. 至于关税条约的内容如国务院考虑的谁的利益,觉得去年 10 月与律师讨论的草案,尽管基本上满意,但含有一些非必需的条款。新协议应仅仅局限于放弃旧关税待遇和建立关税待遇新基础所必需的内容。出于那个目的,所有必需之项已在国务院 6 月 23 日下午 3 点的第 202 号电报第三段中阐明。

建议主要规定的实质内容应如下:

"(1)缔约双方同意该约正式签署 4 个月后,此前中美之间缔结和生效条约的所有条款中凡关于商品进出口税率、存票及吨位税的,予以取消并失效,其条件是缔约双方在彼此境内享受不低于任何其他国家所享受的待遇。

(2)不得以任何借口迫使缔约任何一方的公民在缔约另一方的境内支付高于本国或任何其他国家公民的国内税。"

FRUS,1928,Vol. 2,pp. 468-469

马克谟致凯洛格

北京,1928 年 7 月 21 日下午 6 点

1. 我和宋子文在进一步讨论中就下列内容达成了共识,你会发现这比去年 10 月份讨论的草案与国务院 6 月 23 日下午 3 点的第 202 号电报阐明的内容更为一致。

"所有迄今为止美中之间的条约条款及涉及商品在华进出口税率、存票、转运税、沿海贸易税和吨位税的条款将被终止效力,但关税完全自主原则的适用将以在彼此境内缔约双方在以上详述及相关事务方面所受的待遇不低于任何其他国家为条件。(括号内的如下内容是非强制的:其他各国不得以同意增加关税向中国索取补偿性特权或利益作为进一步的条件。)

不得以任何借口迫使缔约任何一方的公民在另一方境内支付高于本国或任何其他国家公民的关税、国内税、进出口税。"

2. 宋子文仍在考虑以废除厘金作为关税自主的条件的可能性。

3. 由中华民国国民党执行委员会授权宋子文签署条约。

4. 宋子文通知我,蒋介石委员长在向他咨询后非常支持这样提议的条约。

FRUS,1928,Vol.2,pp.469–470

马克谟致凯洛格

北京,1928 年 7 月 22 日晚上 9 点

1. 公使馆 7 月 20 日晚上 10 点的 555 号电报及 7 月 21 日下午 6 点的 556 号电报将向您揭示国务院 7 月 20 日下午 1 点的 230 号电报发出时所没有预期到的形势发展。与宋子文就关税事务谈判的机会为在更好的形势下更快实现您一直以来的明确目标提供了方法。因此,除非收到您相反的指示,我打算继续进行这些谈判,我希望这些谈判在 26 日能成功地得出结果。

2. 国务院 230 号电报非常明确,因此在照会的措辞或进行规定步

骤的时间上已无需我酌情决定。既然没有收到您修改的指示，那我将严格执行它，尽管我觉得据新进展照会的最后一段可能有利并可作适当的修改。向中国及其他国家的外交代表递交照会的时间可能会推迟至关税条约签订之时。

3. 建议假如关税条约谈判进展顺利，授权我在条约签订之夜非正式地通知相关国家的外交代表，但将推迟向国民政府外交部长递交您的照会以便将它作为已经实现的事实的声明（而且同时传达给各国外交代表）。那样的话，照会的最后一段（的开首语）应改为："诚挚地，等等，我很荣幸地宣布美国政府已通过其驻华公使与国民政府委派的代表缔结了一个互相充分表达……原则的条约，等等。"

4. 在这种情况下，我诚挚地建议结束句（"而且，我很荣幸宣布，等等"）应该删去。由于缔结关税条约能使我们处于非常有利的战略地位，所以没必要担心会处于被动。从与宋子文的面谈中，我得到的印象是许多国民政府负责人认为这样的行动在目前的形势下已足以表达我们的善意及惠赐我们的承诺。国务院通过电报传过来的照会中说应该立即安排进一步的谈判。我觉得不仅没有必要进行这种进一步谈判，而且正如我先前指出的，提出进一步谈判会使我们进退维谷，要么放弃我们的整个立场，要么遭到中国人因没有满足期望而产生的憎恨，而这种期望是我们鼓励他们有的。

5. 至于国务院电报的第五段，我不可能按其中所说的时间与中国外交部长沟通，因为他现在在南京。如果我早几个小时明确地致电他，并在明确的时间把照会递交给外交部副部长（如果他还在这里）和宋子文，您指示中的这方面的目标会得到满足。

6. 万一与宋子文的谈判不能导致条约的签订，国务院 230 号电报中规定的照会可能会在我们交换这方面的意见之后尽快发出，大概在 7 月 29 日，星期日。

7. 在起草这份电报的时候，国务院 7 月 21 日下午 3 点的 233 号电报已收到。您建议在国务院 230 号电报规定的时间前递交照会。然而我请您关注我上面所概述的建议,据我对形势的估计,在按您的建议行动之前这些建议是很重要的。

凯洛格致马克谟

华盛顿,1928 年 7 月 23 日下午 6 点

公使馆 7 月 21 日 6 点的 556 号、7 月 22 日晚上 9 点的 559 号及先前的电报。

1. 你可能觉得对国务院电报中建议的术语做些适当的修改是明智的。你提交的这方面的内容已经得到国务院的许可。

2. 至于是否包括提议的非强制性条款,国务院的意见是其决定应该完全根据中方的意愿。

3. 关于厘金问题,国务院认为:把至多部分实现而且即使未实现也极可能被忽略的东西作为条件,实际上从中得不到什么。国务院建议你向宋子文提出互换照会作为协议的附件,其中包括一项中国打算废除厘金的明确有力的声明。

4. 希望遵行国务院 7 月 20 日下午 1 点的 230 号电报概述的程序。是否有可能让宋子文推迟前往南京并在我向媒体公布我的声明的同时或之后签署条约?

5. 至于公使馆第 559 号电报的第四段,我声明中涉及将来谈判的结束语,我会删去,你也要删去它。

6. 我的声明可能由你明确地致电王正廷。

7. 我将于华盛顿时间星期二下午 6 点机密地向这边的 12 个相关国家的外交代表发表该声明,参加者包括中国驻华盛顿公使,并在星期三下午 6 点向媒体发布。你可以根据自己的意愿通知相关国家的同行。

8. 我发表声明的时间是华盛顿时间 1928 年 7 月 24 日,星期二。

马克谟致凯洛格

北京,1928 年 7 月 24 日下午 6 点 05 分

国务院 7 月 23 日下午 6 点第 235 号。

1. 我将于今晚 10 点致电王正廷,明确包含 7 月 20 日国务院 230 号中的照会内容(删去结束句),同样我将把您提议该照会于 7 月 26 日星期四中午在中国公布的意见致电告诉他,而且给了我相应的指示,而且几乎与此同时您将在华盛顿公布该照会。明天早上我将把照会副本送至相关国家的同行。

2. 我刚接到宋子文的通知,他已得到王正廷的授权(外交部次长唐将予以书面证实),这使得他和我能在明天即 7 月 25 日按我接下来的 567 号电报中的方法缔结条约。

3. 宋子文决定借自美国和暹罗条约的非强制性条款要删去,因为他觉得目前的形势下日本会对此不满。

4. 同样宋子文反对条约本身包含任何将废除厘金作为条件的条款。然而,他同意把打算在不久后永久废除厘金制度的声明作为条约的附件。他的声明及我随后的复照内容还未达成一致。

5. 宋子文希望在条约公布之前有机会与上海的国民政府领导人进行讨论。相应地,他要求条约的公布在中国应等到 8 月 1 日中午,在美国要与此保持同时,等到 7 月 31 日午夜。

FRUS,1928,Vol.2,pp.473-474

凯洛格致柯立芝

华盛顿,1928 年 7 月 25 日

尊敬的总统:与中国代表谈判新条约的事情进展超乎预期的快。

我已经将表明我国政府态度的声明内容送交十二个相关国家的外交代表,该声明还涉及在不早于 7 月 26 日上午 9 点向媒体公布何种信息。该声明已由马克谟公使代表我递交给南京国民政府外交部长。附上该声明的副本一份。

自从国务院和驻北京公使馆人员就手续问题展开讨论之时,国民政府财政部长就向马克谟建议立即缔结关税条约。我授权马克谟进行谈判。今天上午收到电报,协议已达成。重要条款如下:

历来中美两国所订立有效之条约内所载关于中国进出口货物之税率、存票、子口税并船钞事项之各条款,应即撤销作废,而应适用国家关税完全自主之原则。惟缔约各国于对方境内在上述明确的方面及相关事务方面所受的待遇应与任何其他国家毫无区别。

不得以任何借口迫使缔约国任何一方的公民在另一方境内支付高于任何其他国家公民所支付的关税、内地税或任何进出口税。

如果能在1929年1月1日之前得到双方政府的批准,上述条款将于是日生效;否则在批准4个月后生效。

该条约应由缔约国按各自的宪法程序批准,并应尽早交换批准。

现在有必要授以全权谈判并缔结该条约。为此,国务院已经准备好了正式文件而且我已经副署了。我把这份文件附上,请您签署。如果您同意,我将即刻致电通知马克谟已经授以全权。我恳求您致电通知我,您同意并签署了该文件。

FRUS,1928,Vol.2,pp.474–475

凯洛格致王正廷关于修约照会全文译文
1928年7月24日

照会由美国驻华公使马慕瑞转电王部长

国民政府外交部王部长阁下:本公使现奉美国国务卿训令,将下列照会转达阁下:

在过去数月中,中国各事进行异常迅速。美国政府及人民向以深切而同情的态度观察此种变迁。本年春,美国驻华公使曾有扬子江流域之行。迨三月三十日美公使行抵上海时与国民政府外交部长交换各项文件,解决一九二七年三月二十四日发生之不幸的南京事件。按照换文内约定之办法,中美联合委员会业已成立,其使命为估定在该事件发生时美人所受之损害。又，一九二七年一月二十七日余尝发表美国对华态度之宣言，嗣于重行声明本政府之态度时，余又屡次提及该项宣言。余在该宣言中谓，美国彼时准备，且自商订华盛顿条约时早已准备，与足能代表中国或能为中国发言之任何政府或代表开始商议，庶不独华盛顿条约之附加税得以实行，且关税自主权亦得完全恢复于中国。自彼时起，美国政府对于中国之发展益加注意，盖此种发展，其趋向能促成中国各派之联合且能组成一美国可与商议之政府。美国人民每自报纸及自随时发布于报纸之官报得悉一切消息后，观察此种发展亦饶有热切的兴趣。

本年三月三十日，美国驻华公使为答复关于修订现行条约之提议所致南京国民政府外交部部长之照会，业已提及美国政府及其人民对于中国人民欲使其国家生存日趋稳固并实现其不受特种义务限制之主权之愿望，深表同情并声明美国政府希望中国有代表中国人民之政治施行，俾得履行中国方面关于修订条约时应尽之义务。

本年七月十一日，准伍朝枢先生来文内开国民政府为商议条约事决定委派全权代表且请美国政府亦为此事委派代表。

美国对于中国之友善由来已久，美国政府及人民对于中国人民凡能促进统一和平及进步之一切举动莫不表示欢慰。吾人不愿干涉中国之内政。吾人欲求于中国者，犹如吾人欲求于与美国友好之任何国家，申言之如对于美国人民生命财产及合法之权利应予以适当并合宜的保护，又如概括言之美国人民所受之待遇较之对于任何他国人民利益之待遇应无歧视。

余虽深知中国人民之前途艰难甚巨，但余不得不确信中国经频年内争之祸后，一统一的新中国正在发现之，中美人民当然俱抱此希望。

吾人相信各关系国人民幸福之增进有赖于在中国成立一种负责之权力，足能指挥并代表全国人民。兹美国政府为证明上述坚信起见，预备以驻华公使为代表与国民政府依法委派之代表对于中美间条约关于关税之规定，即时商议以期缔成新约。庶关税自主之原则及此国之商务在彼国口岸及领土内得享有无异于他国商务享受之待遇之原则得相互完全表明。

外交部复马克谟照会

1928 年 7 月 28 日

大中华民国外交部部长王

为照复事。贵公使本年七月二十四日转到贵国国务卿关于修订中美条约问题照会一件,业经阅悉。贵国政府及人民以深切同情之态度观察吾国近时之发展,并贵国政府决定委派贵公使与国民政府代表即时开议,以期缔结新约各节,国民政府获悉之余,至为欣感。贵国政府对于国民政府所定之修约政策,首先以最诚恳之意予以美善之答复,足见贵国政府及人民与中国政府及人民推诚想与,将使两国历久之友谊其基础益趋稳固而愈为光大,且可促进世界之和平,中国人民尤引为欣幸。国民政府更希望,中美两国即将开始之会议,其结果将使一切亟待解决之问题均可获一适当之解决。国民政府兹特派伍朝枢博士为全权代表与贵国政府之代表进行会议。本部长以为此项会议宜及早开始,期于最短期间完成新约,以开两国外交上之新纪元。相应照复贵公使查照,须至照会者。右照会,大美国驻华特命全权公使马。

王正廷　印

中华民国十七年七月二十八日

(三)与日本的艰难交涉

说明:南京国民政府统一全国后,于 1928 年 7 月 19 日照会日本,要求对旧约作根本修订。日本政府表示不能接受这样的照会。直到

1928 年年底,中国与其他各国的关税协定已经达成或即将达成,日本
在关税问题上陷入孤立境地,日本政府态度才稍有妥协。中日间的悬
案是中日间订立新关税条约的障碍,中日两国政府的谈判只得先从解
决重大悬案开始。1929 年 3 月 24 日,中日达成解决"济南惨案"的协
议,同年 5 月 2 日,两国又签订了解决"南京事件"和"汉口租界事件"
的协定。这些重大悬案解决后,中日双方关于关税的谈判终于有了结
果。1930 年 5 月 6 日,中日间订立了新的《关税协定》。

1. 中日三大悬案解决前的曲折交涉

芳泽谦吉复外交部节略译文
1928 年 7 月 31 日发,8 月 7 日到

节略

接准昭和三年七月十九日(民国十七年同月日)国民政府外交部
长关于中日通商行船条约之照会,以明治二十九年(光绪二十二年)中
日订立之通商行船条约并附属文件及附属前约之公立文凭,与明治三
十六年(光绪二十九年)订立之通商行船续约及附属文件,于本年七月
二十日业届满期,提议订立新约。在新约尚未订定以前,按照国民政府
所颁布《中华民国与外国旧约已废新约未成前之临时办法》宣布实行
等因,日本公使据帝国政府之训令,将下开各节奉复国民政府,实深
荣幸。

明治二十九年(光绪二十二年)订立之中日通商条约第二十六条
载,"自本约批准交换之日起于十个年之终,关于税则及本约通商条款
得要求改正,然若自最初十个年之终起算,在六个月内两缔约国无论自
何方面不为此项要求不行改正时,本约及税则自前十个年之终起算,应
照旧再有十个年间之效力,嗣后于每十个年之终并照样办理"等语,并
无废弃或失效之规定。因之,两国间如无特别之合意或协定,则此项条
约不仅不能废弃或失效,且上述约文明载有"在六个月以内改正商议

未完了时,条约及税则再有延长十个年间之效力"等语,是条约及税则再有延长十个年间之效力并无置疑之余地,此为帝国政府夙所怀抱之见解。前于答复大正十五年(即民国十五年)十月北京政府外交部提议改订条约时曾将此项见解声明,其后迭次延长商议期间时,关于此点亦常唤起中国方面之注意各在案。

按照以上理由则虽在本年七月二十日商议期间届满之后,而前述各约及其附属文件依然有效。故对于国民政府以商议期间届满为条约期满之见解,虽欲同意而有所不能。

再如此次国民政府照会中于订立新约期间欲律以国民政府一方所颁布之临时办法,是直强使现行有效之条约失其效力。此则不仅违反条约正文,为清理解释上或国际惯行上所不应有之事,且为蔑视国际信义之暴举,帝国政府万难容忍。

至于改订条约,帝国政府已如迭次所声明,鉴于中国国民之舆望及中日之种种密切关系具有容纳商议之诚意与准备,征诸前在北京非正式商议时,六个月之改订期限虽经满了而迭允延长,商议期限以期改订告成等事,实可以明了此应为国民政府所深悉。其间不幸条约未见改订者,主由于中国国内政情之不安定,不得不特为指明。

总之,帝国政府关于上述改订条约之态度,迄今亦无若何变更。国民政府若于此时鉴于国际之大义、中日友善之关系,撤回所谓临时办法实行之主张,确认现行条约之有效,帝国政府不吝欣然接纳改订之商议,施以认为适当之改订;若国民政府仍坚持其现行条约失效之主张,在帝国政府不仅不能接纳条约改订之商议,而于国民政府一方强行其临时办法时,帝国政府为拥护条约上之权益,将有不得已出于认为适当之处置。合并声明。

日本帝国公使馆

外交部复芳泽谦吉节略

1928 年 8 月 14 日发

本年八月七日接准七月三十一日

节略声述

贵国政府关于中日通商条约约文解释暨改订意见各节均已详悉。

贵国政府表示改订条约具有商议之诚意与准备,本国政府极所欣感,自当以最诚恳之意愿同情接纳,盖重订新约为国民政府增进国际友谊之根本政策。光绪二十二年所订中日通商行船条约并附属文件暨公立文凭及光绪二十九年所订中日通商行船续约均远在三十年前,此三十年间两国之经济商务、人民关系以及政治状况既屡有变迁,自与现时情势不能适合。以不适于现状之条约而勉强行之,必致滋生困难,引起人民之误会,殊非敦睦邦交之道。本国政府基于此项原因,以为当初订约之时与现时状况既已情势迥异,亟宜根本改订,根据平等相互之原则缔结新约,以符贵我两国力谋亲善之本旨。固知贵国政府早具同情,定必开诚相与,努力进行,以图两国共同之福利。

贵公使节略以光绪二十二年中日通商条约第二十六条载"此次所订税则及此约内关涉通商各条款日后如有一国再欲重修,由换约之日起以十年为限,期满后须于六个月之内知照酌量更改。若两国彼此均未声明更改,则条款税则仍照前办理,复俟十年再行更改,以后均照此限此式办理"等语,认为在六个月以内改约商议未完结时,条约并税目再有延长十个年间效力。惟中国政府看法,按照本条文解释,期满后六个月内若两国彼此均未声明更改,则条款税则始有继续十年之效力。换言之,期满后六个月内若任何一方已经提议声明更改,并已实行商议改订,则条款税则即不再延长其效力。更以事实证之。以前每届十年期满后六个月内,贵我两国均无声明更改之提议,故本约因而一再延长至三十年之久,迨民国十五年七月二十日又届期满,中国政府特向贵国政府提议将光绪二十二年中日通商行船条约及其一切附属文件连同光绪二十九年中日通商行船续约一并根本改订,并表示不再继续之希望,声明如六个月修约期满而新约未成，保留中国政府应有决定对于旧约态度而宣示之权，是中国政府夙已表明其见解。故于贵国政府以在六个月内改约商议未完结时条约并税目再有延长十个年间效力之主张，歉难同意。因此国民政府回顾从来之见解，深惜在六个月修约期内新约不能完成，驯至一再展限仍未就绪，而本年七月二十日又届展限期满，爰本七月七日宣言援情势变迁之原则，照会贵公使转达。

贵国政府特派全权代表于最短期内，以平等及相互尊重主权之精神缔结新约。国民政府详审近年国际进步之潮流暨本国国民之希望与夫经济商务之状况，稔知一切不平等或不适合于现情各条约，足以阻滞国际友谊违碍和平保障，且国际间彼此情势既有变迁，断无可以永久适用之条约，因而依据情势变迁之原则，使其效力废止或中止。准之法理，按之先例，本国政府此举绝无蔑视国际信义之嫌。矧本部七月七日宣言，声明中华民国与各国间条约已届满期者废除另订新约，未满期者则以正当手续解除而重订之。对于满期与未满期条约特为分别规定，于法理事实双方兼顾，尤为尊重国际信义之明证。乃贵国政府谓为蔑视国际信义之暴举。以贵我两国睦谊之敦笃，而往来公牍之中竟有此外交文件素不经见之字样，本国政府深为惋惜。至于国民政府七月七日颁布之临时办法，所以维持中华民国与旧约期满、新约未成前各外国间之政治商务关系，并非于任何一国有所偏倚。以中日邻交之密接，关系之繁复，本国政府对于此项临时办法之施行，亦曾经加以深切之考虑，因此于新约之重订期望至为深切。兹既准贵国政府表示欣然应允改订之商议，本国政府尤当一本至诚从事开始商议新约之准备。总之，国民政府惟一愿望，端在速订双方平等互尊主权之新约，以代替久历年所、不适现情之旧约。而达此愿望之真意，实所以谋国际友谊之增进。本国政府以此为根本政策，故不惮一再申述。而本国政府最所企望者，尤以中日为同洲邻国，邦交素敦，共存共荣，关系殷密，深冀重订新约早日观成，以树国际之风声而增两国共同之福利。甚盼贵国政府查照本部七月十九日照会，迅即简派全权代表于最近期内开始商议，相见以诚,促成新约,用以益敦中日固有之邦交,确立两国人民亲善之基础。相应复请贵公使查照,即希转呈贵国政府为荷。

2. 中日三大悬案解决后的关税交涉进程

芳泽谦吉致外交部节略
1929年4月26日(译)

本公使对于昭和三年八月十四日国民政府外交部关于中日通商行船条约节略,兹根据帝国政府训令,答复国民政府如下:

一、国民政府援引中日通商行船条约第二十六条汉文约文,以为该条之趣旨,在十年期间满了后六个月内,经一方提议声明改订,并已实行改订商议,则该约效力,不再延长;再,北京政府时代,于大正十五年十月二十日,备文提议改订中日通商行船条约,同时声明在条约规定六个月期间内,新条约不能成立时,保留其当然应有之主权,不能同意条约效力之延长等因。关于第二十六条之解释,业如上年七月三十一日本使馆节略所述按照该条约日文约文及英文约文,自十年期满之日起算,在六个月以内,未能完成改订商议时,该约及税则当然继续有效十年,甚为明显。对于此项明了规定,而解释竟有不同,帝国政府固引为遗憾。纵使日文约文与汉文约文之间解释不同,然在该约第二十八条规定"解释不同时,应依英文约文裁决"之规定,故在日本政府深信其主张之正当也。又,对于北京政府之提议,帝国政府于大正十五年十一月十日,以节略允认条约改订提议,同时对于上述保留权利一节,按照现行条约第二十六条之规定,声明不能承认,其后于每次延长商议期间时,迭经声明此项见解。上年七月三十一日节略内,业经申述在案。故中国方面所谓权利保留之声明,不能认为于条约规定有所变更,或于条约效力予以如何之影响。

二、国民政府根据情势变迁原则,以条约废止或中止,在法理上、国际惯例上，为绝对之可能，关于中日通商行船约条，一方提议根本改订，同时似仍根据上述原则，维持上年七月十九日外交部照会中所述该条约失效之主张，查情势变迁原则在国际间为法规上之原则，并非确定。且若承认此种原则时，则一切条约，无论何时，殆按照缔约国一方之意思，得以废弃，必至国际法根本动摇，征诸先例，亦未有承认适用该原则者；矧中日条约特规定条约效力之条款，固已豫为情势变迁之设想。且情势变迁当然不能使条约无效，甚为明显。

三、总之，帝国政府对于中日通商行船条约废弃问题，不能改易向来之主张，固如上述。然对于国民政府从速改订中日通商行船约条，以副中日两国亲善本旨之希望，并非有所吝于同情之考虑；而尤切望国民政府早日完成稳健建设之大业，以举内而和平、外而敦厚中日邦交之实；故，若国民政府顾虑中日两国友好善邻关系，披露在新约未完全成立前，中日两国关系，依中日条约规定之诚意，以为条约改订之提议，帝国政府对于应允国民政府提议，而开始其认为适当改订之交涉，具有充分之诚意与同情。特为声明。

外交部复芳泽谦吉节略

1929 年 4 月 27 日

接准四月二十六日节略所称各节，均经阅悉。关于中日通商航海条约约文解释，所有国民政府之见解及一切主张，已于十七年八月十四日，本部长致贵公使节略内详悉申述。该条约之效力问题，仍如前述，极为明了，无庸再赘。关于本问题法理上争执，既经彼此谅解，存而不论；故国民政府当以至诚即行从事开始协议，切望于最短期间，以平等及互尊主权为原则，重订新约，并盼克日进行。相应复请贵公使查照为荷。

（四）与其他各国的交涉

　　说明：1928 年 7 月 27 日，中美关税新约正式公布，这对南京国民政府与其他有约各国的修约交涉产生了一定的促进作用。当时与中国订有不平等条约的国家分为两类：一类是条约期满国；另一类是条约尚未期满国。比利时、西班牙、意大利、葡萄牙和丹麦属于前者，英国、法国、挪威和瑞典则属于后者。南京国民政府首先将修约重点放在了条约期满国，期望与这些国家缔结相互平等的对华新约；对条约尚未期满国，南京国民政府的交涉重点为收回关税自主权。在 1928 年 11 月与 12 月两个月中，南京国民政府先后与 10 个国家订立了新约。继美国之后与中国订立关税新约的是挪威，1928 年 11 月 12 日，中挪《关税条约》订立。1928 年 11 月 22 日，中比《友好通商条约》订立；11 月 27 日，中意《友好通商条约》订立；12 月 12 日，中丹《友好通商条约》订立；12 月 19 日，中葡《友好通商条约》订立；12 月 19 日，中荷《关税条约》订立；12 月 20 日，中瑞、中英《关税条约》订立；12 月 22 日，中法《关税条约》订立；12 月 27 日，中西《友好通商条约》订立。

1. 与比利时、西班牙、意大利、葡萄牙、丹麦五个条约期满国的交涉

关于商订中日（日斯巴尼亚）[①]新约照会
1928 年 9 月

　　大中华民国国民政府外交部部长王

　　为照会事，查中日间缔结新约一案，本部长曾于本年七月十一日及

---

　　① 日斯巴尼亚即西班牙。

八月四日两次照会贵公使转达贵国政府查照见复在案。国民政府认为中日两国间条约关系有若干重要问题在其他事项尚未开始讨论前,应有首先解决之必要,因此特为提议贵我两国以下列各项为基础克日商订新约:

一、中日两国条约内所载关于在中国进出口货物之税率、存票、子口税并船钞等项各条款应即作废,而适用国家关税完全自主之原则。

二、两缔约国人民在彼此领土内对于关税及其关系事项享受平等及无歧视之待遇。

三、两缔约国一国之人民在彼此领土内与所在国人民或本国人民或与其他外国人民发生民刑诉讼案件均受所在国法律之支配其法院之管辖。

四、两缔约国于最短期内以完全均一及平等待遇之原则为基础商订通商及航行条约。

本部长深信贵国政府为增进中日两国固有之睦谊起见,对于上开方案必能予以同意。俾新约早日实现,相应照会贵公使转达贵国政府查照见复为荷,须至照会者。

右照会

大日斯巴尼亚国特命驻华全权公使

《南京国民政府外交部公报》第一卷第五号特载,第 153—154 页

关于商订中丹新约照会

1928 年 9 月

大中华民国国民政府外交部部长王

为照会事,查中丹间缔结新约一案,本部长曾于本年八月四日照会贵公使转达贵国政府查照见复在案。国民政府认为中丹两国间条约关系有若干重要问题在其他事项尚未开始讨论前,应有首先解决之必要,因此特为提议贵我两国以下列各项为基础克日商订新约:

一、中丹两国条约内所载关于在中国进出口货物之税率、存票、子

口税并船钞等项各条款应即作废，而适用国家关税完全自主之原则。

二、两缔约国人民在彼此领土内对于关税及其关系事项享受平等及无歧视之待遇。

三、两缔约国一国之人民在彼此领土内与所在国人民或本国人民或与其他外国人民发生民刑诉讼案件均受所在国法律之支配及其法院之管辖。

四、两缔约国于最短期内以完全均一及平等待遇之原则为基础商订通商及航行条约。

本部长深信贵国政府为增进中丹两国固有之睦谊起见，对于上开方案必能予以同意。俾新约早日实现，相应照会贵公使转达贵国政府查照见复为荷，须至照会者。

右照会

大丹麦国钦命驻华全权公使

《南京国民政府外交部公报》第一卷第五号特载，第 156—157 页

2. 与挪威、瑞典、英国、法国等条约尚未满国的交涉

柯兴登致蓝普森

外交部，1928 年 8 月 8 日

据您 7 月 27 日关于关税自主的电报，鉴于英国贸易不会遭致歧视，我方早已在原则上同意统一国家关税；因此我方的立场不会受美国协议的影响。

据您同日的前一封电报的最后一段，我从财政部长和傅秉常（自称之前在该国任关务署署长）的态度中推断有利条件在于取得中国人自己的理解，而且他们可能会不待我们提出要求就采取措施满足这些条件。无论如何，我方只能持期望的态度。

从关税角度看，美国的条约只是使美国置身于我们早已站立的地方。目前两国政府都保证接受 1 月 1 日关税自主只要到时候国定关税

颁布。由于这个保证,两国政府将很难抵制十月份的过渡时期附加税,如果这种附加税是以合理的体制和额度实行的。

当中国人提出他们的计划时,我们可以处理,但在更明确地陈述我方的态度之前,涉及这些计划的具体细节是必需的。在未来三个月左右可能会出现危急的形势,到那时日本的态度将会是主要的因素,至于日本的态度我将进一步致电于您。

您8月1日关于这个问题的两封电报我已收到,并且引发了我更深入的观察。我将尽早致电告知您我的这些观察。

BDFA,Part Ⅱ,Series E Asia,1914–1939,Vol. 35,China,p. 162

柯兴登致蓝普森

外交部,1928 年 8 月 14 日

您8月1日的电报(编者注:第838至840号):中美条约及关税自主。

我完全同意您的观点,鉴于宁案已经解决,我们的目标将是继续贯彻12月备忘录的开明和进步的政策。总形势将逐步而稳定地被清算,这对我们来说是十分有利的,并且我赞同清算的最好方法是每次挑出并处理一个问题,如果可能的话。商约的谈判包括试图达成一个能同时解决一系列非常复杂而又有争议的问题的方法。除了您用来举证反对这样一个进程的有力论据外,我们通过拖延处理关税自主以取得达成一个解决所有问题的方法所需的时间,这似乎是不大可能的。

要处理的第一个问题当然是关税,我同意您的观点,解决的最好方法是签订一个保证关税自主的简短协议来换取一种常规关税,在这种关税下,那些我国贸易主要利益所在的物品,如棉花、羊毛纱及制品、钢、铁及其制品,机械等等,其税率在一定年限内保持不变。

除了某些不重要的异议,临时附加税将大体上如我们所希望获得的那样优惠,但是关税容易发生突然而频繁的改变这问题比实际的税率本身更为重要。保持数年的稳定是差不多关乎英国贸易最重要利益的一个问题,尽管不太可能把它作为必要条件,除非尽了一切努力去获得这种稳定作为保证关税自主的回报,否则很难为我们的行动辩护。其他需要害怕的危险是中国人可能要求利用关税自主造成垄断或设置保护性关税以培养他们刚起步的企业。我将很高兴了解您关于是否能采取措施来避免这些危险的态度。

要是中国人拒绝就针对英国货物的关税税率做出任何保证,除了作为交换的一些互惠,您应该谨记国王陛下政府无论在什么情况下都不能采取任何行动,因为从这个国家创造税收的商品如茶、丝可以征税。然而他们可能准备对中英贸易中目前免税的英国某些特定物品不征收关税,如鸡蛋和大豆。他们是否作出这样的保证当然将取决于中国就英国商品在中国征税的出价。

无论您关税互惠谈判的结果如何,许多关于海关管理、征税方式、税收处理及附加税署取消等的问题,在继承诺关税自主之后需要调整。但是,在所有这些方面,不断有证据表明国民政府考虑的安排和我方所主张的不一样。在将来,英商可能要依靠一些约束中国人和外国人的法律条款来取得更大的保护,而不是通过诉诸不平等条约的条款。所以,等待目前在南京召开的会议的结果似乎是明智的,如果不需要正式谈判在这些方面就可以达成可行、可以接受的决定。

在这种联系中,不该忘记我们曾通知日本我方支持他们的观点,即关税自主应该伴随着一些保障无担保外债的合理条款,但在这点上,也最好等待并看看中国人提出的建议是否能满足这一条件而被接受。

请致电告知您的观察。

BDFA, Part Ⅱ, Series E Asia, 1914–1939, Vol. 35, China, pp. 178–179

蓝普森致张伯伦

北京,1928 年 7 月 2 日,8 月 16 日收

关于我 1 月 31 日发送的第 109 号和 4 月 27 日发送的第 425 号,主题为中国关税调查委员会北京会议,我很荣幸地报告就与其他各国

代表联合估价的安排而论,委员会已于昨天完成了它的工作。

正如我在我发送的第 425 号文件的最后一段所提到的,在与国民党的接触中,委员会在关税税则完成之前不解散或国民党一旦在北京安定下来会允许委员会继续运作,这是值得怀疑的。然而,极其出人预料的是,他们的代表在来访时非正式地向委员会暗示,委员会将被给予两个星期的时间来完成它的评估工作,这么一段时间足以完成目标。至于一旦委员会工作完成之后的新税则将如何安排没有明确说明,但可以理解的是,张福运先生将向南京政府报告新税则问题,但结果目前还无法预见。张福运先生是南京政府关务署署长,他目前在北京,正要接管原税务处(税收委员会)的档案。国民党可能决定什么都不说,也可能想立即实施它,事先通知与否以及获得列强许可与否都有可能。在关税特别会议上已经起草了在现有 5% 的税率基础上再征收附加税的制度,这就是广为人知的临时附加税计划。他们可能会在 5% 的基础上要求颁布新关税。

在过去七个月中开展的评估工作由于两个主要原因受到阻碍。首先,距离把北京和上海隔离,上海是这个国家的商业中心;其次,评估是基于 1925 年的市场物价的,而 1925 年这个国家状况很混乱,物价一团糟,尤其是按件货物的价格。另外,1925 年离现在已经很长时间了,这就使得查清那年的真实物价难上加难。由于需要经常向上海咨询,在这里和在上海的英国政府外交官之间已经产生了大量的信件往来。乔治先生是这个代表团的代表他向在上海的布雷特(Brett)先生咨询影响英国利益的每一重要事项。布雷特先生又向那里的贸易专家咨询。乔治先生告诉我,他认为这个新税则与现行税则比,从整体上看不会对英国的进口带来什么特别的好处或坏处,但实际上,它将以某种方式影响英国的贸易。在上海的中国委员会于 1926—1927 年提议并由布雷特先生提出的关于原先评估的意见的数量是有限的,而且这些意见中的很多在讨论转移到北京之后被撤销。由英国代表提出的这些论点几乎完全局限于对英国贸易影响重大的事项上,而在这些事项上中国的评估显然过高。这种克制和妥协的态度使得说服中国委员会降低对某些特定商品的估价成为可能，而英国进口商最担心的是关税不要超过规定的5%。美国代表的态度和我们相似，尽可能少地对中国委员们的决定提出意见，美国人民感兴趣的商品数量非常少。日本代表则相反，他们对每一项哪怕是只有轻微重要性的条款都提出质疑，这就需要在他们和中国代表之间进行多次冗长而乏味的讨论，即使是在那些日本进口份额相对很小的物品上。他们的争论一直是在中国关税税则目前的分类下，关税对廉价低档的日本商品不公平。众所周知，对进口商品的估价经常导致日本进口商和中国海关官员的摩擦，中国海关官员们不太信赖日本人的发货清单。因此从关税会议一开始，日本代表就反对对任何他们感兴趣的物品估价5%的从价税。然而，在谈判即将结束之际，日本代表们改变了他们的策略并表现出强烈的倾向，要把任何他们不能说服中国同意他们想要的估价的物品放入从价税清单。这有点令英国代表尴尬，因为尽管英国进口商更不倾向与海关争吵，但更愿意要一种明确的税率，在税则的同一分类下相似物品价格变化很大的例外。此外，对同一类商品估算从价税意味着承认不足，这些商品的市场价格在任何时期都很容易查明。从中国的立场来看，在1925年物价的基础上摆脱目前的修改几乎不能增加税收。随后，他们为了从切实值百抽五的修改中征收到期望的税收，就想方设法估算主要进口物品的价格，估算高得不合理。假如他们用刚制定的新税则取代现行税则，很难推测中国能从中增加多少税收。保守地说，税收会稍稍地增加。

在解散之前，中国委员会将会抽时间制定出修改后税率的完整清单。当我收到这份清单时，我将很荣幸地把它随同我的评论一块发给您。

在我之前发的第425号电中讨论的棉花关税问题，将单独致电给您。

乔治先生在其长时期负责英国利益尤其是在技术含量很高的谈判

中运用了高超的技巧和策略,借此机会请您关注。最终能在几乎每个有争议之处达成共识,我认为这在很大程度上得归功于他合宜地处理应付了委员会中同事们,特别两个日本代表。

我想对乔治先生给予的极大帮助表示感谢。在商业顾问休假的九个月中,他给了我很大的帮助。乔治先生在商务方面,尤其是涉及关税、商标和征税方面的事情,具有非常丰富的知识和经验。正因如此,在获您批准为条约口岸选拔领事时,我确信乔治先生是合适的人选并选择了他。

蓝普森

BDFA, Part Ⅱ, Series E Asia, 1914–1939, Vol. 35, China, pp. 185–186

纽顿(Newton)致伯肯黑德

北京,1928 年 9 月 7 日,9 月 12 日收

南京发来的内容如下:

我今天见到了宋子文并把您的信转交给了他。

他说期待能与我们签订关税自主条约并尽早得出结论。他告诉我易仇士先生即将到上海,并且他们期望在 10 月 1 日把关税切实提高到的 12.5%,并在 1 月 1 日实现关税自主。他补充说对于后者无需惊慌,因为他可以保证我们的现状将不会有什么改变,不会受到冲击。但他除反复说没必要惊慌外对关税事项并不了解。

他说他们在关税互惠安排上与日本交涉艰难。我认为这个问题挺棘手。他很坦白地暗示如果我们能在茶叶上做些让步,这将对整个中国产生很好的影响。但我立即告诉他最好不要提茶叶的事情。他说"是为了印度吧",然后我们停止了这个话题。

他也暗示了要我们在治外法权问题上率先表态,但我坚决地请他谨记您逐步而有条不紊地提出的要求,而且这是没有讨论余地的。

他邀请我随时去他的官邸或办公室造访。他表示乐意很坦白地与我探讨问题。

自然我还不能回答关于现今政府的稳定性的问题,但我觉得目前的问题在于时机可能对我方采取进一步明确的行动有利。我将于下周去拜访王博士。

(寄至北京,8 月 31 日第 25 号,抄送上海,第 7 号)

BDFA,Part Ⅱ,Series E Asia,1914–1939,Vol.35,China,p.224

伯肯黑德致蓝普森

外交部,1928 年 9 月 22 日

您的第 971—995 号电报,南京发给您的第 27—28 号电报及上海发给您的第 227 号电报:关税自主。

由于国民政府已经正式提出关税问题,是努力谈判一个仅局限于关税自主(如王正廷所提议的)的条约及一个互惠的关税协定的时候了。我同意废除不规律的征税制度,但在目前阶段不应该提出其他与此相关的问题,所以我建议在回复王正廷时应该详述 1926 年 12 月 18 日声明第 7 段的承诺,即在中国确定并公布法定税率后承认中国关税自主的权利。然后表明我们愿意按王正廷的提议缔结一个关税自主条约,并表达希望国民政府同意在条约后面附加一个简短的关税互惠协议。具体细节以后添加,王博士应该准备好按这样的方式进行谈判了。

在谈判的过程中,应伺机向王博士解释您在前段提到的回复中"法定税率"的含义,即海关关税应该是由海关征收的单一税。然而应该让他明白我们在承认关税自主时并不要求附加任何可能带有强加条件或干涉中国内政意味的条款。诚实的海关管理对英国贸易是最为重要的,但这更需要中国的自发行动才能达到,而非靠条约义务的约束。国民政府可能会努力争取在条约签订的同时解决这一事项。它可能会发布命令颁布新关税,下令由海关征税并禁止地方上征收不规律的附加税。

在日本承认关税自主之前,美国和我国的条约都不能生效。然而,假如日本打算邀请各国一起向中国强加条件,我们当然应该拒绝,但过分地不征求她在增加关税或关税自主问题上的同意可能会导致危险和棘手的局面。当日本声称寻求我们的合作,而且她将来的政策极其重要,在这样一种时候您的日本同行的观点和意向被中国政府完全忽视,这是不能让人满意的。在目前阶段,我们最好的行动是请您通知日本公使,我们的目标是缔结一个附有关税互惠协定的承认关税自主的条约。如果机会合适的话,也可以向日本表达这样的希望,即不要采取使中国只能通过独立的征税机构达到关税自主的政策,这会导致与海关的竞争,最终甚至可能会摧毁海关。

请电知您的看法。

BDFA,Part Ⅱ,Series E Asia,1914–1939,Vol.35,China,p.250

中国关税问题备忘录
商务部,1928 年 10 月 10 日

中国与各国的旧条约把中国进口税限制在值百抽五。1902 年 9 月 5 日签订的英中条约(《马凯条约》),规定如果中国废除厘金和其在他出产处、转运时、运到处抽的货厘并且与其他国家也有相似的协议,可以在值百抽五的基础上再向外国货物征收此税一倍半的税。这些条件从未达到。

当协约国劝说中国对同盟国宣战时,曾向中国承诺他们将竭尽所能确保中国在国际上的大国地位并受到相应的尊重。因此中国代表团在凡尔赛和会上要求废除领事裁判权并实现关税完全自主。但由于当时中国的情形还不适合,所以这些要求遭到了拒绝。据外交部备忘录记载,中国代表带着被出卖的感觉离开了巴黎。

1922 年召开的华盛顿会议旨在处理各大国认为正当的中国的一些的不满。中国再次要求关税自主并废除治外法权,尽管这些要求没有得到同意,但会议按中国的意愿作出了很大的让步。就关税而言,1922 年 2 月 6 日的《九国间关于中国关税税则之条约》承诺,中国可无条件对进口货物征收 2.5%(奢侈品 5%)附加税,但规定该附加税实

行的日期、用途及条件均应由关税特别会议决定。该会在形势极端糟糕的情况下,于 1925 年 5 月 30 日在北京召开。1925 年 5 月 30 日的上海事件在全中国激起了排外的暴怒情绪,废除不平等条约的呼声如野火般蔓延。财政自主的要求变得强烈而坚决,各国惊慌失措地勉强同意在即将召开的会议中讨论关税自主问题。但他们内部达成共识,不能马上同意关税自主,关税自主应该在数年时间里逐步而有条件地实现。

在 1925 年第一次会议时,中国代表提出:(1)各国同意中国关税完全自主;(2)中国裁撤厘金并同时在 1929 年 1 月 1 日施行国定关税定率条例;(3)在国定关税定率条例实施之前,各国应同意对特定商品征收临时附加税。各国在逐步解决关税自主问题上的一致性,在受到第一次冲击时,似乎就被破坏了。因为会议召开四个星期后,一项同意中国自 1929 年 1 月 1 日起关税自主的决议就达成了。这在很大程度上是日本和美国的态度造成的。英国代表曾在一份声明中暗示了他们的态度,大意是"承认所有独立并有偿付能力的国家的关税自主权,认为履行 1922 年 2 月 6 日华盛顿条约的条款将促进中国获得这种自主,正式声明,除了履行该条约的条款外,他们愿意确保将在这个会议上代表们可能想出并同意的进一步解决问题的方法提交他们的政府批准,在合理的时期内,中国将完全实现它在关税事务方面自由行动的要求"。

然后会议进入讨论:

1. 华盛顿会议规定的 5% 和 2.5% 的附加税生效的日期。

2. 稍后实行的临时附加税,未定的 1929 年 1 月 1 日关税自主。

3. 裁撤厘金,这被英国代表视为绝对重要。

4. 确保无担保外债,这是美国代表和日本代表的特殊利益所在。

会议当前的目标主要是讨论第二项内容。首先中国提出临时附加税应该达到:甲种奢侈品(酒和烟)20%,乙种奢侈品 20%(几乎包括除棉产品、铁、机械和油外的所有重要物品),普通品 5%。后来,中国放弃了这些提议,提出了附录一中的内容。后来的提议把进口的物品分成七类,临时附加税按货值的27.5% 到2.5% 征收。美国、英国和日本代表起草了反对意见,把物品分为七类,附加税限制在22.5% 到2.5%。反对意见得到了除法国外所有外国代表的赞同并被转交给中国代表。法国代表收到的政府指令不允许他们表达意见。当时中国代表的态度被理解为,可以接受任何能增加 90,000,000 美元岁入的计划。英国代表表达了这样的意见,"尽管最终将做一些变动,现在的计划很可能是关税自主前这段过渡时期新税则的基础"。比较两份提案中对不同物品征收的税率的表格附在附录二。

1926 年 4 月,中国的政治局势导致了中央政府的不复存在,由于中国代表没有授权参加,关税会议不能完成它的任务。

从 1925—1926 年关税会议失败到目前,中国的关税情况差不多是一团糟;在这里有必要提到两件事情。1926 年 12 月 18 日英王陛下政府声明只要中国确定并颁布新的国定关税税则,就承认中国的关税自主权。他们希望其他国家也马上同意中国无条件征收华盛顿会议规定的附加税。

早在 1927 年中国政府就宣布于 1927 年 2 月 1 日征收华会规定的附加税,在华英国代表建议英国同意支付这一附加税。由于附加税没有得到各国的正式同意,中国海关拒绝征收,结果是中国地方征收机构和海关一起征收。

后来,由于裁撤厘金不可能实现,英国英王陛下政府决定不同意中国关税自主。

近来中国的局势发生了变化,国民政府已处于代表几乎整个中国进行谈判的地位。

1928 年 7 月 25 日,美国与中国签订条约,中国关税完全自主,附加的条件是彼此在另一国领土内在关税及相关事项上享有最惠国待遇。该条约将于 1929 年 1 月 1 日生效,如果那天能互换批文;否则将互换批文之后的四个月后生效。

　　海关总税务司(安格联)8 月份说中国打算征收临时附加税,但可能两个月后会下达通知。

　　9 月 12 日,中国政府提议英中之间参照中美国条约的主要内容签订一项条约。英国英王陛下政府的驻华公使被指示应如此回复,重申1926 年 12 月 18 日声明第 7 段的承诺,即在中国确定并公布法定税率后承认中国关税自主的权利,然后表明我们愿意按提议缔结一个关税自主条约,并希望国民政府同意在条约后面附加一个简短的关税互惠协议。应伺机解释"法定税率"的含义,即海关关税应该是由海关征收的单一税。

　　9 月 14 日,英王陛下政府授权,如果时机合适的话,与中国政府就下列内容进行初步讨论:

　　1. 应该清楚表明任何不能确保棉花、羊毛纱及制品、钢、铁及其制品、机械等等的关税在一定年限之内不变的协议英王陛下政府都不能满意。在签订关税协议之前要求详尽说明这些条款。

　　2. 将多种对英国贸易重要的物品和这些物品关税在足够长时间内保持不变的内容包括到税则中,这比降低关税更重要,因为中国目前的关税还不是很高。临时附加税似乎已有合理的基础,从总体上看,这如我们所愿。税率的修改,上调和下调,无疑都能同意。然而应该努力查明中国政府在新关税税则上的意向。

　　3. 英王陛下政府为取得互惠而做出的承诺取决于中国在多大程度上满足英王陛下政府的意见。创造收入的商品不能纳入协议,目前财政部保证免税的商品只有大豆和蛋。(财政部 9 月 20 日被要求正式批准,其他物品也包括在内,如果这举动被证明是有必要的话。)

　　征收临时附加税对英国贸易的影响还有待考察。出席关税会议的英国代表团认为中国的新提议不会对英国商品造成不利,因为棉布、金属和机械都属于关税最低的三个类别。而且英国贸易利益所在的其他商品,如羊毛制品、棉毛混纺制品、化学制品、油、电气材料等,其提出的税率也还合理。最大的例外是香港的糖。这些提案发表在《商务部公报》上,并传给了中国咨询委员会。该委员会是非正式的,代表中国协会、伦敦曼切斯特商会和英国行业联合会,成立于 1925 年,就关税会议中的商业事务向商务部和外交部提供咨询。仅曼切斯特商会提供了意见:他们的意见是"总体而言,提案并非不合理而且不含有严重危及英国与中国在棉制品等方面的贸易的内容。上述讨论的将在 1929 年 1 月征收的临时附加税,应视为代表这个国家在任何进程能同意附在条约内的最高关税"。该商会建议对染色府绸、纯色府绸、彩色府绸、棉手绢、人造丝织品(含丝量不到 20%)等商品减税(见附录三)。中国协会曾就中国的第一份提案提交了详细的意见,但没有对后一份提案发表任何意见。

商务部对后一提案的意见是,总体上满意,但是在曼切斯特商会提出的内容上要进行修正,而且似乎有很好的理由要求降低人造丝、苏打的关税,可能的话加上床架这一项。

其他国家代表团提出的临时附加税还没有交给商人协会。商务部在其 1926 年 5 月 28 日给外交部的信中表明了对临时附加税的观点:

"为征收附加税,新提案对物品分类所做的调整总体上是有利的。在某些情况下,如某些棉制品(关税条款第 27—30 及 31—48 条)和苏打(新分类第七级化学剂高额关税第 176—32 条),提议的临时附加税已经降低,这符合商务部的建议。另一方面,在有些情况下,提议是为了提高关税,而且其中一些影响到英国对华出口的重要物品。在仔细考虑整件事情后,商务部得出结论,关税税率总体上是可以接受的,它没有过分加重英国对华出口贸易的负担,但建议对一些关系到英国特殊利益的商品要降低关税。(人造丝布匹的临时附加税应该是 7.5% ,而非 12.5% ;人造丝含量不超过 20% 的人造丝棉混纺布匹的临时附加税应该是 5% ,而非 7.5% ;甘油,中国进口量的 90% 来自英国,其临时附加税税率应该在 10% 以下。)商务部要求我这样解释,假如其他国家的政府,尤其是日本和美国,在其特别重要的物品上得到了类似的修正,英国也应该在她所提出的小变动上得到满足,他们不希望把在这个问题上的建议作为英国同意临时附加税的必要条件来坚持……"

至于中国国定关税将采取何种方式,我们对此一无所知,只知道他们宣称将很快征收临时附加税,即可能是他们1926年提出的而非外国代表团提出的临时附加税。所以,他们可能不会同意把关税稳定在比他们在关税会议上提出的更低的税率上。但是他们可能会发现在外国代表们(法国除外)早已同意的税率基础上更容易与各国达成妥协。根据关税会议时的计算,外国代表的建议将给中国增加90,000,000元的岁入(这是中国想要获得的数字),而中国的提议将产生额外的112,000,000元。中国提议中的临时附加税的平均值是8.64%,而外国代表提议的则是6.91%。

商务部,1928年9月24日

BDFA,Part Ⅱ,Series E Asia,1914–1939,Vol.35,China,pp.284–287

柯兴登致蓝普森

外交部,1928年10月26日

您第1152和1166号电报及南京10月17日和19日给您的第76号电报:关税谈判。

我赞成在关税自主条约签订之前应尽力获得英国贸易主要物品关税的稳定。王博士(王正廷)显然不赞同我们不愿放弃担保问题及在南京第76号电报中提及的保证下签订条约的理由。无论我们怎么准备相信国民政府不会强加将伤害我们贸易的关税,我们仅仅告诉我们的商人关税不会变而不给予他们任何担保,这是不够的。除非他们有那种他们的贸易惯常所有的安全和稳定的感觉,而这种感觉只有明确的公共担保才能给予他们。

我们无意取消关税自主的承诺或在1926年12月及1927年1月的声明中提及的条件(也就是,不歧视英国的货物和商品,在全中国实行统一的关税)之外再增加新条件。但是,除了前段提到的经济考虑外,基于我们在中国的特殊地位的政治因素考虑,关税自主带有明确的担保是对于中国和英国都是很有必要的。只有设法取得各国的同意，中国才能通过谈判和平地实现关税自主。供参考的南京电报的倒数第二段显示其他各国正等着我们带头。如果我们能阐明我们对国民政府给予的担保及诚信满意并同意关税自主，其他各国无疑愿意跟随我们的带领，他们信赖我们能正确履行我们的特殊地位给予我们的责任。另一方面，如果我们放弃那种地位而追随美国，满足于最惠国条款的庇护，其作用将仅仅是推动中国与日本之间的斗争。这将导致对谁都不利的局势，包括对中国自己，并且实际上会阻碍中国关税自主。

休利特（Hewlete）先生应该尽早力劝王博士（王正廷）接受这些影响决定的因素，同时还应立刻采取步骤继续坚定地谈判互惠协定。然而不可避免的推迟，王博士对同意无理要求会受到指责的担心及其他的一些原因如中国和日本之间的谈判情况，所有上述情况都可能使寻找其他方式来获得稳定比签订关税自主条约来达成互惠协定更有利。尽管国民政府从未明确说明他们在获得关税自主之后的意图，但有迹象表明他们打算把经外国代表们修改过的临时附加税税则作为他们的第一个自主的关税而且他们会保持关税不变大概两年左右。因此难道国民政府不可能自动给予一个具有约束力的保证，尽管这实际上是他们的意图？

假如您同意这种行为方式，休利特先生可能会建议王博士写一封官方信件给您，信的内容有这样的意思，即为了减少他已经注意到的怀疑和忧虑，他要求说明当国民政府行使关税自主权之后，他们的意图是（1）把经外国代表们修改过的临时附加税税则作为他们的第一个自主的关税；（2）在大概两年左右关税保持不变。收到这样的官方信件之后，我们也许可以立即签署关税自主条约，而我们期待早该有重大突破的关税互惠协议可留待稍后的日子里再谈判取得结果。商务部很重视这些谈判，希望能尽早有结果，并且如果这一建议被采纳的话，休利特先生应努力让王正廷保证国民政府会尽其所能促进协议的达成。

请电告您的观点。

转给东京、上海、南京和香港。

BDFA, Part Ⅱ, Series E Asia, 1914–1939, Vol. 35, China, pp. 320–321

柯兴登致蓝普森

外交部,1928 年 10 月 31 日

我的第 310 号及 311 号电报包含了关税自主条约的提议的内容及处理自治领和殖民地地位的换文。这些草案的目的是产生和美国条约一样的效果,但由于宪法原因,在措辞上不可能与美国条约很相似、大体上保持一样。鉴于目前自治领和印度有权享受现存条约中关税条款的利益,这些利益必须替他们重申以便中国可以获得关税自主。对此最简单的方法是以整个大英帝国的名义签订条约并适用于整个大英帝国。但对这一行动有两大异议。第一,即使所有自治领都同意我们替他们签订条约,但在同意批准之前,肯定会有一些自治领要求把它提交他们的国会,这将使条约生效推迟很久。第二,按照美国的先例,条约肯定会把适用范围限制在那些在关税事务上给予中国最惠国待遇的英国领土,然而并非所有的自治领和殖民地都愿意不经过仔细考虑就接受这样的义务,他们并没有时间去考虑。

因此我们采取了类似波斯的方法。关税自主条约局限于大不列颠及北爱尔兰并且规定这些领土和中国之间在关税事务和船税方面享受最惠国待遇。与自治领、殖民地和保护国的换文宣布放弃条约规定的英国关税特权,并规定英国领土包括托管地将享受在中国的最惠国待遇并给予中国商品相应的待遇。

我相信你能说服中国这种方式是出于我们宪法的需要而且从他们的观点看也是合理的。当条约的关税条款把我方限定于大不列颠及北爱尔兰时,有两条(第四条、第五条)是关于英国在华货物及船只利益的。这样的条款经常加在我们的商业条约中,区别不同级别英国货物的难度是这些条款存在的正当理由,我们希望中国不要对此提出任何问题。

换文内容已经致电自治领政府,当我们受命把它交给中国权威时我会马上通知你。你将意识到如果中国正式提出要修改措辞的话,我们就有必要和自治领进一步沟通而且时间会相应推延。

BDFA,Part Ⅱ,Series E Asia,1914–1939,Vol. 35,China,p. 334

蓝普森致柯兴登

北京,1928 年 11 月 14 日

上海第 331、332 至 334 号电报。

在宋子文正式回复之前,我对英国政府尚未确定的行动的看法见下文,在没有英国政府所重视的关于关税稳定的更明确消息的情况下,很难建议追求什么更明智。从政治角度看,我更倾向于下面的第三个方案,因为我认为尽快改善目前相对让人不满意的处境是合适的并且有助于和南京政府建立更密切的外交联系。

下面是四个可供选择的方案:

1. 暂停讨论并向南京政府暗示,如果关税筹划失败,我们将等待他们新关税的具体情况并看他们能够统一无歧视地执行到何种程度。这种态度可能会使他们更易接受指导,首先,因为他们会拒绝承认,其次,他们必须意识到要对付日本而且没有日本的同意他们不能征收新税。南京政府可能会犹豫,在这种关键时刻不敢冒与我们的同情疏远甚至把我们推向日本阵营之险。在这种关系中要特别指出宋子文希望我们帮助劝诱日本同意海关征收华盛顿会议规定的附加税。

2. 拒绝在没有关税协议的情况下签订关税自主条约。日本肯定会采取这一行动并早已告诉我们(见我第 971 号电报),除非得到想要的条件,否则不允许对日本货物增收关税。如果我们愿意采取同样强硬的方式,最终我们也会得到关税协议的。但是否值得这样做呢,我们 12 月份已经发出了最后通牒,这样的行动能说得通吗? 我设想不出宋子文博士目前的态度如何与王正廷博士的正式声明(见南京第 64 号电报)调和,在声明中,国民政府原则上同意我们要求的简单关税协议;

认为我们打算同意关税完全自主的意图受到了王正廷正式承诺的限定,这是值得商榷的。但我怀疑采取那种行动是否有正当理由或是否明智,因为尽管中国似乎背弃了其保证,但这并不意味着我们可以抛开原先的承诺。

3. 签订条约,但要以取得一些正式的保证为条件,包括在固定的最短期限内对英国特定种类的商品按 1926 年税则征税,如果有可能,未提前六个月通知这一税率不得更改。选择这一方案的理由是:通过坚持能否得到实质性的东西很成问题;我们也许能取得短期内的固定关税;仅仅坐视事态发展而不签条约是不能令人满意的;我们可能会失去目前得到无条件最惠国待遇的机会;我们可能会给我们的对手以可乘之机并使南京的温和派人士感到尴尬。

4. 签订条约,并在宋子文目前提供的条件外,要求正式保证在新税则实施后六个月内着手处理关税协议的事。这一方案能给予我方和中国了解新税则如何运作的机会,南京政府将不能说我们一面声称给予一面又收回所给予的。如果可行的话,这将是最好的方案。我很喜欢这一方案,但是担心一旦我们签订或批准了关税自主条约,随后的关税协议的谈判将很难开展。中国不是那样的国家。

不管采取 3 方案还是 4 方案,我认为都应该争取货物免除关税以外之一切税的书面保证。为了迎合我们起初的建议,宋子文已经背弃了王正廷的正式承诺,我们应该有提出这个要求的理由。另外,我从日本代办(见我第 1213 号电报)那里得知宋子文实际上已经向他们承诺了那个条件。

我一受到宋子文的正式答复就给您致电。我打算到时等待您的指示并在得到指示后立即前往南京。

转上海、南京、香港及东京。

张伯伦致蓝普森

外交部,1928 年 11 月 30 日

您第 1327 和 1350 号电报及上海给您的第 331、332、341、347、350、354 及 357 号电报。

我们有很好的理由相信,尽早以宋子文向傅夏礼(Fox)先生的最近提议方式达成协议,这会使商人满意,这一观点已在上海给您的第354 号电报中证实。因此最好的行动是立即接受,并带有书面担保,即在至少一年内,新税则将采用 1926 年关税会议上外国代表提议的临时附加税,当然,这种保证无须英国政府回报。

英国政府原本欢迎这样一项协议,即英国货物在一定年限内享受合理的税率,作为回报,承诺中国出产的某些种类的货物也可享受相应的待遇;但只在相对较短的时间内保持新税率不变对这一交易来说是不公平的。因此获得在更长时期内税率保持稳定的努力要一直持续到新税则实施之后,并且只有当之后伴随有这样的谈判,才有必要向中国提供具有诱惑力的条件。

中国政府提供的书面担保当然要包括一项关于新税则实施日期的保证。假如能劝说他们把生效的日期由装船日期改为颁布两个月之后,这对英国利益将是很大的满足(见我的第 360 号电报)。同时还可努力争取这样一项保证,即提议修改关税应在一年期限结束之前发出通知。

如果您同意这些观点,我授权您自行决定与上海和南京方面继续就这些方式进行谈判并与中国当局讨论我第 310 至 311 号电报中的条约草案和换文的内容。但您要记住在没有得到自治领的同意之前不能签署条约和换文。

转上海、南京、东京和香港。

关于重订中瑙（挪威）关税新约照会

大中华民国国民政府外交部部长王

为照会事：查中瑙两国之条约关系远起于八十余年之前，其间两国之商务、经济、政治状况屡经变迁。原有条约内之各项规定在现在情形之下继续适用颇多窒碍。而关税及其关系事项尤应首先重订办法以期适合现情，为此，国民政府提议贵我两国以下列各项为基础克日商订关税新约。

一　中瑙两国条约内所载关于在中国进出口货物之税率、存票、子口税并船钞等项各条款应即作废而适用国家关税完全自主之原则。

二　两缔约国人民在彼此领土内对于关税及其关系事项享受平等及无歧视之待遇。

三　新约如于民国十八年及西历一九二九年一月一日前已经批准，即于是日起发生效力，否则自批准日起四个月后发生效力。

国民政府依据上开方案曾与他国政府签订关税新约。

贵代办学已闻悉本部长深信贵国政府为增进中瑙两国固有之睦谊起见对于上开方案必能予以同意，俾新约早日实现相应照会。贵代办转达贵国政府，查照见复为荷。须至照会者。

右照会

大瑙威国驻华代办

《南京国民政府外交部公报》第一卷第五号特载，第157—159页

关于重订中瑞（瑞典）新约照会

大中华民国国民政府外交部部长王

为照会事：查中瑞两国之条约关系远起于数十年之前，其间两国之商务、经济、政治状况屡经变迁。原有条约内之各项规定在现在情形之下继续适用颇多窒碍。而关税及其关系事项尤应首先重订办法以期适合现情，为此，国民政府提议贵我两国以下列各项为基础克日商订关税新约。

一　中瑞两国条约内所载关于在中国进出口货物之税率、存票、子口税并船钞等项各条款应即作废而适用国家关税完全自主之原则。

二　两缔约国人民在彼此领土内对于关税及其关系事项享受平等及无歧视之待遇。

三　新约如于民国十八年即西历一九二九年一月一日前已经批准,即于是日起发生效力,否则自批准日起四个月后发生效力。

国民政府依据上开方案曾与他国政府签订关税新约,贵代办菩已闻悉。本部长深信,贵国政府为增进中瑞两国固有之睦谊起见,对于上开方案必能予以同意,俾新约早日实现。相应照会。贵代办转达贵国政府,查照见复为荷。须至照会者。

右照会

大瑞典国驻华代办

外交部致法兰西国驻华代办照会

1928 年 7 月 30 日

大中华民国国民政府外交部部长王

为照会事:接准贵代办本年七月十三日来文,内开法国政府对于一八八六年四月二十五日在天津订立之中法陆路通商章程、一八八七年六月二十六日在北京订立之中法续议商务专条及一八九五年六月二十日在北京订立之中法续议商务专条附章,允予修改等因。本部长阅悉之余,深为欣感。国民政府根据时过境迁之原则并为增进中法两国之睦谊起见,极愿于最短期间内签订代替前项章程专条及附章之新约以应急需。兹拟即派全权代表于十月间在南京开中法越南订约会议,深望贵国政府查照前次照会迅派全权代表届时与会。相应照会贵代办转达贵国政府,查照见复为荷。须至照会者。

右照会

大法兰西国驻华代办

王正廷　印

中华民国十七年七月三十日

关于商订中和（荷兰）新约照会

大中华民国国民政府外交部部长王

为照会事：查前清同治二年八月二十四日即西历一八六三年十月初六日中和两国全权大臣在天津签订之友好通商条约距今已六十余年。其间中和两国之政治、经济、商务状况屡经变迁，原有条约内之各项规定在现在情形之下继续适用颇多窒碍，而关税及其关系事项尤应首先重订办法，以期适合现情。且查与该约同时签订之另款原有之规定，近值中国正与他国重订新约之时且已有签订成立者。

贵国政府似可于此时亦与国民政府重订固有之条约关系，因此国民政府提议贵我两国以下列各项为基础克日先行商订关税新约：

一、中和两国条约内所载关于在中国进出口货物之税率、存票、子口税并船钞等项各条款应即作废，而适用国家关税完全自主之原则。

二、两缔约国人民在彼此领土内对于关税及其关系事项享受平等及无歧视之待遇。

三、新约如于民国十八年即西历一九二九年一月一日前已经批准，即于是日起发生效力，否则自批准日起四个月后发生效力。

本部长深知贵国政府为增进两国固有之睦谊起见，对于上开方案必能予以同意。俾新约早日实现，相应照会贵公使，即希转达贵国政府，查照见复为荷。须至照会者。

右照会

大荷兰国钦命驻华全权公使

国民政府为批准中德、中英等关税条约的训令
1929年1月29日

中华民国国民政府训令　第六五号令　国民政府行政院

为令行事：据国民政府立法院院长胡汉民呈称：为呈报事，案准中央执行委员会政治会议暨钧府文官处先后函送中德、中英、中法、中和、中瑞、中挪各关税条约交本院追认一案，当经本院于本月十九日第七次会议议决，付法制、外交、经济、财政委员会审查，准即日下午四时完毕。随据该委员会会同报告审查结果，认为该项条约既经中央政治会议议决，复经钧府批准已无修正之余地，应照案通过，并附带申明三事提交同日会议议决，照审查报告结果，依国民政府组织法第二十五条规定，通过中德、中英、中法、中和、中瑞、中挪关税条约，并议决照附带申明三事通过。理合录案并附呈附带申明书，备文呈请察核，乃乞咨送政治会议查照，并令行行政院转饬外交部遵照办理，实为公便等情，附申明书一件。据此。查上项各关税条约，前准中央政治会议议决，咨送前来，当经饬交该院追认在案。兹据呈复，除指令呈件均悉，所请应予照办，仰候咨送中央政治会议查照并令行行政院转饬遵办可也。附件转发，此令印发并咨送外，合行抄发附件令仰该院即便转饬外交部遵照办理。

此令。

计抄发原附带申明书一件。

中华民国十八年一月二十九日

抄附带申明书

依国民政府组织法第二十五条之规定，本院有议决条约案之职权，非仅负追认之责。国民政府组织法系经政治会议议决，是项职权实为政治会议所授与，所以期党治与法治有健全一致之进步也。兹为尊重立法精神、政府威信起见，除依法通过中德、中英、中法、中和、中瑞、中挪关税条约外，并附带申明三事，逐项列举于后：

1. 本院依据国民政府组织法第二十五条之规定，请由钧府咨中央政治会议，嗣后关于外交条约案，概照法律程序交本院议决。

2. 中比、中义、中挪各条约,前由本院呈请钧府令外交部送院审议,于十七年十二月二十四日指令第四零六号准予照办,令外交部遵照在案。现除中挪条约已列入本院第七次会议议决通过外,其中比、中义及中葡、中西、中丹各条约并经议决,咨请行政院令外交部于最短期间送交审议。

3. 本院建议钧府,嗣后凡中国与外国缔结条约,对于文字上将来如遇有疑义时,除约定以第三国文字为标准者外,如仅有两缔约国文字,倘将来发生文字上的疑义时,宜约定以中国文字为解释之标准。

《中华民国史档案资料汇编》第五辑第一编《外交》,第41—42页

四、废除治外法权

　　说明:撤废治外法权的谈判是南京国民政府继关税谈判之后的重要修约谈判。1929年3月28日,"济案"解决后,南京国民政府开始着手进行法权交涉。此番法权交涉的方式与关税交涉的方式如出一辙,依然将有约各国区分为条约期满国和条约尚未期满国,并对这两类国家分别交涉。中国与条约期满国家的谈判相对顺利,中国先后与比、意、丹、葡、西等国订立了新友好通商条约,废除了这些国家的在华治外法权。由于治外法权问题较关税问题要更为复杂,法权交涉一经提出便遭到了英、美、日等国的强烈反对,他们找出各样理由来推迟和延缓中国收回司法主权的进程。南京国民政府见英美等国无视中国要求撤废治外法权要求,不得不在1929年年底强调如果各国再延宕,中国政府将于1930年元旦单方面宣布废除领事裁判权。面对这种情形,各国试图阻止中国的单方面行动,并与南京国民政府进行交涉。然而法权谈判并不顺利,中英、中美谈判久拖不决。直到1931年6月,中英之间才达成撤废领事裁判权的条约草案,至此,中英两国的法权交涉基本完成。中美之间的法权交涉于1931年7月中旬达成初步协议。中日之间的法权交涉的正式开始是在1931年3月,但日本一直坚持以开放内地作为撤废治外法权的条件,中日之间多次商讨无果。然而,"九一八"事变的爆发,打断了废弃领事裁判权的交涉进程,使得初步达成协定的成果猝然夭折。

　　本章主要资料来源:

United States Department of State, *Papers Relating to the Foreign Relations of the United States*(《美国外交文件》,以下简称"FRUS"),1929, Washington:United States Government Printing Office,1943

United States Department of State, *Papers Relating to the Foreign Relations of the United States*(《美国外交文件》,以下简称"FRUS"),1930, Washington:United States Government Printing Office,1945

Kenneth Bourne and D. Cameron Watt ed., *British Documents on Foreign Affairs*:*Reports and Papers from the Foreign Office Confidential Print*(《英国外交文件集》,以下简称"BDFA"),Part Ⅱ,Series E Asia, 1914–1939,Vol. 36,37,China. University Publications of America,1995

中国第二历史档案馆编:《中华民国史档案资料汇编》第五辑第一编《外交》,江苏古籍出版社,1994 年

中国第二历史档案馆编:《南京国民政府外交部公报》第一卷第十一号,江苏古籍出版社,1990 年

王铁崖编:《中外旧约章汇编》第 3 册,三联书店,1982 年。

(一)废除治外法权主张的提出

说明:1929 年 3 月,济南惨案交涉结束后,国民政府立即着手与列强就废除治外法权展开交涉,为达到废约目的,国民政府在舆论和法律上都做了充分的准备,并将各国区分为条约期满国和条约尚未期满国,与这些国家分别展开了交涉。

外交部为办理废除不平等条约交涉情形的呈文
1929 年 5 月 1 日

呈为呈报事:窃惟废除不平等条约为本党对外政策之首要,而其方法与途径则利在分头接洽,逐步进行,务求于最短期间促其实现。查中外间所订条约,内容繁复,综其不平等之要点,不外片面关税协定、领事裁判权、租界租借地、内河航行权、陆海军驻屯权五种,而其中最关重要、足制吾国命脉、损害吾国主权者,则尤在协定税则与领事裁判权。

职部自去岁以来,即从事与各国交涉关税自主,周旋半载,幸免陨越,业于本年二月一日起实行。以后拟即致力完成废除领〔事裁〕判权一举。关于此事,职部原定计划系分条约已满期及未满期国家分别办理。其中如比利时、义大利、葡萄牙、西班牙、丹麦五国与吾国所订条约,前经期满,即已另订相互平等之新约,明白规定废除领判权之办法。中日条约去年满期,现正在改订新约。中瑞〔典〕条约本年亦届期满,自当进行谈判,援照比、义等五国办理。余如墨西哥、秘鲁二国亦正在商订新约。瑞士原约订明依各国为转移,当不致有何问题。故目下所极宜努力交涉者,实为英吉利、美利坚、法兰西、挪威、巴西六国,职部业于四月二十七日正式照会六国撤废领事裁判权,誓以奋斗精神,积极进行。预期本年以内当可成功。领事裁判权一经撤废,租界之收回即不成问题,其余不平等各点自更迎刃而解矣。职部本年工作即以此为重心,所望全国上下一德一心共同努力,庶收内外相维之效而成众擎易举之功。是否有当,理合具文呈报,仰祈鉴核示樽。谨呈
行政院

外交部长王正廷
中华民国十八年五月一日
《中华民国史档案资料汇编》第五辑第一编《外交》,第 47 页

国民政府特令

1929 年 12 月 28 日

查凡属统治权完整之国家,其侨居该国之外国人民应与本国人民同样受该国法律之支配,及司法机关之管辖,此系国家固有之要素,亦为国际公法确定不易之原则。中国自受领事裁判权束缚以来,已届八十余年,国家法权不能及于外人,其弊害之深无容赘述,领事裁判权一日不除,即中国统治权一日不能完整。兹为恢复吾固有之法权起见,定自民国十九年一月一日起,凡侨居中国之外国人民现时享有领事裁判权者,应一律遵守中国中央政府及地方政府依法颁布之法令、规章,着

行政院、司法院转令主管机关，从速拟具实施办法送交立法院审议，以便公布施行。特令。

《中华民国史档案资料汇编》第五辑第一编《外交》，第 52 页

外交部关于废约的宣言
1929 年 12 月 30 日

中国自受领事裁判权束缚以来，已届八十余年，政府对于侨居领土内之外人不能行使法权，此项制度之弊害无庸赘述，中国政府与人民势不能任此状态再行迁延，不思补救之方。

领事裁判权实非寻常外交问题可比，其关系中国人民者至为深切。中国政府同时认为一重大之内政问题，职是之故，中国政府不得不声明，民国十九年为最要之时期，并定是年元旦起，以领事裁判权之撤废，恢复中国之主权，实现中国政府拟取方法，以解除中国主权所受领事裁判权之束缚，故已令行政院、司法院主管机关拟具办法，以便施行。

中国政府鉴于各关系国之业已表示同情及确实之声明，深信各国与中国间对于上项原则意见并无不合，并对于现由政府准备之办法如有意见，亦愿于相当期内与之审议。故国民政府十二月十八日之命令，实系一种步骤，用以去除每易发生之误会之原因，并增进中外人民之关系者也。

《中华民国史档案资料汇编》第五辑第一编《外交》，第 52—53 页

国民政府文官处为在华外人一律适用中国法律致行政院公函
1929 年 12 月 30 日

国民政府文官处公函　字第一一七七三号

径启者：奉国民政府令开：查凡属统治完整之国家，其侨居该国之外国人民，应与本国人民同样受该国法律之支配及司法机关之管辖，此系国家固有之要素，亦为国际公法确定不易之原则。中国自受领事裁判权束缚以来，已届八十余年，国家法权不能及于外人，其弊害之深，无

庸赘述。领事裁判权一日不能废除,即中国统治权一日不能完整。兹为恢复吾固有之法权起见,定自民国十九年一月一日起,凡侨居中国之外国人民,现时享受领事裁判权者,应一律遵守中国中央政府及地方政府依法颁布之法令、规章,着行政院、司法院转令主管机关,从速拟具实施办法,送交立法院审议,以便公布施行。此令。等因。除函知立法院并分函外,相应录令函达查照,迅速办理为荷。此致
行政院

中华民国十八年十二月卅日

《中华民国史档案资料汇编》第五辑第一编《外交》,第 53 页

司法院为在华外人一律适用中国法律的咨文

1930 年 1 月 4 日

国民政府司法院咨　咨字第一号

为咨复事:准贵院第二七二号咨开:奉国民政府文官处函开:奉国民政府令,自民国十九年一月一日起,凡侨居中国之外国人民,现时享有领事裁判权者,应一律遵守中国中央政府及地方政府依法颁布之法令、规章,饬行政院、司法院转令主管机关,从速拟具实施办法,送交立法院审议,以便公布施行等因,录令函达查照。等由。除令外交部会商司法行政部从速拟具实施办法,呈候核转外,咨请查照等由到院。查本院前准国民政府文官处函同前由,业经训令司法行政部迅遵办理在案,相应咨复查照。此咨
行政院

司法院院长　王宠惠
中华民国十九年一月四日

《中华民国史档案资料汇编》第五辑第一编《外交》,第 54 页

立法院为遵行宣传撤废领事裁判权的训令
1930 年 1 月 6 日

国民政府立法院训令　训字第 488 号

令本院军事委员会

为令遵事：案奉国民政府俭电内开：顷奉中央执行委员会函，为宣传部提议民国十九年元旦撤销领事裁判权运动办法，请分别饬遵。等情，经决议通过在案，除电令外，请查照，电饬所属一体遵照。等因。附办法内开：（一）各地举行中华民国成立十九周〔年〕纪念庆祝大会，并须兼作撤废领事裁判权运动；（二）由各地高级党部召集当地党政军、各机关、各民众团体、各学校举行撤废领事裁判权运动大会，并组织宣传队，分队向民众讲演，以唤起全国国民一致为政府交涉之后盾；（三）依照中央宣传部所颁发之撤废领事裁判权宣传要点及宣传大纲切实宣传；（四）本办法由中央常务会议议决施行。等因；奉此，自应照办。除函复外，合行令仰该会遵照。此令。

中华民国十九年一月六日

院长　胡汉民

《中华民国史档案资料汇编》第五辑第一编《外交》，第 54—55 页

（二）久拖不决的中英、中美交涉

说明：由于治外法权问题较关税问题要更为复杂，法权交涉一经提出便遭到了英、美、日等国的强烈反对，他们找出各样理由来推迟和延缓中国收回司法主权的进程。南京国民政府见英美等国无视中国要求撤废治外法权要求，不得不在 1929 年年底强调如果各国再延宕，中国政府将于 1930 年元旦单方面宣布废除领事裁判权。面对这种情形，各国试图阻止中国的单方面行动，并与南京国民政府进行交涉。然而法权谈判并不顺利，中英、中美谈判久拖不决。直到 1931 年 6 月，中英之

间才达成撤废领事裁判权的条约草案,至此,中英两国的法权交涉基本完成。中美之间的法权交涉于1931年7月中旬达成初步协议。

1. 中英之间的长久协商

张伯伦致蒂莱(Tilley)(东京)
1929年5月15日

(第221号)

爵士:

在今天下午我们的谈话过程中,松田(Matsudaira)先生询问我们对中国要求进行废除治外法权谈判的态度。我告诉他我希望有关国家驻京公使会就回复时采取的态度进行讨论。我认为各国向中国政府提交完全相同的照会是不明智的,但我希望我们能在采取的政策上达成大体上的一致,我们可以各自用适合自己情况的语言表达。就我个人而言,我认为有必要让中国政府回顾一下治外法权产生的情形及国际解决方案的出台,因为这些情形大体上仍然存在,我认为放弃治外法权的要求还不成熟。我自己倾向于发一个表示同情的经过缜密思考的答复,指出在治外法权废除之前中国还有多少问题要解决。

我补充一点,中国曾非正式地就另一件事情,即设立大使馆,征询我们的意见,很显然,也征询了其他各国的意见。松田先生打断了我,并说他在这一问题上也想问我。我告诉他我一点也不排除在中国设立大使馆的最终可能性,但我们才刚刚承认国民政府——目前其权威在南北方都受到了威胁——并且就我看来,在我们代表的地位做出调整之前中国应无可争辩地先树立起权威性。而且,南京已经被宣布为新中国的首都;那是否是最终的决定还有待观察并且无论如何,在我们把外交使团从北京迁移并在南京设立大使馆之前,要使后一城市的生活条件适宜我们外交代表的居住并且那里的居民要友好并要排除他们受到侮辱或更糟糕事情的危险。因此我认为提出这一问题的时机还不成熟,并且英国政府肯定没有领先各国设立大使馆的意向。

大使感谢我给他的信息,他说将向他的政府报告这一信息。他还补充道,在设大使馆问题上,他们的立场有点不同,因为在三四年前就有了在北京设大使馆的预算条款而且他相信还会继续下去,尽管由于客观情况的改变阻碍了他们实现这一意向。但在上述两个问题上他不知道其政府目前的态度。

我说我已经向他敞开了我的思想,并希望当他向他的政府报告的时候能说我将很荣幸收到他们同样坦白的观点。

张伯伦

BDFA,Part Ⅱ,Series E Asia,1914-1939,Vol. 36,China,p. 360

张伯伦致英格拉姆(Ingram)(北京)
外交部,1929 年 5 月 16 日

(第 204 号)(电报)

下列内容是给蓝普森爵士的:

我 5 月 14 日第 202 号电报:治外法权。

我紧接着的下一份电报包含了回复中国治外法权照会的草案内容。在你作出你所希望的修改之后,务必指示英格拉姆先生把草案传达给那些在北京的对此感兴趣的同事,并向他们解释其主旨打算和马克谟先生的草案保持一样,尽管可能语气有点软化。我也用治外法权的历史正当理由及我们在过去所扮演的角色来进一步阐述了这个草案。

英格拉姆先生应该建议每一位公使在其认为合适的情况下尽可能多地从我们草案中吸收他觉得适用的内容。然而,考虑到中国的敏感,更可取的做法是尽可能避免在各种回复中用完全相同的措辞。

英格拉姆先生还应把草案传达给日本公使并努力查清日本政府对整件事情持什么观点,包括中国故意遗漏向他们发出照会。

你应该在把草案传达给同事之后的某个合适的时间再将回复发给

中国。然而要避免在时机不成熟的时候泄露给中国。

法国大使通知我其政府同意马克谟先生的草案,并问英国政府是否同意。他们正指示玛德与日本公使交涉四大国联合行动。我将在收到您的意见之后再作回复。

转东京。

BDFA,Part Ⅱ,Series E Asia,1914–1939,Vol. 36,China,pp. 360–361

张伯伦致英格拉姆(北京)

外交部,1929 年 5 月 16 日

(第 205 号)(电报)

下列致蓝普森:

我紧接着的电报:治外法权

以下是回复草案的内容:

阁下,

我很荣幸地确认收到您 4 月 27 日的照会。您通知我中华民国国民政府要求尽早取消目前实施的治外法权制度对中国司法主权的限制,中国对在其境内的所有各国国民行使司法权。

我已把您信中的内容传达给我国政府,我授命将如下回复转达给您:

出于对中国政府及人民的友好感情,英国政府已经对中国政府关于废除领事裁判权的要求给予了富于同情态度的考虑。这一问题对中国政治的发展及中英未来关系的重要性要求从各方面对此进行仔细考察。为了找到处理这一问题的合理方法,有必要对治外法权制度产生的原因及方式进行公正的评估。

中国实行的治外法权制度深深植根于过去。在科技使交流增加之前的几千年来,中国人民因沙漠和海洋与世隔绝。欧美与中国之间产生了巨大的隔阂。

尤其是,国际关系这一作为平等独立国家之间交往的概念,已经融入西方国家的政治理念之中，这与中国式的思维模式是截然不同的。但西方商人最初设法到达中国沿海时，中国政府发现很难允许他们自由进入其国家并与其百姓交往，而且也不承认他们所属的国家与中国是平等的。因此一方面这些商人被限制在这个帝国一隅的一个城市的一小块地方活动，另一方面他们还要遭受许多的不便和极大的羞辱。而通过一种灵活不受控制的治外法权——这是上述情形导致的自然后果——管理他们自己事务及维持他们自己内部秩序的责任就由他们自己主动承担。

在这种毫无安全感且让人不满的情况下，交往关系已经持续了很多年。摩擦往往十分剧烈和危险，有无辜的人被处死，可能是过失杀人，或外国权威须承担强制实行中国征收之法而引起的冲突频繁发生。

第一批条约的目的是让中国承认英国与中国是平等的，并阐明与规范英国国民的治外法权地位。这样两国的关系就被置于平等和互相尊重的基础之上，为了尊重中国的主权，英国满足于其国民继续承担那些责任并忍受那些不便。条件不允许中国内地普遍开放，所以至今外国人的居住地仍被限制在数量有限的条约口岸。

英国政府承认中国在各种场合所关注的领事裁判权制度存在缺陷和不便。在1902年签订的中英贸易条约的第12款中，英国政府表明一旦他们对中国法律情形及审判办法并其他相关事宜感到满意没有后顾之忧，他们愿意放弃治外法权。他们一直以欣赏的眼光关注着中国吸收西方法律原则的过程，这在您复照中也提到了，并且他们还饶有兴趣地观察1926年治外法权委员会报告所阐述的事实及建议。

最近，在1926年12月发表的声明及1927年1月给中国当局的建议中，英国政府表达了他们希望本着友好及同情的态度满足中国人民在司法上的强烈愿望。他们早已按照上述文件的精神开展了一些工作，而且愿意在中国政府的合作下，本着明确目前阶段可能采取的解决问题之步骤的宗旨，对整个治外法权进行考察。

然而英国政府将注意到体现西方法律精神的法规之颁布只是完全

放弃迄今为止管理外国人在华居住特殊协议所须完成的任务之一部分。为了使这些改革成为活生生的现实，在英国政府看来有必要使西方法律原则不仅被统治者接受而且被全体人民接受。执行法律的法院应不受军方首领及那些或为了建立他们自己的独裁非法的特殊法庭或出于促进政治目标的实现而非在中国人之间或中国人和外国人之间执行公平的审判的团体及协会的干涉。只有当这些条件比现在更好地实现，英国商人才可能在全中国享有与英国给予中国商人一样的权利，即平等、自由并安全地居住、贸易及拥有财产。任何声称给予英国商人这样的权利的协议有时候仅仅是一纸空文，实际上不会生效。任何试图给予这种权利的不成熟想法不仅对英国商人不利而且可能会给中国政府和人民带来严重的政治和经济危险。

只要这些情况仍然存在，就不可能有其他方案可以代替条约口岸制度，这一管理中国与英国国民之间交往的制度已经存在了将近一个世纪了。治外法权的一些制度是条约口岸制度存在所导致的直接结果；目前英国政府所面临的问题是在上文提到和暗示的改变之外，针对那种体制找到合适并切实可行的进一步改造之处。

英国政府恭候国民政府针对调查这一问题所采取的步骤的意见，并指示我向阁下保证英国政府将对这样的建议继续保持友好及乐意帮助的态度，正如您复照最后一段中所赞扬和感谢的。

转东京。

BDFA，Part Ⅱ，Series E Asia，1914—1939，Vol. 36，China，pp. 360-361

蓝普森致张伯伦

开平（Kaiping）轮船上，1929年5月15日，收于6月11日

爵士：

我很荣幸在离开北京之前能将4月27日的照会翻译本经由西伯利亚转寄给您，表达了中国政府要求尽快废除治外法权的愿望，并且趁着这次到上海的机会提交与对此感兴趣的同事之间讨论的下列观点及

回顾。

（原文从第 2 号开始）记得中国曾照会英国、法国、美国、荷兰、挪威及巴西代表。至于其他国家，除了已经明确放弃这种权利的苏联、德国和奥地利之外，比利时、意大利、葡萄牙、西班牙和丹麦在他们最近的协议中有条件地放弃了治外法权；瑞典的条约很快就要到期了，据我理解，中国打算分开处理，瑞典的同行向我表达了他们对此的强烈不满；至于日本，中国宣布将在即将开始的中日谈判中处理。

5 月 7 日，在法国公使的建议下，我与荷兰、法国及美国同行就中国照会进行了初步探讨。挪威公使是当前外交团的领衔公使，同时由于不必要考虑巴西代表，目前最重要的事是，像往常一样，各主要国家的代表在大概要遵循的方法上达成一致。在这次讨论的过程中出现了以下几种观点：

（1）我们表达的仅仅是个人观点，在任何意义上都不代表政府的指示。

（2）我们一致都不准备在目前阶段完全放弃治外法权，而且都确信各自的政府会采取同样的立场。

（3）我们应该努力合作，在对中国的照会上采取相同或相似的方法。

（4）可以说作为一个相似而又完全不同的问题，我们对基本形势应该保持清醒的认识并以发展的眼光来看待，如果可能，针对中国最终可能提出的具体建议采用一种联合可行的方案，该方案差不多包含我们第一、第二、第三种应对方法。

关于联合回复问题，应荷兰公使的要求，并在法国公使和我本人的支持下，美国公使表示愿意按他认为美国政府可能会接受的方法准备一份照会的草稿。他解释在美国国务院与中国公使就此问题的谈话中，前者大体上采取的是防御态度，前提是先由中国制定他们自己的计划。

至于联合方案的详尽说明，荷兰公使说经过长期的研究，他已经制定出了一个初步的计划,包括了一种他认为可能适合应对中国的方案。在我们的要求下,他给了我们每一个人一份这种计划。

附上这次会议的会议记录(见附件1)。两天之后我们再次见面讨论马克谟先生在此期间准备的草案以及欧登科的计划。当各国希望按各自预先的安排运作时,复照的主要内容要尽可能保持一致,即使语言不完全一样,作为条件,前者被接受并推荐给我们各自的政府(见我5月9日第423及424号电报)。这份美国草案(见附件2)的基础是1926年治外法权委员会的意见,指出在治外法权被取消之前中国现在应该履行义务。我们也初步讨论了欧登科的方案(见附录3)。要指出的是,这一计划遵循放弃我们在内地的治外法权而在条约口岸对此加以保留,这被认为仅仅是某种可能方案的简述,其包括以下5点:

(1)将内地所有民事和刑事案件的审判权移交中国。

(2)保留条约口岸同一国籍外国人单纯案件的领事裁判权。

(3)条约口岸所有混合案件的审判权移交设有外国协助法官的中国特别法庭。

(4)在哈尔滨、天津、上海、汉口及广州设立这种特别法庭。

(5)中国法律和法规适用于在全中国的外国公民(通过中国法庭或领事法庭)。

在对这一方案简要而漫无边际的讨论过程中,我的观点是,首先,在第一点中把刑事和民事案件都包括在内似乎走得太远了点,超过了我们(英国)目前的打算;其次,在任何情况下,我们都得考虑基本的原则,即按目前建议的区分地区的方法,还是根据案件性质的方法,随着中国法律的颁布和实施,这是我所知道的英国政府迄今为止的打算采用的方法。

欧登科在其方案中建议按区分地域的方法取消治外法权,即第一步首先放弃我们内地的权利,这是这个外交团过去常常考虑的方法,实际上也是我1927年1月3日第78号电报中关于处理治外法权的方案之一。支持这种方法的理由很明显,即我们的商业利益目前主要集中在条约口岸,而且以后很可能也是这样;给予治外法权的规则意味着将这些享有这种特权的人隔离在一些能被其本国当局有效管理的中心城市;享有这种治外法权的外国人能把这种特权带到中国领土内的偏远之处也不完全合理;占内地外国人口多数的传教士,他们中的很多人都赞成放弃其治外法权;这样的步骤将与我们目前收缩在中国条约阵线坚守关键之处的总体政策是一致的。那些分散在各地的大公司的立场自然要予以考虑,但他们大部分都是通过中国代理人在内地开展工作的,在此提一件与此相关的趣事,英国一家大公司卜内门(Messrs, Brunner-Mond)的一位在华代表最近对我说起他并不真正注重治外法权,上海除外,在上海保留治外法权是绝对必要的。有时进一步讨论如果要同意这一方案,应劝说中国开放内地让外国人居住和贸易作为回报。然而他们是不会这样做的,因为他们往往把封闭内地作为在各地完全废除治外法权的主要手段之一。另外,考虑到在数年内商业仍将集中在大都市而非小港口的趋势,开放内地是否对我们的商人有真正的好处还值得怀疑,实际上我们在过去的一二十年里已经从那里撤回了我们的领事;在日本的形势这一例子不也暗示了中国这方面的形势在未来不太会改变。因此,就我看来,放弃内地的治外法权这一方案应该从放弃无关紧要的权利的立场来考察,而非从获得利益的立场。

反对按区分地域的方法来处理治外法权的理由也同样显而易见,即在条约口岸内外的司法冲突可能会引起各种各样的困难,与此相关的外国航运状况(也许除了内河航运的情况外,绝对应该保留治外法权至最后),往返与条约口岸与内地的外国人的情形,如在中国服务于铁路、盐务及邮政部门的外国人。进一步明显反对的理由是,中国现代法庭中最没有效率的是那些建立在内地城市的法庭。另外,当我在1927年1月3日的第8号电报中试探性地提出这一方案时,您认为(见外交部1927年1月21日第55号电报)该方案会造成很大的困难而且不知是否有价值;并且您表达自己的偏好,假定中国采纳治外法权委员会的建议,根据案件的性质按大致(1)民事、(2)刑事、(3)个人身份的顺序处理,当中国与此相关的法律法规颁布实施且中国现代法庭在数量及人员配备上足以接管新的司法审判时,逐步将这些性质的案件审判权移交中国。然而,必须承认的是,与区分地域的方法一样,在司法审判上很可能会产生类似困难,因为外国公民将发现在某些类别的案件中他们受中国法庭的审判而在另外的案件中却受本国法庭的审判。

5月13日四位公使再次聚在一起讨论欧登科的方案。附上这次会议的一份备忘录(附件4)。玛德提交了一份驻上海法国法官图森(M. Toussaint)起草的照会,开始了这次会议。这位法官曾是治外法权委员会的法国代表,他碰巧在北京访问,对欧登科的方案发表意见(见附件5)。这份文件对这个问题的考察做出了很有价值的贡献,这一问题我们应该在方便的时候进行研究。图森给出了一些很好的看法,如,外国银行对可能难以满足的需求的建议,在回复中国照会时强调治外法权委员会的建议的重要性,由于中国照会极力回避这些,上述提到的这些就更显得重要,值得把欧登科方案的第一条的范围限制在民事案件上,而且进一步保留外国被告不受"事先拘禁",为了避免中国法庭在刑事案件中不能胜任的情况,作为保护措施,中国法庭应有一名外籍法官。另一方面,图森建议再组织一个委员会对中国自1926年以来的进步作一评估并制定出一个过渡时期的方案,但据中国事务国际委员会近年来的经验,这样做是行不通的。我们也不赞同有外籍联席法官的特别法庭会比现存的上海临时法院在处理所谓的"代理案件"上更低效;尽管这纯粹是猜想;这完全取决于中国在他们法庭的工作中持什么态度与外国合作,如果能劝说他们接受。图森在法国云南铁路事务上的保留及其人员是受法国公使支持的,这就使我想到我们也有在中国内地各处工作的铁路工程师并暗示了似乎没有必要让这个因素妨碍我们的判断。

在进一步讨论之后,我建议,为了取得进展,我们应该努力弄清会议对欧登科方案的感觉,尤其是其方案的第一条。这导致马克谟先生提出了一个综合性建议，他建议我们可以考虑将欧登科的方案推荐给我们的政府作为一系列谈判条件。这一建议首先是，只要各国能接受，在条约口岸的外国领事法庭适用中国法律，同时在民事案件上放弃内地的治外法权，在外国被告的扣留上坚持图森提出的保留态度。对此我补充看法，在这样做的时候，我们不应该先于中国人提出这个计划（实际上我们应该早在 1927 年 1 月就把其中一部分提供给了中国），最好把主动权留给中国，而应该把它作为反提案来应对中国可能提出的令人无法接受的提案。这些建议已被会议接受，尽管法国公使只是差不多默认。

就在这个时候我建议让日本加入这样的讨论（见会议记录，附录4），这我早在第二次会议的时候就提到过。玛德还为此向我们宣读了来自巴黎的一份电报，上面说法国政府同意中国照会的复照初稿，还特别提到要立足于治外法权委员会的报告，并且敦促邀请日本代表参加在北京的任何讨论。随后日本代办堀（Hori）先生被领袖公使（荷兰公使）邀请参加会议。在日本代办到来的时候，领袖公使向他解释了讨论的性质及我们已经达成的认识。然而目前很难对这一问题展开进一步的研究，因而无限期休会直到一位或更多代表有下一步的建议要提或有指示要交流。我本人在第二天早上就离开北京去上海了。

会议结束后堀（Hori）先生陪我回英国公使馆，我更为详细地向他解释了在他到来之前的情况，并强调了在这一重大问题上日本和我们尽最大的努力达成一致的重要性。对此他表示赞同，并且还补充治外法权上吉泽（Yoshizawa）先生在近期即将进行的商约谈判中所要面对的问题之一。他完全不知道日本政府在这问题上的态度。

上述记录已经摆在您面前，我建议在目前阶段不要制定任何更为具体的提案，要等待事态的进一步发展和可能出现的机会向中国人，特别是上海或南京方面的王宠惠博士，征询他们在这一问题以及临时法院的未来这相对次要的问题上的打算。我个人的直觉倾向于支持用欧登科方案中的方法处理这个棘手的问题，公使馆已经逐渐形成了类似的一些计划,正如上文所提到的。但同时我想确认一下按这种方式区别对待内地和条约口岸的外国公民是否可行,尤其是在刑事案件上。最后,我斗胆提出这样的看法,如果能确保中央和地方政府的稳定并结束不负责任的军事统治,在合理的保护措施之下逐步放弃治外法权可能不会给英国的利益带来重大不利。不幸的是,这样的千年王国还没有到来;尽管没有迹象表明最近的国民革命激发出了更好的新精神,很难说我们目前已经真正在这条路上了。在这样的形势下,我们明显的政策是尽可能地放慢脚步,在必要的时候从偏远地区后撤,但如果可能,持守必要的防御方式不受任何损害直到我们可以安心地放弃。最重要的是我们必须谨记上海方面任何严重破坏治外法权的后果,上海的未来这一问题本身就与治外法权的未来紧密相关,而且同样复杂和重要。

与此同时,很显然这一问题在最近仍将备受关注,如果您在方便的时候能发表对欧登科方案、马克谟试探性建议的看法并对希望我在这整个问题上采用的方法作出大体上的指示,这将是对我的极大帮助。我常常考虑把努力制定某种可行方案的任务委托给一两位专家是否行得通,这方案至少会开始减少我们目前的权利。前几天我向我的美国同事提起过这种想法,发现他也有同样的意思;他甚至说他在上海有合适的人选可以承担这一任务,这人是雅各布(Jacobs)先生,他是治外法权委员会的美国代表助理。我们方面,上海的加斯汀(Garstin)先生也很适合,他的职责和汤纳(Skinner Turner)爵士相似。但是在我们对处理这个问题的原则有更清晰的认识之前,我看不出我们这边当下可以有什么行动。

BDFA,Part Ⅱ,Series E Asia,1914–1939,Vol. 36,China,pp. 421–425

亨德森(Mr. A. Henderson)致蓝普森

外交部,1929 年 11 月 2 日

(第 380 号)(电报)

我前份电报:治外法权。

由于缺乏作为谈判基础的中国政府关于取消治外法权的详细计划,至于就这问题可能进行的讨论或谈判采取什么方法,目前不可能给予你精确的指示。只能扼要地阐明一些可能有助于找到问题解决方案的主要原则供你参考。

(原文从第 2 号开始)大英政府的总体原则是对中国政府的合理愿望持开明友好态度,但认为进行得过快对中国来说将是灾难性的,正如其将对濒于险境的广大复杂的外国利益造成损害,如有必要他们会坚决抵制任何期望立即完全取消治外法权的提议。在他们看来,取消治外法权必须是一个渐进的过程,而且对目前体制的最初修改程度及随后的进度必须取决于中国政府对这一提议的接受程度及他们在这过程的每一阶段所愿意设立的保护措施。

慎重考虑之后,我仍认为对按地域解决的方法存在严重的反对意见,这意味着各种团体由此纷纷提议治外法权在内地可以取消但在条约口岸要予以保持。在内地外国人最容易遭受不公正或野蛮的待遇。因此有必要规定内地的英国国民只能在现代法庭接受审判,这种法庭大多在条约口岸,然而一旦移交到了条约口岸,他将如其他英国国民一样不受中国的审判。另外在内地居住的外国人很少,因此在内地取消治外法权不会对现存体制造成可觉察的变化,并且因此不需做什么就可以除去导致中国人不满的因素并削弱对外国人特权地位的攻击。中国无疑会接受在内地取消治外法权,因为这在一定程度上满足了他们立即完全取消治外法权的要求,但他们会提出更多的要求。另外,通过承认在内地的外国人接受中国审判的原则,我们本该根除我们的争论,但这在目前是有必要坚持的尤其是在刑事案件审判方面,中国的司法管辖不允许有外国人的情形逐渐被中国法庭的审判接受。所以我认为你应该打消这个方案能切实可行地解决问题这样的想法,把精力集中在按(1)民事、(2)刑事和(3)个人身份的顺序移交司法权的方法上。

1927 年 1 月,大英政府基于第一阶段先在领事法庭适用中国法律的想法,向中国提出了建议。我认为我们可能得放弃这种想法,因为这对中国没有吸引力而且会带来管理上的困难。为了体现出这个计划不能生效主要原因是很难查清中国法庭普遍适用何种法规——这仍是把外国国民交由中国审判的主要障碍之一,再次提出这种建议以引起中国的关注是明智的。

假如这个建议被放弃了,我的观点是最近我们能设想的最实际的是(1),并且鉴于下面第十段的内容,我们坚决拒绝移交刑事审判权直到中国法庭在民事案件审判中的经验足以证明其在刑事审判上是可靠的,对英国国民的权益没有过多的偏见。为了实现第二段所暗示的目标及尽可能确保在中国法庭能适当地行使司法权之后再移交,我们在(1)范围内有足够的机会谈判。我认为目前我们专注于用这些方法进行谈判。

假如民事案件的司法审判权移交给中国法庭,如果这种法庭是按现存法庭管理体制组织的新式法庭而非专门安排的特别法庭,这将更让人满意。特殊法庭可能会成为国民党攻击的目标及一种摩擦,因此在实践中是不能使人满意的,而外国的承认及对外国人的审判方式将加入到现代法庭的威望和效率之中。这种方法肯定更令中国满意,而且旨在为治外法权的最终消失铺平道路。然而有必要规定只有组织高效、人员配备充足的现代法庭才能对外国国民实施审判,并且在一定程度上认同地域原则。

外国国民的民事审判权只能移交给在这些方面让人满意的现代法规已经颁布并已切实付诸实施的中国法庭。随着新法规的阐明和实施及能处理与日俱增的司法事务的高效现代法庭的增加,中国的司法主权范围可能会扩大。与中国政府指定的代表一起仔细考察中国的法律法规是有必要的,每一案件的最终决定视这种考察的结果而定。

保护措施这一问题是一个独特的难题。当然最重要的是停止行政和军事对司法的干预。在其他国家的经验表明除非政府真的迫切希望使用他们否则雇佣外籍法律顾问也是空的。除非你认为中国很有希望能实现这一条件,否则不值得去施加压力让他们接受这个计划。移审权实际上只发挥一种威胁的作用,它的存在可能会诱使中国政府把他们的法庭维持在可以接受的标准。你最适合来判断这样做在中国是否有价值。中国政府雇佣外籍法官,而且当被告是外国人的时候,其中必须有一名外籍法官和中国法官一同出席新式法庭,这一计划要继续坚持。你应该向中国政府施加压力,使他们同意这样的协议。没有这样的协议将很难立即作出任何实质性的让步。同时还应制定司法协助的令人满意的条款,但我认为获得外国人自由选择外籍律师的权利是不难的。

根据我们目前的实践,英国国民起诉中国人的案件将在新式法庭受审,英国法律顾问不出席,但条款规定可以获得英国方面的帮助或其他合法帮助。英国国民之间的诉讼目前可能仍由英国法庭审理。然而不同国籍之间的外国人的诉讼案件在中国法庭审理也许更为合适,这不仅是因为不这样就不可能在近期移交司法审判权,而且也是为了避免因区分丧失治外法权和为丧失治外法权之人而引起的纠纷。外国人之间的纠纷有可能大体上通过仲裁来解决,并且使中国法庭承认并执行这种仲裁裁决是有必要的。

与民事案件审判权的移交相联系的英国航运及中国征收情况无疑需要特殊考虑。

尽管刑事案件的审判权应该在民事案件审判权移交之后再移交,但在一些轻微犯罪案件上或许可以提早甚至同时开始,如违反市政条例或类似条例等总体上属于破坏治安的案件。把赌博也加入这一类别也许是有益的。这些案件不应由治安审判庭审理,而应由更高级别的法庭审理,让步时应该回避防止仲裁行动或过分干预自由的条款,假如这样的法庭拥有监禁权,当然就得考虑监狱的问题。这样的协议在上海这样的地方将特别有价值。假如这个问题的讨论会和临时法院的谈判相联系,似乎对通过这种方式达成令人满意的解决方案就不会有必然的反对。

治外法权的行政管理方面还需要仔细斟酌,尤其是当在刑事案件审判方面做出让步时。有必要想办法保护英国国民及其船只、工厂和其他房产,反对以征税或执行规定而进行的住宅搜查和恼人的视察。

BDFA,Part Ⅱ,Series E Asia,1914-1939,Vol. 37,China,pp.239-241

蓝普森致亨德森

北京,1929 年 11 月 30 日,收于 12 月 1 日

(第 980 号)(电报)

我得到可靠的消息,中国政府的确打算在 1 月 1 日废除治外法权。与此同时南京的中国媒体说中国驻伦敦公使及驻华盛顿公使受指示向英国和美国通知这项决定并要求在此日期之前开始谈判。

因此我们要慎重考虑一旦中国政府实施他们的打算我们将面临的形势;并在以下两点上我们必须提前下定决心:(1)如何反驳中国这样的声明;(2)在保持我国国民的治外法权方面我们准备尽多大的努力。

一旦中国不承认我们的治外法权之行为危及英国国民的影响力、个人安全、自由及财产时,我相信我们将准备使用一切能用的方法来保卫,只要环境具备我们将动用一切能用的方法使保护性措施可行。

另一方面,我认为大英政府无论如何也不会准备诉诸制裁,即使在国联的权威下,以维护条约权利的神圣性直到双边谈判对此进行修改。

如果这两种假设成立,我们对任何单方面废除行为的反驳要做到及时、简洁并切中要害;其语气和措辞必须视中国的谴责性质而定,但它或许可以按下面的方式操作:

我们拒绝承认中国有权单方面废除条约的条款。我们早已清楚地阐明我方对治外法权问题的态度并声明我们愿意就此进行商讨。但在由中国的专横行动引起的原则问题澄清之前,不管是通过友好讨论或(被删),考虑在治外法权、将来的让步或其他重要问题上达成新的协议,这很显然是无用的也是不受欢迎的,并且已经开始的谈判必须暂停。中国的行动表明这样的协议很容易成为一堆废纸。同时我们应该继续认为英国国民的治外法权完全有效,并且应该提供一切必须的保

护以阻止他们违背这种权利。

回复中还应包括根据目前在可供选择的条款下诉诸国联或常设法庭的考察结果而达成的决定。尽早告知大英政府和中国政府对后者的态度及对我第 951 号电报中概述的建议的看法,这对我将是极大的帮助。假如正如我所希望的,它是有道理的,我们应该在这个时刻到来之前使一切机器做好运转的准备。

上述内容以明确的废除为先决条件,但问题也许不会如此明确而且中国的声明可能不会使提出的反驳立即实施。例如,她可能在 1 月 1 日之前仅仅宣布条约的治外法权条款现在已经不适用了,正如瑞典条约一样,并要求立即开始谈判以便一种新制度能在 1 月 1 日生效。这使 1 月 1 日以后(原文如此)她是否会不顾谈判的开始而取消现存的权利成为悬念。简而言之将出现双方各执一词的局面。在这种情况下我认为在未清楚表明我方的意见之前不应该被诱导进入谈判。我们的回复可以表示乐意谈判并愿意尽早开始,即 1 月 1 日之后,如果有可能,但必须清楚明确地以新协议达成之前我方现存权利不因此受歧视和损害为条件。假如那时或之后中国坚持取消这种权利,我们就会明确采用第 5 段和第 6 段中建议的方法。

至于我们为维护我们的权利而准备采取的实际步骤〔见第二段(2)〕,有可能中央政府打算至少以一纸文件开始废除治外法权(正如日本和比利时的情形)。但是即使这样,还存在重大而真实的危险,如汉口等地的地方政府可能会把这样的声明当作随意对待外国国民的许可证。如果他们单方面废除治外法权的做法没有受到挑战,甚至中央政府也可能受怂恿这样做。

尽管保护的实际措施要视每个案例的具体情形而定,我提交下列总体计划:在英国海军势力所及并能采取有效行动之处,英国航运必须不可置疑地予以保护,以防中国违背现存的治外法权。例如,如果中国设法强征或没收英国船只或逮捕在英国船只上的英国国民,大英政府的海军应该防止这样的没收或(被删)发生,必要时不惜使用武力。上岸行动可能没那么容易,但只要能进行有效抵抗,这样的行动也同样应该采取。任何这样的保护性措施将被严格限制在出于当下目标的直接行动,例如,营救英国国民或保护其个人不被逮捕和其财产不被没收,包括侵害我们力所能及之处的英国房产。如果那个目标超出我们可以支配的海军能迅速触及的范围,经过批准采取进一步行动将理所当然成为大英政府所要充分考虑的事情。

注意在目前的指示下,总指挥只能在英国国民的生命确实处于危险中或出现故意或肆意毁坏英国财产的情况时采取及时行动。

我认为在我们可能会面对的困难中,其中之一是英国国民故意挑衅并激起事变的危险。这样的案件将由大英国的外交官、领事或海军长官根据具体情况自行处理,必要的话可向国内咨询。

尽管很显然事先准备好事情的全部是不可能的,我将很荣幸在合适的时间向领事发布尽可能清楚的指示。因此我为能尽早获知大英政府的观点表示感谢。

尽管我们应该做好单独行动的准备,但如果必要,应尽全力寻求各相关大国的共同行动。如果要达成这样的行动,我无须强调时间的极度缺乏。出于策略上的考虑,最好在1月1日之前开始与中国谈判,如果为了使她没有机会为借口我们迟缓兑现同意谈判的承诺而谴责我们辩护。在此我突然想到假如美国决定在华盛顿进行谈判,这似乎很有可能,同样地,在伦敦可能也不至于会差到哪里。中国将会赢得面子,氛围会变得更加平和冷静,最重要的是如果中国吵嚷,外务大臣将以直接交流和告诫的形式给予最好的法律建议及更重的打击。

我不是一个危言耸听的人,也不希望小题大做,但我可以说对这里的形势以及中国人的心理有一定的了解;假如中国把她的意图付诸实施并侥幸成功,我经过深思熟虑认为将会引发一个有广泛影响的问题。因此我只能恳求对本电报中的考虑予以最认真和尽早的关注。

BDFA,Part Ⅱ,Series E Asia,1914-1939,Vol.37,China,pp.294-296

亨德森致蓝普森

外交部,1929 年 12 月 5 日

(第 451 号)(电报)

我 12 月 4 日第 449 号电报:治外法权。

我们必须在北京而非伦敦开始逐步废除治外法权的谈判的理由如下:

除非我们完全屈从中国的要求并默认他们可能强加的一切条件,否则谈判的主要目标将是设法安排好中国可能接管的司法权的每一部分,为了秩序和公平,这种安排应保护外国国民免遭他们专横的对待,可能他们是奉不负责任的军阀们的命令。只有对当地情况非常了解并对此有日常接触的人才能想出有效的保护措施。我们得经常咨询利益受影响的当地代表。中国的谈判代表在同意之前也相似地要征求负责新安排的政府机构的意见。

移交任何一部分民事案件审判权都将慎重考虑治外法权管理方面所受影响的程度,如诉讼程序、征税、住宅搜查、英国航运的豁免等等。其中,航运可能是最重要的,任何导致外国航运不能有利地参加中国沿海贸易的仓促行动对中国造成的损害将比对我们的损害还要严重。

中国在任何程度上掌管原上海会审公廨的外人民事案件审判权肯定会引起影响各大国利益的异常复杂的问题,因为执行的权威在工部局手中。只有通过在整个谈判过程中与那些对新安排的运作合作的中外权威保持密切的个人接触,这些问题才可能解决。

我们在上海面临的整件复杂的事情的关键是临时法院。外人民事案件审判权的移交必定会影响临时法院的地位和司法权。因此治外法权的谈判和临时法院的谈判之间有紧密的联系并有一些重合之处,因为其中一个谈判达成的决定肯定会极大地影响到另一谈判同意的协议。临时法院的谈判早就在南京开始了,这似乎为只能在中国进行治外法权谈判提供了一个额外的最令人信服的理由。

最后,我不能回避这样的感受,即在华的英国人应准备好欣然接受你负责的谈判所达成的新协议。他们对你有充分的信心,他们知道你了解当地的情况并同情他们的特殊困难。然而假如谈判在这里进行,他们可能会觉得中国利用我们对当地情况的不了解而可能欺骗我们做出不必要的让步,从而使他们的地位得不到保障。

假如你不赞同这些观点或不同意我得出的结论,请把你的观点详尽并紧急地电告我,因为我坚决反对进一步拖延与中国政府展开谈判。

BDFA,Part Ⅱ,Series E Asia,1914–1939,Vol. 37,China,pp. 308–309

亨德森致蓝普森
外交部,1929 年 12 月 20 日

(第 481 号)(电报)

我紧接着的电报。下列是备忘录的内容:

大英政府已经考虑了中国政府 4 月 27 日照会引发的形势及随后关于修改中国目前的治外法权体制的通信往来。大英政府明白中国政府方面的正式及半正式宣言,即他们所谓的暗示了中国政府迫切要求在 1930 年 1 月 1 日之前有实质性的进展,假如没有废除治外法权的实际过程,没有任何重要的谈判,他们将很快采取那样的步骤。

大英政府本着开明同情的态度希望满足中国政府的愿望,设法探知他们具体的提议,这些提议或许可以作为更加详细的谈判之基础。中国政府显然对提出具体提议以供初步研究感到困难,大英政府希望英国驻北京公使和南京政府的外交总长之间能在年底之前开始谈判,从而使两国政府的共同目标能够得到最好的满足。他们打算让蓝普森去南京以实现该目标,但不幸的是中国的广大地区爆发了内战使得这一打算落空。

在司法和行政方面,在解决治外法权问题所采取的逐步的方法上,进行复杂的调整是有必要的,如这种调整应由两国政府共同规定只有通过友好并不带偏见的谈判才能生效。假如发生阻止这种谈判开始或妨碍达成满意的结果的事情,这将是非常不幸的。中国政府自己将意

识到,任何攻击英国国民基于百年来神圣的条约规定的且对中国同样有利的合法权利或利益的行为,将使大英政府承担起重要的责任,因为这样的攻击将非常不利于以谈判的方式解决复杂的问题。

大英政府期望尽其全力为谈判营造一种有利的氛围。中国政治局势阻碍了重要讨论的开展,这不是英国政府的责任。他们谴责这样的局势阻碍了这一步,考虑到对1930年1月1日这一特殊日期的强调,他们充分理解中国可能会面临的困难,即当那天到来的时候,在治外法权问题的具体考虑上没有取得任何看得见的进展。因此大英政府希望同意把1930年1月1日作为逐步废除治外法权过程原则上开始的日期,而且不反对中国政府发表其认为值得并与此态度一致的声明。为了在逐步废除治外法权的方法及方案上达成令两国政府都满意的共识,大英政府准备在中国政治局势许可的情况下尽快进入具体谈判。

BDFA, Part Ⅱ, Series E Asia, 1914–1939, Vol. 37, China, pp. 342–343

亨德森致蓝普森
外交部,1929年12月24日

(第488号)(电报)

我11月2日第380号电报:治外法权。

我电报中供参考的提议在12月19日的外交部代表与由中国委员会及中国协会指派的专家委员会之间的会议上进行了讨论。总体而言,委员会对电报的内容比较满意。他们提出了下列建议:

重点强调移交民事案件审判权所固有的危险。富有的机构可能会被欺诈性的诉讼毁掉。作为个人,可以受中国的审判,可是财产不行。例如银行资产是很脆弱的。从商业利益考虑,保护机构可能比保护个人更重要。因此,如我供参考的电报所言,或许可以把放弃轻微刑事案件审判权作为获得足够的机构保护措施的手段。另一方面,即使是这种放弃,也可能非常危险,可能会使在中国的生活难以忍受。

所提议的保护措施或许可以引入上述法院或最高法院。如果引入到上述法院,上诉程序应该是重审。

中国法院还应该执行在外国国民与中国国民之间的纠纷仲裁裁决。

外国船只是特别容易受害的。迄今海关管理机构是外国航运和中国行政之间的缓冲。如果这一保护被撤销,外国贸易可能会遭到严重的破坏。还应关注商船条例所规定的英国商船的责任限定。

BDFA,Part Ⅱ,Series E Asia,1914-1939,Vol.37,China,p.346

蓝普森致亨德森

南京,1930年1月9日

(第7号)(电报)

在今天与外交部长的最初讨论中,他提出了治外法权问题,我们同意在专家正式会议之前先非正式地交换意见。没有作会议记录。

他概述了他的计划,他说早就在伦敦提出了。地域方法、完全放弃、在五个具体领域设立专门法庭,外国被告可以在这些专门法庭受审且有外籍法官。

我解释说我目前只能处理总体原则;如果能赞成这些原则,我们或许可以成立一个技术委员会来研究他们的具体应用。我的第一条原则是逐步废除;除非这条能满足,否则难以取得任何进展。为了详细说明这套理论,我提醒他1月份给出的条件并把我们坚持的案件分为三类;接下来是保护措施问题。但我此刻可以说,经过慎重研究大英政府反对区分地域的方法。

其次,关于他所指的外籍人员。显然他考虑的是外籍顾问,而且如果我理解正确的话,仅限于刑事案件。我再次提醒他我们的分类,并向他提出如果他同意聘请外籍法官,我们的谈判将会容易得多。他暗示如果我们同时放弃刑事案件审判权,这或许有可能。我告诉他这是绝对不行的。他直接询问我们是否想保留某些特定类别案件的在华领事法庭,我回答肯定是。

最后我征得他同意把他的计划以书面形式交给我,以便我明白我们可以(原文删除)及可以建立在什么基础之上;我们同意在有专家出席的正式讨论之前再进行另一次非正式探讨。

在谈话中我多次警告他不要把我们逼得太急;我们打算帮助他,但要通过自然缓慢谨慎的方法,并且从他自己的利益来看,他不应该狮子大开口。例如无论英国政府、英国国会或英国国民都不会容忍在目前放弃刑事案件审判权。

BDFA,Part Ⅱ,Series E Asia,1914－1939,Vol.37,China,p.381

蓝普森致亨德森

上海,1930 年 1 月 18 日

(第 36 号)(电报)

下面是提案内容的初稿。昨天外交部长又催促我了,我请求对此尽早给予指示:

治外法权必须是一个逐步的过程,对目前体系修改的程度及随后的进展必须取决于中国政府在多大程度上接受这一根本观点及在这一过程的每一阶段所采取的保护措施。

逐步取消必须按照(1)民事案件、(2)刑事案件、(3)个人身份案件的顺序移交的方法进行。

在近期所能展望的是(1)民事案件,并且在民事案件审理中所得的经验证明,刑事案件也能安全地被移交之前不能在总体上移交刑事案件审判权。

民事案件审判权必须限制在那些相关法规已经颁布并实施的类别。

移交案件的审判权只能委托给组织高效、人员配备充足的现代法庭。

审判移交的面会随着新法规的颁布实施及现代法庭数目的增加而扩大。然而,与此同时英国政府准备重申他们 1927 年的提议,即中国法律应逐步适用于在华英国法庭。

管理方面要提供足够的保障措施,尤其是(1)防止军方及其他非法院权威的行政干涉;(2)防止不合理和不规范的征税及各种形式的通过行政手段的勒索;(3)防止干涉国民的自由,上门访问和对房产、工厂等的烦人检查,对航运的专横干涉。英国政府的观点是,除此之外,这些保障措施应该采取下列形式:中国政府在那些英国国民的司法权逐步移交的中国法庭雇用外籍法官;外籍诉讼当事人有权自己选择外籍律师;设立一些调案制度。

国民之间的诉讼目前仍由英国法庭受理。

政府认为由中国法庭承认并执行英国国民、他国国民及中国国民之间的案件仲裁决议是合适的。

BDFA,Part Ⅱ,Series E Asia,1914-1939,Vol.37,China,p.410

关于领事裁判权的英国复照

大英钦差驻扎中华便宜行事全权大臣蓝

为照会事。接准本年四月二十七日来文以中华民国国民政府深望早日解除现行治外法权制度于中国司法主权所加之限制,以俾中国对于在其领土内之各国人民得以实施其法权等因,业已备悉并经转呈本国政府鉴核,去后兹奉训令嘱将左开之意转为复达查照。

大英国政府本其对于中国政府及人民素持之友谊,业将中国政府关于在华治外法权取消问题之声请予以同情之考量。夫此事既于中国政治上之发展及中英两国将来之邦交两有綦重之关系,是以似须由各方面观点而详缜考察之,尤其对于现行治外法权之以何原因而致,由何历程而成,非谂识正确,则于该问题应以何法处置之考核直将乏策矣。按在华之现行治外法权制度其根源远在既往,溯自世界交通,经以科学方术改良前,与其他部分民族相隔绝,以致其所发展之文化、政治及属独为己有而与欧美则彼此如界鸿沟。如泰西各国政治思想中一主要成素,视国际关系为平等独立国家邦交之观念,与当时中国固有之心理乃为毫不相入者,即其例也。当西洋商民初涉中国海边之际,中国政府认为不便容其任意进入国境与国人混杂,亦不承认该商民所隶之国家与中国为平等国家,故将此项商民限制于全国中一隅地方、一城市之一小段落。在彼,更一面加以种种之拘束及重大之轻侮,一面以上述特别情形所产出之一种无定则治外法权,乃听该商等得几分自动担任己方事务之处理与己方秩序之维持,似此不牢不妥之情况继续多稔,因而时有激切之不协,且更往往发生冲突,其原因泰半为对于并非有意致毙人命之一无辜者,要索交出处死,或对于中国关于课税之法律,拟使外国官厅担任实行此类事端也。最初所缔之条约,其目的在得获中国承认英国与中国为平等国,并将英民之治外法权上分位加以明释及限定。两国之邦交既如此归于平等及互尊状态,则所有英民为尊重中国主权所须担负之责任忍受之限制,英国亦曾情愿使其人民仍行负受矣。其中国内地之概行开放为当时情形所格,是以外人之居住迄今仍限于少数市区,名曰通商口岸而已。至中国政府迭经指出领事裁判权制度之缺点及不便,乃为本国政府所承认并曾经于一九〇二年所缔中英续议通商行船条约第十二条内声明:一俟查悉中国律例情形及其审断办法及一切相关事宜皆臻妥善,英国即允弃其治外法权等语。嗣后来文所指中国采用泰西法理之进步,本国政府甚为欣睹。且民国十五年法权调查会报告书内所陈之事实及主张,本国政府于民国十五年十二月间之宣言及十六年一月间向中国官厅所提之建议案内,曾经对于华人正当之企望出有欲以友谊同情相遇之具体证据。上述两文件内所指之路途,本国政府又已行有进步甚愿与中国政府会同调查治外法权之通盘问题,以便审视现时于此项路途中可为若何之更进步步骤。惟本国政府查采用泰西法理国律典籍之颁布,乃只在向来所有关于外人在华居住各项特别管理办法。可能概行放弃无虞以前,应行完成全部工作中之一部分而已。且谅此种革新法律事项,欲使其生动而能切于实用,则不但秉政者必须对于泰西法理有明悉及赞许之态,即大众人民亦必同一明悉而赞许之。且执行此项法律之司法机关,必须非仅不受军事将领之干涉与督饬，即自行设置专横非法裁判机关及欲利用合法裁判机关，不以对华人两造或华洋两造持平执法为事，而反求达到政治目的之团会等亦皆不可得而干涉督饬之也。在得见上述各节情形而其程度较现时迥于以前者，尚恐英民在中国境内各处之居住贸易与置产欲似华商在英境得享受次等利权之同等自由及安全，于实行上仍为不便也。倘缔结宣称对于英民许予此等利权之协约，则将来若许时间内仅为纸上具文而毫无使之实际有效之可能，是于过早时间许予此等利权，非特于英商毫无裨益，乃或更贻中国政府人民以政治上、经济上之困难也。凡于此种情况仍然继续之时，除历时将及百年无不充用为管理中国与在其领土内本国人民交接事宜之通商口岸制度以外，似无他项可行之办法焉。既欲维持通商口岸制度，辄须存有一种治外法权制乃为当然联带者也。而于现在时际，本国政府所目为待解之问题及除上文所指经已施行各端外，于该制度上再有何种宜行与能行加以变通之处也。至此项问题究应采用若何手续考议，本国政府尚待国民政府再行发表主张并令本大臣对于贵部长切为声明：如国民政府有此项主张，则本国政府自当仍依贵部长来文之末段内所慷慨称许本国政府对于贵国之友谊襄助态度而对待之也。须至照会者。

右照会

大中华民国国民政府外交部长王

一千九百二十九年八月十日

致英国照会

大中华民国外交部长王

为照会事。关于本部长四月二十七日照会提议废除中国所受司法主权之限制一案，兹准贵公使八月十日照复转述。

贵国政府对于本案之意见本部长业已阅悉。贵国政府提及，英国对于中国人民之正当愿望屡经具体证明其志愿，以友谊及同情的精神相对待,本国政府极为欣幸。查中英两国之友谊关系不仅以物质利益之相同为基础,盖自两国接触以来,英国之政治思想对于中国政治之发展即生有重大影响,而英国人重视正义、酷爱自由之特性,尤常引起中国人民之赞叹。故英国政府对于本部长上次照会所表示之愿望予以同情的考虑,并声明愿与中国政府共同研究领判权问题,中国政府获悉之下至为欣怡。

查来照中贵国政府对于领判权制度之历史的背景叙述甚详,惟来文特别述及当中外关系在初期之时,西方商人"由一种无定形及无定则之治外法权"渐近而负自行管理事务之责等语,此则中国政府所视为遗憾而又足以自慰者也。夫上述情况当时任其存在实为中国政府之遗憾,然从他方面言之,中国政府又不得不引为自慰者,即英国政府既知在华英人取得特地位之背景在今日当亦能完全了解将两国关系加以适当整理之得计与必要。因之,本国政府深信在今日实际情状同样之毅力及权宜以改造在华英人之地位也。

夫有悠久的历史根据之事,不止领判权一端,诚如贵公使所言。然中国之欲废除此等特殊及旧式之制度,其热心实在任何他国之上。如通商口岸制度亦为旧式制度之一。该项制度殊无他用,仅足妨害中外物质利益之发展而已。中国政府深愿给予在华外人接受任用外国所遵守之同样义务及责任。而各国侨民之最大义务,以中国政府观之,实为尊重当地法律及服从其法庭之裁判也。尤应特别注意者,此种特权其表面虽予在华外人以保障及安全之印象,而似有益实则对于中国人民最足发生不良之影响。因该项特权常使华人发生受辱及怀恨之感想,致引起双方相互的疑忌,相互的不信任,使双方友谊关系之基础根本动摇而引起不断纠纷及冲突。设无此种特权,则此等冲突及纠纷必易于避免。试观中国人民对于抛弃领事裁判权及服从中国司法之各国人民恒抱最友谊之情感及最信任之态度,此实为任何两大国人民商业交通上或他种关系上最贵重之要素。夫中国人民对于有领事裁判权各国人民之关系及对于无领事裁判权各国人民之关系二者之间,既有此种特殊之差异,如果领事裁判制度保存不废,此差异将益趋明显。中国政府虽欲勉力抑制,但此种天然之心理表示终非权力所能遏止耳。虽然英国人民如果放弃其领事裁判权定可与领事裁判权各国人民得中国人民之同样信任并受物质上同样之利益,且中国政府对于英国人之私人权利必能依照国际公法通行原则继续予以适当之注意,以防止一切可能之侵害而关于非法行为之救济尤当用最有效之方法力行其应尽之义务焉。

　　吾人于此可回忆英国政府对于土耳其放弃特权时之情形,中国司法制度较之土耳其废约时之司法制度绝无不及之处。英国政府既知土耳其人民本其合理之愿望在强有力之新政府领导之下能于短时期内完成伟大事业,遂有先见之明毅然放弃其与在中国相同之特权,所有英国人民在土耳其之生命财产卒得到充分适宜之保护。夫英国政府对于土耳其之司法问题既已毫无疑虑予以公平之解决而得圆满之结果,则其对于中国之领事裁判权问题必得以同样的友好及同情的精神解决之,当无疑问。

　　中国政府近已与其他数国签订条约议定一九三〇年一月一日废弃领事裁判权,谅已为贵国政府所悉。假使该数国与英国政府抱同样之见解,以为中国司法制度对于彼邦人民不能予以公平之裁判,亦无相当法律以保护彼邦人民之生命财产,则彼数国者必不肯放弃其已得特殊地位而签订上述之条约。夫参与华盛顿会议讨论领事裁判权问题之各国现既有多国业已签订条约明白表示此制度之不适用而须求一适合事实之制度以替代之,则在该会中占重要地位之英国自应与各该国一致办理,以除去中国政府对于外国人民行使法权之困难。中国政府希望英国政府对于本案一切怀疑杞忧经此次解释以后即能完全消灭并希望作进一步之研究,从大处着想,即以提高中英两国人民之友谊为重,从而增进双方之物质利益。因此之故,中国政府敢请贵国政府立即与中国所派代表从事讨论,俾可商定必要之办法,庶在华之领判权得以废止而使双方政府得到相互的满意,相应照会。贵公使转达贵国政府查照并希见复为荷须至照会者。

　　右照会

大英国钦命驻华全权公使蓝

中华民国十八年九月六日

《南京国民政府外交部公报》第二卷第七号,第 74—78 页

2. 中美之间的反复交涉

亨培克①与伍朝枢会谈备忘录
华盛顿,1929 年 1 月 5 日

　　伍朝枢依约到访。伍朝枢留给亨培克两份备忘录,在此附上。一份是关于 1928 年 11 月 27 日中意条款附件的;另一份包含了伍朝枢的建议,针对的是中国政府对于缔结一项在 1930 年 1 月 1 日废除治外法权的条约的条件。

　　会谈持续了 1 小时 20 分钟,内容大部分是先前几次会谈的重复。伍朝枢提到了亨培克在最近一次会谈中的要求,即让伍朝枢起草一份逐步撤废治外法权及逐步扩大中国对外人的司法管辖权的计划概要。他说自上次会谈之后,他与他的政府通过电报讨论了这个问题。他希望提交一项基于土耳其先例的提议。中国想要的是一项明确、无疑且及时废除治外法权的条约。他认为这些关于"外籍法律顾问"的提议应该够了。

　　亨培克谈到了中比、中意新条约的暂时性和初步性,那些条约没有指出缔约国同意制定的方案的实质。伍朝枢说他希望缔结一项条约,在条约中美国只要放弃治外法权就行。亨培克向伍朝枢询问其意思是否是在这种条约的条款下当其他各国仍然享有治外法权之时美国及美国公民不再享受治外法权所带来的地位。伍朝枢说正是此意。亨培克

---

　　① 时任远东司司长。

提到了在伍朝枢到达这个国家之后不久在国务院举行的会谈,在会谈中,国务卿表明不可能考虑那种提议并做出了解释。亨培克接下去说到美国或其他任何对国家重大利益及其大量在华公民负责的国家都不会同意使那些利益和公民在中国处于一种特殊处境(在这里他们至少会认为是不利的地位)。美国政府长期以来努力在中国实现的原则是待遇平等及无特殊处境。或许可以假设中国也追求实现同样的原则。伍朝枢说某些国家已经不享有这种治外法权了。亨培克指出德国、苏联、奥地利和匈牙利的状况是特殊的环境和条件造成的。假设美国或其他某国采纳了伍朝枢刚才的建议,能设想其他大国会接受这种方法把它作为解决该问题的满意方案吗? 他们会仿效,以保持一致吗? 伍朝枢说他们在土耳其已经这么做了,而且可以设想他们在中国也会这么做。

伍朝枢最近的提议可以归纳如下:

1. 美国和中国缔结一项简单的条约,条约包括美国治外法权于 1930 年 7 月 1 日到期的条款。

2. 添加一个附件,中国应声明在 1930 年 1 月 1 日之前施行两项新法规,使五大主要法规都生效。

3. 中国政府将声明将雇用一定人数的外籍法律顾问为期三年,他们将作为中国政府的官员任职于司法委员会,他们的职责是"观审,没有干涉之权",向司法委员会报告,受理司法管理方面的投诉,向司法委员会提供意见和建议。

附件 1:中国公使馆致美国国务院

中意条约签订于 1928 年 11 月 27 日,其附件与中比条约相似,只有如下区别:

1. 如果在 1930 年 1 月 1 号之前没有在具体条款上达成协议,治外法权将于所有华盛顿条约签约国同意放弃并且中国确定了时间之时放弃。

2. 未提及个人身份方面的法律。

附件2：中国公使馆致美国国务院

1. 中国政府雇用目前在中国不享有治外法权国家的外籍法律顾问，为期三年。

2. 这些法律顾问将作为中国政府的官员任职于司法委员会，驻在上海、广州、汉口、深圳和哈尔滨。

3. 他们的职责是：

（1）在中国法庭观审，但无干涉之权，并向司法委员会报告观审结果；

（2）受理司法管理方面的投诉，并引起司法委员会对此的关注，以便确保中国法律得到严格的遵守；

（3）向司法委员会提供他们认为有助于改善法律及司法管理的意见和建议。

FRUS,1929,Vol.2,pp.543-545

亨培克与伍朝枢会谈备忘录

华盛顿,1929 年 1 月 9 日

伍朝枢说在南京有许多关于新签订的中比、中意条约条款的讨论。他掌握了来自各种途径的信息。对这些新条约的条款表示出不满的很多。在那种情况下，中国和美国没有谈判达成类似条约可能是好事。

亨培克说鉴于伍朝枢刚才关于条约的话，他想补充评价一下他和伍朝枢之间的会谈，尤其是 1 月 5 日的会谈。他说伍朝枢一直非常努力地想说服他，美国应该和中国缔结一个条约，该条约应有这样的条款，不论其他各大国国家利益和公民的地位，即无论其他各国是否享有治外法权，美国国家利益和公民放弃在华治外法权。约翰逊说讨论这样的提议似乎得不到什么：他提到了远东司会谈开始之前国务卿的声明，我们不能制定一项使美国国家利益和公民在中国处于比其他各国次等的地位的协议。伍朝枢认为这不是"次等"的问题。亨培克认为没必要讨论按"次等"或"高等"来讨论，但这是一种不平等。约翰逊说坚持最惠国待遇一直是美国政府的政策。亨培克说为了遵循该政策，美国政府已经努力并仍将继续努力终止或消除在中国存在的这种不平等待遇或特权，并且他相信中国也在致力于同样的目标。伍朝枢说在中国的外国公民整体上处于特权地位。亨培克认为无论外国公民和中国公民之间的实际情况是否如此，都有必要区分国民待遇和最惠国待遇；外国公民在中国从未被给予中国公民享受的权利；但在外籍公民中，美国从没为她的公民寻求过特权，美国一直坚持其公民享有与其他各国公民一样的权利。约翰逊重申美国国务院不能对使美国人处于比最惠国国民不利位置的提议予以考虑。

FRUS,1929,Vol.2,pp.546–547

亨培克与伍朝枢会谈备忘录(摘要)

华盛顿,1929年1月10日

伍朝枢询问我们对他1月5日提交的暂定提议的反应。亨培克回答他能言简意赅地指出我们的反应：我们觉得这个提议不能作为讨论的基础，它对解决主要问题毫无帮助，所谓的主要问题是指为过渡时期制定程序。伍朝枢说这是土耳其采取的方法。亨培克说，重申他在前几次会谈中表达的观点，中国的形势和环境与土耳其只有一点点相似或类似。伍朝枢说这些提议承认了过渡时期的可能性。亨培克回答国务院觉得它对促进逐步放弃美国公民现今享有的治外法权及中国逐步接管司法管辖权毫无帮助。他说，迄今为止，应该清楚的是，为了使讨论有意义，必须提交一份运作方案，如中比、中意新条约的制定者已经设想出的方式，在撤废治外法权之前应该征得同意，尽管没有指出这是将采取的类型。伍朝枢询问亨培克所想的是何种条款。亨培克回答他所想的条款是与治外法权委员会报告相符并且要考虑到治外法权委员会所建议为了创造满意的情况而须做的事项。

达成的共识是伍朝枢应再次来访以讨论那一点。

FRUS,1929,Vol.2,pp.547–548

美国国务院致日本大使馆

备忘录

国务卿要求日本表达其对中国修约问题态度。日本政府通过其大使对此作了坦白的回复。美国政府对日本政府所展现的友好合作精神表示感谢。

日本大使陈述了其政府的观点之后，要求美国政府表达自己的观点。为了回应这一要求，本着互惠的精神，国务卿很乐意表达美国政府的观点。

美国政府很高兴知道在与国民政府谈判时日本政府是受华盛顿会议、北京关税会议及治外法权委员会工作中所体现的各国合作努力的精神激励，是为了帮助中国实现其强烈的愿望。美国政府希望日本政府确信美国的态度也是受同样的精神的激励。

美国政府为各国共同致力于关乎共同利益的建设性措施而感动，其中最重要的是各国共同制定撤废在华治外法权的可行且正义的方法。

美国政府在撤废在华治外法权问题上的态度早在 1903 年在上海谈判达成的条约中就已表明，美国政府同意协助中国改革司法体制及最终放弃治外法权的条款。这些条款包含在条约第十五条之中，与中日同年缔结的条约之十一条基本相同。这两个条约是同一天签订的，这是值得记住的。相似的条款也包含在次年的中英条约中。

美国政府进一步帮助中国人民实现愿望的真诚已被该政府在华盛顿会议所作的努力以及会议结束后努力实施治外法权决议中提供的措施证明。当华盛顿会议所缔结的条约在得到最后一个签约国批准后最终于 1925 年生效时，美国政府抓住机会敦促各国委派委员会调查治外法权，授权该委员会在其报告中提出对逐步撤废治外法权的建议。当委员会在中国召集时，美国委员在进行调查和准备报告时都起了领导作用。

两年前，在 1927 年 1 月 27 日的声明中，国务卿表明美国准备将无须缔结条约就可生效的治外法权委员会的建议立刻付诸实施,并准备在中国能通过其法律和法庭对美国公民及其权利和财产提供保护时就撤废治外法权进行谈判。

注意到日本政府赞成在治外法权委员会的建议基础上与中国谈判。美国政府确信治外法权委员会的报告为与中国就制定明确、可行并公正的方案以撤废治外法权的谈判提供了可以作为基础的材料。中国目前的形势似乎可以开始这样的谈判,因为国民政府正逐渐扩展并巩固其权力。

美国政府注意到治外法权委员会对各国的行动提出了一些建议,也对中国和各国的共同行动提供了建议。美国政府觉得既然中国现在已经统一在一个中央政府之下,各国可以公允地寻找中国为实现治外法权委员会建议的改革所作的努力的证据,并且根据中国为实现那些目标所取得的进步,各国应努力达成协议或与中国达成协议,为逐步撤废并最终完全取消治外法权提供一个满意的方案。

美国政府认为各国代表与中国代表关于这个问题的坦诚会谈将清楚提醒相关各国把关注的重点放在中国的司法和行政改革上,这种改革是废除治外法权过程中不可缺少的,这样才能确保在华外国公民的人身和财产得到足够的保护。

至于在这方面采取何种方式,美国政府除了保留与中国政府谈判的权利外也承认其他国家的政府也有这种权利,而且美国政府很愿意让其代表与日本政府代表及其他国家代表进行正式会谈,以确保对涉及的诸多因素及可能建议的各种行动进行透彻、体谅的考虑。

在处理与美国及其他各大国利益相关的这一问题及其他问题时,美国政府希望时刻牢记1922年华盛顿会议条约及决议的原则,而且谨记那时所提出的目标。

美国政府对缔约各国关于对华原则及政策的声明一直很满意,该声明表达了他们期望“采取能稳定远东局势的政策,保护中国的权利及利益,建议中国与其他各大国在平等的基础上交往”。美国政府对中国以外的其他各大国的华盛顿条约中的一条协议深感满意,即尊重中国的主权、独立、领土及行政权完整;为中国建立及维持高效稳定的政府提供最充分并体面的机会;为建立并保持各国在全中国商业及产业机会均等的原则而努力;不利用中国的形势谋取会损害友邦公民权益的特殊权利或特权并不支持严重不利友邦安全的行动。在特殊情况下,缔约各国应充分坦诚地交流这一协议令美国政府十分满意。此后所有影响中国的政治及其他国际义务的事务及各国与中国关系的事务都应该完全公开,对各国的此项声明及由此而来的协议美国感到满意。各国宣布他们将本着同情的态度帮助中国实现其代表表达的撤废治外法权的期望,这一决议也是美国所满意的。

那些条约及决议的条款清楚表明各大国,包括中国在内,都相信有必要合作努力以实现某些目的。应该注意的是,所有协议中都没有要求各国每时每刻在所有细节上都禁止单独行动或在每种情况下都进行国际协商的条款。尽管如此,美国政府的意见是,当涉及所有各国的利益或数国利益时,任何一国应该关切的不仅仅是本国的利益而且还应包括其他国家的利益,这是很有意义的。至于某些特定情形,应该进行协商,这是已经达成共识的。关于这些及其他问题,进行经常性的坦白协商是适宜的。无论联合行动或一致行动多么可能会有助于正当目标的实现,都应该对那种可能性给予适当的考虑。与此想法相一致,当新形势出现或新问题提出,各国都应毫不犹豫地提出或接受建议。然而,当提出协议中没有设想到的联合行动新形式时,尽管各国准备予以考虑,但应该有权自由地做出自己的决定。并且当联合行动或一致行动不能达成共识或尝试了却遭到失败时,各国必须有权独立行动,只受作出承诺的精神和字面上的约束。

这些考虑决定了美国政府自华盛顿会议以来7年中在中国海关关税问题上采取的行动,这一行动最后以在美国与中国之间缔结一项关于关税关系的新条约作为终结。

至于关税问题,这是美国的既定政策,既不给予也不要求特权,并且与该政策一致,美国政府在缔结1928年7月25日的条约时,既没有向中国要求也没有从中国得到任何特殊让步。该条约仅仅要求在所有相关问题上互不歧视的待遇。

至于内河航行及沿海或沿海地区贸易问题,美国政府不反对与中国缔结新协议,但在没有提议的互惠协议的细节信息的情况下,美国政府不打算针对该提议表达其观点。

至于在履行中国对他国政府的承诺及他国公民的义务时,国民政府会给予什么待遇,美国政府相信国民政府希望其行动与国际惯例的最高标准符合,美国政府希望国民政府的行动将证实这是其意图。

美国对华政策的基本原则已经一再反复重申:简而言之,美国政府只寻求其公民被给予与其他各国公民同等的机会安全地居住在中国并和平地在那里从事他们合法的工作,没有特权、垄断或特殊利益或影响。目前美国政府满怀希望并带着善意等待中国达到政治稳定并行政高效的局面,这将保证并使对规范中国与各国交往的协议进行彻底并令人满意的调整成为可能。

华盛顿,1929年2月19日

FRUS,1929,Vol.2,pp.549–554

马克谟致史汀生

北京,1929年5月7日晚上7点,收于5月7日下午1点25分

这是对我5月6日下午3点回复国务院5月3日下午2点电报的第355号的补充。

(1)中国对撤废治外法权要求基于一系列与事实相反的假设,正如先前电报中所指出的。我认为中国表面上的统一实际上是各方势力暂时平衡导致的一种休战;他们的利益,如果不是势不两立的,也是仍未取得一致的,并且中央政府的权威虽然现在已经建立起来,但却是不稳固的。从1926年治外法权委员会的报告后,无论在法律制度或司法组织方面都一直没有取得令人赞赏的进步;与此同时,上海临时法院的

试验已经证明是很令人失望的,它不禁让人产生这样的疑问:没有培养起最起码的合理司法传统,甚至连经过遴选担任要职的法官也不能被期望能把握目前被中国采纳的西方法系内公平的观念,或不受派系或个人的影响实施这样的原则,即便不受这个国家掌握实权的军方的直接影响。

(2)正如我 1927 年 6 月 6 日下午 6 点的 620 号电报中所指出的,我认为某些民族的经验既不能支持这样的声明即他们目前的处境是让人满意的,也不能担保这样的希望即假如他们完全没有由期望摆脱治外法权制度残余引起的顾忌,中国政府就会给予任何他国公民以公平。

(3)主持公众公平的方式或能力,这是西方文明所认同的,中国还没有发展起来;所以假如在做好行使这一责任的准备之前,他们再次被置于对外国公民行使司法管辖权的地位,我个人慎重地相信这一结果将再次增加其他国家与中国之间的不良感情及误解。然后,这会导致持续的与日俱增的紧张,并且迟早一件小事故就会促成冲突及一国或多国的干预。

(4)今天上午,荷兰、英国及法国公使和我讨论了回复王正廷照会的事情。我们都同意几个相关国家的政府回复时在这一点上保持大体一致是明显有利的,即任何修改注定是不成熟的,有待于中国司法机构进一步证明其处理关系外国利益之案件的能力。我告诉我的同行们国务卿已经在起草给中国的复照了,但我表明很乐意提交一份由相关各国政府起草的大体一致的草稿供他参考。这份草稿现在已经详尽说明了。请允许我表明我个人相信在这个问题上与主要相关国家一致行动能最好地保护美国公民在华利益和贸易。一旦国务院同意这个观点,我认为把正在起草的复照草稿传达给我的同行们是可取的,以期其他各国把这一复照作为起草大体上相同复照的基础。

FRUS,1929,Vol. 2,pp. 562-563

马克谟致史汀生

北京,1929年5月9日下午5点,收于5月9日下午1点05分

关于我5月7日晚上7点第360号电报第四段。

下面是英国、荷兰、法国公使和我已经详尽说明要提交给各自政府作为大体相同复照的基础的内容:

"我很荣幸在4月27日收到您的照会,在照会中,您表达了希望(空白)政府对中国政府在中国境内的公民行使司法管辖权的愿望立即予以同情的考虑。

仔细考虑了这个要求后,我国政府指示我提醒阁下,参加1921年12月10日华盛顿会议限制军备方面的决议曾是件愉快的事,根据决议成立了调查中国治外法权目前实践情况及中国的司法体制和司法管理方法的国际委员会。阁下将会记得该委员会在1926年9月16日提交了报告,根据数个国家在撤废他们各自的治外法权时应得到担保的原则提出了一系列合理的建议。鉴于委员会对事实的调查结果及建议(记得中国委员毫无保留地同意了),我国政府不能不觉得作为美国率先撤废治外法权的条件(根据1903年10月8日商约第15条),进行该委员会指出的必要的法律、司法制度、司法行政改革是中国政府义不容辞的责任。我国政府觉得如果不承认,随后对中国法院运作尤其是根据中国和其他各国政府之间的国际协议成立的上海临时法院的观察不能激励我国对他们的行政职能及中国司法机构不受外界影响的信心。

我国政府进一步指示我向您保证直到撤废治外法权可能成为必要之时,我会继续细心并同情地关注会影响这些问题的更大进步,中国政府对其能够并愿意在涉及外国公民及利益的案件保持公平所作的示范,并且我国也将继续希望有机会与中国政府进行有帮助的合作,以便促进这样的形势出现即美国觉得同意修改美国公民目前在中国的司法地位是有保障的。"

我的同行们和我都觉得有必要作出一项鉴于对中国法院的行政职能及司法独立缺乏信心的直接声明。然而中国人会不欢迎这样的声

明,他们直接提出了治外法权的整个问题,似乎要迫使我们通过直接声明他们司法机构目前不足以直接面对这个问题。我个人对事实的强烈印象是相关各国迄今为止在保证他们希望最终废除治外法权的某些不明确的条款,已经给中国人留下了在逃避我们不敢面对的问题的不真诚印象。直接声明我们对他们提供的条件不满意,这会使我们在面对他们目前的要求和处理这一问题将来的发展时有更好的处境。

FRUS,1929,Vol.2,pp.563-564

马克谟致史汀生

北京,1929 年 5 月 9 日,收于 6 月 10 日

第 2082 号

阁下:我很荣幸附上中国外交部长 4 月 27 日照会的中文内容及英文翻译,该照会收于 5 月 10 日,要求尽早取消对中国司法主权的限制。正如我 5 月 7 日晚上 7 点的第 360 号电报中所说的,我慎重地认为我们撤废治外法权是基于一系列与事实相反的假设。看来王正廷是以国民政府势力的增长、国民政府目前所取得的政治统一程度、已经出现的中国法学体制和实践的提高能够为撤废现阶段各国所享有的治外法权提供充分的保障为主要前提的。这种假设,我相信,是完全没有保障的。首要的需要——建立实际上不受军方和政治势力影响的司法系统——现在还和 1903 年签订中美条约时一样遥远……在过去的两年里,中国人在管理上海临时法院时有自由和不受限制的机会证明他们在目前阶段是否有能力保持公正,这种公正在很大程度上近似于各国理所当然期待其国民在治外法权撤废后能享有的那种。在这次机会上,中国出现了重大失败,这一结果造成了对中国公正比目前更明显和更嘲讽的不信任。导致这种不信任的特殊案件和事情已经由上海总领事通过相关邮件向国务院作了详尽的报告。

在完成新法典上已经取得了进步,这些法典包括了现代中国法学原则。是否有超过 1926 年治外法权委员会报告的令人欣慰的进步,对

此我还不能明确说明。然而我需要说明的是问题的核心不是法典和法律原则,而仅仅是在实践中这些法典和原则能否以一种能为我们的国民个人和利益提供合理程度上的安全保证的方式得到遵行和实施。我不怀疑,在接下来的几年中,中国政府将会制定和颁布一系列完整的没有什么特例的法典。然而这一事实本身并不能保证在中国法庭上外国利益能得到足够的保护。据我所知,德国公民的情况仍与我1927年6月6日第620号电报中报告的一样。德国从享有治外法权的其他国家得到的直接保护当然是个很难决定的问题。然而我相信,当中国寻求从整体上废除治外法权时,我们的态度应该建立在影响中国司法行政的总体形势之上而非在中国的德国人是否能忍受他们的处境之上。

FRUS,1929,Vol. 2,pp. 565–566

亨培克与加藤①会谈备忘录
华盛顿,1929年5月21日

加藤先生来访,并询问法国政府是否已经与美国政府联系,以及关于回复中国政府4月27日照会的事情。他说法国驻东京代表已经与日本政府接治并表达了法国政府希望各国共同复照的观点。然而他说日本政府在这一问题上地位特殊,因为中国政府没有向日本政府发出照会。

亨培克先生说他猜想或许中国政府的立场是已经在和日本政府谈判治外法权问题了,因为那两国政府正在谈判整个条约的事。加藤先生说那个假设是合理的;然而,日本政府考虑在治外法权问题上采取的行动上跟随其他各国。他再次询问法国政府是否与美国政府联络。亨培克先生回答,据他所知,法国政府还没有就这一问题向美国政府提出建议或询问。加藤先生暗示各国政府应该一起行动。亨培克先生询问日本政府认为在这一问题上应做些什么。加藤先生回答日本政府牢记

①　日本大使馆一等秘书。

治外法权委员会的报告;然而,是否应该期待中国被要求实施该委员会所有的建议或许该打个问号。加藤先生问美国政府的观点是否自去年10月国务卿回复日本大使的照会起已经改变了。亨培克先生回答说他相信准确地说这个政府的观点绝不改变。

加藤先生询问美国政府是否正在对把与中国的外交关系从公使提升为大使这一问题上有所行动。亨培克先生说当几个月前中国提出建议时这个问题就出现了,美国政府倾向于支持这种改变但还没有采取行动。加藤先生问中国是否因这个问题再次联系了我们。亨培克回答没有。加藤先生说四月底中国政府曾明确地与日本政府接洽这个问题。亨培克问日本政府是否已经做出答复。加藤说日本政府倾向于各国政府一起行动。

加藤先生询问亨培克先生对中国目前局势的看法。亨培克回答局势再次变得难以对付;毫无疑问会有一场争夺广东的大角逐并且其他地方争斗似乎也即将发生。加藤先生说日本大使馆得到信息蒋介石和冯玉祥之间的决裂可能不可避免。

FRUS,1929,Vol.2,pp.567-568

约翰逊[①]备忘录
华盛顿,1929年6月8日

今天上午英国大使拜访了国务卿。他提到了中国政府致各大国关于治外法权的照会及他所说应各大国要求由马克谟准备的复照草稿。他说他自己的政府虽然认为这种回复非常有借鉴意义,但为了顾及中国人的感受觉得给中国的复照与其完全一致不如只要相似,并且英国政府已经准备了一份草稿传达给其驻北京的公使,而且据他理解我们也可以得到。他问我们在这一事务上采取了什么步骤。

国务卿说他已经看了在北京起草的照会,尽管我们代表团的消息

---

① 国务卿助理。

没有指出是马克谟个人的草稿。他说他也看了英国政府准备的草稿并且他觉得针对中国政府提出的这一问题我们的态度与英国政府照会所表明的没什么差别。他说他还不曾有机会仔细审查国务院正在准备的复照草稿,但他期待草稿一准备好就考虑这一问题。他说他肯定我们不应该不成熟地告诉中国政府我们各自的复照中包含的内容。他说他自己的观点是中国还不处于容许废除治外法权的地位。然而他说他觉得这一问题在作出任何决定之前要与总统仔细商讨,因为他认为总统根据他个人对中国的了解会对这一问题有想法。

国务卿询问英国大使英国政府是否考虑过中国政府不再耽搁地指责条约的治外法权条款的可能性,并且他说他知道这种政策甚至曾经在某个时间遭到中国人的威胁。英国大使说他不知道他的政府是否为应付这样的事件准备了对策。他说他将很荣幸向其政府询问这一问题。

FRUS,1929,Vol.2,pp.573–575

约翰逊与密勒①会谈备忘录
华盛顿,1929年6月21日

今天下午密勒来访,说昨天他曾去觐见总统,并有机会向总统说一些事情,总统问他是否见了国务卿。密勒先生清楚地表达了自己的意见并说他还未见国务卿且这次不打算见但他已经见了我。密勒说总统要他把对总统说的事情告诉国务院。

密勒说在与总统交谈的短暂时间里他努力向总统提及三点。首先是南京现在是而且将会永久是中国的首都。密勒说他觉得这一决定不仅有利于中国人而且也有利于外国人,因为它使政府离商业中心及人口中心更近,那里是外国人与中国人接触的地方。他说他认为我们驻北京的使团与南京隔绝了,应该安排使团迁移到南京。他说在南京住

---

① 中国政府顾问。

房紧缺的时期我们完全可能在上海为公使租房子，以便他能与南京保持接触，因为上海与南京之间可以通过铁路和电话密切联系，并且外交部长在上海有常设机构，密勒先生在那里也有办公室。

……

第三点是修约问题。密勒先生说这是我们应该认真对待的问题，绝不是几个星期之后必然会出现而是几个月后必将出现的问题。他说中国人正集中精力准备在 1930 年 1 月 1 日向各国政府宣布他们现在已经准备了一定的法典并且他们还成立了一些法院，现在期望各国放弃他们的治外法权。他说他告诉总统在这方面中国绝不会放弃；现今政府或许称得上温和政府，无论什么政府会成功，在治外法权问题上采取这一立场是必然的，因为中国那些对这些问题十分关注的人有很强烈的情绪迫使中国的代言人采取这一立场。他说在中国有许多激进的势力正利用这种情绪鞭笞着现政府；他们经常被指责为在这些问题上屈服于外国势力的意志，无论我们的愿望是什么或中国人个体中存在着多么温和的愿望，如果不在此刻或将来某个时刻提出这一问题，没有政府能成功地保持稳定。他说他觉得我们最好也能在此刻认识到这一点，最晚在我们必须做出什么决定之前。他指出我们在这一问题上只有两条路可走：一条路是向中国妥协并因这一举动得到赞扬；另一条路是拒绝妥协并利用武力使我们的拒绝成功。他认为前提是我们不能也不会利用武力，因此他觉得我们只能选择第一条路。他说中国急于找到某种方式与我们接洽这一问题，他们急于寻求和我们谈判的基础，因为他们觉得在这一问题上他们可以从我们这里得到比其他各国那里更公平的对待，由于我们在那里没有领土或政治野心。

密勒先生说他过去对这一问题考虑得很多；他认为曾经有一段时期，大概两三年前，中国人或许会同意逐步废除治外法权的方式，但现在中国不会再同意任何逐步废除的步骤了，王正廷或任何他国公使都不能从国民政府执行委员会那里得到对这种计划的赞同；他们将会而且必然会要求立即无条件放弃治外法权。

　　密勒先生说上述内容代表了他对总统说的主要内容;他期待将来再来华盛顿,但他今天下午要去纽约。他说他在纽约的永久地址是羔羊俱乐部转交。

FRUS,1929,Vol.2,pp.575-577

马克谟致史汀生

北京,1929 年 7 月 5 日晚上 7 点,收于晚上 10 点

　　关于您 6 月 25 日下午 2 点第 213 号电。

　　我不怀疑中国打算在 1930 年 1 月 1 日强行解决治外法权问题。他们壮了胆要尝试这样做因为他们确信主要大国(即,美国、英国,在较小程度上,也包括法国、日本和荷兰)将不能达成共同行动以维护他们的权利并且会在他们的立场上有所妥协以便安抚中国国民政府,从而避免中国政府煽动反对他们的情绪。如果中国人会如估计的这样,可能面临的事实是美国和其他相关国家会在中国顺从这种待遇,同时也可能会迫使他们离开并造成与中国关系紧张与日俱增的情形。

　　然而,假如相关主要各国果断地决定尽他们所能保留他们需要的权利,而非保留与一个国家的正常政治经济关系,尽管在司法行政方面这个国家还没有出于行使主权的地位,我坚信这些大国很可能会成功地抵制目前中国剥夺他们现有权利的努力。了解各大国的意愿是涉及到的基本问题,我不认为中国会冒险着手反对那种意愿,如果他们确信那是之前提到的四国或三国政府共同的意愿,即美国、英国、法国以及支持的日本。实际上,我相信中国甚至不会尝试强行采取行动,假如他们碰巧意识到这一步会引起美国政府的对抗并危害他们希望从我国人民获得的道义支持和财政支持……因此,我觉得美国,尤其是与英国、法国和日本合作,以阻止中国迫使我们对这一问题立即行动是完全可行的。

　　为此第一步将是按我 5 月 9 日下午 5 点第 368 号电报中建议的方式递交照会。然而,中国肯定会怀疑我们照会中所说的是否是真的或

我们仅仅是为了记录,在准备退让之前做形式上的抗议。为了我们令人信服的打算,美国有必要在上海临时法院这一复杂的案例上(见我6月29日中午第520号电报)清楚表明否认1926年移交逃犯协议将被我们视为恢复原状,因而我们会强行重新设立并维持在临时法院成立之前存在的混合法庭。进一步而言,假如国务卿让中国公使明白滥用美国的善意,回避对美国政府和人民应尽的义务,不仅仅是远程事件(在这一点上我们的兴趣已经被驻中国外交使团的日常代表耗尽),而且从根本上关系到我们政府如何决定对中国政府现在想要设立的制度的态度。假如我们足够坚定且明确地了解我们不愿意容忍我们的权利遭到进一步的忽视,我个人可以肯定我们不仅可以避免被迫对治外法权采取不成熟的行动,而且可以让中国更加尊重美国在其他事务上的权利。我将提出一个条件,即应该尽早表明我们的意愿,以避免中国抢先公布方案,一旦中国抢先了,让他们做出体面的让步将成为不可能。

……

根据从我的同行们(他们分别代表英国、法国、日本及荷兰)那里得到的信息,他们的政府似乎赞成就治外法权这一重大问题与美国合作表明立场。我迫切希望国务卿能认为处于领导地位是合宜的并支持其他相关大国采取明确及时的立场,我认为这是与中国关系中最重要的一点。

FRUS,1929,Vol.2,pp.578-580

史汀生致马克谟

华盛顿,1929年7月9日下午5点

由于其中的观点和建议的重要性,我已仔细研究了你7月5日晚上7点第541号重要电报,但我发现仍有一些问题希望你致电更详细地告知你的观点。比如,在与中国公使讨论中国滥用我们的善意及他们回避义务的问题前,我想更清楚地明白你所谓的回避义务是什么意思。

　　据我理解,你第 5 段的建议是我国领导组织一个可以算得上是反对中国的国际集团。当然,这样的举动将涉及让我以国际合作政策代替迄今为止的独立政策。在对这个问题作出决定之前这样一个时刻,我将很高兴得到你对明显的危险的看法,如当集团中的任何成员因其国家利益能通过某种其他政策得到更好的满足时的背叛,在这种情况下,美国将被孤立;而且有毋庸置疑的可能性,这种政策的逆转将意味着失去国家的支持,这种支持是柯立芝政府因其独立的对华政策获得的。我认为我国政府只有在面对某种极度的危急情况时才有理由冒这种险。尽管我留意到了你认为除非美国带头采取这种国际合作政策,否则"可能面临的事实是美国和其他相关国家会在中国顺从这种待遇,同时也可能会迫使他们离开并造成与中国关系紧张与日俱增的情形",这与目前这边的想法和信息如此相反,我迫切需要你持这一观点的具体理由。

　　你认为国际联合行动的成功取决于尽早采取该行动,以便阻止中国抢先提出并公布计划,中国人一旦抢先了他们就不可能不失体面地撤回已经公布的计划。这一事实本身引出了这样一个问题,或许各国通过你所建议的这种方式取得什么的时机早已经失去了。有证据显示中国政府可能在制定和公布计划方面已经取得了进展,这或许使人想起之前美国媒体报导的一份公开声明,据说是蒋介石的,保证国民政府在 1930 年 1 月 1 日取消外国享有的治外法权。我 6 月 25 日下午 2 点第 213 号电报引用的条约,似乎明显建立在这种计划之上。司法部长王宠惠向你的申明(见你 6 月 10 日下午 5 点第 459 号电报),及他第二天对纽约的新闻代表反复重申的内容,似乎确认了这一观点,另外你 6 月 26 日中午第 510 号电报报告的中国对英国的要求,也确认了这一观点。

FRUS,1929,Vol.2,pp.581-582

史汀生致道威斯①

华盛顿,1929 年 7 月 10 日下午 5 点

参照你 5 月 27 日中午第 129 号。中国国民政府在治外法权问题上带给各国的压力受到了我非常细致且焦急的关注。从我可以得到的证据表明 1925 年派往中国的治外法权委员会在 1926 年制定并报告的建议没有被中国人付诸实施。我所指的尤其是该委员会认为绝对有必要的在撤销领事法庭前的中国司法行政改革。这种假设的理由可能是:在这种时候屈服于中国的压力将危害在中国居住和从事贸易的外国人的利益;努力阻碍并说服中国采取逐步撤废治外法权的方案将是更好的政策。根据我从法国和其他相关大国得到的信息,他们赞成这种观点。

然而,国民政府及其与此相关领袖们显然正在准备谴责包含治外法权条款的条约,或者至少准备在不迟于 1930 年 1 月 1 日时引起一场关于治外法权的危机,因而促成一种局面使这种更佳政策能否成功实现充满疑问。

英国回复中国 4 月 27 日治外法权照会的草稿已在 5 月 27 日中午你第 129 号电报中传达给我;我已经仔细研究了英国和法国准备的对中国的复照草稿。驻中国公使馆已经通知外交部,英国公使在其政府指示下,在最近前往南京时向中国外交部长递交了一份商约草案,该草案故意省略了会触及治外法权的所有条款,但中国政府方面准备了一份包含要英国放弃治外法权条款的草案。蓝普森请求指示后,英国政府通知他中国的提案太笼统,在公使回到北京之前不可能制定出其他指示。因此与中国的谈判暂停。

由于英国政府最近的变化可能涉及英国对华政策的变化,我希望你审慎调查并告诉我你在这一问题上的看法,尤其是治外法权问题。我不反对你在调查中利用我上述信息,但我希望你无论如何要避免暗

① 驻英大使。

示:美国政府希望在任何特殊政策上从英国政府得到支持。

FRUS,1929,Vol.2,pp.583–584

马克谟致史汀生

北京,1929年7月15日晚上7点,收于7月16日下午5点34分

致国务卿:参照您7月9日下午5点第226号。

参照您第一段。下面的内容只关于最近4年的事件和局势,北京设立的各种制度与现在南京国民政府设立的制度没有区别,因为这些制度所追求的目标和(比通常意识到的程度更深)实际上处理对外关系的人员在很大程度上一致,这两个集团之间的不同主要是程度而非性质。

关于所谓的"不平等条约",中国宣称是在受各国控制时被强加的,目前盛行的行动原则是如果这些条约是恼人的,中国不受这些条约义务的束缚。不仅政治鼓动者宣布这种原则,甚至连更友好更清醒的政治领袖也把它作为公理。其应用的最明显的例子或许是在海关事务方面。大概两年前,他们不顾抗议违反条约征收所谓的2.5%临时附加税。当除日本以外的其他国家勉强同意后,中国政府却忽略了他们对应的责任即废除厘金。在许多国家包括美国在内,缔结了关税条约之后,从规定的时间起取消对中国关税自主的条约限制,然而中国政府再次在生效之前利用了与美国和其他国家的条约及这种放弃。而且,在随后的谈判中,其他国家揭示中国在处理其他国家的问题上已经采纳并正致力于执行中美条约的内容的构建,这将在很大程度上使毫无歧视待遇原则失效。

不仅对那些据说在威逼之下签订的条约,而且对中国在华盛顿会议上自愿殷切地签订的条约,中国也采纳并按这种观点行事,即中国只受那些对中国利益有益的条款约束。1925年北京关税特别会议前夕,王正廷博士直接向我申明了这种意思,他现在是外交部长,当时他是中国代表团的主席。对华盛顿会议条约和决议的仔细检查揭示其中中国

应承担的义务没有一项不被逃避、忽略或否认。与华盛顿会议条约密切相关是联邦电讯合同问题；在中国公使施肇基与美国国务卿休斯之间达成的谅解下，这被作为门户开放政策试验。1925 年秋天我为了使这一合同付诸实施所作的个人努力换来的仅仅是交换自称为为行动铺平道路的照会，但后来中国拒绝执行。

当进一步探究条约条款时，美国石油公司和烟草公司已经与财政部草拟了明确的合同，通过这些合同，公司只要支付固定的特别税就可免除他们各自商品的其他税，他们不久就被财政部告知：需要更多的资金，且在贸易能够承受的范围之内，那些合同将被新合同取代，新合同会大大增加这种特别税。中国政府对美国应尽的大量财政义务中只有无关紧要的一部分已支付或正要支付，甚至利息也这样。省级的收入移交的钱款还不足以支付湖广贷款，根据贷款合同第 9 条规定，尽管遭到其他各种贷款的抗议，无视湖广贷款合同中确立的清晰的公平，这种移交被作为对海关增加之收入的首次收费。芝加哥银行和太平洋发展银行的贷款仍完全在拖欠中，而且继续拒绝实施安全保障条款。未支付及被忽视的贷款主要是用于铁路及其他政府开支和美国设备；在许多时候执行明确的账目清算并没有得到权威的允许，如北京绥远铁路的借款协定。根据与南京政府之前的政府所订的合同被雇佣的美国技术专家和顾问，不仅得不到薪金，而且不能通过辞呈的接受澄清他们的身份。

经常遇到的最大困难在于让中国政府对他们在国际法下应承担的义务有足够的认识，以便对居住在中国的外国公民的个人及财产提供正常保护。外交部文件中有许多由侵权引起的索赔，中国政府的事务官对此负有责任；数年来中国政府对这种索赔表明无意提供足够的赔偿。

1924 年美国免除了中国的赔偿金，即使在像这样的事上，中国还试图改变资金的既定用途，而且假如美国不保留到期的每期付款额，这种改变毫无疑问将得到贯彻。

一些对总体责任的主要逃避在上文已经征引。在中国省级或地方官员逃避特殊责任的个人行为很多而且经常发生,在这种性质的电报中试图重述或描述每一位在中国的外交官和领事的日常工作是不认真的;即,努力温和地劝说中国政府执行他们专门表示的协定或在其他情况下仅仅做到公平。

关于您第二段。据我理解,华盛顿会议的法案旨在在各相关国家,包括中国,确立在解决中国特殊环境引起的问题上的合作原则;他们把现存条约视为所说环境之必不可少的因素,并且在治外法权问题上,旨在找到方法使有序并合法地适应改善了的环境成为可能,像中国可能成功实现的。中国当初热切追求订立这些协议,假设现在中国退出国际合作,否认治外法权方面的协议,公然藐视没有放弃这些权利的国家,是中国自己选择与在这方面有共同利益的各国对抗,而非我们组织国际集团反对中国。

迄今为止我坚持并努力执行柯立芝政府的独立对华政策,假定它仍像前任一样意识到;国际合作在中国事务方面是必不可少的,同时在那些美国利益和政策与其他国家不可调和的情况中保留行动自由的权利;但,据我了解,美国还没有必要寻求一种与其他政府不同的方式。因此,我不应根据迄今为止发给我的指示和我过去四年的实际经验,推断美国在保护共同利益或保留同等权利上与其他国家合作将改变以往的政策。

至于与美国退出相关的任何国家的危险,我个人的观点是:与明确理解美国合作的目标相比,美国被最受影响的国家辜负的危险是微不足道的……

至于美国公众意见的走势,我当然没有把握提出建议。然而我有一个疑问,胡佛政府坚决提出反对中国强迫美国立即作出行动,中国的行为包括公然否认条约义务,胡佛政府的作为是否会妨碍公众对政府政策的支持。并且或许可以问,在那种情况下采取及时普遍的反应所带来的危险与我看来是确定的事(假如中美之间的关系继续按中国现任政治领袖所表明的方式进行)相比,美国公众的意见是否会遭受像日俄战争后初期日美关系那样的失望和感情剧变。

即使被美国的同伴们背叛及偏离其公众所持的对华政策的危险大得令人害怕,我仍极力主张中国对治外法权的指责造成如此严重的威胁,美国有理由冒这种险⋯⋯

美国和其他相关各国在正如设想那样的不测事件中往往会被赶出中国,给出相信这种情况的理由是不容易的。这可以从中国人(甚至是某人的朋友)的脾气和态度中感受到,并且也能从一些事件中感受到,尽管事件本身很琐碎,但这些事件经常重演并从总体上不可避免地转达了这样一种印象:羞辱和摆脱外国人这样的要求很普遍并很容易引起。这已经从官员们应景的意见中得到间接的确认,司法部长王宠惠的意见最深远重大,正如我在 6 月 10 日下午 5 点第 459 号电报中所报告的。我相信那些居住在中国的消息最灵通的美国人中普遍相信这种看法。当它被商业社团的成员更自由地表达出来,即便传教机构正式宣称他们希望成功适应新环境,我有理由相信,如果不被说服他们正在勇敢地为一件注定要失败的事奋斗,会有相当大一部分当地工作人员持怀疑态度。过去发展的结果呈现在商业机构和传教机构的大规模减员和裁员上,这些机构以前在中国一直维持固定的人员,更笼统地说呈现在最近三年美国在华居住人员的明显减少上。尽管在上海却是有大规模的新人员和新公司涌入,他们怀着在这里可能会按新秩序、在健全的经济和政治基础上建立关系这种希望到达上海,但事实仍然是总体上有大批其他港口和内地的人员离开中国,他们中的许多人告诉我,他们离开中国是因为觉得中国正使他们和其他外国人越来越不可能居住在这里。

我觉得没有了治外法权,可以预期到的外国人和他们利益不断增加的烦扰将不可避免地导致年复一年的怨恨关系。美国方面不成熟的让步将改善局势,这种主张在我看来完全没有基础。熟悉中国人性情和传统的人不能设想在一个问题上的妥协会说服中国人放弃提出进一步的问题。1908 年美国免除了庚子赔款的一部分;然后中国提出免除剩余部分,这在 1924 年得到同意;中国宣称美国已经放弃 1901 年辛丑条约规定的权利而且应该废弃辛丑条约,现在这种免除对美国的赔款的事实已经成为这种宣称的基础。在华盛顿会议上,美国同意中国在撤销厘金的情况下增加海关关税,但中国随后要求以关税完全自主来交换厘金的撤销;美国接受了中国关税自主取决于厘金的撤销及中国无担保债务专款这一原则,后来在北京关税会议上放弃了对后一条件的坚持;然而,中国坚持要求无条件承认关税自主;美国签订了一项无条件承认中国关税自主的条约,尽管建立在美国贸易不应受到歧视的共识上;后来中国试图消减条约中无歧视条款的意义。在美国或其他国家与中国的谈判中,我知道的每个例子都相似地表明中国在每一个得到满足的要求的基础上提出新的要求。美国要么奋争任何被赋予的权利,要么放弃所有这些权利,这是可能的;但假设通过放弃权利会得到美国公民更好的待遇的保证,这是自欺欺人。

　　关于您第 3 段。南京政府打算在 1 月 1 日取消治外法权的宣告变得越来越频繁;7 月 12 日外交部长在北京的一次中外媒体代表招待会中作了这样的宣告。然而据我所知,所有这些声明都是口头的;并且,根据我对中国的机敏的经验,中国经常凭借这种机敏体面地摆脱困境,我倾向于仍把这些声明视为一种试探而非具有约束力的公告。我相信防止被迫采取行动现在还为时未晚(我 7 月 5 日晚上 7 点第 541 号中建议的),但随着这种声明变得越来越频繁和越加自信,这么做或通过这么做避免摩擦的可能性会很快减低。

FRUS,1929,Vol.2,pp.585–590

亨培克与密勒会谈备忘录

华盛顿,1929 年 9 月 3 日

　　密勒先生问美国政府给中国政府治外法权照会的复照是否已公布。我说还没有正式公布,但内容似乎在中国某些地方已经被透露并且那里的报纸已经登载了据说的复照内容。密勒说他已经阅读了照会,他发现美国政府婉拒了中国政府的要求。然后他长时间地谈论维持中美之间密切友好关系的可取性。他说在 15 年中他一直告诉中国与美国的关系是他们外交关系中最重要的。他认为美国政府应该尽其所能地鼓励并加强南京政府。他说假如各国,尤其是美国,坚持拒绝放弃治外法权,中国的激进分子将会更加努力地推翻现今的南京政府,如果激进分子掌权,据他说他们中的一些人非常机智,很难说他们会走多远;可能在中国会出现极端排外的游行示威。他说他认为现今政府在外交上取得的每一次胜利都会加强其地位。我说美国政府长期以来在互相竞争的中国派系和政党中保持中立,并且当我们希望与任何在中国掌权的政府诚实、公平、友好地相处时,各重要的外国政府现在比以前更倾向于对中国的国内斗争采取不干涉政策。

密勒说治外法权对谁都没有好处。我说一些美国公民对我们所说的刚好与之相反。密勒说治外法权迟早要被放弃并且他认为美国政府应该率先放弃治外法权;他认为不应该等到现存条约到期时再放弃。我说美国政府反复向中国政府表明愿意缔结新约,不必等到条约到期。密勒说在两三年前或某个更早的时候,他曾向中国提议了各种逐步废除治外法权的方案,但那种时机已经过了;他认为今天的中国政府不会这样提议,而且他怀疑缺了废除治外法权还能讨论什么。他说中国的社会舆论发展很强势,如果各大国依然固执己见,舆论可能会迫使政府采取措施。我说在过去,中国的舆论常常是被政府激发出来的。密勒说共产党人与制造条约方面的社会舆论有很大的关系;现今政府在收复失权的思想下上台;无论是谁激起的,现在的社会舆论都是我们必须面对的。我说就美国政府而言,我们很乐意在最早的可行时刻放弃治外法权,希望中国能集中精力完善他们的管理机制以便能有效地承担和行使完整的司法管辖权。密勒说他们已经准备好了。

密勒说他有许多问题想要谈论,如外国租界的放弃,公使馆移往南京等等。我说就租界而言,与此没什么关系,至少在放弃租界这个问题上。我说我愿意谈论任何问题。

FRUS,1929,Vol.2,pp.602-603

马克谟致史汀生

北京,1929 年 10 月 25 日下午 5 点,收于 10 月 25 日下午 2 点 50 分

我 10 月 17 日晚上 9 点第 900 号和 10 月 17 日晚上 10 点第 901 号。

昨天上午英国公使与他的美国、法国及荷兰同行们进行了商议,英国政府指示的大意是他希望向中国传达:一旦中国表明希望以何种方式进行后,他愿意与中国讨论废除治外法权可能性。

这次非正式讨论表明各公使个人意见完全一致,大体上是:

(a)目前在南京掌权的中国人不想要我们为了友好的结果而进行的合作或谈判;因为他们正指望利用谈判来迫使我们完全放弃或是使相关各国因不放弃而陷入不义;

(b)鉴于他们 8 月 10 日照会的措辞,各大国现在的立场是要求中国先初步提出一些提案有理由开始谈判,否则按那些照会阐述的事实来解决;

(c)根据目前的表现,同意开始在任何程度或以任何方式废除治外法权的谈判实际上意味着结束治外法权的开始;

(d)在不使事情加速向有利于中国的方向发展的前提下,解决治外法权这涉及面广又笼统的问题的唯一希望是通过开始提出上海临时法院这一专题,最好按照方案(a)(见我 10 月 10 日上午 9 点第 876号);法国和荷兰公使早已在考虑取得支持的授权,而英国公使还在希望得到政府对此的赞同。

紧接着上述讨论,我收到了您 10 月 22 日下午 5 点第 342 号电报。

我立刻拜访了我的英国、法国及荷兰同行们,通知他们国务卿的意见,并承诺今天把我被指示递交给南京的照会内容给他们。我愿意等到 11 月 1 日再递交您授权给我的照会,希望进行可能的合作以达到几

份照会同时发出的效果,这还有待于您的同意。我能得到您的同意这么做吗?

假设不能期待中国会提出方案,您可能认为在美国照会中首先提出具体事情〔或许类似于关于上海临时法院的方案(a)〕,并且这将会马上成为谈判的基础并为谈判限定范围。

FRUS,1929,Vol.2,pp.612–613

史汀生致马克谟

华盛顿,1929 年 10 月 28 日晚上 7 点

参照你 10 月 25 日下午 5 点第 927 号。

你的电报在 10 月 25 日下午 2 点 50 到达国务院,在它被译出之前,国务院得到法国大使馆秘书的通知,他们已经知道这些讨论包括你对我看法的解释及你将美国照会留待 11 月 1 日再发的事。数份主旨一致的照会同时递交的可行性得到了法国政府的极力支持。

美国政府希望尽可能与其他各国政府合作;非常赞同你将美国照会留至 11 月 1 日再发,因为没必要很仓促;发给你的指示基于觉得你和你的同行们迄今为止暂时考虑的原则不能应用于美国的复照中,因为众所周知,美国政府已在 8 月 10 日的照会中肯定地表示了愿意谈判。上述各点已经向法国官员表达。接下来按我 10 月 22 日下午 5 点第 342 号电报中的方式作了进一步接受。国务院准备推迟发送美国复照是合适的,因为觉得各国越早复照对我们这么做越有利,这一观点加强了。

关于你第 2 段:

(a)对公使们一致的观点我很感兴趣。

(b)在这一点上我的观点仍如我第 342 号电报前两段所说的。

(c)我觉得过去几年的发展及民族主义运动的性质和危急事件使得现任中国政府或任何其他政府不可避免地坚持废除治外法权。因此我觉得谈判是延迟废除条约条款及延长并改良过渡期的唯一可行方

法,这样就可以通过达成共识的逐步撤废的过程来保护美国公民在中国的处境。

(d)尽管我不想加快速度,但我不希望使中国能争辩说他们被逼采取专横的单方面行动是因为各国包括美国在内拒绝与他们一起面对问题。我也相信试图通过拖延处理治外法权这一综合性问题把注意力转移到上海临时法院将会比较困难。

……

我认为我提交的内容本身就包含了一个足够具体的方案,它明确地表明谈判应针对设想出逐步撤废治外法权的方法,如指定的区域或特定种类的司法管辖权抑或两者兼有,等等。我觉得在此刻向中国提出更具有限制性的方案从技术上讲是不明智的,这会使中国争辩说美国方面显然不想考虑整个问题,并且这将为中国明年1月1日采取单方面废除行动提供一个似是而非的借口。我认为我的建议足以防止中国期望或提出要美国政府签订协议尽早无条件放弃治外法权,而且也不会为中国试图拒绝通过协议解决问题提供任何可能的借口。

最后,我觉得要求中国先提出具体方案将会让他们提供不被接受的方案,如果会有回应的话,我不期望会有回应。提出这种要求的人将被置于非常不幸的处境。

为了解什么值得去做,我再次关注了你10月5日中午第861号电报。

FRUS,1929,Vol.2,pp.614–615

(三)改组上海租界法院

说明:1929年12月9日至次年2月17日,南京国民政府与英、美、荷兰、法、挪威、巴西六国外交代表在南京就上海公共租界临时法院改组问题进行了谈判,前后共二十八次,最后签署了《关于上海公共租界内中国法院之协定》。这次交涉虽然没有实现司法独立,但使帝国主义在上海租界司法方面的势力有了一些削弱。

致司法院公函第一三二一号
1929 年 2 月 1 日

径启者:案查上海临时法院于民国十六年一月一日由收回公共租界会审公堂改组成立,其协定为江苏省政府与上海领事团所缔结,内容本欠妥善。彼时,北京司法部未予直接承认,听其隶属苏省,本为备将来改善地步。上年四月间,本部召集司法部、最高法院、江苏省政府、上海特别市政府各派代表在本部会议一次,均以改隶中央为正当办法,以期司法系统之统一。惟因原协定不妥之点既多,如改隶中央势必牵涉原协定非彻底修改不可。换言之,即除领事裁判权及洋泾浜章程范围内之特殊事项外,其余制度均须与中国司法系统符合,又如审级问题新刑律之适用、华洋民事上诉办法、已废约各国领事观审等各问题,在在均须缜密研究。又经会同各关系机关集议数次,均认为非至该协定期满修改时不易解决。兹据特派江苏交涉员呈报,该项协定施行期限届满,自宜及时通盘筹划以为最后解决之准备等语。现在租界尚未收回,究应如何详研修改,期于本国司法系统适合仍于实施上不至发生障碍及如何筹备提议之处,事关司法范围,应候贵院主持。相应抄送原呈,函请查核并见复为荷,此致
司法院

外交部长王正廷

中华民国十八年二月一日

附:特派江苏交涉员金问泗呈

为上海临时法院三年期限将届,拟请根据暂章提出最后解决办法事。窃查,该院成立于民国十六年一月,系赓续前上海会审公廨而产生,由前苏省当局与上海领团互派专员作局部之交涉,签订暂章,顾名思义,原系暂时过渡办法,尚有待于吾国中央政府之最后解决者。溯自

成立以来,再更裘葛,迹其种种策划,虽不无图治之心,而察其实施,尚时感掣肘之苦。综其症结所在,不外一方受协定之拘束,而一方领团权力之继长增高,乃交受其困。该院院长之任免,根据暂章,权操诸我,乃领团每逢我府省任免院长之时,辄横加非难,必经多方解释,方无异词,显有任命院长须得其认可之倾向。又查暂章第一条己项,称临时法院之外另设上诉庭专办与租界治安直接有关之刑事上诉案件及华洋诉讼之刑事上诉案件;又第五条,称凡经有领事派员会同审判官出庭之华洋民事案件如有不服初审判决之时,应向特派交涉员署提起上诉,是关于纯粹华人民事诉讼及无关租界治安之刑事案件,章程既无明文规定,其为不受协定束缚毫无疑义。最近省府命令,关于以上两种讼案适用我国法院编制法四级三审制,而领团方面尚斤斤然作无谓之争执,强谓与协定相抵触。将来事实上执行之权又为租界工部局所操纵牵制,更多此种。荦荦大者,尚仅就行政上困难而言。至于审判上举凡领事有会审权之民刑案件,往往因审判官与领事意见之不一致而终致宣判停顿执行无从者,则又比比皆是。此外,如提解罪犯之发生困难、司法警察之违抗命令,在在增长纠纷,发生争执,而工部局监狱之尚未就范于我法院,外籍职员之仍盘踞于法院更足贻我国独立审判机关之羞。兹查暂行章程第七条,称在本章程施行期满前六个月,可由江苏省政府提议修改,而我国中央政府则在三年期内随时得谋最后解决办法,自宜及时通盘筹划以为最后解决之准备。应如何预为筹备相机提出交涉之处,伏乞钧部转呈国民政府鉴核实行。谨呈国民政府外交部部长王。

特派江苏交涉员金问泗

中华民国十八年一月十八日

《南京国民政府外交部公报》第一卷第十一号特载,第 92—95 页

王正廷致司法院公函

1929 年 3 月 11 日

　　径启者:上海临时法院案经于上月一日函请贵院主持核复在案。

兹又据中华国货维持会并上海商民协会先后来电,恳令上海交涉员迅向沪领团提出交涉,将该法院克期收回等因前来,究应如何办理之处,相应抄送原电函请贵院查照并案核复,以凭遵照进行为荷。此致
司法院

外交部长王正廷

中华民国十八年三月十一日

附:中华国货维持会代电

南京国民政府行政院外交部长王钧鉴:窃查上海临时法院前经江苏省政府与沪领事团于中华民国十五年八月三十一日签订上海会审公廨暂行章程以三年为期,期满由中国完全收回。惟约定,须于期满前六个月通知提议修正云云。照此推算,将于本年八月期满,而照约定预先六个月通知,则此时正为正式通知交涉之时,否则失此不图,则该项暂行章程又必展长三年,坐误时机,丧失国权,莫此为甚。用特迫不获已,电恳钧长迅予令饬上海交涉员克日提出,与沪领事团交涉,务必依期收回,藉维国权而彰法治,实深迫切待命之至。中华国货维持会执行委员会叩。支印。

《南京国民政府外交部公报》第一卷第十一号特载,第95—96页

王宠惠等关于上海公共租界法院交涉情形的报告

1930 年 2 月 12 日

查现有上海公共租界临时法院,系由前江苏省政府于民国十五年八月三十一日与驻沪领事团签订之《收回上海会审公廨暂行章程》而设立,并订定十六年一月一日为履行日期。该章程施行期间为三年,扣至民国十八年十二月三十一日施行期满。原章程第七条规定,如三年期满仍无最后解决办法,本暂行章程应继续施行三年。惟期满六个月前,省政府有提议修正之权,当由江苏省政府于十八年六月令上海特派交涉员向有关系国领事声明该章程期满,认为完全不适用。一面由外交部于十八年五月八日照会驻华英、美、法、和、挪威、巴西六国公使,提

议派员讨论关于上海公共租界审判机关之办法,乃各国多方延宕,直至上年十一月九日始由上述各国所派委员与我国外交、司法两方所派委员开始讨论,时距临时协定届满之期已迫,即由我方出席委员赶速进行,年前会商多次,尚少结果。先是十八年五月间司法院曾准行政院咨,据江苏省政府呈称:对于临时法院之管辖权,于暂行章程施行期满之日同时终止。自十九年一月一日起应请司法院主持核办。当经司法院咨复事属可行,即由司法院于十八年十二月二十九日训令司法行政部转令该法院听候改组。改组命令既已发表,而取消不平等条约之决心亦已表示。开春以来,讨论渐有头绪,截至本年一月二十一日止,计中外委员会商共二十八次,新协定草案业由双方大体拟定,现正由各关系国出席委员分别请训。兹特将讨论结果大略说明如左:

按现时上海临时法院组织畸形、运用亦失其轨则,其中最要者如下:

(一)我国四级三审制度迄未完全实行。

(二)该法院沿用会审公廨之诉讼惯例,破坏我国诉讼法。

(三)不但有观审之权,且有会同出庭之办法。

(四)江苏省政府所任命之推事,须通知领团。

(五)书记官长虽由外人推荐,而实际上专用外人。

(六)检察官、承发吏均不设置。

(七)司法警察由工部局自由派定,法院无权过问。

(八)判决执行与否并无明文规定,完全在租界捕房之掌握。

(九)监狱不由我管理。

(十)领事列席案件,均许外国律师出庭而无遵守我国律师章程之义务。

凡此种种侵犯我国主权不一而足。此次会商,根据设立完全中国法院及完全适用中国法律之两大原则与之周旋,外国委员争执甚力,虽经我方委员反复辩论,而彼方总以事实上特殊情形为辞,未肯多让,颇多周折。直至去年年终,关于书记官长之推荐、观审暨会同出庭之放弃,吾国法律之适用四级三审之实施及其他诉讼管辖暨外国律师出庭等问题,虽经我方委员均已争有效果,而各国委员对于各国旁听员之参与、检察官之设置、承发吏之派定、司法警察之任免、监狱之管理各点,则犹始终坚持。宠惠等缜密研究,会同指示方针,由出席委员继续力争。本年一月经迭次之磋商,卒得成就协定草案十条及换文草案八款。兹将新协定草案与临时法院协定不同之点,其荦荦大者略述如下:

(一)中国法律之适用 从前临时法院既有特定之诉讼法,而四级三审制迄未完全施行。此次协定草案规定中国现有及将来一切实体法及手续法均应适用,并明定一切案件依照中国法律均得上诉于最高法院,以符合我国司法系统(协定草案第二条第一项、第二项)。

(二)诉讼土地管辖之变更 以前租界外上海、宝山境内之外国人地产上发生之华洋刑事案件及上海宝山境内发生之华洋民事案件,均归临时法院管辖,新协定草案均依中国诉讼法管辖通则归上海地方法院管辖(换文第一款)。

(三)观审、会审之取消 从前上海临时法院承会审公廨之弊,每有外国官员列座法庭与我国法官抗衡,甚至侵越权限,当堂发表反对法官之言论,其有损法院威信,莫此为甚。此次我方决定,无论如何外国人不能再有参与审判权之举动,各国委员初仅允将观审员改为特别旁听员,关于特种案件有陈述意见之权。几经争执,始允将观审、会审制度完全放弃,其后特别旁听员亦允放弃。从此,我国法庭不致再有外人参与审判之恶例也(协定草案第三条)。

(四)外国书记官长之取消 以前该书记官长之权限至为广大,凡一切诉讼案件自递呈、分配案件、交保、查案以至执行均须经过书记官长,院长既无任免之权,而法院之会计又规定归其经营,把持院务久为世所诟病。此次彼方委员先颇坚持会计须由外人管理之说,嗣经我国委员据理力争,始得将此不良制度加以铲除。此后法院书记官长完全由我国自用以本国人充任之(协定草案第二条)。

(五)检察官及承发吏之设置 检察官及承发吏为法院组织人员

之一,从前临时法院并无此项官吏,其职务概由工部局捕房执行,外国委员对于检察制度尤多怀疑,经我国委员再三解说,始允我国设置,而于检察官权限诸多争执,直至最后会商检察官及承发吏之设置,各国委员原则上始予承认,而关于其执行职务之权限,坚持须分别加以限制(协定草案第五条及第六条第四项)。

(六)法院判决之执行　从前临时法院之判决,往往以外国观审员不同意之故,租界捕房不予执行,以致判决效力等于具文。本协定草案第六条第三项规定法院之一切判决及裁决一经确定即应执行(协定草案第六条第三项)。

(七)女监、民事拘留所之收归我管及监犯之移送中国监狱执行　民事拘留所及女监向由外国书记官长管理,法院无从过问,至其他监狱旧协定虽有视察委员团之条,迄未实行。此次规定民事拘留所及女监完全由我国管理,至对于租界内之监狱管理权,我方出席委员据理力争,但外人以监狱管理涉及租界行政不愿于此次法院问题内牵入解决,经我方再四坚持,始允将所有一切已决人犯及将来判决人犯,无论中外国籍均得由法院决定送交租界外中国监狱执行。至现有租界内监狱,仅拘禁违警罪犯及羁押候审人犯,但关于监狱之管理须尽其可行之程度,遵守中国监狱法令,我国司法当局随时有派员视察之权(协定草案第七条)。

(八)脏物库之设置　从前临时法院判决没收之脏物,向由捕房处置,此次新协定草案规定,法院应依中国法律设置脏物库,一切没收物品均为中国政府之所有。惟关于枪支之处分办法,以其与租界治安有关,外国委员坚持须许工部局有建议司法当局之权,而其容纳与否,完全为我国之自由(换文第七款)。

(九)外国律师之限制　从前凡有领事列席之案件,均许外国律师代表任何方面出庭,又工部局为告发人之案件及凡有领判权国人诉无领判权国人案件,均许外国律师代表任何方面出庭,并无遵守我国律师章程之义务。本协定草案规定,外国律师仅得代表外国人及工部局,且以外国人为一造及工部局为民事原告、刑事告诉人及捕房起诉案件为限,较以前范围缩小甚多,且本协定草案规定外国律师须向我国司法行政部请领律师证书,并服从关于律师一切法令,并应受我国之惩戒(协定草案第八条)。

以上荦荦大端,对于旧协定有损我国法权各缺点虽已排除,而新协定草案所未能完全称意者,在检察官之职权与司法警察之推荐两点(协定草案第五条及第六条第四项)。惟现时自诉范围正拟扩张,故检察官之职权虽与现时情形稍有出入,而于将来制度或无大异。至司法、警察问题,双方争论异常激烈,外人方面以租界行政关系,坚持不肯让步,最后始允由高等法院分院院长于工部局推荐后任命之,但有将其免职之权,且须服中国法警制服及服从法院之命令及指挥,并于换文中第三款规定工部局尽其可行之程度,应推荐中国人为司法警察员。(警)〔仅〕此项规定较临时协定略胜一筹,但因租界行政关系未能完全满意,自宜归入收回租界案内一并解决。又新协定草案中所称新添之点,一为关于协定争执之调解,由双方政府各派常川代表二名,共同设法解决(协定草案第九条),一为与租界利益有关系案件及其诉讼之参加人,工部局得延请律师代表出庭,以书面向法庭陈述意见(协定草案第八条第二项)。但第一点双方常川代表之意见,除双方政府同意外,毫无拘束力。此种调解办法,在他国亦有先例,此次常川代表之制略师其意。盖将双方意见不同之点先行就地设法解决,至不能解决时始适用外交手续解决之。至第二点工部局延请律师一节,因从前外国官员既有观审、会审之规定,又一切案件须经过外国书记官长之手,是实际上,凡有案件莫不有外人之参与。此项观审、会审暨外国书记官长制度概行取消,外国委员方面以租界利益有关之案,必欲许工部局延请律师代表出庭,俾有陈述意见之机会,但其陈述意见限于书面,法院对其书面意见完全有自由采舍之权。至民事参加以遵守吾国民事诉讼法为限,本为我国法律所许者也。换文中司法警员对于诉讼文件录由之职务(换文第三款),亦为外国委员所最坚持,此款与现时临时法院外国书记官长登记之职务大不相同。盖从前外国书记官长于登记诉讼文件之外,不特有分配案件之权,且一切诉讼事项,自递呈、交保、查案以至执行等事均由其主持,而司法警员之职务则录载事由而已。至诉讼文件之送达及执行,新协定草案第六条固已明白规定,由警员立即为之,则警员自不得任意拖延积压也。

又,此次中外委员之会商,其权限仅为讨论公共租界中之审判机关,故对于法租界会审公廨之收回问题尚须俟新协定签订后再行交涉。新协定中对于法租界之管辖问题所以暂未解决者,职是之故,又,所谓洋泾浜章程及附则,察其内容实属一种地方警察单行章程,新协定中既载明在吾国政府自行制定公布以前,暂仍沿用,则其效力固属过渡性质也(协定草案第二条第一项末节)。

新协定草案内容大致如上所述,其未能完全达到我国愿望之点则以上海租界尚未收回,行政权操之于人,形格势禁有不能不兼顾事实之处。此次外人方面,本有依据旧协定继续三年之趋向,我方坚持不动,新协定方能成立,其有效期间定为三年,期满非经双方同意不得延长,则本协定虽未能尽如人意,而三年之期为时尚短,在此期内,上海租界问题当有相当之解决。是今兹未能满意之点,将来必归于自然解决矣。

王宠惠、王正廷报告

《中华民国史档案资料汇编》第五辑第一编《外交》,第 55—60 页

关于上海公共租界内中国法院之协定

1930 年 2 月 17 日,南京

第一条　自本协定发生效力之日起,所有以前关于在上海公共租界内设置中国审判机关之一切章程、协定、换文及其他文件概行废止。

第二条　中国政府依照关于司法制度之中国法律、章程及本协定之规定,在上海公共租界内设置地方法院及高等法院分院各一所。所有中国现行有效及将来依法制定公布之法律、章程,无论其为实体法或程序法,一律适用于各该法院。至现时沿用之洋泾浜章程及附则,在中

国政府自行制定公布此项章程及附则以前,须顾及之;并须顾及本协定之规定。高等法院分院之民刑判决及裁决均得依中国法律上诉于中国最高法院。

第三条 领事委员或领事官员出庭观审或会同出庭于公共租界内现有中国审判机关之旧习惯,在依本协定设置之各该法院内,不得再行继续适用。

第四条 无论何人经工部局捕房或司法警察逮捕者,除休息日不计外,应于二十四小时内送交依本协定设置之各该法院处理之;逾时不送交者,应即释放。

第五条 依本协定设置之各该法院应各置检察官若干员,由中国政府任命之,办理各该法院管辖区域内之检验事务及所有关于适用中华民国刑法第一百零三条至第一百八十六条之案件,依照中国法律执行检察官职务;但已经工部局捕房或关系人起诉者,检察官无庸再行起诉。至检察官一切值查程序应公开之,被告律师并得到庭陈述意见。其他案件在各该法院管辖区域内发生者,应由工部局捕房起诉或由关系人提起自诉。检察官对于工部局捕房或关系人起诉之一切刑事案件,均得莅庭陈述意见。

第六条 一切诉讼文件,如传票、拘票、命令及其他诉讼文件等,经依本协定设置之各该法院推事一人签署后,发生效力,即由司法警察或由承发吏依照下列规定分别送达或执行。在公共租界内发见之人犯,经各该法院之法庭调查后,方得移送于租界外之官署。被告律师得到庭陈述意见;但由其他中国新式法院之嘱托者,经法庭认明确系本人后,即得移送。各该法院依照在各该法院适用之诉讼程序所为之一切民刑判决及裁决,一经确定,应即执行。工部局捕房于必要时,遇有委托,应尽力予以协助。承发吏由各该法院院长分别派充,办理送达一切传票及送达关于民事案件之一切文件。但执行民事判决时,承发吏应由司法警察会同协助。各该法院之司法警察员警由高等法院分院院长于工部局推荐后委派之;高等法院分院院长有指明理由将其免职之权,或因工部局指明理由之请求,亦得终止其职务。司法警察员警应服中国司法主管机关所规定之制服,应受各该法院之命令及指挥并尽忠于其职务。

　　第七条　附属于上海公共租界内现有中国审判机关之民事管收所及女监应移归依本协定设置之各该法院,由中国主管机关监督并管理之。除依违警罚法、洋泾浜章程及附则处罚之人犯暨逮捕候讯之人应在公共租界内禁押外,凡在公共租界现有中国审判机关附属监狱内执行中之一切人犯及依本协定设置之各该法院判处罪刑之一切人犯,或在租界内监狱执行,或在租界外中国监狱执行,均由各该法院自行酌定。租界内监狱之管理方法,尽其可行之程度,应遵照中国监狱法令办理。中国司法主管机关有随时派员视察之权。依本协定设置之各该法院判处死刑人犯应送交租界外中国主管机关执行。

　　第八条　关于一造为外国人之诉讼案件,其有相当资格之外国律师在依本协定设置之各该法院,许其执行职务,但以代表该外国当事人为限。关于工部局为刑事告诉人或民事原告及工部局捕房起诉之案件,工部局亦得由有相当资格之中国或外国律师同样代表出庭。其他案件,工部局认为有关公共租界利益时,亦得由其延请有相当资格之中国或外国律师一人,于诉讼进行中代表出庭,以书面向法庭陈述意见。如该律师认为必要时,得依民事诉讼法之规定具状参加。依本条规定许可在上述各该法院出庭之外国律师应向司法行政部呈领律师证书,并应遵守关于律师之中国法令,其惩戒法令亦包括在内。

　　第九条　中国政府派常川代表二人,其他签字于本协定之各国政府共派常川代表二人。高等法院分院院长或签字于本协定之外国主管官员,对于本协定之解释与其适用如发生意见不同时,得将其不同之意见送交该常川代表等共同设法调解。但该代表等之报告书,除经签字国双方同意外,对于任何一方均无拘束力。又各该法院之民刑判决、裁决及命令之本体,均不得送交该代表等研究。

　　第十条　本协定及其附属换文定于中华民国十九年四月一日即西

历一九三〇年四月一日起发生效力,并自是日起继续有效三年,届期双方同意,得延长其期限。

中国　徐谟(代表外交部长)

巴西　第安斯(代表巴西代办)

美国　雅克博(代表美国公使)

英国　许立德(代表英国公使)

那威　葛隆福(代表那威代办)

和兰　赫龙门(代表和兰代办)

法国　甘格霖(代表法国公使)

中华民国十九年二月十七日在南京签字

附件(一)

为照会事:查本日签订关于在上海公共租界内设置地方法院高等法院分院之协定,兹将双方委员所了解各点开列如下,请贵部长照复证实。

一、兹经双方了解,依本协定设置之各该法院,对于上海公共租界内之民刑及违警案件并检验事务,均有管辖权;其属人管辖与其他中国法院相同,其土地管辖与上海公共租界现有中国审判机关相同。但(甲)租界外外人私有地产上发生之华洋刑事案件,及(乙)租界外四周之华洋民事案件,不在上述土地管辖之内。

二、兹经双方了解,公共租界内现有中国审判机关与法租界现有审判机关划分管辖之现行习惯,在中国政府与关系国确定办法以前,仍照旧办理。

三、兹经双方了解,工部局尽其可行之程度应推荐中国人于本协定设置之各该法院备充司法警察员警。又经双方了解,高等法院分院院长依照本协定第六条之规定所派充之司法警员,就其中工部局指定之一员,在院址内配给一办公室;凡一切诉讼文件,如传票、拘票、命令、判决书,依上述本协定条款之规定应送达、执行者,为送达、执行起见,由该员录载其事由。

四、兹经双方了解,公共租界内现有中国审判机关及其从前审判机关之判决不因依本协定各该法院之设置而影响其效力。上述各判决除曾经合法上诉或保留上诉者外,均认为有效及确定之判决。兹又经双方了解,经依本协定设置之各该法院判决应与其他中国法院之判决有同等地位之效力。

五、兹经双方了解,将来关于租界外道路之法律上地位之谈判,不因本协定而受任何影响或妨碍。

六、兹经双方了解,公共租界内现有中国审判机关存放中国银行之六万元,中国政府应予维持,作为依本协定设置之各该法院之存款。

七、兹经双方同意,依本协定设置之各该法院应依中国法律设置赃物库,凡法院没收之赃物均为中国政府之所有。又经双方了解,没收之鸦片及供吸食或制造鸦片之器具,均于每三个月在公共租界内公开焚毁。至没收之枪支,工部局得建议处分办法,经由各该法院院长转呈于司法行政部。

八、兹经双方了解,自本协定发生效力之日起,所有公共租界内现有中国审判机关之一切案件均由依本协定设置之各该法院依各该法院适用之诉讼手续办理;但华洋诉讼案件,尽其可行之程度,须依接收时审判程度赓续进行,并于十二个月内办结之。此项期间,依各案情形之需要,各该法院之法庭得酌量延长之。

相应照请查照见复为荷。须至照会者

右照会

大中华民国外交部长王

巴西　　第安斯(代表巴西代办)

美国　　雅克博(代表美国公使)

英国　　许立德(代表英国公使)

那威　　葛隆福(代表那威代办)

和兰　　赫龙门(代表和兰代办)

法国　甘格霖(代表法国公使)

中华民国十九年二月十七日

附件(二)

为照复事:接准来照内开:"本日签订关于在上海公共租界内设置高等法院分院地方法院之协定,贵(公使)〔代办〕请本部长将下列各点予以证实。

一、兹经双方了解,依本协定设置之各该法院,对于上海公共租界内之民刑及违警案件并检验事务,均有管辖权;其属人管辖与其他中国法院相同,其土地管辖与上海公共租界现有中国审判机关相同。但(甲)租界外外人私有地产上发生之华洋刑事案件,及(乙)租界外四周之华洋民事案件,不在上述土地管辖之内。

二、兹经双方了解,公共租界内现有中国审判机关与法租界现有审判机关划分管辖之现行习惯,在中国政府与关系国确定办法以前,仍照旧办理。

三、兹经双方了解,工部局尽其可行之程度应推荐中国人于本协定设置之各该法院备充司法警察员警。又经双方了解,高等法院分院院长依照本协定第六条之规定所派充之司法警员,就其中工部局指定之一员,在院址内配给一办公室;凡一切诉讼文件,如传票、拘票、命令、判决书,依上述本协定条款之规定应送达、执行者,为送达、执行起见,由该员录载其事由。

四、兹经双方了解,公共租界内现有中国审判机关及其从前审判机关之判决不因依本协定各该法院之设置而影响其效力。上述各判决除曾经合法上诉或保留上诉者外,均认为有效及确定之判决。兹又经双方了解,经依本协定设置之各该法院判决应与其他中国法院之判决有同等地位之效力。

五、兹经双方了解,将来关于租界外道路之法律上地位之谈判,不因本协定而受任何影响或妨碍。

六、兹经双方了解,公共租界内现有中国审判机关存放中国银行之六万元,中国政府应予维持,作为依本协定设置之各该法院之存款。

七、兹经双方同意,依本协定设置之各该法院应依中国法律设置赃物库,凡法院没收之赃物均为中国政府之所有。又经双方了解,没收之鸦片及供吸食或制造鸦片之器具,均于每三个月在公共租界内公开焚毁。至没收之枪支,工部局得建议处分办法,经由各该法院院长转呈于司法行政部。

八、兹经双方了解,自本协定发生效力之日起,所有公共租界内现有中国审判机关之一切案件均由依本协定设置之各该法院依各该法院适用之诉讼手续办理;但华洋诉讼案件,尽其可行之程度,须依接收时审判程度赓续进行,并于十二个月内办结之。此项期间,依各案情形之需要,各该法院之法庭得酌量延长之。”

本部长对于上开各点之了解照予证实。相应复请查照为荷。须至照会者。

　　右照会

大英国钦命驻华全权公使蓝

大美国特命驻华全权公使詹

大法国特命驻华全权公使玛

大和国驻华代办傅

大巴西国驻华代办苏

大那威国驻华代办欧

中国　　徐谟(代表外交部长)

中华民国十九年二月十七日

《中外旧约章汇编》第3册,第770—776页

五、收回租界和租借地交涉

说明：在中国政府被迫与列强签订的不平等条约中，租界和租借地是中国丧失主权和领土完整的重要表现，因此收回租界和租借地交涉自然是南京国民政府改订新约运动的重要内容。南京国民政府外交部在收回关税自主权谈判完成及废除治外法权乍现曙光之后，亦将收回租界和租借地作为改订新约运动的重要内容。与关税自主交涉和撤废领事裁判权交涉不同，南京国民政府并未提出全面的收回租界和租借地计划，但仍然在此问题上取得了若干成果，收回威海卫租借地、镇江英租界、天津比租界及厦门英租界。大体而言，在南京国民政府成立初期，收回租界和租借地的交涉主要分为两种情况：其一是就北京政府所遗留的相关问题作进一步交涉，收回威海卫租借地和收回天津比租界便属于这种情况；其二是继北伐军占领当地之后租界工部局取消的后续处理，收回镇江和厦门英租界即属此例。

本章主要资料来源：

威海卫管理公署编：《威海卫收回周年特刊》，威海卫管理公署秘书处，1931 年

中国第二历史档案馆编：《中华民国史档案资料汇编》第五辑第一编《外交》，江苏古籍出版社，1994 年

朱世全：《威海问题》，商务印书馆，1931 年

辽宁省档案馆编：《中华民国史资料丛稿·奉系军阀密电》第四册，中华书局，1987 年

中国第二历史档案馆藏行政院档案

南京国民政府外交部编：《外交部公报》第 2、3 卷

郭凤岐主编：《〈益世报〉天津资料点校汇编》（二），天津社会科学

院出版社,1999 年

《申报》1930 年

《国闻周报》第 8 卷第 4 期

天津《大公报》1930 年

《时事月报》1929 年第 2 期

Kenneth Bourne and D. Cameron Watt ed., *British Documents on Foreign Affairs*: *Report and Papers from the Foreign Office Confidential Print*(《英国外交文件集》,以下简称"BDFA"),Part Ⅱ,Series E Asia, 1914–1939,Vol. 36,37,China. University Publications of America,1995.

注 1:《威海问题》分为上下两编,上编记述威海卫租借与收回的经过,下编介绍英国管理时期威海卫市政管理以及文化政治经济等各方面的状况。作者朱世全曾亲自参与威海卫租借地的调查及接收事务。

注 2:本章引用自《英国外交文件集》(BDFA)的档案系由张志勇提供并翻译。

(一)收回威海卫

说明:自华盛顿会议上,北京政府代表因二十五年租期将满提出收回英租威海卫租借地始,威海卫的筹收经历了颇为曲折的过程。1929 年 6 月南京政府外交部与英国重新开议收回威海卫租借地问题,英国方面坚持按照 1924 年北京政府与英方议定的专约草案签字,中方则以情势变迁以及将在威海卫建设军港为由要求对草案作出较大幅度的修正。外交部长王正廷与英国驻华公使蓝普森几经交涉,费时半年有余,于 1930 年 4 月 18 日正式签订《交收威海卫专约及协定》。与 1924 年北京政府与英方议定的《中英交收威海卫专约(草案)》相比,《交收威海卫专约及协定》的主要不同点在于:明文规定废止 1898 年英国迫使清政府签订的《订租威海卫专条》;以协定形式保障了中国在刘公岛续租问题上的主动权;并对原草案中应属中国内政范畴的若干条款进行了修正。尽管专约及协定订立后,刘公岛仍然借予英国十年,但英人在威海卫的特权得到了一定的限制。1930 年 10 月 1 日,南京国民政府正式收回威海卫,将其划为直隶于行政院的特别行政区,设管理公署,军事上则由东北海军接防。威海卫由此成为第一个中国政府通过和平谈判的方式收回的租借地。

1. 筹收威海卫的谈判过程

蓝普森致张伯伦电
1929 年 3 月 6 日

以下是来自牛顿(Newton)的 3 月 1 日第 23 号电:

“威海卫。

王正廷非常希望照会您,建议重新进行收回谈判,并希望尽快知道他可以得到的答复。我解释称,我知道自从他向您提起此事,此事并没有被忽视,并询问他是否计划采用已经签订的草案。他不想使自己受限于此,并坦承对其细节并不熟悉,但是指出下列中方不满意的地方:

1. 草案规定中国轮船保有优先停泊权,英国轮船保有次等优先权。中方感到他们可以正当地要求外国船只为中国海军船只让出泊位,但是他们不想因为一艘具有次等优先权的英国轮船的到来,而让另一艘停泊在那儿的船只离开。

2. 大量房屋留作英国人使用。

我提到在威海卫附近仍然存在不稳定的状况,并且说将威海卫归还给被承认的可以进行有效控制的国民政府是一回事,但是将其交给不负责任的地方军阀是另一回事。王正廷非常理解这一点,但是说,收回的具体日期可以在对地方情形进行谈判后再确定。

王正廷的主要目的无疑是做出姿态,表示收回威海卫问题正在积极处理中,并表明与英王陛下政府的关系令人满意。正在考虑采取的行动是指派代表立即进行谈判。宣布准备与英王陛下政府进行谈判将可能增强目前中国政府在国民党代表大会上的地位,所以我建议,如果英王陛下政府准备同意,您所拟给王的答复中的条件可能被同意,以便尽早宣布。他非常明显不希望提到以前的协议,不仅是希望做出更改,而且因为该协议是由北方政府谈判签订的。"

BDFA,PartⅡ,Series E Asia,1914–1939,Vol.36,China,pp.173–174

张伯伦致伽司定(Garstin)①电

1929 年 5 月 17 日

下面是给蓝普森的电报:

"你 5 月 11 日第 433 号电报:收回威海卫。

我们不希望无限期的耽搁下去,你一旦确定山东在国民政府的有效控制下,我们就准备继续谈判,这样国民政府就能够收回威海卫。"

BDFA,PartⅡ,Series E Asia,1914–1939,Vol.36,China,p.366

蓝普森致张伯伦电

1929 年 5 月 21 日

威海卫。

正如我预料的那样,这是 5 月 20 日我们会面时外交部长首先提出的议题之一。在前面进行了谈判,接下来迟迟没有解决之后,他询问我是否准备继续谈判。

作为回答,我向他宣读了给上海的第 18 号电报的大意,在提到山东目前的状态,并表明我必须向您确认中国政府能够有效控制威海卫(例如,现在谣传天津—浦口铁路线上有麻烦)之后,我转而问他是否准备在 1924 年的草案上无需更改而签字。

---

① 上海总领事。

他回答称不会整个接受,并提到了牛顿给北京的 23 号电中所报告的几点,例如优先停泊权,岛上的几处房屋留作我们使用,他将对这几点寻求修改。在我这方面,我明确表示,我们准备在只是进行了必要的文字改动的 1924 年草约上签字,但是任何改动将会产生新的情况,我不能预料这种新情况的后果。

然后我们又进行了很长时间的争论,我试图无需对其进行讨论而确定他所希望进行改动的具体性质,然而他却努力使我对同意还是拒绝开始谈判做出决定。

最终此事悬而未决,理由是我自己仍然必须对山东的情形感到满意,才能够开始谈判。

我向他解释了附带的一点,今年夏天利用威海卫作为我们军队休养的地方,他到目前为止不反对实际收回推迟到秋天。

假如南京政府不会垮台,我认为,如果我们能够在变化不大的 1924 年的草案上签字,我们应该这样做,可以安排推迟实际的收回时间,直到一个合适的时候。明白条约生效以前任何情况下都需要我们正式批准。王正廷知道之前的政府受那个草约约束的程度,但是他直截了当的拒绝承认,并且在我们争论过程中,他尽力逃避和最小化这种责任。他的继任者可能还不如他顺服,每年的耽搁都会使按照原先各款签订条约的希望变小。由于上述原因,我实际上提出,如果他完全接受草案,王可以立即在草案上签字,但是他拒绝了。我将努力尽可能非正式的确定现在寻求改动的具体性质,如果需要修改的地方都无关紧要,我将接受他们。

您有任何指示吗?王昨天晚上前赴南京。我 5 月 27 日去南京。

BDFA, Part Ⅱ, Series E Asia, 1914–1939, Vol. 36, China, p. 368

张伯伦致伽司定电

1929 年 5 月 25 日

以下是致蓝普森电报:

"你5月23日的第20号电报:收回威海卫。

现在你已经使其非常清楚,根据我给上海的第18号电报中的规定,英王陛下政府准备完成1924年的协议,你应该让王正廷认识到,他必须为将来可能导致的进一步耽搁负责。如果他仍然坚持要求修改,你应该确定它们的具体性质,如果必要,提出与其逐条讨论该协议,并记下他希望进行的修改,交给英王陛下政府,以备中国和英国专家考察。你应该向王强调,希望他将所拟改动控制在细枝末节的事情上,并尽力使其最小化。"

BDFA,Part Ⅱ,Series E Asia,1914–1939,Vol. 36,China,pp. 381—382

蓝普森致张伯伦电
1929年6月3日

威海卫。

在6月2日的进一步会谈中,我将您给上海的第28号电报的内容告诉了外交部长。

我们讨论了由专家对所拟修改进行讨论的问题,我告诉他我的专家将是台克满,他说他想指派以前管理汉口非英租界的张先生来进行该项工作。他不知道张现在哪里,但是将尽快与其联系。我说他同时可以给我们他计划修改的内容,并且我再次强调他们减少到最小量的重要性。

有鉴于在汉口友好的和有益的态度,张的任命将是一件好事。

我并没有忽视您关于山东稳定的条件,但是我想已经有所改善(外交部长声称当然有所改善),无论任何情况,协议的生效和实际的收回直到中方满足这一条件才能完成。

BDFA,Part Ⅱ,Series E Asia,1914–1939,Vol. 36,China,p. 400

蓝普森致汉德森（Henderson）①电

1929 年 6 月 21 日

威海卫。

在 6 月 21 日的会面中，外交部长一开始就说，他有非常重要的事情要告诉我，即作为 6 月 20 日与我们签订海军合同的结果，中国政府已经决定建立一支现代舰队，并且已经选择威海卫作为它们未来的海军基地。有鉴于这一决定将牵扯到对 1924 年的草案进行进一步修改，他怀疑是否现在值得讨论那个草案。所以，他建议，我应该首先将上述决定电告英王陛下政府，而没有对我多次要求得到他对 1924 年草案的修改做出回应。

我说我对这一变化非常吃惊。在过去的几个月中，是他一直要求我们讨论此事，而且我们所有的讨论都是特别限制在 1924 年的草约。我提醒他注意白尔福勋爵（Balfour）在华盛顿的照会，并且指出，任何严重脱离 1924 年草案的想法都会使此事无限期的耽搁下去。我接到的指示是坚持那个草案，我必须拒绝离开那个基础。他询问是否目前的英王陛下政府已经改变了给我的指示，我给予了否定的回答。台克满和我在一起，他参加了最初的谈判，他提醒说，1923 年和 1924 年的谈判一直是在假定中国将来迟早要在威海卫建立海军基地这一前提下进行的，而且 1924 年的草案最终形成，也都考虑到了这种可能性。这两个目标并不冲突。

在进行了大量辩解之后，外交部长同意将就此事再次与海军部长商讨，并于 6 月 22 日与我再次会面，我希望到时我可以从他那儿得到对 1924 年草约进行修改的内容，使我们能够在那个基础上开始认真地讨论。但是我可能会失败，而且他可能会试图完全从头开始。我几次警告他，任何带来的耽搁，责任都完全由他负责。

我的感觉是这是一次试探，除非我接到相反的指示，我将坚定地执

---

① 阿瑟·汉德森（Arthur Henderson），1929 年 6 月接替张伯伦成为英国外务大臣。

728 中华民国时期外交文献汇编 1911—1949·第五卷

行给我的指示,接受小的改动,但是我必须坚持 1924 年草案的要点。例如,我将坚持对第 23 条不能有大的改动,如果完成白尔福勋爵关于海军设施的条件,才能够第一次交换照会,因为这是整个协议的关键。我意识到这可能会使此事无限期的耽搁,但是只有这样才能充分显示我们坚定的态度;而且如果收回再次被耽搁,中国将是受损者。

BDFA,Part Ⅱ,Series E Asia,1914–1939,Vol. 36,China,p. 429

蓝普森致汉德森电

1929 年 6 月 22 日

在 6 月 21 日后来与外交部长的私人谈话中,我借机询问出现的困难的真实性质。他解释称困难源于最近海军部决定将威海卫(包括海岛和大陆)作为未来中国海军的主要基地,而且陈司令坚持港区,即大陆,不能向外国居民和商业开放。在他的建议下,我在同一天傍晚晚些时候见到了陈司令,并与他理论,解释称大陆是不适合海军基地的,甚至海船都要离着岸边一段距离停泊,其继续被用作夏日度假胜地和商业港口,与海岛用作海军基地完全可以并存,并且举了香港和英国海军港口作为先例。陈司令没有争辩,但是也没有表态。

在 6 月 22 日的会面中外交部长交来他需要修改的内容,他特别解释称,这些修改是建立在这样的基本假设上,即威海卫,包括威海港,因为将变成中国海军基地,将停止用作商业港口。有些改动是一些小的变化,可能能够调整,但是立即出现了两个主要问题,一是所有关于威海港向外国居住和商业开放的条款都删除了,二是岛上海军设施向英国海军出租的日期(第 23 条)被减少到 3 年,没有任何续租的条款,和我们续租 10 年的想法大相径庭(参见我们第一次的交换照会)。我告诉王正廷,与 1924 年草案和第一次照会的原则相差太大,远远超出了我的权限范围之内,我不能在这个新基础上继续讨论,必须向您汇报。

在接下来的谈话中,外交部长自己承认总体上赞成我的观点,将威海港作为商业港口,保留岛屿作为海军基地,是可行的。他说他将尽力劝说海军部长重新考虑这一点。他将会让我知道他是否成功了。如果这样的话，将剩下第 23 条和第一次交换的照会中租借岛上海军设施的问题。中国的理由是将这些设施租给英国海军和将威海卫变成中国海军基地是矛盾的，向英国海军租借三年是非常合理的，在此期间英方可以做出其他安排。

很可能中方提出向外国居民关闭威海港区的问题，是作为在租借海军设施问题上得到满足的讨价还价的杠杆，他们希望最终在前一个问题上满足我们的愿望，以使我们很难不在后一个问题上满足他们的愿望。如果他们放弃关闭威海港的问题，但（我预料他们会）在英国海军设施问题上拒不让步，一个解决办法是要求将该问题提交给中国海军的地方代表，希望他们能够。提出可以接受的解决方案。我正在把这个想法告诉总司令。

同时，我要求对英王陛下政府关于租借海军设施的最低要求做出紧急指示。

中方修改内容和会见记录的副本将邮寄给您。

BDFA, Part Ⅱ, Series E Asia, 1914–1939, Vol. 36, China, p. 431

蓝普森致汉德森电

1929 年 6 月 25 日

威海卫。

今天下午外交部长叫我进行再一次会面。我本希望这可能意味着他态度的某些改变或新的会谈，但是不是。他只是询问我是否已收到了对于他所提的方案（我 112 号电）的任何指示，对此我做了否定回答。因为他很明显没有希望会谈取得进展的意思，我感到有必要向他复述外交部给我第 28 号电报中的内容，我解释称这就是我的权限。对此，他的唯一评论就是那些是前任外交大臣而不是现任外交大臣的指示。

看起来外交部长可能盼望着现在英王政府在这个问题上的政策会

有所改动。

BDFA,PartⅡ,Series E Asia,1914–1939,Vol.36,China,pp.433–434

蓝普森致汉德森电
1929 年 6 月 28 日

在 6 月 28 日的最后会面中,我非常坦率地向外交部长解释了我们的态度(您给南京的第 22 号电),并且对由于中方在两个问题上的态度而不可避免的耽搁了收回,在我离开前往北方处理另一件紧急事务之前,我不能解决,对此我表示非常遗憾。我用平白的语言声明,中方关于威海卫的对案不仅远离了我被授权作为谈判基础的 1924 年草案,而且也与 1922 年 2 月 3 日白尔福照会中所列原始条件相反。该照会提出收回的条件是:(a)英国舰队继续使用海军设施,(b)保证外国财产的权利和维护。在这种情况下,如果英王陛下政府花费一定时间来研究出现的新情况,而对此他们没有任何责任,他不会感到奇怪。

……

最后,我说会谈只能暂时搁置;艾武陵(Aveling)留在南方作为我的代表;如果我收到关于任何问题的进一步指示,我会根据其性质,与他联系。

BDFA,PartⅡ,Series E Asia,1914–1939,Vol.36,China,p.436

蓝普森致汉德森电
1929 年 7 月 8 日

您 7 月 2 日致威海卫的无编号电报。

先说后一部分。

我只能表示我相信中方根本不会听从这样的条件。他们整个的政策就是重新获得以前中国的领土。对于我们来说现在寻求永久化或拓展任何现存的租借地将不仅会招来反对,而且会引起对早已平息问题的极度关注。

我的建议是单独处理威海卫问题,不要和其他问题掺杂在一起。两个关键问题是:(a)大陆上保留现存的外国财产权是否很重要?(b)岛上的海军设施对于我们的远东舰队的重要性有多大? 在我看来,有一点应该是决定性的因素。我从总司令那儿得到的信息是他认为这些事实非常重要(参见他给我的第 764 号电)。中方自己的建议是 3 年,而我已经试探的建议 10 年,不需要续租,应该可能会达成解决。

关于大陆上的外国财产权,它们的保留并不重要,如果我们不能够使中方改变关闭威海港,我们只能够同意,但是必须明确,我们应该坚持,而且真正的要坚持他们需要向目前财产拥有者买下这些财产。委员称相关数额将会非常巨大,因为中方必须支付高价,这可能会使他们进行考虑。但是我们应该首先反对关闭港口,因为这是没有意义的,倒退的。外交部长承认他自己也持这种观点(我离开的那天晚上他又私下里和我这样说),如果我被授权表示,给我的关于开放港口的指示已经受到新的支持,可能会使他的政府改变主意。

我没有想过直接停止谈判,这可能会导致您电报中所说的争辩等。但是如果继续使用海军设施足够重要的话(主要是海军问题),我怀疑是否有必要使我们停止谈判。在任何情况下,决定可能会直到意外发生才会做出。在过去,很明显每次我们总是向这样的压力妥协,这种武器就越有效,越经常使用。实际上目前阶段预期谈判的破裂好像并不成熟。中方已经提出了他们的方案,我们需要提出我们相对的建议。

我的具体建议是,我们现在告诉中方,英王陛下政府已经全面研究了他们的方案,我们可能在构成 1924 年草案主体的一些他们希望修改的不重要的问题上满足他们的愿望。对于两个主要问题——

(a)对于关闭威海港,我们首先努力劝阻他们,但是如果他们坚持的话,也就是说,虽然我们认为这是不必要的倒退,并且与现代观念矛盾,但是如果他们真的坚持这点,我们不能够拒绝。但是需要明确,所有外国拥有的财产和其他权利(政府和私人地)必须被全价买下,并且要在收回前付清现金。

（b）在海军设施问题上，我们准备接受租借10年，没有续租，前提是与目前23条相关的内容不能改动。然后我们再看我们这在关于时间、性质和设施数量的谈判中取得多大进展。

以上计划的一个优点是，如果中方拒绝对（a）条进行充分补偿或讨价还价，他们将使自己处于一个错误的地位，而我们在收回进一步被耽搁的问题上则地位更加稳固。

如果您同意以上建议，并能够给我关于（a）（b）两点的决定，我将建议我被授权，作为下一步，与总司令和威海卫委员一起合作对1924年草案作出修改和删除。这样我将能够把一个需要交给中方的对等草案提交您考虑和同意。委员同意1924年的草案，包含着许多关于大陆上的问题的不必要的细节，可能删除更会有优势。

另一点是，虽然我不支持将问题混在一块，但是我们碰巧有一个有力的杠杆，我们的（庚子）赔款方案现在正在讨论中。不需要将两个问题联系到一起，让外交部长知道，如果中方反对我们看的非常重要的在威海卫租用海军设施问题，对他们那方面可能看的很重的赔款方案延期执行将非常正常，这看起来非常合理。这个情报可能会对我们有益。

BDFA，Part Ⅱ，Series E Asia，1914–1939，Vol. 37，China，pp. 28–29

汉德森致蓝普森电

1929年7月8日

今天下午中国代办在议会拜访了我。

在谈话过程中，他提到了关于收回威海卫的谈判，并且说他的政府不能够接受英王陛下政府关于威海港和在岛屿上建立卫生站的条件，并且表示希望英王陛下政府能够接受中方的观点。

我告诉代办，我已经从英王陛下公使那儿得知发生的困难，我现在正在考虑出现的困难局面。我一旦对交给中国政府的方案有了结果，我就会让他再来见我。

BDFA，Part Ⅱ，Series E Asia，1914–1939，Vol. 37，China，p. 29

汉德森致蓝普森电

1929 年 7 月 11 日

你 7 月 8 日第 534 号电收回威海卫。

在 7 月 8 日的一次会晤中,中国代办说他的政府不能够接受我们关于威海港和海军医院设施的条件,并表示希望英王陛下政府满足中国的愿望。

我告诉他目前此事正在考虑中,一旦有了结果我会再次会见他。

BDFA, Part Ⅱ, Series E Asia, 1914−1939, Vol. 37, China, p. 35

蓝普森致汉德森电

1930 年 1 月 10 日

下面致总司令,第 2 号电:

"今天通过与陈司令的非正式谈话,我得知反对威海卫海军设施来自政治方面。无论这个说法是否属实,如果我能够以将来与我们在威海卫的船队一同进行海军训练之顶,吸引陈帮助我们,我们的形势将更为有利。我已经暗示了许多,但是没有你的观点我不愿意进一步采取措施。"

BDFA, Part Ⅱ, Series E Asia, 1914−1939, Vol. 37, China, p. 382

蓝普森致汉德森电

1930 年 1 月 13 日

下面电报来自总司令:

"你 1 月 10 日第 2 号电报。

我认为你的建议非常好,我将强烈向海军部推荐。

海军设施可以用于轮船停泊在威海卫时一定数量低级军官的训练,并且允许训练被观看。

也可以帮助他们训练。

如果这些建议被证明足够有吸引力,我可以将来再细化。"

BDFA,Part Ⅱ,Series E Asia,1914–1939,Vol. 37,China,p. 398

蓝普森致汉德森电

1930 年 1 月 14 日

1 月 13 日会晤时,我们恢复了进行修改 1924 年草案的详细谈判前非正式会谈,同时等待您对于上面所说电报的指示。取得了下面的进展:

外交部长建议 1924 年的草案可以分成两个协议,一个包含收回的条款(保证外国财产权等),另一个包含海军设施的条款。我同意,如果后一协议包含 1924 年草案中所有的海军条款,这是一个合理的建议,外交部长非常同意。

同意所有保证财产权的条款受以上所说我电报中第二段最后一句中所说条件的限制。

逐条讨论了 1924 年的草案后,我们暂时同意下面的改动,我们的共识是重新起草的条款将被人分成两个独立的协议:

参见我去年 6 月 28 日我的快件中所附中国所拟修改内容,我原则上同意,并根据威海卫委员的意见,接受第 7、9、12、13、16、17、18 和 19 款的修改,第 14、15、20 和 22 款:中方将撤回他们关于这些条款的对案,但是必须找到可能包含以后会关闭港口的方案(参见上面第 3 段);根据这一条款,外交部长说他不反对根据镇江先例的长期租赁,他明确表示目前不想取消岛屿上现存英国租户的居住权利(见我去年 5 月 3 日给威海卫快件中的第 15 段)。保留第 21 款,但是外交部长说他认为他能够接受青岛的先例。第 23 款不动,删除了"免费"字句。第 24 款:外交部长反对此款,因为该款显得不敬,但是好像不厌恶以单独声明的形式接受关于反对开设妓院和贩卖酒类的主要规定。我说这一条必须有。第 25 款未动,增加了一些条件,港内已经停泊的外国战舰无需为新到的英国轮船驶出让路。第 26 款未动,"条约口岸"改成

"商业口岸"。第27款:第一段放进收回协议,删除了关于海关部分;第二段放进海军协议。第28款删除。第29款:如果对于中文翻译取得一致意见,不需提到以哪个文本为准。附款1将删除或包含到我给外交部长的一封信中。然而他好像不想要这一条。附款2未动。附款3未动,中方好像准备同意包括去年夏天总司令希望的军官娱乐场地和壁球场。第一次交换照会将被删除。第二次交换照会除第一段外将被删除,该段将被变成海军借款协议或者,是被附作声明。外交部长不断地要求删除"健康医疗官员或"。我没能使其改变主意,"协理医务官"好像就足够了。所有其他文件都被删除了。

　　如果我接到您的授权,根据我第13号电报中所提议各款立即谈判解决,我将安排台克满与徐谟(外交部长为此而任命的)一起准备一个新的草案,包括两个协议,内容如上段所示,已都征求了总司令和委员的意见,这封电报也同样发给他们。然后这个草案将交给我和外交部长考虑。

BDFA,Part Ⅱ,Series E Asia,1914-1939,Vol.37,China,p.403

蓝普森致汉德森电
1930年1月14日

下面是致总司令的第6号电报:

"我给外交部的第23号电报。

我将对你关于和海军条款有关的问题上紧急的观点非常感激。

在讨论附款3时,外交部长提出两点:

(1)设施1到13能否中国和英国海军共用或者是前者在冬天后者不在的时候使用。我给予了否定的回答,并建议中国海军使用其他没有在案的设施,或者如果他们想要的话,在岛上建设自己的设施。

(2)'土地和房屋:靶场'的意思。我说我认为它的意思是构成靶场的土地和房屋。

我的回答对吗？"

蓝普森致汉德森电
1930 年 1 月 17 日

威海卫海军总司令和行政长官完全同意所拟解决基础。如果我能够收到星期一就在上海这儿与外交部长进行谈判的指示，将对我非常有帮助。否则在 1 月 24 日星期五之前，环境将阻止我们在南京恢复会谈，我认为尽快抓紧处理非常重要。

2. 中英《交收威海卫专约及协定》的签订

威海卫之筹收及收回经过
1931 年

威海卫之筹收

威海卫租借与英历三十二年，至民国十九年四月，我外交部长王正廷与英国公使蓝普森正式签订《中英交收威海卫专约及协定》，祖善奉命办理筹收事宜。嗣于是年六月率同随员赴威调查，并与英驻威办事长官商洽交收细目。当时适讨逆军在济南失利，英方虽竭诚欢迎，而能否如期交还，殊无把握。嗣经再三交涉，规定十月一日接收决不展缓。此外，商订接收细目：（1）英戍军撤退，我军接防日期；（2）接收后拟增添长警二百名，枪械仿青岛例，向英价购（按：后以价目太高未成议）；（3）聘用英国医官薪津问题；（4）刘公岛续租公产详细装修清单；（5）各项公产单契家具等项，均经分别圆满解决。并以调查为筹收期内之最重要工作，虽历经困难仍积极进行，除调查详细报告书已刊印外，兹为本书完备起见，特节录筹收及接管各要件如左。

英租威海卫之经过及租约

威海为山东半岛东北面之一港湾,其地原系文登荣城两县之一部分,明洪武间(西历一千三百九十八年)为防倭寇侵扰,与天津同时兴筑城垣,因名曰威海卫。清光绪初元,为北洋海军根据地,德人代筑沿海炮台十座,所有海军操练训育设备无不具全,迨甲午(一八九五)①战败,悉毁于日。光绪二十四年英国以俄租旅大藉词势力均等,亦强租威海以为其海军根据地。其租约规定:(一)年限与俄国占据旅顺之时间相同;(二)面积除威海全湾沿岸以内之十英里外,并于必要时可利用界线附近约一千五百方英里为军事上之设备,惟威城以内不属于租借地;(三)性质非租借地而为割据(附旧租约及界线图)。迨日俄战后,英鉴于无在威海建设军港之必要,故始终只作为舰队避暑之所,并辟为自由贸易港,自决定交还后,一切建设停止,最终并马路亦不甚维持,此英租威海卫之大概情形也。

附:中英议租威海卫专约　光绪二十四年

今议定中国政府将山东省之威海卫及附近之海面租与英国政府,以为英国在华北得有水师合宜之处,并为多能保护英商在北洋之贸易,租期应按照俄国驻守旅顺之期相同,所租之地系刘公岛并在威海湾之群岛及威海全湾沿岸以内之十英里地方,以上所租之地专归英国管辖以外,在格林尼址东经一百二十一度四十分之东沿海暨附近沿海地方,均可择地建筑炮台驻扎兵丁,或另设应行防护之法。又,在该界内均可以公平价值择用地段凿井、开泉、修筑道路、建设医院,以期适用。以上界内所有中国管辖治理此地,英国并不干预,惟除中英两国兵丁之外,不准他国兵丁擅入。又议定现在威海城内驻扎之中国官员仍可在城内各司其事,惟不得与保护租地之武备有所妨碍。又议定所租与英国之水面,中国兵船无论在局内局外仍可享用。又议定在以上所提地方内,不可将居民迫令迁移、产业入官,若应修建衙署、建造炮台等官工须用

---

① 光绪二十年为甲午年,西历应为1894年。

地段皆应从公给价。此约应自画押之日起开办施行,其批准文据应在英国京城速行互换,为此两国大臣将此专条画押盖印以昭信守。

此专条在中国京城缮立汉文四份,英文四份,共八份。

光绪二十四年五月十三日

西历一八九八年七月初一日

大清国　管理总理各国事务衙门和硕庆亲王

　　　　总理各国事务衙门刑部尚书　廖

大英国钦差驻札中华便宜行事大臣　窦

签订收回威海卫专约及协定之经过

英租威海卫之经过及租约界限,既如第三章所述,民八巴黎会议山东问题失败后,威海收回几成绝望。民十华府会议威海卫租期廿五年将满,中代表当场提出废止各国租借地案,英代表白尔福氏(Belfour)声称,对于威海卫可以相当条件准备交还,其条件三项如下:

(一)准英国兵舰仍旧于夏季驶行威海卫不加限制、不缴船钞。

(二)海军军需物品之存储装卸不加限制,亦不征税,并保存所需之产业。

(三)外人财产及利益之保护权,与外人对于市政之参与权,皆须规定适当之条件。

民十一年二月,英代表白尔福氏又致函中代表施肇基,声明交还威海卫应附以适当条件,并请设中英委员会研究此项问题及建设办法等语,中代表函复白氏以主要之点可照办。

是年四月,我政府派梁如浩督办接收,九月成立接收威海委员会,梁为委员长,英派威海卫行政委员白伦特及英国海军司令高琳司等会同交涉。英代表根据华府会议之声明及白氏之前函为理由,提出意见廿三款,我方根据太平洋会议善后委员会议定廿三款相与交换讨论。十三年七月,双方拟定中英委员会协商意见书草约廿四条,其中断送国权之处甚多,全国一致反对。我政府迫于公论,要求英方修改草约,英方严词拒绝,复派外长顾维钧重行修正。不幸约未签而政局忽变,因又延至民国十九年四月,经国民政府外交部长王正廷与英使蓝普森几费周折,始正式签订。兹特为查考起见,将最终签订之中英交收威海卫专约及协定,王部长签订之专约及协定一并附载于后。总计威海前后租期瞬逾卅二年之久,即自英人倡言交还后荏苒亦垂九年矣,值兹世变方殷,所望实行接收还我故土不再延迟耳。

　　中英交收威海卫专约(略)

《威海卫收回周年特刊》,第 1—4 页

外交部关于接收威海卫案的说明书
1930 年 4 月

　　查威海卫一地,自前清光绪二十四年即西历一八九八年订约租于英国以来,计至民国十二年已满原定二十五年之租借期限。当民国十年十二月华盛顿会议时,英代表白尔福宣称愿照适当条件交还中国。旋于十一年二月致函我国代表施肇基,声称有若干事项须互相解决方能实行交还,遂列举英舰于夏季仍得在威海卫避暑,并装卸存储海军军需品、保留所需产业、借海面训练海军、保护外人财产、准外人参与市政、请中国建筑线路连接内地等条件。嗣我国派梁如浩督办接收威海卫事宜,与英委员于是年十月间在威海卫开议。因英委员所提条件过苛,会议中辍。后于十二年三月又在北京续议,至五月议定接收意见书二十四条,附件四件。当时各界对于该意见书极表不满,前外交部亦认为有应行修改之点,迭向英使提议修改,最后于十三年二月间,英政府表示文字形式尚可修正,实质上不能再行更改,否则宁作悬案延期交还。五月二十八日,准梁如浩辞职,本案由前外交部接办。六月十二日前外交总长顾维钧与英使重开谈判,磋商十数次,英使表示让步。

　　当经议定专约草案二十九条及附件等,该草案于十三年十月二十三日,由北京政府国务会议议决通过,其时英使亦至外部称,奉本国政府训令,准予签字,遂约定于十一月二十八日正式签字。外部正拟办稿呈请特派专员办理签约事宜。讵十一月二十四日,中央政局变动,此案遂因而搁置。国民政府建都南京,以取消不平等条约及收回租借地为职志,当由王部长复向英使提出交涉,英使以交收威海卫专约草案已于民国十三年议定,坚持照原草案签字,只字不能变更。惟我方以形势变迁,认为原草案应行修正之点甚多。英使谓修正梁如浩氏意见书已属特别通融,如欲将十三年议定草案重行修改,在英国政府之意,惟有将该案继续搁置,双方争执至数月之久,英始让步,允与中国开议,惟无论为文字之修正或实质之变更,英使必多方为难。谈判在若断若续之间者,复经半载有余,卒于十九年二月二十三日将草案议定,分为专约与协定两部,即于是日提交中央政治会议外交组一致通过,其内容虽不能尽照我方提出之方案,但较之十三年议定草案内颇多变更之处。兹择其尤重者略述如下:

一、借用刘公岛海面消夏问题:查十三年议定草案第十三条规定,中国政府允将刘公岛内房屋数所及便利数项,无偿借与英国政府,作为英国海军消夏养疴之用,以十年为期,期满后经两国政府同意得适用原条件续借。一面用换文声明,如英国政府于十年期满后提议续租,中国政府对于此项提议,非有适当理由不辞却考虑或拒绝续租。倘中英两国政府解释适当理由一语意见不同,不能由通常外交手续解决时,应按照公法及惯例所规定之其他友谊方法解决之。一是十年期满后在名义虽须经两国政府同意方可续借,实则中国非有适当理由不能拒绝续借,所谓适当理由殊属漫无标准,倘使双方解释不同,势必采用国际仲裁方法解决之,此种办法非中国所愿。此次与英国交涉关于此点争执最烈,屡濒决裂,最后议定借用刘公岛消夏条款不列入专约之内,而另以协定订定(以十年为期,期满后经两国政府同意得适用原条件或适用其他经两国政府同意议定之条件续借)。至附加之换文,英方同意完全取消,较之十三年议定草案,其不同之点有二:(1)十年期满后,我方如不愿再借于英国,即可拒绝续借,无须提出适当理由。(2)十年期满后,我方即愿续借,但对于租用条件及期限均可酌量情形加以修改,不必尽照原条件办理,较有活动余地。

　　二、行政专区之取消:查十三年议定草案第十二条规定,中国政府声明,将威海地域划作专区,由中央政府简派行政长官管理……又第二十条规定,中国政府声明,维持爱德华埠为国际通商居住区域……爱德华之外另一附近区域,如附图 A 中红色线所标志者,将来开放为外人通商及居住之用……而关于该区行政,则另订有威海(威)〔卫〕商埠章程,此项章程名为由我订定,但其内容先经英方同意,并须正式通知英方,在行政上颇受限制。查我国收回威海卫后,其最大之目的乃欲以刘公岛为我国海军根据地,如爱德华埠永为国际通商居住区域,则英海军借用刘公岛消夏办法,虽于期满后完全取消,其对于我国军港计划仍有妨碍,且威海卫既经交还,则主权属我,是否划作专区及日后如何设施,我国应有自由决定之权。此次与英使磋商十余次,始改为,中国政府在决定将威海卫口岸关闭,并完全保留作为海军根据地以前,将维持该口岸为国际通商居留区域。故中国政府如果决定以刘公岛为海军根据地即可将威海卫口岸关闭,以免海军要塞为外人所窥伺。至划作专区规定及商埠章程,亦均取消。

　　三、关于外人永租权之规定:查保护外人财产为英代表白尔福要求条件之一。关于此点,十三年议定草案第十四条规定,凡从前威海卫英公署所发给外人之地契,中国政府应换给三十年为限之租契,期满后租户得适用原条件续租。又第十五条规定,凡从前或威海卫英公署所发给之租契,中国政府认为有效,但得该租户同意时可将该租地赎回。依上述之规定言之(1)外人之土地所有权将改为永租权;(2)外人之永租权依旧享有,其永租地亩之赎回须得租户之同意。如是威海卫一带外人之永租产业非经租户同意,中国政府将无权收回,日后中国如欲以刘公岛为海军根据地必多掣肘之处,此次与英使一再磋商加以修正,即一面承认外人有永租权,一面定明如中国政府决定以该区为海军根据地时,得以公平价格收回其产业。此外,英国领事馆等处之借用,亦以未决定作为海军根据地以前为限。

　　四、淤地优先权之取消:查十三年议定草案,第十六条第二项规定,如果海滨发现淤地,该业主及租户有尽先租用之权。外部以承认永租本属不得已之办法,若海滨淤地许外人尽先租用,是不仅维持外人之既得权利,且其既得权有扩大之可能,与收回之本旨相背。此次迭与英使磋商,始将此项规定完全删去。

五、建筑汽车大道之取消:查英国白尔福代表于一九二二年二月三日致函中国施代表,即以中国建筑铁路联络内地,列入交还条件之中,故十三年议定草案第十八条规定,因建筑联络爱德华埠与内地线路认为不便,中国政府声明担任接收威海卫后从速建筑行驶汽车与大车之道路,使威海卫与内地便于交通。外部以建筑道路属于我国行政范围,在条约内不应有所规定致受束缚,且此项筑路办法,对于我国军港计划有无妨碍,亦须详加考虑。遂与英使磋商,将该项规定删去,日后应否筑路,由中国政府自由决定。

六、威海卫财政问题:查十三年议定草案关于威海卫之财政,在条文内虽无规定,但另以换文声明如下:(四)威海卫行政公署将继续担任关于德胜码头及坞口改良计划,英国政府对于商家所负之义务及对于汇丰银行借用尚未还清款项之责任。此项借款付息还本应有中国威海海关收入项下除本关办公费外,尽先拨付。(五)威海卫行政长官于该地常年收入项下将提出的款为办理各项市政费用,其数目与自一九二〇年四月至一九二三年三月底止之三年平均数目相等。查英国经营威海卫初非中国政府所委托,对于商家、银行所负债务,不应责中国政府代为清理。至威海卫市政经费亦应由中国政府自行核定,非英国所得干涉,且此种办法将来与中国军港计划根本冲突。此次迭与英使磋商,将该项换文完全取消。

总之,十三年议定草案,其目的系欲开放威海卫为国际通商居住区域。故对于军港计划未尝顾及。此次议定草案则以建筑军港为收回威海卫最大之目的,目前虽许外人通商居住,但日后中国政府有关闭口岸拒绝外人居住之权。此为二者精神上不同之点。

《中华民国史档案资料汇编》第五辑第一编《外交》,第1244—1248页

中英两国订立交收威海卫专约

1930 年 4 月 18 日

大中华民国

大不列颠与爱尔兰暨大英国海外各属地兼印度大皇帝

因欲使一千八百九十八年七月一日中国租与英国之威海卫地域主权完全交还中国,爰决定缔结一交收威海卫专约,为此特派全权:

大中华民国国民政府主席特派大中华民国外交部部长王正廷为全权代表;

大不列颠与爱尔兰暨大英国海外各属地兼印度大皇帝为大不列颠及北爱尔兰特派大英国钦命驻华全权公使蓝普森为全权代表。

两全权代表各将所奉文据互相校阅,均属妥善,议定条款如左:

第一条 英国兹将威海卫地域,即一八九九年至一九〇一年划界委员会所立界石内所有威海卫全湾沿岸十英里地方及刘公岛与威海卫湾内之群岛,交还中华民国。

第二条 一千八百九十八年七月一日所订租借威海卫专条,即行取消。

第三条 所有英国在威海卫及刘公岛两处驻兵,应自本专约发生效力之日起一个月内一律撤退。

第四条 英国政府允将英国威海卫行政公署之一切档案、登记薄、契约及其他文卷等项,凡为接收及与中国政府将来管理威海卫有关者,须一律移交中华民国国民政府。

第五条 英国政府允将其在威海卫区内所有官产、地亩并房屋赠与中华民国国民政府。

第六条 英国政府允将其关于德胜码头及坞口改良计划所征专款项下经营之各种工作及所购物品,包括小轮"加利亚",全数无偿移交中华民国国民政府。

第七条 英国政府允将烟台、威海卫间海线及所存储公有物品,包括第一附件内所开各项,一律赠与中华民国国民政府。

第八条　英国政府允将爱德华埠及温泉汤两处民医院，包括土地、房屋及其设备、器具无偿移交中华民国国民政府。

第九条　英国政府允将刘公岛上中国政府原有官产、地亩及地上房屋暨英政府后购之地亩，交还中国政府。并将租出地亩之租契及租地上将来期满应收归官有房屋之产业权利，一并移交中华民国国民政府。

第十条　本专约所开移交威海卫地域之行政权及该地域之公产，并其他应行移交等件，应于本专约发生效力之日实行。

第十一条　中华民国国民政府于接收威海卫地域之行政后，当在可能范围内，维持现行规章内包括地产、房屋税则、卫生及建筑章程及警政等项。

第十二条　所有威海卫英公署，按照一九一九年第六号威海卫荒地章程发给华人地方法定格式之各项地契、买卖典押字据及执照，如非与中国法令抵触，必须修改或加给新契者，应照契据内所载条件认为与在英国管期内同一有效。

第十三条　凡从前威海卫英公署所发给外人依照法定格式之地亩契据，应换给中国永租契据，其格式与中国官厅新近发给前镇江英租界外人地主之契据相同，每亩应纳登记费一元。

凡从前威海卫英公署所发给之租契，中华民国国民政府认为有效。

如中华民国国民政府决定关闭威海卫口岸，不准外人居住、通商，以便完全作为海军根据地时，中国政府允以中英两国政府同意之公平价格偿付外人业主及租户，收回其产业利益，此项价格应由两国政府派员组织一联合委员会逐件议定之。

第十四条　中华民国国民政府允维持现行公益事务，其办事人员由中国政府自择，尤须注意于威海卫陆地上电话及其与刘公岛电话之交通，并威海卫陆地与刘公岛及烟台间电报之交通。

第十五条　所有威海卫英国高等法院或地方法院在收回前判决之案件，于收回后应认为与中国各法院自行判决者有同样效力。

第十六条　中华民国国民政府在决定将威海卫口岸关闭并完全保留作为海军根据地以前,将维持该口岸为国际通商居住区域,该区域包括现在所有外国业主及租户所在地在内。

第十七条　在中国地方自治制度未经制定通行之前,中国地方官厅,凡关于市政事件与居住威海卫外侨之幸福及利益有直接关系者,将征求该外国侨民之意见。

第十八条　中华民国国民政府在决定将威海卫口岸关闭并完全保留作为海军根据地以前,当将该区域内房地数处,如第二附件所列举,无偿租与英国政府,为英国领事馆及居留民公益之用,以三十年为期,期满后仍得续租。

第十九条　所有现存航海各项设备,如灯塔、浮标、风雨信号等均无偿移交中华民国国民政府,将来由中国相当机关维持,该机关管理港务,须与中国各通商口岸同样办理。

第二十条　本专约应行批准,其批准文件应与民国十九年十月一日即西历一九三〇年十月一日或该日前在南京互换,本专约自互换批准文件日起发生效力。

本专约(缮写两份)由两国全权画押、盖印,以昭信守。

大中华民国十九年四月十八日

西历一九三〇年四月十八日

订于南京

附件一

应行交还中国政府之储藏品包括下列物件:

公所及住所中器具之一部;

电报线(岛与大陆);

亚历山大小轮一艘与小船二艘;

街道上之电杆及路灯及英国威海卫行政公署关于路灯之储藏品;

卫生车骡及器具;

救火机器;

电话线、电杆、隔电物、电线及交换机；

警察号服（包括现在使用者及储藏者）；

关于警务上各种储藏器；

自行车；

枪枝等项（警察现用者）及其子弹；

电话线（岛及大陆）。

附件二

中华民国国民政府租与英国政府在威海卫之地亩房屋清单。

正华务司寓所及其院宇、马号为将来英国领事官住房之用，下级军官宿舍及院宇为将来英国领事馆之用；

外国坟茔两所，一在爱德华埠内，一在刘公岛上；

旧军营房内 A 字号一所，备为英国俱乐部之用，如该俱乐部解散时，该房屋应无偿归还中华民国国民政府。

至关于旧名操场一段，双方议妥：应准继续按照现状为公共游戏场及野球场之用，如因公益上包括扩充海埠需用此项地亩时，中国地方官厅应预择相等适当地点，备作公共游戏场及野球场之用。

附图指明上列地亩、房屋等，惟刘公岛上市民坟茔不在图内。

《中华民国史档案资料汇编》第五辑第一编《外交》，第 1248—1252 页

中英两国订立交收威海卫协定
1930 年 4 月 18 日

下列签名者，经各本国政府授权议定条款如左：

第一条　中华民国国民政府允将威海卫港之刘公岛内房屋数所及便利数项，如附件所列举，借与英国政府，作为英国海军消夏养疴之用，以十年为期。期满后经两国政府同意，得适用原条件或适用其他经两国政府同意议定之条件续借。

第二条　中华民国国民政府允在可能范围内善为维持刘公岛现有市政办法（即道路、码头、警察、卫生、路灯等项），并保存现有森林，禁

止开设妓馆,除特许处所外,不得贩卖酒类及麻醉剂等项,并维持岛上现有耕种章程。国民政府担任遇有售卖或出租岛上国有地亩及房屋之时,在该项契约上注明必须遵守上开各项条款。

第三条

(一)每年由四月初至十月末之间,准英国军舰及辅助舰赴刘公岛海面时在英国海军所浚深抛锚处抛锚,惟须先尽中国海军使用,遇有战事发生,牵及英国或中华民国时,英国军舰及辅助舰须即按照国际惯例完全退出。

(二)英国海军得享由刘公岛抛锚处所拖靶至外海操练之利益,惟对于渔人网罟须加相当注意,以免损害。

(三)在本协定第一条英政府借用刘公岛内房屋数所及便利时期内英国海军经中国官厅接到其每年请求即予照准后,得享在刘公岛登岸操练打靶之利益。惟遇有地方不靖时,经地方官厅通知英国海军后,得暂时停止登岸操演。

第四条　所有英国海军需用各项物品在威海卫输入、存储、装卸、转运,得按照通商口岸惯例允许之。英国政府声明不在刘公岛存储枪械、军火。

第五条　英国海军在威海卫海面所设置之现有浮标及泊船物,须一并无偿移交中华民国国民政府继续维持,英国海军可以使用,惟须尽中国海军使用,所有此项浮标及泊船物,中国海军或港务局认为必要时得随时移动之。

第六条　本协定应行批准,其批准文件应于民国十九年十月一日,即西历一九三〇年十月一日或在该日前在南京互换。

本协定自互换批准文件日起发生效力。

本协定(缮写两份)由下列之签字两国全权画押、盖印,以昭信守。

　　　　　　　　　　大中华民国十九年四月十八日

　　　　　　　　　　西历一九三〇年四月十八日

　　　　　　　　　　　　　　订于南京

附件

中华民国国民政府借与英国政府在刘公岛上地亩、房屋及允许给予各项便利清单：

一、野球场及其房屋；

二、水手休息茶、酒馆；

三、海军坟茔；

四、海军村落；

五、下级军官俱乐部及网球场；

六、军官及兵士运动场，连同场上之房屋及棍球、棒球、网球场、军官墙球场；

七、医院地基之一部分及其建筑物，其地点约在穿过该地基中心马路以南，连同总司令官网球场，如 A 图上所标明者；

八、总司令官署（六一）及其附近房屋（六二）；

九、海、陆军联合俱乐部及花园（五七）；

十、图上（五三）、（五四）、（五五）、（五八）、（五九）、（六〇）、（七三）各号住宅及花园；

十一、医院（五三）及其储藏室（五〇），医院职员住宅（四九）及发电机厂（五一）；

十二、（七〇）号，又自（三〇）至（四〇）号，又（七五）、（四七）、（四八）、（六八）、（二九 A）各号储藏所及（二九）两间，即为足敷存储六千吨煤斤之用；

十三、皇家海军酒肆（暂行借用，俟国民政府另置相当房屋替代之）。

附注：括弧内所列号码，即附图 B 中号码。

下列便利及地亩、房屋与中国海军共同使用：

一、打靶场地亩及建筑物；

二、机器井两眼；

三、铁码头。

小坞内亦允许英海军装煤，驳船在内停泊及煤夫便利，至依交收威海卫专约规定应行交还之开石场,英政府仍可于应用时在内采取石料,不收价值。

附图 A 及 B 指明上列地亩房屋等。

《中华民国史档案资料汇编》第五辑第一编《外交》,第 1252—1254 页

前订二次草案与新约之比较

按十二年之意见书与十三年之专约草案互相比较,其中不同之点,列举如左:

(一)载明取消《中英租借威海卫专条》。原意见书对于取消前订专条并无明文规定,嗣于专约草案内,加入第二条以明此次收回之主旨。

(二)载明交还日期。原意见书于交还日期亦无明文规定,嗣于专约草案加入第十一条,并有第二十九条之规定,俾实行交收,不至漫无限制。

(三)续租刘公岛房屋。原意见书第二条,对于十年期满后续租一层,规定英国政府得按原条件续租,且非经英方同意,不能停止租借,嗣迭经讨论,于专约草案第二十三条内,改为双方同意得续租。惟英使必须另加一段解释适当理由一语,卒用换文声明。

(四)外侨参与市政问题。原意见书第十二条及附件五款,关于设立顾问会及其职员人数之规定流弊滋多,嗣于专约草案第二十一条内,对市政事件概括规定,至保障外侨利益,则规定于商埠章程以内,由政府自动公布之。

(五)撤退英兵期限。如专约草案第三条,为原意见书所无。

(六)雇用英人问题。原意见书第三条第二项,有由中英海军,各派代表一人,组织一会,以备顾问。又第二十一条第一项末,规定在威海组道路委员会,由英政府派一代表与会云云。以外国代表,参与我国内政有妨主权,嗣分别议定,由我雇用英国海军军官一员,为卫生医官,并雇用英工程师一人为筑路顾问,一律改用换文。

(七)威海财政市政及邮局等事项。(甲)原意见书第三条,规定于

威海海关收入项下,每年拨七万元充威海行政经费,以十年为期。又第二十一条第二项规定,所有威海海关收入,除支付各款及行政经费外,如有余款,悉数拨充建筑汽车大车道路之用,当以事属内政范围,应由中国政府训令总税务司照办,于条文内一律删去。又第十二条第一项后半规定,威埠市政经费,须与最近三年间平均数目相等,亦以事属内政,改用换文。(乙)原意见书第二十二条第一项前半,规定关于德胜码头及坞口改良计划,所负债务由中国威海海关拨还,当以事属暂时性质,不宜列入约文,改用换文,并训令总税务司照办。(丙)原意见书第十条规定,中国应在刘公岛设邮务分局,嗣于专约草案中删去,由我训令邮政总局照办。

综观十三年专约,除关于租用刘公岛一节,较前意见书稍有进步外,其余可谓仅有文字形式上之修正耳。

迨十八年六月,由外交部长将十三年草案事前逐条研究、分别删改,提交英使。我以筹建军港为收回威海之最大目的,凡与此目的相反者,均拟删除。而英方对于借用刘公岛及英人权力坚不放弃,致磋商经年,争执不决。最后议定,分订专约协定二部。凡属主权地产之应收回而有永久性质者,列入专约;凡借与英国享用而有时限者,列入协定。兹将专约、协定及附件照录于后(略)

《威海问题》,第54—56页

3. 中英交接威海卫过程

秦华致张学良电

南京,1930年4月20日

沈阳总司令钧鉴:建密。我国收回威海卫条约,于巧日由王外长全权代表与英国全权代表兰蒲森正式签订专约。内容计分两件:一为正约,即为收回威海卫专约,内附英国政府移交关于威海卫城内国家产业之清单;一为协定,即英国展租刘公岛协定,性质与合同相似。至专约全文,其中最关重要者有三点:一、威海卫湾内水面全部及湾内诸岛屿、沿湾滨岸达十英里之租界区域之行政管辖权,英国完全放弃,概由我国直接管理;二、威海卫城内及海港英国方面所有国家建筑物,以及海港内之英国兵舰,完全无代价交还我国,另开有建筑物及兵舰清单,估价约值三百万元。关于该项区域内之私产,因国家法律无权支配,概不能交还,将来为英国人民愿自动拍卖时,仍应根据法律手续处置之;三、威海卫湾内刘公岛让英国展租十年,规定夏季期内可让英国海军前往避暑,但内中又有两点与前议不同:第一、系限定夏季四、五、六等月方可准英国军舰前往避暑,并非长期任英军舰长驱直入;第二、该项租约,决非如从前所规定者,十年租满,我方无正当理由不能收回。故此次虽规定展租十年,但我国在此十年期内,无论何时设欲将该港改为军港时,即不受租约之束缚,即刻收回,更无所谓非有正当理由不能废弃协约之规定。闻此点除于正约说明外,详细办法完全载于展租刘公岛之协定中。此外如威海卫城内诉讼问题,英方已判决结束者,不再追究,嗣后如发生诉讼案件,概由我国法院受理。关于中国政府应负责保护威海卫城内英侨之私产,暨希望中国政府在该区域内采纳英方之制,继续办理之琐碎问题,亦有在规定云。谨闻。职秦华叩。号印。

奉天省公署档

徐祖善致张学良电

1930 年 7 月 15 日

葫芦岛航校。勤密。译呈张司令长官钧鉴:善日前率同专员赴威调查各项,并与英驻威办事大臣协商一切移交手续及善后诸问题。仰赖德威,均可圆满解决。昨日返青晤沈司令,详细报告统容邮呈。筹办接收威海卫事宜特派员徐祖善叩。删印。

东北政务委员会档

张学良复徐祖善电稿

1930 年 7 月 21 日

青岛东北海军司令部转徐特派员祖善鉴：勤密。删电悉。仍盼随时见告。张〇〇。个印。

东北政务委员会档

《中华民国史资料丛稿·奉系军阀密电》第四册，第 106 页

张志忻转秦华致王树翰电

沈阳，1930 年 7 月 25 日

连山转葫芦岛行辕王厅长钧鉴：汉密。顷接南京秦处长来电，文曰，辽宁王厅长维宙兄鉴，顷接收威海卫专员徐祖善回京面告接收情形，并云另有书面详细报告长官。惟中央海军、交通、内政各部，均思插入，迭向外部请求。似此情形，若王次长树人能早来京，较于我方有益。如何？希卓裁。弟秦华。

有印。等语。谨转。志忻叩。有印。

东北政务委员会档

《中华民国史资料丛稿·奉系军阀密电》第四册，第 106—107 页

张学良致王家桢电稿

1930 年 7 月 26 日

沈阳东北政务委员会秘术厅速转王次长[①]鉴：汉密。接南京秦处长有电，转据接收威海卫专员徐祖善面告接收情形。中央海军、交通、内政各部，均思插入，迭向外部请求。若王次长树人能早来京，较为有益，等语，希即赶速回任，免误事机。

再，我东北海军，苦无良港，威处我必得之，不能使闽海军染指，仰

---

① 王次长，即王家桢。

特别注意。如有变动，早为告知为要。张学〇。宥机印。

东北政务委员会档

《中华民国史资料丛稿·奉系军阀密电》第四册，第 107 页

王家桢致王树翰电

沈阳，1930 年 7 月 31 日

万急。葫芦岛行辕王秘书长钧鉴：汉密。桢于昨晚由朝鲜遄返，示电谨悉。拟于明日赴岛晋谒总座，请示机宜。事毕即日返任。

威海卫接收事，已电王部长，文曰，接收威海卫，事关外交，关系綦重。对于接收过程，一切似应由徐专员专责办理，他部勿须置议。东北对于此事，亦甚注意，等云。谨先电闻，余俟晤陈。王家桢印。世印。

奉天省公署档

《中华民国史资料丛稿·奉系军阀密电》第四册，第 107 页

鉴于我国时局不靖，英对威海卫问题重行考虑

1930 年 8 月 18 日

威海卫交还问题　路透社十七日伦敦电，星期泰晤士报探悉，英政府现重行考虑交还威海卫之问题，盖鉴于中国现状之不定也，原约于今年十月内交还，今交还之期，大约需展缓。

《申报》1930 年 8 月 18 日

接收威海卫决不延期，英使八日可来京商洽

1930 年 9 月 7 日

外交部长王正廷，前晚九时，由京乘中快车抵沪。昨晨十时，至霞飞路外交讨论会办公，接见情报司帮办吴天放及外部筹备接收威海卫专员徐祖善等。据王氏语本报记者云："接收威海卫，决在十月一日，无论如何，不致延期，外传云云，绝不足信。英公使蓝溥森五日由北戴河启程南来，八日可抵京，即与余接洽此事及收回厦门英租界等问题。

至接收办法,外部一切已准备妥善,只待国府派定专员而已。中日电信交涉,由外交交通两部会同办理,现外部正与交部接洽中,何日会议,尚无确期。中俄交涉,近无新发展,云云。"又据徐祖善谈:"余赴威海卫月余,迭次与英国威海卫大臣强森接洽接收手续及细目,均已商妥,业已呈报外部。至报载路透社消息,有英国国会责问中国接收威海卫问题,以余个人观察,美国政府对外条约批准权,最后在国会,国会可否决总统批准之对外条约,但英国则不然。总观(美)〔英〕国最近三百年外交史,最后批准权,虽在国会,但经英皇邀同国会外交组咨询批准之件,未有被否决之事,则十月一日接受威海卫绝不致展限也。现国府尚未排定接收大员,本人仅负外交上之责任而已,云云。"王昨日下午三时,偕眷赴杭游览,定今日返沪,即晚晋京视事。

《申报》1930 年 9 月 7 日

条陈接收后之办法

　　威海卫之筹收及调查各项情形已略如前章所述,祖善根据调查所得拟具筹备接收意见书呈请中央分别核办,兹摘要分述于左,以资参考:

　　一、威海专约应催英政府早日批准　查威约自民十英国宣称照适当条件交换,迄已九年,经三次磋商始于本年四月正式签字,虽专约与协定内容不能尽如我方提出方案,惟查英方原案签字之态度、外交当局竭力争持之苦衷,此次协约精神上物质上均大有进益,现距接收期近不宜再延。

　　一、市组织法及接管人员应早日发表　威海租于英方三十二年,此次收回在政治上经济上有特殊情形,按诸国府新颁布之市组织法适合第二款第三项之规定,应得设市直隶于行政院。现特草拟威海卫市组织法及各局组织细则,关于接收及管理人员似应于接收以前命令发表,以免临时匆促。

　　一、威海卫城区域应划入威海市　查英人原租区域,威海城虽在区域以内,按约仍归中国管理。该城面积甚小,实不过一村堡,以四周俱为租借地,故城内居民诸感不便,为此一再请愿,拟于收回后务依地理上之便利将威海城划入威海市区域。

一、威海卫自由贸易港问题　英国初租威海二十年内,地方收支不敷甚巨,均由英国国库拨助。嗣后英人知欲增加收入,非发展地方商业不可。威海商业不能与烟台、青岛竞争,因将该港辟为自由贸易港,一切商货只收船钞,不纳关税。最近十年间,商业逐渐发达,市政收入激增,收支勉强相抵。万一收回以后设立海关,不但商业一落千丈,地方收入仅能敷衍警饷,其余市政经费一无着落。此次在威地方人民一致请愿继续为自由贸易港。事关地方生计,拟请特别注意,免得二十万生民因接收后发生不如异国待遇之感。

一、接收及开办费　将来移交时,英方曾声明无余款交付,即公用家俱交还亦属有限。预估此项经费须有数万元始可周转。事关收回领土主权财政,无论如何为难,似应商同财政部设法筹足交用,免误接收日期。

一、威海法院拟函请司法行政部于接收时速即筹设,现时英人在威司法制度极不完备,城内商民有事涉讼,赴文登法院,相距百里,太不便当,将来收回自应另设法院,由司法行政部派员前往筹备。

以上意见书呈由外部分别呈咨以凭核办。八月初旬,国府接到意见书后,有将威海卫列作军港暂不设市另设立管理公署之提议,交由外交部召集有关系各部审查,旋经外交部召集内政海军财政交通各部长,关于接收威海管理问题议决有三种办法:

(1)如中央决定威海卫收回后立即作为军港,则一切设施自当依照军事计划办理;

(2)如因外交财政或其他问题,威海卫收回后暂时不能立即作为军港,则在过渡期间可由中央特派专员以治理之。

(3)如第二项办法于行政系统上认为未妥,则惟有遵照国府新颁布市组织法第二条第三项之规定设立直隶行政院之市,其用人组织力求简节,以资治理而图发展。

計出席者　　交通部长　　王伯群
　　　　　　海军代部长　陈绍宽
　　　　　　内政部长　　钮永建
　　　　　　财政部长　　宋子文
　　　　　　外交部长　　王正廷

此议决案呈院后经国务会议议决,威海卫在军港未成立以前设立管理公署,简专员以治理之。

《威海卫收回周年特刊》,第 11—13 页

中英交收威海卫之经过及礼节

民国十九年九月中旬,英使蓝普森正式照会我外部,威海专约及协定已经英国会批准,我立法院亦随即批准,双方遂于南京换文如期接收,中央发表。王家桢为威海卫接收专员,徐祖善为威海卫管理专员,当于是月率同接管人员由京赴沪乘轮前往青岛,与驻青东北海军司令部接洽各事宜,当以英交威海手续异常神速,除关于交通司法财政等要政早经电请行政院,转饬有关系各部务于接收期前派员前往,以免贻误外,所有十月一日午后二钟应行接收事项,则由青电派赴威各随员分别办理。

一派朱世全、李翼之、王耀东接收第七条及附件一应移交之物品。

一派邝光林吴采衡接收营房及附属品。

一派葛祖㼆、杨景焕、贺书绅接收官产及附属品,并先期与英财政秘书接洽。

一派丁延龄邱均接收坞口验货局事宜。

至接防问题,关系地方治安,则由东北海军陆战队李大队长督同陆战队三百名赴威,协助警察以维持之。十月一日九时王徐两专员乘坐海琛镇海两军舰抵威,十时半登岸。英方自庄大臣以次、我国在威各团体商民一致欢迎,旋由庄长官引导王徐两专员赴长官公署,举行交收典

礼,礼成十二句钟庄长官乘其本国军舰前往香港归国,王徐两专员恭送如仪。

是日全市悬挂党国旗、张贴还我山河等标语,欢声雷动。

徐专员于是日午后二时在官舍行就职礼,礼毕会同王专员将接收顺利情形分电蒋主席、行政院、外交部备案,而三十二年在英人治理之威海卫乃完全收回矣。

附接收秩序礼单(略)

《威海卫收回周年特刊》,第14—15页

威海商埠商会致张学良电

青岛,1930年10月23日

张长官勋鉴:威海收回,幸蒙钧座为国为民特派军舰及陆战队保卫地方,鸡犬不惊,中外人民交予赞誉,此皆钧座之所赐也。近阅九日大青岛报载,济南韩总指挥将威海防务划归十七军范围内。伏思钧座麾下之陆战队精明强干,军纪优良,再无须其他军队担任威海防务之必要,特请钧座电请蒋总司令,谕令韩总指挥勿派其他军队助威,以慰民望。盼切!祷切!威海商埠商会叩。

奉天省公署档

《中华民国史资料丛稿·奉系军阀密电》第四册,第107页

张学良复威海商埠商会电稿

1930年10月26日

海军司令部译转。青岛威海商埠商会鉴:勤密。顷读来电,备承推奖,至感且愧。承嘱各节,此间未便发言,致蹈自饰之嫌。尚请贵会自行设法,俾达目的为盼。张学○。宥机印。

奉天省公署档

《中华民国史资料丛稿·奉系军阀密电》第四册,第108页

（二）正式收回镇江英租界

　　说明：1927 年 3 月，国民革命军占领镇江后，英驻镇江领事怀稚特即向交涉署致函，表示愿将租界内治安交由当地警察局负责。5 月，怀稚特奉命撤退时曾表示，英国愿将镇江英租界内交还。至此，镇江英租界已名存实亡。为贯彻国民政府的修约方针，1929 年 3 月南京政府开始与英方交涉正式收回镇江英租界一事。双方的交涉要点有四：一是结清工部局借出与借入的款项；二是赔偿国民革命军抵达镇江时给英人带来的财产损失；三是将租界内英人所租地亩易以中国的永租地契；四是英商轮船仍在镇江水域享有航行权和停泊权。经过中英双方近半年的交涉，除赔偿国民革命军给英人造成的财产损失问题外，前述谈判要点均达成共识。对于赔偿问题，中方主张另案解决，而英方援引九江英租界获赔的先例，坚持要求与收回镇江英租界案同案解决，向中方索要赔款七万六千元大洋。后经中方调查，核定应偿款项为六万八千元，英方始表同意。10 月 31 日，外交部长王正廷与英国驻华公使蓝普森互换照会，蓝普森表示英方愿意在当年 11 月 15 日正式将镇江英租界归还给中国政府。依据王正廷与蓝普森往来照会，正式交收镇江英租界仪式于 1929 年 11 月 5 日举行。镇江英租界的交还，基本上是英国出于自愿的行为。这固然与英国在镇江英租界的利益有限有关，也多少反映出国民革命后英国试图调整其对华政策的意愿。这无形中增强了南京国民政府收回租界及租借地的信心。

1.收回镇江英租界案的提出

外交部派员就镇江英租界案与英方展开谈判
1929 年

　　收回镇江英租界案查镇江关为通商口岸,系根据于咸丰八年中英续约,厥后经双方议定:以镇江西城外滨江之区银山之下为租界地,英国派驻领事办理华洋交涉,并设工部局管理租界内一切事务,另由董事会设警察卫生二局维持治安及办理卫生事宜。迨民国十六年三月间,虽经〔我〕方乘机收回警权,但尚未正式解决,且旧有之英国工部局依然存在。为贯彻主义起见,于本月二十日令行镇江交涉员将收回镇江英租界一案与英领试行谈判,俟有成议,当再由本部以正式手续解决之。

中国第二历史档案馆藏行政院档案

收回镇江英租界案续(三月份)
1929 年

　　关于收回镇江英租界一案,据镇江交涉员呈报与英领试行谈判情形,英领要求四点如下:

　　(一)将租界内英工部局人欠欠人款项理清;(二)十六年三月间,国民军抵镇时英人所受损失须赔偿;(三)租界内英人产业,须给与永租权;(四)各商轮船公司码头停泊船只之权,仍归各公司所有。查第一点英领之意拟将界内电灯自来水厂出售,以之清理债务,现已由镇江商会出价收回,已不成问题。第二点本部主张,应另案办理。其余二点,本部为慎重研究起见,已令该交涉员将中英两方从前所订租地合同,照抄一份,并绘一租界详细地图,注明英人公私产业,一并送部核办。

中国第二历史档案馆藏行政院档案

2. 中英交涉收回镇江英租界案的经过

蓝普森致汉德森电

1929 年 8 月 29 日

镇江。

从艾武陵(Aveling)的报告中看,好像很快就可以与外交部长对包括永久租赁的中文契约、赔偿问题等未解决的各点达成协议。

只有一个关于未来土地税率的问题还没有解决,它本身看似微不足道,但是实际上非常重要。然后剩下的手续就是交换英文契约与中文租赁契约、交换收回租界、取消 1861 年租赁契约和废除 1925 年英王法规第 2 条的照会。

我正在安排所有这些尽量同时进行,为了使艾武陵或者其他相关人员可能做出评论,我已经准备了包括收回在内的交换照会草稿,其内容见我紧接着的下一封电报。

BDFA,Part Ⅱ,Series E Asia,1914–1939,Vol. 37,China,p. 127

蓝普森致汉德森电

1929 年 8 月 29 日

以下是致艾武陵的第 235 号电报:

"以下是上封电报中提到的照会内容:

'我很荣幸地通知阁下,英王陛下政府同意将作为英国镇江租界的地区从( )归还给中华民国国民政府,该土地根据 1861 年 2 月 23 日的租借协议和 1861 年 4 月 3 日的补充协议被永久租借给英王陛下政府。所说地区的英国市政管理机构将被解散,英国市政条款从即日起废除。

我很荣幸要求阁下确认,英王陛下政府在该地区所签发的契约文件将从归还之日起免费换成中文永久租赁契约,所说 1861 年 2 月 23

日租赁协议和 1861 年 4 月 3 日补充协议经我们各自政府同意从归还之日起废除。'

我很荣幸地告知您,阁下今日发出的照会已收到,内容如下:

'(引述全文)'

我很荣幸地确认以上理解完全正确。"

BDFA,Part II,Series E Asia,1914–1939,Vol. 37,China,pp. 127–128

蓝普森致汉德森电

1929 年 9 月 24 日

我的第 703 号电报。

在下列文件的基础上与英王陛下政府达成协议。

(a)包括收回租界在内的主要的交换照会,内容如我 704 号电报所示,删除了"免费",在"永久租赁"后面插入"收取每亩 1 美元的手续费"。

这与比利时–天津先例一致。

(b)交换照会,说明在中华民国国民政府发布新的全国土地税法之前,在新法规在整个镇江实施之前,以前英王契约的持有者每年支付的土地税应该保持现在每亩( )的税率。( )以镇江现在的中国货币将相当于老的税率 1500 元,具体数额现在正在讨论中,将在签字前填入。

(c)交换照会,说明英国商人将继续享有通过仓库和河里轮船之间的堤岸运送货物。这取代了保证使用堤岸前沿的权利,由于河流淤塞在镇江不存在堤岸前沿。

(d)交换照会,解决赔款问题,照会内容见我紧接着的电报。

已经就令人满意的中文永久租赁契约的形势达成共识。

我要求得到在以上基础上签约解决的授权,我请求尽快给我授权。

皇家律师已经准备了废除镇江土地条款的英王法规,我将紧急发布。此处漏译一段话:我方第 783 号电报。现尚有两个产权人太古洋行(Butlenfield and Swine)、怡和洋行(Jardine, Mathieson and Co。)对于此事还未应允,原因在于他们在当地的代表还未得到许可。我认为,不能允许此事影响交还,因为中国土地当局已同意在交顶照后将中国租凭契约交给陛下的领事,他将在接到捐派前保留有问题的契约。

BDFA, Part Ⅱ, Series E Asia, 1914-1939, Vol. 37, China, pp. 166-167

蓝普森致王正廷照会

1929 年 10 月 31 日

为照会事:本公使特为通知贵部长,所有英国政府根据一八六一年二月二十三日永租批约及同年四月三日续约所租得之镇江地亩,即镇江英国租界,兹于本年十一月十五日交还中国政府。从该日起,所有英国管理市政之机关即行解散,其管理市政之章程亦即作废。兹应请贵部长确认本公使之了解,即英国政府对于该处地皮所给之权利凭单应易以中国永租地契,每亩缴登记费一元。从两国政府互相同意该租界交还之日起,上述一八六一年二月二十三日之永租批约及同年四月三日之续约即行作废。相应照会贵部长查照,并希见复为荷。须至照会者。

《外交部公报》第 3 卷第 3 号,第 89 页

王正廷复蓝普森照会

1929 年 10 月 31 日

为照复事:接准贵公使本日照会内开:"本公使特为通知贵部长,所有英国政府根据一八六一年二月二十三日永租批约及同年四月三日续约所租得之镇江地亩,即镇江英国租界,兹愿于本年十一月十五日交还中国政府。从该日起,所有英国管理市政之机关即行解散,其管理市政之章程亦即作废。兹应请贵部长确认本公使之了解,及英国政府对于该处地皮所给之权利凭单应易以中国永租地契,每亩缴纳登记费一元。从两国政府互相同意将该租界交还之日起,上述一八六一年二月二十三日之永租批约及同年四月三日之续约即行作废。"等因,准此。

本部长对于贵公使来照第二节所述之了解,认为无误,并代表国民政府对于贵国政府之友谊行为表示感佩。相应照复贵公使查照为荷。须至照会者。

《外交部公报》第 3 卷第 3 号,第 89—90 页

王正廷致蓝普森照会
1929 年 10 月 31 日

为照会事:查贵公使本日照会内开:英国政府决定将镇江英租界交还中国,等由。本部长兹声明:在国民政府对于全国土地征税新法未颁布以前,及该项征税新法在镇江区域未实施以前,所有从前在镇江持有英国皇家契据之人,其应纳之年租,暂照现在征收之数目征收之。相应照会贵公使查照为荷。须至照会者。

《外交部公报》第 3 卷第 3 号,第 90 页

蓝普森复王正廷照会
1929 年 10 月 31 日

为照复事:案准贵部长本日照会,内开:"在国民政府对于全国土地征税新法未颁布以前,及该项征税新法在镇江区域未实施以前,所有从前在镇江持有英国皇家契据之人,其应纳之年租,暂照现在所征之数目征收之。"等由,业经阅悉。英国政府对于此种办法表示同意,相应照复查照。须至照会者。

《外交部公报》第 3 卷第 3 号,第 90—91 页

蓝普森致王正廷照会
1929 年 10 月 31 日

为照会事:关于本公使本日通知英国政府决定将镇江英国租界交还中国政府一节,兹应请贵部长确认本公使之了解,即该地英国行家此后应仍继续享受从货栈搬运货物、商品、材料等件经过江岸以达江中浮

船或轮船之权利,其从江中浮船或轮船搬运至货栈之时亦同。相应照请贵部长查照,并见复为荷。须至照会者。

《外交部公报》第 3 卷第 3 号,第 91 页

王正廷复蓝普森照会

1929 年 10 月 31 日

为照复事:接准贵公使本日照会内开:镇江英国行家此后应仍继续享受从货栈搬运货物、商品、材料等件经过江岸以达江中浮船或轮船之权利,其从江中浮船或轮船搬运至货栈之时亦同。等因。本部长兹特声明,对于贵公使此项了解认为无误。相应照复贵公使查照,为荷。须至照会者。

《外交部公报》第 3 卷第 3 号,第 91—92 页

租界收回后更换中国永租地契等事宜

1929 年

英政府根据一八六一年二月二十三日永租批约及同年四月三日续约,所租得之镇江地亩,即镇江英国租界,于本年十一月十五日,交还中国政府。从该日起,所有英国管理市政之机关,即行解散,其管理市政之章程,亦即作废。

英国政府对于该处地皮所给之权利凭单,易以中国永租地契,每亩缴纳登记费一元。

在国民政府对于全国土地征税新法未颁布以前,及该项征税新法在镇江区域未实施以前,所有从前持有英国皇家契据之人,其应纳之年租,暂照现在征收之数目征收之。

英国行家,此后仍继续享受从货栈搬运货物商品材料等件,经过江岸,以达江中浮船或轮船之权利。其从江中浮船或轮船搬运至货栈时,亦同。

中国第二历史档案馆藏行政院档案

3. 赔偿镇江英租界英人损失的交涉

外交部致行政院呈文

1929 年 11 月 5 日

呈为呈报办理收回镇江英租界一案情形,仰祈鉴核事:窃查收回镇江英租界一案,自民国十六年三月间,国军克复镇江时曾将界内警权乘机收回,惟其他市政等项迄未解决。至本年三月,经本部令行镇江交涉员与驻镇英领试行谈判,旋据呈复称:英领表示愿将镇江英租界交还,惟提出要求四项:(一)清理界内工部局所负之债务,(二)赔偿国军抵镇时英人所受损失,(三)界内英人产业给予永租权,(四)码头停泊船只及运货经过江岸之权,应许各公司继续享有。除第一项业经镇江商会承买该租界内电灯、自来水二厂即以该款作为清理外,其余第二项损失赔偿及第三、第四项究应如何办理,请核夺等情。本部以该处英人产业系英人之既得权利,现尚未与英国成立新约,自可酌量维持。惟英人所租地亩须由中国政府换给永租地契,每年向中国主管机关预纳地租以重主权。其运货经过江岸与泊船之权关系较小,亦可允其继续享受。至第二项损失赔偿,本部主张另案解决。迭经指令镇江交涉员遵照办理。阅时半截,除第二项尚未解决外,其余大体就绪。旋于上月经本部与英使将第二项赔偿问题重行谈判,英使提出私人及团体损失共洋柒万陆仟元,要求如数赔偿,并援收回九江英租界案内赔偿英人损失四万元为例,坚持交还镇江英租界案与赔偿损失案须同时解决。嗣经一再磋商,结果英方允将赔偿总数减为陆万捌千元。本部查民国十六年三月间,国军抵镇时曾占住各英人住宅,所有英人团体、私人所受各种损失,业经英方一再提出交涉,此次为解决镇江英租界地位起见,势不得不将该项问题同时解决。当经本部切实调查之结果,允以陆万捌千元为赔偿损失之最高数,并提议由中英各派委员一人,会同调查损失数目,将此款核实分配,有余缴还,不敷亦不再增加。业经英使赞同,由双方互换照会作为解决。并定本年十一月十五日为该租界实行交还之期。除届时另行派员前往接收外，所有本部办理收回镇江英租界一案情形，理合备文呈请钧院鉴核，并乞转呈国民政府备案，实为公便。再，此项赔款，英人损失共洋陆万捌千元，拟请钧院令由财政部迅拨过部，俾可在接收租界前转交中英委员核实分配，合并附陈。谨呈

行政院

外交部长王正廷

中华民国十八年十一月五日

《中华民国史档案资料汇编》第五辑第一编《外交》，第 1237—1238 页

行政院致外交部训令

1929 年 11 月 11 日

训令

令外交部

为密令事：前据该部呈报办理收回镇江英租界情形请转呈备案，并饬财政部拨发赔款等情到院，经提出本院第四十四次会议议决，转报政府备案，并令饬财政部照拨赔款。当即分别呈、令，并指令知照各在案。兹奉国民政府指令内开：呈悉，准予备案。此令，等情，奉此。合行令仰该部即便知照。此令。

中华民国十八年十一月十一日

《中华民国史档案资料汇编》第五辑第一编《外交》，第 1238—1239 页

外交部致行政院呈文

1929 年 11 月 16 日

呈为补送收回镇江英租界及赔偿镇江英人损失互换照会缮本二份仰祈鉴赐存转事：窃查本部办理收回镇江英租界及赔偿镇江英人损失二案情形，业经呈奉钧院指令内开：经提出第四十四次会议议决，转报政府备案，并令饬财政部照拨赔款。旋又奉钧院密令内开：奉国民政府

指令,准予备案。仰即知照,各等因在案。兹谨将本部与英使互换照会中文共八件分缮二份备文补送钧院鉴赐存转,实为公便。谨呈

行政院

附呈中文互换照会二份,计十六件①。

外交部长王正廷

中华民国十八年十一月十六日

照抄王部长致英蓝使照会

1929 年 11 月 9 日

为照会事:关于民国十六年镇江英人所受损失之赔偿问题,兹中国政府拟拨六万八千元交由中英两国各派委员一人支配之,该委员等应将此项损失数目共同查明核实分配,并造具清册连同单据等件汇送中国政府备查。如该项赔偿解决之后,该款尚有剩余,仍须缴还中国政府。惟此项应调查之损失应严格以英人所受之直接损失为限,其赔偿之总数不得超过上述之数。相应照请查照为荷。须至照会者。

英蓝使致本部照会

1929 年 11 月 9 日

为照复事:接准贵部长本日照开:关于民国十六年镇江英人所受损失之赔偿问题,兹中国政府拟拨六万八千元交由中英两国各派委员一人支配之,该委员等应将此项损失数目共同查明核实分配,并造具清册连同单据等件汇送中国政府备查。如该项赔偿解决之后,该款尚有剩余,仍须交还中国政府。惟此项应调查之损失应严格以英人所受之直接损失为限,其赔偿之总数不得超过上述之数。等因,准此。本国政府对于上述解决该项赔偿问题之提议表示赞同。相应照复查照为荷。须至照会者。

《中华民国史档案资料汇编》第五辑第一编《外交》,第 1239、1241 页

---

① 此处所录中文附件的前六件与前录"王正廷与蓝普森就收回镇江英租界来往照会"相同,兹不重复,仅将两件有关偿付英人损失的照会照录于此。

外交部致行政院呈文

1929 年 12 月 31 日

呈为呈报事:窃查赔偿镇江英人损失一案,前经呈奉钧院令饬财政部拨给洋陆万捌千元作为赔偿数目,旋由本部委派戴德抚为调查损失委员,并将洋陆万千仟元令发该委员具领,遵照办理在案。兹据呈报:奉令办理调查镇江英人损失一案,所有调查与会议各情均历经呈报在案,现在办理完竣。其间关于赔偿详细数目有应为钧长呈明者,照英委原开损失计总数共为柒万捌千壹佰玖拾伍元捌角贰分,经再三审查以后,曾减去壹万零叁佰陆拾壹元柒角伍分,实仍须赔付为陆万柒仟捌佰叁拾肆元零柒分。前月杪,由钧部发下银行支票一张,计银陆万捌仟元。委员于奉到后,会同英委签字交由镇江中国银行汇往上海。计除汇水贰佰零肆元外,实有银陆万柒仟柒佰玖拾陆元,以此相抵,计不敷叁拾捌元零七分。经委员与英委磋商之后,该不敷叁拾捌元零柒分之数,由英委设法补足,与中国无关。现各项赔款已由委员会同英委签发上海工商银行支票拾叁张,于十六日付出。至于收款人之收据,因收款人散处各地,拟俟各驻在地之英领事将款交给收款人,由收款人签据交各英领转寄委员汇齐后再行呈缴。所有办理赔款情形,理合开列清单检同原案呈请签核。等情。并附清单一纸,原案十三份到部。除原案存部外,理合抄同清单二纸备文呈报钧院签核,并乞转呈国民政府备案,实为公便。谨呈
行政院

　　计附呈清单二纸(略)

外交部长王正廷
中华民国十八年十二月三十日

《中华民国史档案资料汇编》第五辑第一编《外交》,第 1242 页

行政院致外交部训令

1930 年 1 月 15 日

训令第一三八号

令外交部

为令行事:案查前据该部呈报办理镇江英人损失经过情形,请备案,等情,到院,当经转呈并指令知照在案。兹奉国民政府指令内开:呈及清单均悉,准予备案,仰即转饬知照。清单存,此令。等因,奉此。合行令仰该部知照。此令。

中华民国十九年一月十五日

《中华民国史档案资料汇编》第五辑第一编《外交》,第 1242—1243 页

4. 中英正式交收镇江英租界

外交部致行政院呈文

1930 年 3 月 19 日

呈为据情呈报接收镇江英租界情形,仰祈鉴赐转呈事:窃查收回镇江英租界一案,业于上年十一月五日将议定各节呈请钧院转呈备案,并经本部令派前镇江交涉员戴德抚为镇江英租界接收委员,会同镇江县长前往接收各在案。兹据该委员戴德抚呈称:前与上年十一月奉钧部委任为镇江英租界接收委员,并奉训令内开:仰该员于十一月十五日会同镇江县长前往将该租界内市政机关之官产、官物、档卷、契据等件逐一接收,交由镇江县长妥慎保管,仍将接收情形连同清册一并具报。等因,奉此,遵于是日偕同镇江县长前往举行接收仪式,当蒙钧长枉驾来镇指示,并邀同英国公使代表、驻京英国总领事莅会参加,并由镇江地方各界人士一致悬旗庆祝,万众欢腾。遂于当日将地契二十二份亲交镇江县长盖用县印后,由该县径交驻京英总领事查收转发。至于前租界所有公物,当时原管理人并不在镇,未即点交。嗣经函催来镇,当由镇江县长派员会同点收,现在各项接收手续均已办竣。理合将接收情

形并交付地契、点收公物开列清单,检同前英租界地段总图备文呈请核转,等情,并准江苏省政府咨同前由,除清册总图由本部存案备查并指令外,所有接收镇江英租界情形各缘由,理合据情呈报钧院鉴核,并乞转呈国民政府备案,实为公便。谨呈

行政院

外交部长王正廷

中华民国十九年三月十九日

《中华民国史档案资料汇编》第五辑第一编《外交》,第 1243 页

行政院致外交部训令

1930 年 4 月 21 日

训令第一二七七号

令外交部

为令知事:案查前据该部呈报接收镇江英租界情形一案到院,当经转呈并指令知照在案。兹奉国民政府指令内开:呈悉,准予备案。此令。等因,奉此。合行令仰该部知照。此令。

中华民国十九年四月二日

《中华民国史档案资料汇编》第五辑第一编《外交》,第 1244 页

镇江英租界接收之前后

1929 年 11 月 21 日

李迪俊

收回天津比界协定签字后七十五日,又有接收镇江英国租界之事。三月之中,国权〔叠〕复,斯诚吾国外交史上所应大书特书者也。爰将镇江英界简史,收回前之概况,交涉之经过,接收之情形,及接收后我国租界问题,分述如次,以飨国人。

(一)镇江英界简史

镇江地当运河长江之会,四通八达;在津浦路修筑以前,尤为南北

交通之要道。鸦片之役,英人致力攻取镇江,欲据之以绝北地民食,使清廷不得不就范围。咸丰八年(一八五八),英法联军陷大沽,订天津条约,英人乘机要求多辟商埠租界,于是有第十款之规定。该款文云"俟地方平靖,大英钦差大臣与大清特派之大学士尚书会议,准将自汉口溯流至海各地选择不逾三口,准为英船出进货物通商之区"。旋据该项款文,议定开辟镇江汉口九江三埠,是为镇江英国租界之起源。

然英人之划定租界,实行居留,乃在订约后三年。咸丰十一年正月十四日(一八六一年二月二十三日),英钦差大臣兼理领事江巴与我前江苏常镇关道江会衡批约,租沿江一带山地,计山上一百二十亩,山下约三十亩,永租予英国,为英国官商建造署栈之用,山上每亩地价制钱二十五千文,山下每亩五十千文。立此约两纸,各执一纸,永无异词。旋因(同年四月三日)前议租地不敷,将租界南展至银山门街,地价仍照前约办理。

(二)镇江英界收回前之概况

地址及幅员　江巴所订契约,以镇江西城外滨江之区银山之下为租界地。东至镇江屏山街,南至银山门街,西至小码头,北至江边公路。计租界地一百三十亩四分七厘三毫八丝。又领事馆址二十六亩,在银山之麓。

侨民及管理机关　旅镇各国侨民,本年春间,计共四十余人。英国于此派驻领事,办理华洋交涉。并设工部局,管理租界内一切事务。其行政系统,略如下表:

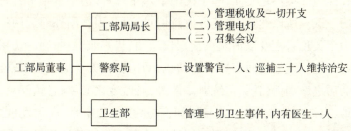

财政状况　据官方调查,镇江英界接收前之财政状况,约略如次:

（甲）公有产业

（一）上海工部局债券三万两,约值四万银元;

（二）自来水厂,电灯厂,约值银六万元;

（三）工部局空地一方,约值银四千元。

（乙）工部局债务

（一）汇丰银行借款约一万五千元;

（二）工部局发行债券五万元;

（三）借款及债券息金约三千元。

（丙）工部局每年收入

（一）自来水及电灯厂收入约六千元;

（二）营业税八千元;

（三）地税及房屋税约二万元。

（丁）工部局每年开支

（一）租界修筑费临时筹划,于每年盈余项下拨还;

（二）医生奉金八千元;

（三）局长奉金一万元;

（四）工部局办事人员薪津八千元;

（五）巡捕费八千元;

（六）其他杂费二千元。

（三）交涉之经过

收回镇江英界之交涉,起于民国十六年三月,迄于本年十一月,其中几历三载。所以然者,非英方故意留难,而乃因吾国外部近两年来,致全力于关税自主及取消领事裁判权运动,势难兼顾;收回一切租界,期以明年也。至如收回英界最初动机,乃出自英方。英人鉴于吾国国民革命后之新局面,觉其传统对华政策,有改变之必要;且镇江英界蕞尔小地,自津浦路筑成后,昔日运河商务,多转趋南京,亦无发展之可能,遂不惜自动放弃。以博吾国好感。此研究收回镇江租界交涉者不可不知者也。

收回交涉,略分两期。实际上则自去年八月起,镇江英界已不存在。三月以后之谈判,仅法律及善后问题而已。兹分述如下。

警权之收回

民国十六年三月间国民革命军占领江浙,克复苏常,驻镇江尚有直鲁残军,希图顽抗,情形紧张,外人惴惴,驻镇江英领事有派英国水兵登岸保护租界之意,后经交涉而未果。三月二十三日革命军大队抵镇,直鲁残军,闻风退却。市民拟于二十四日举行庆祝大会,游行街市。即日上午十一时英领事怀(雅)〔稚〕特致函交涉署,声明拟于是日正午十二时将租界内巡捕岗位全撤,一切均由警察厅厅长遴派警弁暨商团团员接岗维持,以期相安,并函致商会查照。届时沈交涉员即会同警察厅厅长、丹徒县县长、商会会长、商团团长,率同警队团员,前往租界接岗。至六月十八日,镇江市公安局将租界内之第五区署改为特别区署,前英租界工部局遂无形取消。

英领表示英政府愿交还租界

同年五月二十日,镇江英领事奉驻平英公使命,暂行撤销,英领事临行之际,与沈交涉员晤谈,表示镇江租界,英政府极愿交还,仅时间迟早问题,且租界范围狭小,洋商无多,不致有何重大事件磋商。惟界内电灯自来水系外商合股经营,价值约六万元之谱,将来最好由华商估价收回。至界内公家财产,应俟两国政府双方妥议办法处置云云。

事实上收回之通知

十六年七月三十日,外交部伍部长指令镇江交涉员云:查镇江英租界既经自动将巡捕岗位全撤,请由我国警察商椎换岗维持,工部局又经改为公安局第五特别区,则镇江英租界事实上已属收回。着该交涉员函英领知照。沈交涉员即致函英领如左:

径启者,案查镇江前英租界经于本年三月二十四日贵领事自动将巡捕岗位全撤,请由我国警察接岗维持,经本国官厅依照所请将该租界接收,改为公安局第五区,设立警署维持。地方秩序,历来安谧。应请贵领事官通告所属商民知照,自后各宜安居乐业。所有从前界内外人生命财产,由中国官厅负责保护。至于公同水电事业及公家财产物业,一概暂仍其旧,由中国政府负责保护,候两国政府协商处置。相应函达贵国领事官,请烦查照办理,实纫公谊。此致
大英国驻镇江领事馆

　　中英之正式谈判

　　自前项通知发出后,镇江英界实际上即已消灭。然该租界在法律上之地位,究未根本解决,而公同水电事业及公家财产物业,亦有待于两国政府之协商处置,于是中英有正式谈判之必要。本年三月八日,据镇江交涉员戴德抚呈报外交部,英领根卓之亲往镇江交涉署,谓如中国政府能代将工部局各项债务理涉清楚,不致亏耗,保护侨民居住安全,英国政府当可将镇江租界交还。“镇江交通便利,租界市□颇减少其发达。”(戴交涉员引用英领原语)英人已不十分留恋。惟民国十六年三月革命军到镇,英侨所受损失,应行赔偿,租界内外人房屋基地,亦应仍为永租性质。外部根据款项呈报,以为英方既有谈判之诚意,机不可失,遂于三月二十六日饬令戴交涉员就近与英领试行谈判。四月十一日,戴交涉员呈报谈判情形,故英领提出要求四项:

　　(一)清理界内工部局所负之债务;

　　(二)赔偿国军抵镇时英人所受之损失;

　　(三)界内英人地产,仍给予永租权;

　　(四)码头停泊船只及运货经过江岸之权,应许各公司继续享受。

　　关于第一项,由戴交涉员介绍镇江商会于四月二十日,以五万元之代价承购界内水电厂,即以该金作为清理债务之费,已无问题。关于第二项,我方以为与交还租界问题无涉,应另案解决,英方亦已承诺。英方初要求赔偿费八万元,嗣经多次磋商,始允由中国政府拨给六万八千元,交由中英两国各派委员一人支配之。如尚有剩余,仍须缴还中国政府〔参阅本文附件(七)(八)〕。

　　至第三项之界内英人地产,系于咸丰十一年由中国租给英国政府转租英国人民,当时曾付给永租地价,故此次英政府虽愿将该租界之行

政权交还,但属于该处地亩之永租权,不愿放弃。关于此点,双方争执甚烈。我方最初主张(一)永租须附期限,期满作废;或(二)期满可以续租,惟租金由中国政府随时酌定。英领绝不容纳,只允在地契内载明"计年租每亩一千五百文,将来税则及租金如有变更,悉照该华人应纳租金及一切税项办理"等语。我外部以为华人除纳税外,向无缴纳租金之事;上述悉照华人应纳租金办理一语,意义殊欠明了;且地租每亩一千五百文,与日下华人所纳漕粮数目亦有不符。遂提出(一)"年租"字样须改为"永租人每年须预向中国当局缴纳镇江地方官厅所征收之地租及地税";至每年应纳之数,另用换文声明,大致须与漕粮相同(每亩大洋一元);(二)永租契英文名称"Title Deed"系执业凭之意,须改为 Deed For Perpetual Lease(永租契),以免日后纠葛。以上两点,英方大致接受。最后议定由英国声明咸丰十一年所订之永租批约及续约作废,所有该处英人地产,另由中国政府换给永租地契,每亩缴纳登记费一元,并须每年向中国主管机关预纳地租;"在国民政府对于土地征税新法未颁布以前,及该项征税新法在镇江区域未实施以前……其应纳之年租,暂照现在征收之数目征收之。"

第四项之运货经过江岸与泊船之权,外部初亦提出条件,嗣因关系较小,遂允可由各公司继续享受。至是中英镇江英界谈判,完全解决,择于十一月十五日,由中国正式接收。

(四)接收之情形

十一月十五日正午十二时,中英两方代表于镇江旧领事署举行接收镇江英界典礼。中国接收委员,已由外交部派定前镇江交涉员戴德抚,江苏省政府派定镇江县长孔宪铿。兹将当日情形,分志于后。

旧领署之布置

旧领署在观音洞西坡,亦为租界之一段,是日大门首高悬中英国旗,公安局军乐队布置庭前。会场设圆桌四,壁上悬中英国旗,中左英右。几间陈设菊花及白兰花之属,有香有色,富丽堂皇。花园中列椅成排,旗杆上仍悬英领署皇家旗帜。

两方到会人物

是日到会者,我国方面外交部长王正廷,欧美司长徐谟,特派接收员戴德抚,省府张、缪、吴、陈、何五委员,建设处姜秘书,陈公安局长,省府接收员孔县长,商会陆小波等三常委,县党部代表,各报记者,及商团邮局电灯自来水等机关代表。英国方面,英公使代表爱斐林(A. F. Aveling)驻京总领事许立德(W. M. Hewlett),税务司穆尔,工部局书记及英侨数人。

宴会盛况

来宾到后,先至花园拍照,□□□□主人预先排定度次入座;英国第一席许立德为主席,王正廷首座;我国第一席戴德抚为主席,英代办爱斐林首座。余则散□,济济一堂。宴席为中国燕餐,全用中国杯箸。庭间军乐悠扬动听,席间欢乐诙谐声,拍掌猜拳声,达于户外。首由戴德抚代表中国政府致词,次由许立德、王正廷、穆尔、陆小波、孔县长相继演说。复由税务司代表英侨赠戴特派员小银杯一只,许穆两氏并与戴交臂共饮两杯。为镇江国际间从来未有之盛况。

办理交代

宴后,王氏与爱氏同乘花车往沪,许氏亦同时往宁,省府诸委员均送至车站。汽车经过马路,市民欢欣鼓舞,商店悬旗志盛。至工部局交代文件及换领中国承租地契等,原定本日与镇江县政府办理。嗣因时间匆促,改由英领托书记郭子员君留镇改日再办。

(五)镇江英界收回后我国之租界问题

此次收回镇江英界,其事虽小,其意义则深。第一,镇江英界之交还,几全出于英方自动;足以证明列强对于吾国革命后之新局面,已有深确之认识,且有改变其传统对华政策之准备。第二,镇江英界之交还,几于无条件。虽永租地产,未更改为暂租,然旧日永租批约作废,须向中国政府另换新契,且须按照当地通行税则完税,则主权固操自我也。第三,此次交涉,纯取外交方式,无所凭藉于民众示威(如收回汉浔英界)或其他条件,且以前收回租界,尚有所谓特别区之设立,置董事会,中外董事各半;此次则并无此种情形。收回之后,即系完全之中国土地。凡此种种,皆吾国外交上之胜利,而可为来年收回一切外国在华租界之取法也。

截至收回镇江英界止,吾国计共收回租界九处,其尚待收回者二十有三。兹分别列表如左,以终此篇。

(甲)已收回之租界表

租界名称		划定时期	收回时期
天津	德国租界	光绪二十一年(一八九五年)	民六收回改为第一特别区
	奥国租界	光绪二十九年(一九〇三年)	民六收回改为第二特别区
	俄国租界	光绪二十七年(一九〇一年)	民九收回改为第三特别区
	比国租界	光绪二十七年(一九〇一年)	本年八月三十一日收回改为第四特别区
九江	英国租界	咸丰十一年(一八六一年)	民十六收回改为特别区
汉口	德国租界	光绪二十一年(一八九五年)	民六收回改为第一特别区
	俄国租界	光绪二十二年(一八九六年)	民九收回改为第二特别区
	英国租界	咸丰十一年(一八六一年)	民十六收回改为第三特别区
镇江	英国租界	咸丰十一年(一八六一年)	本年十一月十五日收回

(乙)尚待收回之租界表

租界名称		划定时期	租界名称		划定时期
上海	公共租界	由英美两国租界合并而成,英租界于道光二十五年划定,美租界于道光二十八年划定,至同治二年(一八六三年)合并	奉天	日本租界	光绪三十一年(一九〇五年)
	法国租界	道光二十九年(一八四九年)	安东	日本租界	光绪三十一年(一九〇五年)
营口	英国租界	咸丰八年(一八五八年)	烟台	公共租界	同治五年(一八六六年)
	日本租界	光绪三十一年(一九〇五年)	福州	日本租界	光绪二十五年(一八九九年)

续表

租界名称		划定时期	租界名称		划定时期
厦门	鼓浪屿公共租界	光绪二十八年 （一九〇二年）	杭州	日本租界	光绪二十二年 （一八九六年）
	英国租界	咸丰十一年 （一八六一年）	苏州	日本租界	光绪二十三年 （一八九七年）
	日本租界	光绪二十五年 （一八九九年）	沙市	日本租界	光绪二十四年 （一八九八年）
汉口	法国租界	光绪二十二年 （一八九六年）	重庆	日本租界	光绪二十七年 （一九〇一年）
	日本租界	光绪二十四年 （一八九八年）	天津	英国租界	咸丰十年 （一八六〇年）
沙面	英国租界	咸丰十一年 （一八六一年）		法国租界	咸丰十年 （一八六〇年）
	法国租界	咸丰十一年 （一八六一年）		日本租界	光绪二十四年 （一八九八年）
				意国租界	光绪二十八年 （一九〇二年）

十八年十一月二十一日，于外交部

《时事月报》1929 年第 2 期，第 107—112 页

王部长纪念周报告

——对于收回镇江英租界之感想

1929 年 11 月 18 日

此次收回镇江英租界，其事虽不十分重大，然在本部今年，则为比较重大的工作之一。兹乘纪念周之聚会，将此次收回镇江英租界之经过，略为报告。因二年前，我国已将该租界之警权收回。此次英国自动交还该租界，不过将该租界内，英国政府所发之地契更易中国地契，由我政府发给。然兹事虽小实有深切之意味存焉。

我先哲有言自古皆有死，民无信不立，惟个人如此，国亦然。因立国之基础，对外以信用为主，对内须以法治为归。查对外交涉之法，始初贵有一定之方针。迨方针既定，即恪守其方针而不变迁，此即国家之信用也。对内治国之道，有主张法治者，有主张人治者，有主张武力治

者,但比较的结果,以人治与以武力治者,均不能使国民身心安定,不若法治之为善。例如法律上允许之事,虽极贫极卑者,亦可行之;不应为之事,虽极富极贵者,亦受限制。立国之基础,苟能以守信与法治二项为依归,未有不兴者也。能遵此二项者,实以英国为擅长,此英国所以能富强者也。二年前英国政府,曾宣言对我表示同情,且表示愿意缔订平等条约。我国政府规定本年,努力于撤销领判权,而以明年为收回租界时期。乃英国竟先期即行将镇江租界交还,我国诚以其对外能守信用也,较之不守信义之国家,徒口惠,而实不至者,相差岂可以道里计耶。

吾人办理外交,(一)贵有一定之方针。方针为何?总理业经昭示,即联合世界以平等待我之民族,共同奋斗,暨废除不平等条约,在国际间取得平等地位,是也。(二)贵有一定之决心及程序。方针既定,又必须有达是方针之决心及手续。例如要办之事,则非办不可,不能容忍之要求,则非拒绝不可。既下决心,既以刀加吾颈、枪指吾心、兵临城下,亦有所不恤。中国自门户洞开以后,外人对于中国之外交政策,夙取枪炮威胁主义,以为枪炮威胁,即可使中国退让。自鸦片战争之南京条约以来,各国莫不采取此威胁主义,以蹂躏我中国,以为吾中国,亦非此威胁不足以畅其所求也。不意自巴黎和会之际,吾国代表坚决不肯签字,各国皆目笑存之,以为届时中国代表,当仍来签字。孰知彼时中国代表之席次,依然两张空椅,而竟不出席。盖吾人已抱有十分之决心,宁使子弹从胸前而入以死,不令从后而入以死。兹事发生后,各国对华态度,始为之稍变焉。

年来吾人所努力者,为撤销领判权问题,今日距十九年一月一日,为期亦近。兹将纪念周机会,用特昭告世界,布示全国:明年一月一日,非撤销领判权不可。全世界已无受领判之束缚者,中国拥有四万万之众,竟仍蒙领判权之辱,此可忍,孰不可忍。余深望全国之民众,一致下此决心,以谋解此奇耻。最近墨西哥政府,曾宣告即时抛弃在华之领判权,足见此种暗形制度,实同为中外所唾弃。吾人对于墨政府之举动,殊觉感纫,此后对在华之墨侨,自尤必充分保护。盖取消领判权,于中国固有利,于外国亦无害。中外一心,共成此举,岂非至美之事。抑吾闻之,内政与外交相连。蒋总司令率武装同志,在前方,不惜肉搏血飞,以求中国之统一。此正外交界同仁发愤之时,深望抱定撤销领判权之决心,努力进行,与战线上肉搏血飞之同志,联合一气,亦本誓死之决心,以期此主张之实现。此次镇江英租界之收回,甚为圆满。吾人确信英国对于其他涉华之外交事件,亦必同样办理。盖彼固素具有信用也。中国向来亦有信用,且具极高尚之理想。所谓天下为公,世界大同,古人早垂训于吾人,以相当之能力,贯彻先哲之主张,愿我同仁共勉之。

《外交部公报》第 2 卷第 7 号,第 89—91 页

(三)收回天津比租界

说明:北京政府与比利时政府在《中比和好通商行船条约》修约谈判时,比使华洛思表示愿意将天津比租界交还中国政府,后由于中比双方在修约问题上存在分歧,加之北京政府垮台而未能达成。1928 年 11 月,南京国民政府与比利时政府签订《中比友好通商条约》,归还天津比租界一事重新被提上议程。比国政府曾以中国须偿还界内码头、电气等公产的价格作为交还租界的条件,为南京政府拒绝,后比国政府作出让步。1929 年 6 月中比双方各派代表组成接收天津比租界委员会,中比双方委员长分别由外交部条约委员会顾问凌冰和比国驻华公使馆参赞纪佑穆充任。双方谈判历时 2 个多月,最终于 8 月 31 日签订《关于比国交还天津比国租界协定》。该协定由两国政府分别批准换文后,中比交收天津比租界典礼于 1931 年 1 月 15 日在天津正式举行。交收仪式后,南京国民政府外交部部长王正廷发表致辞,呼吁西方各国效法比利时,交出在华特权。

1. 收回天津比租界交涉经过

接收比租界候部员来津办理
1929 年 2 月 2 日

接收比租界问题,日前由部派定人员办理后,记者昨询之交涉署,谓尚未接到外部来文,旋晤市府陈鸿鑫氏,据称此事,须候外部所派之李广钊、朱世全两氏抵津会商后,酌定办法,如何进行,现惟我与省府所派之黄宗法氏在津,亦未与驻津比领接洽云。

《〈益世报〉天津资料点校汇编》(二),第 82 页

接收比界问题比方有取延宕意
1929 年 4 月 6 日

津比国租界接收问题,虽宣传多日,而最近更转趋于停顿之现象,兹据某外交界人云,比方意见,但要求华方付还田价若千万元,但我方对此,决不容纳,故比方用取延宕手段,至驻津比领更动一说,或系比使设词,亦未可知云。

《〈益世报〉天津资料点校汇编》(二),第 83 页

接收比租界完全陷于停顿
1929 年 5 月 5 日

接收比租界问题,经宣传数月,迄今尚未实行,兹据交涉署消息,因在京中比双方,尚未接洽允妥。故仍在停顿中,至比方要求地价一层,我方断难承认。

又:日前市府参事陈鸿鑫氏赴平,闻系个人私事,并未与比使接洽收回租界事云。

《〈益世报〉天津资料点校汇编》(二),第 85 页

收回天津比国租界案

1929 年 5 月

　　关于收回天津比国租界一案,经本部商得比国政府同意,应由双方派员组织委员会处理其事在案。中国方面现派外交部凌冰、周纬,内政部赵光庭,河北省政府黄宗法,天津特别市政府陈鸿鑫为委员,并以凌冰为委员长,比国方面派定纪佑穆为交还天津比租界委员,凡拉爱及曼顿尔君为助理员,业已互相通知呈报行政院备案,各在案。该委员等已首途北上,并与比方约定于六月十七日在天津正式开议,云。

中国第二历史档案馆藏行政院档案

凌冰前晚抵津接收比租界定期开会

1929 年 5 月 27 日

　　接收天津比租界,华方委员长凌冰博士,自奉外王命令,于本月十六日,由京起程后,当于十七日抵济,是时适值鲁省委员李庆施,与交涉员崔士杰两人交讦事起,凌奉命查办,故在济稍有勾留,同时并晤陈主席调元,询问此事经过及真相,直至二十日又由济赴青,在青耽搁三日,于廿三日乘轮起身,二十五日晚间抵津,记者昨日闻讯,特访凌于南开中学,比承接见,据凌谈,在鲁查办李崔交讦事件结果,已有电致中央,此事双方完全出于误会,现在双方已涣然冰释,至李电中央所称崔士杰私扣税款各节,经本人调查,崔均有账据可考,尚无上述情事,此项误会既经双方谅解,此后自当和衷共济,共膺艰巨。至接收比租界问题,华方委员人选,大致均如报载,比方委员,因纪佑穆现充代办,此次随奉安灵车南下,何日北返,尚不可知,此后只看交通如何。倘能早期到津,则预定六月八日之正式会议,不致改期。我国对接收问题,因系比方自愿交还中国,故预先并未定有若何计划,一切手续,只待几度预备会之临时商定。现在本人以接收日期在迩,已派人去平,与旧外部案卷保管处接洽,拟将有关中比双方条约卷宗调来,以资参考,大约不日即可返津,不久本人即与华方各委晤面,以便交换意见,藉收广益,在相当时期,并拟赴平,倘能早日到津,则六月八日之正式会,当可克日召开。至比方委员除纪外,一为驻津领事,一为在津比商,关于接收之代价问题,是否出诸中央抑地方,此刻尚未议及,但总希望不用代价。至接收后,是否另辟为一特别区,此时尚难预定,交涉之起始日期,最早亦须在纪代办由南到津后云。

《〈益世报〉天津资料点校汇编》(二),第85页

凌冰赴平接洽比租界事

1929 年 5 月 30 日

接收比租界委员长凌冰氏,日前由济北上后,关于接收比界问题,曾与崔市长面晤一次,已志本报。凌氏日昨遂即赴平,去晤商主席,接洽接收时进行办法,大约数日内,即行返津。惟外部所派周纬委员刻尚未到,闻系奉安期后,即偕比方赴京奉安代表纪佑穆氏代办,一同北上云。

《〈益世报〉天津资料点校汇编》(二),第85—86页

凌冰昨谈接收比租界

1929 年 6 月 15 日

接收天津比租界之会议,十七日准可举行,日来我方筹备异常忙碌,记者昨日上午去市政府,见委员长凌济东博士,亲与市府方面职员在会议室布置一切。会议室即为前市府会客室,在委员会办公室之旁,中设长桌一,桌之两端为中比双方委员长席,两旁各设三五席,备双方委员之地位也。桌面现时铺以白布,闻于会议前拟易以绿呢,装饰极为简净雅朴。此次接收事宜,外交部除拨一部分办公费外,每委员仅日给公费八元,旅膳零杂及一切交际费均在内,办公室内之文具杂件,则由市府购置,外交部闹穷,故各委员须于顾全礼仪之中,力求经济用款也。

华方接收委员会除凌委员长每日去委员会办公处,其余如内政部代表赵光庭科长,外交部周炜等,亦每日按时莅会筹备一切,委员会并

聘有秘书一人,由谢家骝充任。市方代表为参事陈鸿鑫,亦不时去委员会接洽。至比方委员,首席代表纪佑穆代办,明日即当来津,外余二委员,则为津比领事馆翻译(现充比租界管理警察事务),及华比银行经理,二氏在华甚久,津门情形亦殊熟谙也。

关于十七日会议之仪节,据凌委员长昨日语记者,是日上午十时举行开会,完全取非正式之仪节,双方委员介绍晤面后,即由市长崔廷献以地方长官及地主之关系,致欢迎辞,大意谓中比邦交素笃,此次开自动交还之先例,将来当益亲善,一切事实上问题,希望双方开诚会商等语。原文已由熊秘书起草,次由双方委员长,起立致简短之演说。比方如提出条件,我方即将原案接收,表示向外交部请示后,再行答复,如接有回电,再订正式谈判之日期。是日对任何问题,均无讨论,换言之,仅为一种双方会晤之形式而已,会议时双方直接以英文谈判,不另用翻译。

惟苟会后接收有期,则当举行庆祝会,是日之礼节当较隆重,除请市府当局及各局局长,军警界领袖,党部及民众团体参与外,并邀请各外国领事外侨,前来参与盛会,彼时当另定隆重之仪节也。

按据中比新商约,比国已将旧条约上一切不平行之点消除,津埠之比租界,自系一种特殊之利益,亦为妨害中国主权之一种表现,商约既订后,比方即示意愿将比租界交还中国,此固为比方一种善意之表示,亦系按据新约应有之表示。且比租界,迄今犹系一片荒地,每年收入,不足抵开销,故亦乐得交还,藉为取得杂居内地之一种代价,惟彼时比方要求甚奢,如一切因比租界而建设之码头,电气设备等公产,均须予以偿价,我方拒之,故稍有停顿。其后比方表示让步,外部始确定预备接收之办法,惟其间我方接收之人选,曾二易耳。总之,此次我方接收比租界,第一在收回该租界内之行政权。第二,以无条件收回该租界内之公产,如一百余亩之公地、码头及一切电气等公共设备。第三,确系租界内之私产及私有物,悉保存其原来之情状,决不加以变更,比国对我方之表示,甚为谅解,接收上大致可称无问题,然不能谓必无困难也云云。记者旋询以比使华洛思,昨日在北平表示,七月中旬即可交还,其时期何以如是确定,凌答谓,此不过大约之时期,其实如会议顺利,三日亦即可竣事,如双方屡向京都请示,则一旬半月,亦未可知,当以临时会议之情形而定,此时固未能确定何日也。

记者复叩以收回后之处置,是否列为第四特别区,凌答谓特别区之制度,系由租界收回自管间之一种过渡办法。津埠之德奥俄三国租界,前因大战,中国加入协约国,与德奥为敌对,故吾国对德奥宣战后,即将其收回,先后列为第一二特别区,俄以皇室颠覆,革命爆发,我亦乘时收回,列为第三特别区,此均为当时政府表示郑重其市政管理,故方有如是之过渡办法,九江及汉口之英租界,由陈友仁收回后,亦为同样之处置,实则均甚不自然,故我方之意见,津比租界收回后,直接附属于市政府管辖之下,不再经过渡时间之办法,列为特别区。盖该界幅员甚小,且甚荒僻,每年收入,按现时计,不过一万两左右,划为特别区,则供行政费犹不足,遑论市政上之新建设,故将来收回后,要以规划附近之公安局区域内为是云云,凌氏最末复语记者,双方在谈判之期间,一切条件,均待请示于各外部,进行上种种经过,在外交习惯上,双方应守相当之秘密,希望新闻界体贴此意,苟有所发现,勿径予发表,以免彼此误会隔阂,或竟不幸闹成僵局云云。

《〈益世报〉天津资料点校汇编》(二),第87—88 页

接收比租界开会期间之酬酢
1929 年 6 月 16 日

接收比租界问题,现比方委员除华比银行经理,及比领事馆翻译,业已在津外,纪佑穆代办,闻今日可以由平来津,我方委员,近日均在市府接收比界委员会内审查案卷,甚为忙碌,十七日正式开会,可不延期,更据某委员云,双方于未开会前,曾有非正式接洽,而比方并未表示何种意见,须俟正式会议时提出,如其顺利,数日内,即可解决,否则尚须请求外部,较费时日云。至市长崔廷献,以地方长官资格,明日参加开

会仪式后,并定是日(十七日)下午七时半,在西湖别墅宴请中比双方委员,以资联络感情,至十八日下午八时,华委凌冰,亦将以委员长资格,宴请双方各委,及本市崔市长,各局局长各区主任等,届时并有颜惠庆、黄荣良,前驻奥公使等作陪云。

《〈益世报〉天津资料点校汇编》(二),第 88 页

接收比租界仍在进行中

1929 年 6 月 25 日

接收比租界问题,自十七日中比方会议后,迄今情形如何,当局均未宣布,记者昨赴交通旅馆访周伟赵光庭两委员,据该馆工友云,谓两氏日间不在寓,至晚始回,现在各委员,亦未见在市府临时接收比界委员会内办公,凌委员长究在何处,亦不得知,有云住在南开大学寄宿舍内,时以电话询问,皆云不在,而另据某委员云,接收比□□□□□□。

《〈益世报〉天津资料点校汇编》(二),第 88—89 页

比租界暂停交还

1929 年 6 月 30 日

接收比租界问题,因各委员均不宣布内容,至今外界尚未明了,兹闻此事,比当局确因电车工潮,不满意华方所为,致电中央,暂行停止交还,昨闻市府亦接有外交部来电,询问电车工潮,及殴伤比人情形,当由市府据情电复云,按接收比界与电车工潮,截然两事,希望比方,勿以局部问题,致碍国交上影响云。

《〈益世报〉天津资料点校汇编》(二),第 89 页

接收比租界委员会昨开第三次会

1929 年 7 月 13 日

接收比租界委员会,昨日下午四时,双方委员开第三次正式会议,六时许散会,关于会议地点,华方原定在市府开会,但比方委员则以市

府人多天热,颇不适宜,故主张同往北戴河开会,以该处襟山带海最为盛地,双方正可作长时间之讨论,此议提出,华方未表赞同,其原因则以委员中,如陈鸿鑫等为特区主任,工作繁剧,实际上颇难离津他去,此则为职务关系,无他意也,因此之故,临时遂由双方暂借英租界某宅举行会议,其开会时间,亦系临时酌定,原因系比方代办纪佑穆,虽系昨晨到津,但华方至下午三时,始知纪到,且委员中之陈鸿鑫,又在西湖饭店陪宴,三时半宴罢,即离席赴会。本次会议,双方委员全体出席,会议内容,仍系继续讨论以前两方提出之意见,并互相报告双方政府。对于此事之期待,此次双方未提新意见,情形极为顺利,会议毕后双方即将结果报告本国政府,但此次并非最后会议,预料尚须再开三五次会,或可竣事,此则只看双方政府之意思若何而定。毕会后,晤该会谢秘书,据谈此次会议情形,略谓极为顺利,内容仍系讨论以前双方条件。此次会议为第三次正式会议,非正式接洽不在其内。每次会议结果,即由双方委员各报告其本国政府,此次会议,一仍其旧,惟华方此次并未报告原因,系王外长将于明日(十三)十一时到津,凌委员长将面报外长,并有所请示。是时记者询以会议时比方提到此次工潮否,谢谓此事已成过去,既已圆满解决,无提此必要,故会议时比方对此未提只字云云。复次,谢又继续谈云,下星期内当可开会,但此必待比政府之覆电到后,下次会议,倘比政府已有覆电,对华方提议全部容纳,或可谓之为一小结束如是,此后会议之焦点当移向协定之磋商,协定议妥,并经双方政府正式承认签字后,此时即由我方正式接收,其期当稍需时日,故此后之如何,我方已无问题,其中心只看比政府之覆电若何,但相信会议情形,既如是顺利,比政府对交还租界,已具决心,则此事自易解决,毫无问题。至纪代办几时回平,此尚不知会议经过,既须报告比使,则今明自当返平。至关于该界之测量已由港务局测竣,此事据前警厅案卷核计,谓该界地址,约有千亩,但据本会调查,实只七百余亩,现经测量结果,亦为七百余亩,是大小已无疑问,惟靠向大沽一方之边界,地段稍有含混,现业已按地址确定,所有地段大小,已由港局制图,不旋即送交本会云云。旋又晤凌委员长,据谈大致同前,并谓诸劳访问,但以实际关系,未能充分发表,极致歉意云。

港务局测量比租界结果,该界全境,计纵横十一条马路,东西马路宽十五米度,南北马路宽二十米度,并预备建房区域十九处,全界面积共七百四十二亩,码头计长一千五百五十公尺四寸,空地颇多,现正细核数目,预备报告接收比界委员会。至接收后之发展问题,关于港务局者,该局亦已拟有计划,筑造码头,以便停留船舶,并欲在距离较远地点,建筑大规模之仓库,由码头卸货,即可存入,并拟在该界二马路敷设轻便路轨,由车站通至码头,以贯通水陆交通云。

王正廷在平与比使晤谈,又据平讯,王正廷此次赴平,任务甚多,而收回天津比国租界事,亦王氏此来重要任务之一。自我方收回天津比租界委员长凌冰到津后,迭与各委员会同比方代表开会,磋商接收手续,大体已告妥协,同时即由凌委员长将接洽情形,随时电京,向外部报告,请示签字决定办法,王部长即以此去平之便,解决此项问题。王抵平后,当于前日(十一)下午四时半,与周龙光,会同比国公使华洛思,参赞纪佑穆,在铁狮子胡同王氏住宅晤见,双方皆以英语接谈。王表示比国对华取消不平等条约,中国国民及政府,皆致其深长之谢意,最近关于接收天津比租界手续,业经凌委员长及各委员会同贵国代表,迭次磋商,双方甚为接近,本部长尤深荣幸。比使答称,中比条约,订立于一千八百六十五年十月二日,现时业已满期,比国为尊重中国之主权及利益起见,决定将天津比租界交还中国,为当然之事实,其他细文末节,无甚问题可言,至官产贷金一项,亦系极小问题,交还以后,亦可继续磋商,当经协议结果,决定先由比方派纪佑穆参赞来津,会同我方委员长凌冰,实行交还手续,从前之天津比租界,于今日(十三)起,正式悬挂中国国旗,至我国对于旅津比侨之待遇,则参酌一千八百六十五年十二月所订立之中比商约第十一款,各国议定通商口岸,如牛庄、天津、烟台、上海、宁波、神州、厦门、台湾、淡水、广州、汕头、琼州及长江之汉口、九江、镇江、江宁各口,比国商定,亦可携眷前往居住贸易工作,平安无碍,常川不辍。第十二款,凡比国人按照十一款,至通商各口地方居住,无论人数多寡,听其租赁房屋,及行栈存货,或租赁自行建屋建行,比国人亦一体可以建造礼拜堂、医人院、周急院、学房、坟地、各项,地方官会同领事官酌议,定比国人宜居住建造之地,凡地租房租多寡之处,彼此事务须按照地方价值定议,中国官阻止内地民人高抬租值,比国领事官,要谨防本国人强压迫授租值。按以上两款条文略有删改,大致为中国政府及地方官厅,予比国人以在各通口岸居住之安全,其建造居住,由中国官厅予以相当之便利,其从前比租界之官产,闻将估计其建筑费,与以十分二年至十分之三贷金,此项办法,今明日即可签字云。

《〈益世报〉天津资料点校汇编》(二),第89—90页

接收比租界一周内举行第四次会议
1929 年 7 月 14 日

关于接收天津比租界事,在北平方面,盛传定于昨(十三)日在津该租界内悬挂中国旗党旗。记者昨晤本市该委员会负责之某君,据云收回比租界委员会,于昨日与比方开第三次讨论会,继续上次会议,研究各项细则,由我方提出,交全体讨论,但其中尚有数项问题,须再磋商,现由比国负责交涉人员,将前日开会之经过情形,及商议问题,于昨日向北京拍发,报告一切,俟比京有复电至,然后再继续开会,大约为期不过一星期内,即可举行第四次会议。至于悬挂党国旗事,本日以交涉尚未完结,故今日不能实现云。

《〈益世报〉天津资料点校汇编》(二),第90页

测量比租界地段后华方较比方相差仅一亩余
1929 年 7 月 16 日

津比租界地段之测量,于本月一日即已竣事,惟华比两方测量之结果,即关于面积之大小,微有不同,闻双方测量数目,相差在八分左右,港务局曾据此致函接收委员会查照,并谓若按比方地图所计,与测量结

果,虽无大误,但双方亩数相差之原因及地点,系在双方界限之房角上,该处华方地主,谓属华界,比方则谓系比界,此处以先本即含混,今经测量,双方于此,始稍有争执,惟不关重要云云,按港务局之测量亩数,为七百四十六亩三分二厘,比方则谓为七百四十七亩有零,相差无多。昨据凌委员长,对于此事之谈话,则以为以七百余亩之地段,而相差不足一亩,或系双方测量之方式稍有不同之故,但差数既微,似无关重要,绝不致因此引起问题云云。关于四次会期,据凌氏谈称,虽原定今日开会,但此必待比政府之覆电到来,预想明(十六)晨必有覆电,电系比方所拍,本人今日未晤比代表,故尚不知有无电来,倘覆电未到,到后天或再后天必能接到,总之,四次会之召开,只待比方之电来,不然比方委员既无所依据,未得政府之示意,双方将议无可议也等语。

《〈益世报〉天津资料点校汇编》(二),第 90 页

2.《关于比国交还比租界协定》的签订

中比间关于比国交还天津比国租界协定
天津,1929 年 8 月 31 日

　　比利时王国政府今为增进中、比间固有之睦谊起见,愿自动将由一九零二年二月六日(光绪二十七年十二月二十八日)中比专约所取得之天津比国租界无抵偿交还中华民国国民政府。

　　因此,大中华民国国民政府主席特派外交部条约委员会顾问凌冰、内政部土地司科长赵光庭、全权公使律师黄宗法、天津特别第一区主任陈鸿鑫;

　　大比利时国王特派驻华公使馆参赞男爵纪佑穆;

　　两方全权代表业经互相校阅全权证书,均属妥善,议定各条于左:

　　第一条,比国政府于本协定发生效力之日将由一九零二年二月六日(光绪二十七年十二月二十八日)中比专约所取得之天津比国租界之行政移交中华民国国民政府,该项专约及有关系之合同,即失其效力。

第二条，该租界之比国临时工部局于本协定发生效力之日即行撤消。所有比国行政之案卷、簿册及其他一切文件立即移交中华民国国民政府，此项移交完全解除临时工部局对于行政上之责任。

第三条，自本协定发生效力之日起，天津旧比国租界完全受中国法律、章程之支配、保护，并照缴一切中国现行税捐。

第四条，所有比国租界公产，如河岸、码头、道路、铁道连同所占地面，包括□字□（此二处原文献所载不明）段地面，如附图所载，以及比国工部局所有之机器、工具、家具、警装等件，如附单所列，连同用工部局名义存放银行之现款，均于本协定发生效力之日交与中华民国国民政府。

第五条，专办天津比国租界公司之名义及章程应按照现状更改之，本协定第六条之规定对于该公司亦适用之。

第六条，比国领事馆所发比租界内私人地产之契据及凭单应于本协定发生效力之日起一个月内呈缴中国主管官厅，换领永租凭单，按亩缴纳注册费银一元；中国主管官厅应在一个月内发给新凭单。

第七条，本协定应于最短期内批准之。自两国政府互相通知业经批准之日起，即发生效力。

第八条，本协定以中、法、英三文各缮两份；遇有解释不同时，以英文为准。兹特由两方全权代表签字、盖章，以昭信守。

凌　冰

赵光庭

黄宗法

陈鸿鑫

Guillaume[1]

中华民国十八年八月三十一日

西历一九二九年八月三十一日

订于天津

---

① 即纪佑穆。

附件一:换文

大中华民国国民政府全权代表

为照会事:关于本日签订之协定第三条所载,特为声明:旧比国租界内之有建筑及无建筑之地亩地税,应将现征数目维持至中华民国国民政府颁布普通地税新法律之日为止。相应照会贵代表查照为荷。须至照会者。

右照会

大比利时王国全权代表纪

凌　冰

赵光庭

黄宗法

陈鸿鑫

中华民国十八年八月三十一日

附件二:声明书

天津旧比国租界内输送电力之建设,即大小电力之木杆、电线、改电机及器具,以及私家接引线及电表,系由天津电车电灯公司得比国租界临时工部局之同意而设置者,系属该公司独有之产业。又,天津电车电灯公司在旧比国租界内得继续供给电流,但扩充电线之时,应先得地方主管官厅之核准。特此声明。

凌　冰

赵光庭

黄宗法

陈鸿鑫

Guillaume

附件三:声明书

今议定,如闽广义园能满意证明曾在其地产上取地一段,以为建筑一号路之用,则可在□字地段内,于该义园地产之左近,给与一面积相等之地段,并不收价。然如此项证据不能成立,则该义园之要求即认为不合。特此声明。

凌　冰

赵光庭

黄宗法

陈鸿鑫

Guillaume

附件四：声明书

前比国租界工部局所负债务津平银九万三千八百二十六两四钱八分，中国政府于本日所签订关于交还上述租界协定发生效力之日起六个月内偿还比国政府。特此声明。

凌　冰

赵光庭

黄宗法

陈鸿鑫

Guillaume

附件五：照会

大比利时王国全权代表

为照复事：接准本日来照内开：关于本日签订之协定第三条所载，特为声明：旧比国租界内之有建筑及无建筑之地亩、地税，应将现征数目维持之至中华民国国民政府颁布普通地税新法律之日为止。等因，业经阅悉，本国政府对此完全同意，相应照复，即希查照。须至照会者。

右照会

大中华民国国民政府全权代表黄、凌、赵、陈

西历一九二九年八月三十一日

3. 天津比租界的正式收回

天津比国租界接收记
1931 年 1 月
芸生

　　中国受各种不平等条约之束缚,领土破碎、主权凋零,而最予人以难堪者,厥为租界。举凡领事裁判权、行政警察权,以及种种罪恶。均附丽于此。此类租界遍于全国之通都大邑。尤以天津为最多。天津之租界计有英、法、日、意、俄、德、比、奥八处。德奥两租界于中国参战时收回,俄租界亦于俄国大革命后取消。至民国十五年中比和好通商条约第六次满期,我国政府提出修订新约之议,中经许多波折,直至十七年十一月二十二日新约告成。后又径过批准等手续,比租界之收回始告定局。至今国府之外交工作,已自关税自主进至收回法权之阶段。比租界之交收典礼乃于中华民国二十年一月十五日上午十一时隆重举行。在青白国徽与比国国旗同升杆巅之一刹那,中比间之一页旧历史,于焉结束。兹记比租界之历史及接收经过如次。以为收回国权之一纪念。并勖国人之继续孟晋焉。

　　(1)租界设定由来

　　天津比国租界,位于天津市区之东部,东界大直沽,西界海河,北与津市特别第三区接壤,南临海河之长堤,租界面积,计共七百五十七亩半。比国之取得天津租界,系根据前清同治四年九月十日即西历一八六五年十一月二日中比和好通商条约第十二条之规定。光绪廿七年十二月廿八日即西历一九〇二年二月六日,又与我国签订收买专约。该专约共有十三条,其中第一、第二、第七、第八、第十三诸条,最为重要。第一条内规定租界之四境,及比人在界内享受之权利,如云:"比国租界一段在河东俄国租界以下,从世昌洋行煤油栈地边起,沿河向东以一千一百六十八密达,合中国七百〇一尺为止。从河边向里,以四百五十密达合中国二百七十尺为止。其宽广四至,皆于图内载明……比国商民即可在租界以内,修筑房屋、铺面、教堂、学堂、医院、坟园,及作任何生理,悉听比国商民自便。"第二条载明:"界内地亩,已经租界委员与领事官查看,共约七百数十亩。内除洋商信义洋行顺全隆地一百数十亩外,余下之地,约五百亩,以上分作三等,一为庄基地,一为平地,一为水流地,议明比国总出银四万五千两……"第七条内载明:"界内地亩,归比国经营后,每地一亩,按英法德俄租界章程,每年在天津县署交纳租费。界内别国洋商地亩租费,亦归比国领事官一并收齐交纳。"第八条规定云:"中国如有犯罪人等,逃在比国租界潜藏,中国地方官,亦按别国租界拿犯章程,随时知会领事官,照章办理。"第十三条云:"所有界内之地,已经租界委员与领事官会同勘丈立有界碑为准,内有世昌洋行,信义洋行,顺全隆洋行,各地面积,统计共七百五十七亩半。"

(2)公司承办租界

比国政府划定天津租界以后,遂将界内一切经营,统归华比银行代为办理。惟该租界地居僻静,人烟寥落,华比银行统办数年,未能获利,且建筑码头,需款甚巨。比国政府又以国款不裕,难以接济。比人窥知其隐,遂在比京专立公司,向其政府商议承办。于一九一二年冬间会议告成,即于同年十二月十一日,由比政府代表外交部长达维浓与专管比界公司代表华罗基签订合同,将该租界正式转售于该公司归其经理。是项合同,共计九条,大意如次。比政府当年与我所订专约内之一切条件,概由该公司声明继续遵守。而比政府虽将该项租地让归公司承办,但仍有管理之高等权限。政府所派官员,得酌量干预。若政府需用地段时,仍得随时照其所需之数,付价收回。公司如欲将其地之三分之二出售于人,非经政府代表许可,不得擅专。该公司应将码头未成之工程,按照北河码头已成之模范,继续建筑,限三年以内告成。该公司付款八万九千九百三十八佛郎二十生丁,以偿比政府历年建筑商埠修理河道之费,但比政府即将此种款项,充作租界内自治局之用。各项条款内之与我关系较著者,为第二条之该公司如拟取得一九〇二年二月专约内所载中政府将来应让之地亩,则由比政府担承,向我政府让取,惟该公司仍担任租税及一切债务,并允临时筹办款项,以供比政府向我按约让购该地之用。及第九条第五款之未得政府代表许可,不准将地亩转售或租与华人。但对于他国人,则只须该国人之本国政府允许,及其具结声明愿遵已有及将来之各项自治法规,即可允准。我方以该款之规定,对于华人显见歧视,曾迭向比方提出抗议,比方始允遇机修改云。

(3)租界组织大要

自该租界售与专管公司后,比国政府即命令在津之比国居民,组织临时董事会,会商应行兴革事宜。此项董事会,由比政府选派居津之比国人民四人组织之,另派副董事四人为之襄助。其任期无定限,亦无薪给,界内一切事务,皆由其处理。比国驻华公使署,为该董事会直接监督机关,比国外交部,为间接监督机关。比国人民,须具有左列条件,方得被派为董事:(一)须为比国人民,(二)居住天津多年者,但不限定系在租界内之居民,(三)财产价值二万两以上者。董事会以比国驻津领事为会长,集会无定期,遇有问题发生时,由比领事临时召集,按月须将办理情况呈报比使,一九一四年欧战开始,比国疲于抗德,不暇顾及东方,故租界行政因之停顿。战事告终,始稍稍恢复原状,工部局即于是时成立。因位居僻静,地多荒芜,一切设施,迄今尚未完备。

(四)声明交还租界

天津比租界,既根据于前清同治四年九月初十日即西历一八六五年十一月二日之中比友好通商条约而成立,但该约发生效力之时期,系同治五年即西历一八六六年十月二十六日。依照该约第四十六款规定每十年期间届满,先期六个月可由比国知照中国更改。从一八六六年至一九一六年,已五十年届满,比国从未声明更改条约,中国亦未尝要求,于是该约又延长十年。迨一九二六年四月间,我国曾通知比国请其根据相互平等之原则,另议新约。乃比国根据该约第四十六款,谓更改条约,惟比国有条约提议之权,而中国无此权限,竟尔拒绝接受修约之提议。我国政府(斯时系顾维钧摄阁)当于民国十五年即一九二六

十一月六日发布命令,以此约期限业已届满,自应失效,此后中比一切
关系,应按照无约国人民相互间关系办理。比国当以向国际法庭起诉
要挟我国。幸我国上下不为之动,仍坚持无约国之主张。比国在中国
本无多大野心,以为若坚持不决,徒启中国人民之反感,乃由英国等出
面调停,于比国不向国际法庭诉追,中国亦不主张比约效力终止之相互
交换条件下,决定于民国十六年一月十七日开修约会议。是日中比双
方代表开始议订新约,比国公使即席声明比国政府愿将一九〇二年二
月六日中比专约赋与比国即称为天津比国租界区域之权利,准备交还
中国,除私人财产外,比国别无保留等语。当由双方指派委员,组织委
员会筹议进行。同年四月二十一日,我方委员与比方委员第一次会晤
时,比方委员交出节略一件,其中最重要者,无非(一)维持界内私产,
(二)承认市债二项。此外对于界内闽广会馆之土地界线,亦有下列之
提议:"此项土地在登记不动产地图内之 S 区中,界线从未确定,该会
馆亦未能呈验契纸,将来应与该会馆妥商者,即确定左列之各地界,
(甲)会馆所属之地界,(乙)比国租界有限公司所属之地界,(丙)第一
路之地界。"

　　同年五月二十三日,我方委员又与比方委员作第二次之会晤,对于
私产及市债两问题,双方争持甚力。嗣比方代表谓应请示政府后,再行
谈判。旋因政局剧变,会议遂中止进行。

　　(五)前年谈判经过

　　民国十八年一月间,我国外交部长王正廷与驻华比国公使华洛思
会晤时,对于收回天津比国租界,复经一度之接洽。会得比国之同意,
约定双方选派委员,在津会商收还办法。外交部即咨请内政部、河北省
政府,及天津特别市政府,各派委员一人,外交部派二人,组织接收天津
比国租界委员会,办理一切。我国委员为外交部委派之凌冰、周纬,内
政部委派之土地司科长赵光庭,河北省政府则派前外交部参事黄宗法,
天津特别市政府所派之天津特别一区主任陈鸿鑫等五人,凌冰为中国
方面委员长。六月一日在天津市政府内正式成立委员会,自六月十七

日中比会议开幕后，至八月三十一日协定签字，其间经过两月余，前后共开正式会议八次，非正式会议十余次。时虽因天津电车公司罢工风潮，停顿二十余日，但双方委员始终出于友谊精神，除私产及市债问题稍有争议外，其余诸问题，皆顺利解决。计签订协定一件，换文声明书共四件。（协定全文会载本报第六卷第三十六期大事述评）

（六）外长躬亲到津

协定既签，租界之接收，已属完全定局，嗣将私人财产等问题摒挡妥贴后，乃定于本年一月十五日举行交收典礼。国府外交部长王正廷特先期来津参加盛典，王氏于一月十四日晨七时到津，王氏语《大公报》记者云，国府外交，近年尽全力于不平等条约之撤废，去岁以前，专办关税自主，至去年完全告竣，去年乃着手于领判权之撤销，希望于本年五月五日以前办到相当成绩。中国对于法权，志在为整个的回复，不愿有条件之附加。继此努力者为租界及租借地之收回，希望于本年开其端，至少今年可收回租界十处。故本人为收回天津比租界事，特别躬身北来，以示隆重。前月英国交还威海卫，本拟自往主持，以时局关系，致未果往。今日专为比租界接收礼而来，亦不过欲藉以唤起中外人之注意而已，比国在华，无驻兵，无内河航权，其于中国之关税自主，首示赞成，于领判权之撤废，又为正式订约之第一国，今更自动实行交还租界，种种好意，至足纫感。本人之所以远道前来，亦正为此，惜比公使昨日来津后，因病不能到会，实堪遗憾云云。

（七）接收典礼告成

典礼之期既届，天津全市商民，均悬旗庆祝，各要道并由市党部各界庆祝大会，张挂关于收回租界之标语，特别三区万国桥堍所悬者，为"收回租界后我们要努力把他建设起来"，特别三区及旧比租界交界处所悬者，为"收回租界要迅速废除不平等条约"。该处并有公安局骑巡队十二名，自行车队二十名，暨参观此空前庆典之群众千人。旧比国工部局门首，聚集观众尤多，约计不下五千人。工部局大门左侧之一室为签到处，长官休息室设内院左方，其对面为礼堂，内悬党国旗及中山先生遗像,参加典礼者签名后,由招待员导入内院休息,又有公安局乐队四十名,保安第十一分队全队,特别一区三区警察各三十名,大直沽志修堂附属小学学生亦列队参加,全场盛况,为天津所仅见。

参加人物。津市各机关各团体,均派代表到会参加典礼,公安局长张学铭则于职务关系,晨八时后即率长警多名到场照料。外交部部长王正廷、接收专员臧启芳于十时四十五分莅会。越十分钟,比国总领事施爱思,比国使馆一等秘书爵尔登,华比银行总经理亦到。此外参加者有前国务总理颜惠庆,省府主席王树常、龚心湛,前外交总长曹汝霖,前驻奥公使黄荣良,市整委鲁荡平、刘不同,省委严智怡、陈宝泉,外交部法律顾问黄宗法,情报司长刁敏谦等,此外并有外宾多人被邀参加。

典礼秩序。(一)开会,(二)奏乐,(三)比代表致词,(四)下旗(比旗),奏乐(比国国乐),(五)升旗(中比国旗),奏乐(中国国乐),(六)各委员及来宾向中比国旗行一鞠躬礼,(七)中代表致词,(八)奏乐,(九)摄影,(十)闭会。

接收情形。十一时全体赴工部局门外肃立,王部长立正中,比国总领事施爱思,比使馆秘书爵尔登,接收专员臧启芳,省府主席王树常,及全体来宾立左右。旋依仪节,奏乐开会,乐止,施爱思代表比公使华洛思致词,由驻津比总领事馆通译官马登斯就汉文译稿诵读。马氏来华十七年,能识华文,诚难得也。辞毕,继为下比国国旗,升中国国旗,同时将比国国旗上升,以示两国亲睦之意,次全体向中比国旗行一鞠躬礼,又次臧专员致词,乃奏乐摄影闭会。时为十一时四十分,昨日会场中参加者咸极庄肃,而有雍容欢忭之感。比总领事于礼毕后云,得参加此盛典,为生平第一快幸之事,惜比使华洛思君因病不能到会,代表比国政府参加隆重之典礼,并对中国国民政府及国民致其亲睦之谊,殊以为憾云云。散会后中比两方参加交收人员,由臧专员在海河路北宁铁路官舍招待。下午二时,市党部举行庆祝大会,王部长等均往参加。三时在比领馆接洽点收公文器物。晚八时王部长在西湖饭店邀中比官商各界开盛大宴会。旧比租界巡捕,昨午起即改着中国警察服装,张公安局长,并于礼毕后对旧租界原有巡捕及新调该处服务之警察训话。

比代表致词。比国驻津总领事施爱思致词,译文云:大中华民国国民政府外交部部长阁下,接收天津比国租界专员阁下,诸位官宪阁下,比国公使华君洛思代表比国政府,前曾照会大中华民国国民政府外交部部长,以一九二九年八月三十一日会议交还天津比国租界之协定条款,现经比国政府批准正式交还等因,今日本总领事代表比国政府正式将天津比国租界实行交还臧专员接收,日后得由中国天津市政府行使治理权。本总事极为欣忭,缘此次举行交还天津比国租界典礼,外交部王部长参加斯会,溯查一九二九年会议交还协定之时,王部长甚有赞助之力,彼时签订协定者,华方凌君,比方纪君,实由王部长主持一切,是以得观其成。此次举行隆重之典礼,比国公使华君洛思,前日由平来津,预备出席,为比国政府之代表,惟于日昨患病,未得躬亲与会,甚为歉疚。本总领事查于一九二七年比国公使华君洛思已将交还租界之诚意,向中国政府有所表明,在租界地方以内,除私人产权外,所有一九零二年比国所享有之永租权完全撤销。今日为中比两国友谊亲睦,举行交还租界典礼之日,华君洛思理应参加盛会。本总领事代表比国政府在外交部部长及诸位官宪台前,正式将天津比国租界完全交还于国民政府,所有卷宗等件,敬请接收专员点收,是所感盼,谨此致词。

中代表致词。接收专员臧启芳致词云:比国总领事,王部长,诸位来宾,今日比国交还天津租界,鄙人奉命接收,至为荣幸,比代表顷致词,对于此事之经过,言之殊详尽,鄙人对于此友谊之举动,异常同情,同时有三种感想,第一,比国与中国之感情,向来甚好,两国睦谊,自此益将增进。第二,如邦交建筑在平等精神之上,则国际间已有之各种不平等事情,可以减少,未来之不平等事情,不致发生。第三,鄙人此言,不是理想的,乃可实现的,为世界幸福计,世界人民均应有此觉悟,将此种精神,扩之于全世界,则世界永久和平,即可由此获得。最后并一呼比国万岁,中国万岁,中比两国邦交万岁。臧氏词毕,由段茂澜翻译,全场鼓掌。

点验警察。接收礼毕后，津公安局长张学铭，向原有工部局巡捕点名毕，当场训话，略谓租界接收以后，所有原来之巡捕人等，如愿继续服务，可以留用，其不耐劳苦自愿辞差者，亦可声明，惟向来租界巡捕习气甚坏，尔等既改着中国警装，应当力改以前行为云云。当由巡捕长朱占元禀称，比租界巡捕，以前系向天津巡警道署调用，故本来即是中国警察，决无外国租界巡捕恶习。张局长当又向新调赴旧比租界（即新特别四区）服务之华警训话，令与旧人合作，勿因新旧而分界限，词毕各退。

点收物品。接收典礼举行后，市府所委之助理接收委员卢篆谭福二氏，于下午三时偕往比国驻津总领事馆，点收移交之文件物品。首点收文件，由比领交出关系租界之各项帐簿图表若干，嗣偕同领事馆之翻译官往工部局点收物品，至六时许始回。记者晤卢氏于其寓所，询以接收经过及将来计划。据卢氏谈称，比方所交之物品清单，虽罗列甚多，但该清单乃根据其历来购买帐目所列者，故多数物品，仅有其名而无其物，即有亦多敝旧不堪，无法使用，将来即办公室所用木器，亦需新制，其他贵重用物可知，故对接收物品上，无可发表者。全部土地，在租借之先即由华比银行等资本团，组织一地产公司，向各地主收买，有欲使用者须向公司租赁，该公司享有比政府准许之特权，在租界市政进行上负有相当责任，故欲在界内建筑房屋，首须向之租用地皮，建筑图样，且须经该公司审定，不合所定式样者，不得建筑。故该界虽已租借甚久，界内建筑物则甚寥寥，原因为已有建筑，无人愿往投资，普通市房，格于该公司之规章，不准起造，故迄今无普通住宅也。惟年来该公司已将地皮出卖若干，已不能拥有全界之地土，此后当局对其产权，仍照旧维持，第能视作普通营业之一，不再予以特权。该界内街道开辟办法，比方亦已计划，惟各干路因避让外商私有地皮，故路线多不适用，于将来发展上，恐有妨碍，故须重新规划。

今后管理。卢氏又云："关于行政管理，当局原拟归并特别三区，经本人向臧市长张局长建议，为顾全将来发展计，仍使之独立，作为特别第四区，须经市政府会议后始能正式决定。其组织一照原有各特区办理,惟限于经费,对应设职员不必一律全设,每科暂不设科长,第用一办事员,捐务科则使警官代办,主任一职暂由本人兼代。刻已由特别一三两区内调去警察四十名,接替原有岗位,旧有巡捕一律给假数日,使之休息。本人意见,拟将警察增为五十名,因接收后应促进其发展,警察人数多,则保护周到,易于招徕市民。第一步当使界内荒地变成住宅,对请求在界内起造房屋者当予以最大便利,除草房外均可自由起造;市政发展当循序渐进,如官方限制太严,谁肯投巨大资本在毫未开辟之地建筑楼房。"云云。卢氏前曾躬与接收德奥俄三国租界之役,对收回租界堪称熟手,闻此后拟更努力使各特别区发达,以促进收回其他租界进行云。

报告中央。臧启芳昨电中央及全国报告云:中央党部中央政治会议、国民政府各院钧鉴、各部会、各省市党部、各省市政府、各师旅及团体各报馆均鉴,接收天津比租界一案,启芳奉命为接收专员,并准外交部蒸电,约定于本月十五日上午十一时交收等因,启芳遵期会同驻华比国公使,并柬约各界在前比租界工部局举行交收典礼,雍容礼让,极臻熙洽。是日全市悬旗庆祝,下午各机关各团体均分别开庆祝大会,欢欣鼓舞,同祝和平,谨电奉闻,诸希察照。天津比租界接收专员护理天津市市长臧启芳叩删印。

联欢盛宴。当晚八时,王部长在西湖饭店宴比国总领事及比使馆一等秘书爵尔登,并华比银行经理,电车公司比经理等重要比侨,中国方面被邀者,为河北省主席王树常,护理市长臧启芳,津公安局长张学铭,察哈尔主席刘翼飞,市党部鲁荡平、刘不同,及省市府各厅长局长等,在野者为颜惠庆、张伯苓、龚心湛、黄荣良等,届时中外来宾到者五十余人。进香槟后,王氏起立,先以国语述称:"今日为接收比租界之日,本人代表国民政府,在此欢宴比国官商及中国各界人士,无任荣幸,因便于比国友人了解起见,将用英语致辞。并将奉祝比国国王健康。再者鄙人今更声明一件憾事,即比公使华洛思君今日因病不能与宴,实是遗憾,华洛思君为中比亲善,种种努力,今日之事,君实为之,与鄙人私交尤笃。前曾互约,实行交收比租界之日,当双方躬来天津参与典礼,讵君抵津,乃忽患病,诚令人抱恨也。"云云。语毕更以英语演说,亦首述对华洛思公使不能与会之遗憾,嗣即为下纪之陈述,略谓:今晚与诸君聚晤一堂,与其谓为庆祝一长期交涉圆满之解决,毋宁谓为纪念两友邦增进合作与敦睦的新时代之肇端。夫外交之真价值,不在博得琐屑胜利,而在能消弭纷歧,增进国际之平和与善意,此固为在座诸君所共喻。于此吾人对于比利时外交当局识见之远大,与态度之宽宏,殊不胜其钦佩,忆中比两国邦交经过,在友谊上可称一无遗憾,辄能互相合作。一八四五年七月二十五日中国以国书允比国以通商权利,后二十年,中比首次缔约,允比人民与他国侨民一体享受贸易通商权利,迄一九一四年至一九一八年间,大战祸起,比国以繁庶境土,首当其冲,横遭蹂躏。而我中国对于协约为公理战胜强权,其贡献亦殊不肯后人。上述中国对比友谊之表现如彼,而比方亦与吾人以充分之酬答,如一九二五年允退还庚款,用于我国实业文化与慈善事业,又放弃一八六五年所订不适用之旧约,而根据平等与相互原则,与我另订新约,今更自愿的无条件交还其在华唯一租界,即吾人顷间参加正式交还盛典之津比租界。查此种光荣举动,其非人民具有远大之眼光,无自私之志意,能信奉耶教待他人如己之金律,以充分同情心顾及友邦平等与自由之正当欲望,洞明时代之趋向,不畏采用新方策而顺应新形势与急需,又乌克臻此。是种举动已为比利时博得中国人民深厚之感谢与好意,并树立一可资观感之先例,使凡顾念中国人民友谊之列邦,亦将闻风而兴起。查今日全世界俱向远东觅取市场,在已往七阅月中,为此来华之经济与工业团体,不下三起。吾人今不妨复述者,即凡能博得中国之善意者,即能博得中国之市场,而欲博得中国之善意,则更不能无具体的友谊动作以证明之。如今日比利时友邦交还前天津比租界与我国,即其一例,至关于收回租界之前途,鄙人可向诸君证明者,即国府今后将尽力使其发展,令其在国内成为市面繁荣管理妥善之市区。盖此不仅以副比国人民交还租界之盛意,且为我国整顿全国行政制度之方针,今日在座之河北省主席王树常将军,干练有为,学识并茂,代理市长臧启芳君,才猷练达,长于行政,公安局长张学铭将军,维持治安,能力优越,其足以致河北于繁荣,使天津益增发达,可为诸君明言之,比租界与华界一河之隔,既经打成一片,其发展固可断言也。鄙人兹特乘此机会,恭祝大比国君主爱尔培陛下政躬康健,两国邦交,永远敦笃。王氏语毕,举杯祝比王康健,全席起立,鼓掌声随起,继由比使馆一等秘书爵尔登君以英语致答,大意亦以华洛思君不能到会为憾,而以本人之能代表致谢为荣幸,并谓愿舍去外交辞令,而以衷心坦白声述中比亲交之至意,谓比国对于中国国民运动,向以极诚恳之意思相待,经今日之事,愈可保证其睦谊。语次盛称王部长之才能德望,不特中国有名,西欧各邦亦均仰望,中比亲交,王君实为最有力的活动人物;最后更谓华洛思公使在华六年,以和平亲善为主旨,历任比使,亦皆如此,今日华公使虽卧病旅次,不克躬与盛会,与吾人同乐,然敢断言其精神之愉快,决无二致也云云。语毕,举杯祝中华民国国民政府主席健康,中比邦交永远和平亲善,由李芳氏译述,举座鼓掌,尽欢而散。席次张学铭局长持菜单请王部长及比总领事比秘书许司长等签名其上,永留纪念。在座比宾,亦群相仿效,王外长签署不少,欢忭和蔼之空气洋溢全席,诚天津国际应酬场中稀有之盛宴也。

(八)各界庆祝大会

是日下午二时半,天津市整委会,在该会大礼堂举行天津各界庆祝收回比租界大会,到各团体各机关代表五百余人,王正廷、臧启芳、黄宗法、徐谟、刁敏谦等。宣告开会后,主席刘不同致辞,略谓今日收回比租界,虽地域不大,并无何等伟大建筑,然在精神上则殊值得纪念,可为收回其他租界之先声。今日本拟召集市民大会,因时间仓促,未克举行,以充分表现市民热烈庆祝之意,深为遗憾云。次由外交部长王正廷演说,略谓今日收回天津比租界,在津同志,特举行此盛会,以表示其庆祝与愉快,在此热烈之空气中,自最易想到总理弥留,所念念不忘之二点,即遗嘱中所列为尤须于最短期间促其实现之开国民会议及废除不平等

条约二点,是以本部历年之方针与策略,即根据总理遗训,积极谋不平
等条约之废除,曾经决定如下之步骤,即(一)解除经济束缚所谓关税
自主,(二)解除司法束缚所谓法权收回,(三)解除其他一切行政权军
事权上之束缚,所谓收回租界(上)〔与〕〔租〕借地,及内河航行权,并撤
退外军等。自十七年努力至今,所有与外国缔结之税关新约,至十九年
十一月十八日均完全发生效力,经济上之束缚,即已于是日完全解除;
法权问题,则前年十二月十八日,国民政府即曾宣布于十九年一月一日
起,开始撤销各国在华领判权,最近欧美诸大邦态度,亦均极鲜明,此项
问题,于最短期间,亦即可有根本之解决。是则经济与司法之束缚,既
均将完全解除。此后吾人应有之努力,自当集中于行政权方面,而首应
从事者,自当为租界租借地之收回,查各国在华租界租借地之收回,原
不始自今日,惟昔日租界之收回,如天津之俄德奥等界,汉口之俄德等
界,或系根据绝交,或系凭借武力,自国民政府定都南京以来,以双方和
平会议之方式,签订收回外界之协定者,要必以天津之比租界为始。

　　此项双方会议,系于十八年六月十七日开始,至同年八月三十一
日,历时约两月有半,始将协定签订,当经规定,协定应自两国政府互相
通知批准之日起发生效力。我国政府,前已于十八年十一月七日,将协
定批准,比国方面之批准书,则于去冬寄到。现在双方批准文件,业经
彼此互换,今日已实行由我方接收,于是自前清光绪二十七年(一九○
二年)由我国租与比国之天津河东一段地,至是遂又物还原主,复归
我有。

　　查天津比租界面积虽不满二方里,人口虽不及二千,物质上之关
系,虽不甚重要,但比国在吾领土唯一之专属租界,即此一段地亩,今比
国政府与人民,愿将此项租界交还中国,其友谊的精神,其协助中国恢
复行政权之好意,吾人当以十二分诚意接受。吾人深信与中国有关系
各国,愿主张公道放弃其特权者,当不仅比利时一国。

　　予于此尤不能无感焉。前清懵于外情,或受欺朦,或受威吓,遂致
签订种种不平等条约,今者比租界收回,是种不平等创痕,即已消灭其

一。吾人虽可稍引以自慰，惟是办理外交，贵有一定之程序，尤贵有贯彻之决心。废除不平等条约之步骤，既已如上所云，截至今日，除现在实行接收之比租界外，其已经完全收回者，则有镇江及厦门之英租界，暨山东之威海卫租界地。其正在进行收回者，则有鼓浪屿公共租界、汉口日租界及法租界。其他一切租界租借地，尚当相时度势，循序渐进，务期于关税自主权收回之后，将此八十余年来行政权上所受之束缚，一律摧陷而廓清之。且一切租界租借地收回之后，比界内外人之生命财产，吾国无不力加保护。盖收回租界租借地之结果，只特增我国之责任，而于外人方面，则并无丝毫之影响，此则尤希望内外人士之共相了解者。本部执掌折冲，奋斗乃其专责，惟是国步方艰，要仍群力是赖，而对于友好之各外邦，及其国民，自更应根据平等及互相尊重之精神，不为成见所拘，亦不为狭见所囿，随时随地，均表现我泱泱大国民之态度，庶乎内有所团结，而外有所提携，使废除不平等条约之伟绩，得以早观厥成焉。王演说毕，由市整委鲁荡平演说，略谓在今日热烈之空气中，最令人追念总理创造中国之艰难，及其洞烛中国贫弱之所在，唤醒吾人废除不平等条约，收回租界，使吾人知所努力。吾人对外交当局之奋勇，自当一致拥护，而尤当将已收回之租界，善为经营，使其他各国，无所借口云。次由市长臧启芳演说略谓，比租界接收情形，适才王部长已有详细报告，嗣后吾天津人无论其为市民或官吏，均应一直为外交当局后盾，而所谓后盾，固非口号式的拥护之谓，应重在实际之表现。如比租界尚未开发，吾人嗣后应当努力使其开发繁荣，如已收回之各特别区，吾人更应努力，使其警政市政较昔租界时代，尤为完备，治安尤为妥善，如此则其他未收回之租界，外人将无所借口拒绝收回矣。五时散会。

今日收回天津比租界

1931 年 1 月 15 日

　　清光绪二十八年,比利时国取得天津租界。以民国十八年八月三十一日签订之中比协定,由比国声明自动交还中国。经两国政府批准协定,遂于今日上午十一时举行交收该租界地典礼于天津。国民政府念此举之重大也,特遣外交部长王正廷氏,亲自来津,主持典礼。盖以彰比国之友谊,并唤起国民对于收回租界问题之舆情。此诚国家盛典,用贡数言以示庆祝。

　　吾人愿首先声明者,在四五年来中国国民革命运动之过程中,比利时国对于三种问题,皆先各国而表示愿与中国成立平等亲善之新关系。三事非他,承认关税自主,承认取消领判权,及自动的交还其在华所有惟一之租界是也。中国人民,受国际压迫者垂百年。不平等条约之束缚,直如桎梏之于人身。近年之革命运动,简言之,首为摆脱此种束缚之挣扎耳。然同时中国人民,恩怨分明,绝不轻视他人好意。其有慨然明时代之潮流,援助中国之自由平等者,吾国实感谢之。如比利时,其一也。比利时之在西欧,国小而文明。就民主制度言,几足为他国之范。其国不重武力,不与各国为武装之愚争,而尊重国际法,爱好和平。工商发达,文物灿然。近世中比通商以来,惟有传统的友谊并无任何不幸之纠纷。近年以来,比国鉴于中国民意之所趋,更首先表示平等亲善之新友谊。今日遂得举行交收天津比租界之盛典。自兹以往,吾人敢断言,华人对比国文化必益增钦佩,而两国友交之巩固,经济关系之增进,必有足满吾人之期望者也。

　　其次吾人愿代表中国公意,以告在华有租界租借地之各国者。夫行政权之完整,为普通独立国家之必要的前提,而中国境内之有若干租界租借地,乃十九世纪末年各国侵略行为之结果。中国人民为达到恢复行政权之完整,以成普通之独立国家,则必须收回一切租界租借地。此天经地义,毫无退缩之余地者也。近年中国之国民革命运动,其重大目标之一,即为收回一切租界租借地。年来虽事实上尚未达到,然此志所在,无从变更。无论如何,不贯彻其目的不止。何也? 非此即不得为独立的国家,故也。中国人民,不采片面废弃条约之惊人行动,不用强迫夺还之手段,然同时绝不软化,且不能听各国长此把持不平等条约而无期延期。迄最近为止,中国内政搅攘多故,对外交涉因而迟延。然今则统一规复,政轨渐定,从此国民势将督责政府,贯彻恢复行政权之完整,任何障碍,将不足以阻其进行。此愿各国民充分注意者也。抑租界为物,就各国论,亦纯系旧式帝国主义,其办法为现今所不需。盖国家交际,重在通商,能谋经济的发展,斯可矣。固无庸特破坏一国行政权之完整,而划出一区域,作为租界,梗阻其本国行政权之行使。此种必损人而后利己之方法,诚陈腐政策,与欧战后世界之进步,大不相容矣。今日借比利时交还天津比租界之机会,愿唤起各国朝野注意,认识比国此举,为新时代之模范的行为,同时则为当然必然之举动。凡有租界者,应准备交还,应于中国行政完整之下,谋其通商上合法的发展。简言之,应早觉悟交还租界为终不能避免,亦不必吝惜之事。即以天津论,此处原有八国租界,而今只余其四,英租界则前年已有协定,将次交还。夫时代愈近,则租界愈减。此种明显之事实,特望各国朝野应加以适当之考虑也。

虽然,吾国各级政府,因收回国权而加重之责任,则必须努力勉尽。人民于此点,应监督政府,随时责成其努力。夫过去外人之诟病中国也,曰行政不良,曰收回国权而不善行使。其所举之例,则如青岛市政经数次军阀管理之退步,如天津三特别区市政之不满人意,如上海天津等处本国管理区域,马路水道及一切建筑之逊于租界。以事实论,过去军阀政治之贻羞,中国自己,亦实有不能为讳者在也。夫外人之寻疵藉口,自不足障碍中国求自由平等之决心,而现经重大改革以后,亦不应纯以过去之弱点衡未来。中国人民,惟当本其立国之需要,勇猛迈进。有一点必须督励各级官厅奋勉者,即各都会之市政,事实上必须力求进步是也。吾人所谓市政进步,不指建筑华美而言。中国承久乱之后,在建设之初,正不必慕虚荣、求壮观。市政建设,应依其财力所许之范围行之,清洁而便利斯可矣。其关系重要者,毋宁属于精神方面之问题,即市政之经营,应重自治,轻官治。凡一市居民,对其市政应有直接的或间接的参预之权。市的警政,应开明而有效,警察应以保卫人民为第一义,不以苛琐之警律,对待人民。官吏本为公仆,市的官吏尤然,其意义应为对人民服务。简言之,市政之进步,应以达到民主的自治的为目标,务使中外居民实现安居乐业之状态,则市政之责任尽矣。夫现在世界之趋势,将无足为中国恢复行政权完整之障碍者,纵有之,亦将终可打破。继比利时而起者,不忧无人。一切租界租借地之收回,皆为必然办到之事。然责任在我者,要不能不尽。外人纵不藉口,我各级官厅亦必须努力奋发也。今当收回比租界纪念之日,愿国民于庆祝之余,并决心自此更努力自尽其应尽之责任。

天津《大公报》1931 年 1 月 15 日

(四)收回厦门英租界

说明:厦门英租界是 1851 年(咸丰元年)英国驻厦门领事苏里文依据《南京条约》向厦门地方官提出设立的,1862 年(同治元年)英租界正式形成。五卅惨案发生后,迫于厦门民众的反英浪潮,英方自愿将工部局裁撤,并将界内管辖权交给当地政府。尽管厦门英租界工部局已于五卅运动后撤废,但英租界的名义并未取消,且界内地亩仍以英皇家地租契据作为凭证。1930 年 6 月南京国民政府外交部派员调查租界内租契情况,为正式收回租界作准备。1930 年 9 月 17 日,国民政府外交部部长王正廷与英使蓝普森换文,声明该租界正式取消,界内外国人所持皇家契据统一换为中国永租地契,且在中国土地征税新法未实施前按照原征收数目缴纳年租。1931 年 4 月,思明县政府报告外交部,界内中外人民换给地契事宜处理完毕。至此,厦门英租界的收回手续正式完竣。

1. 厦门英租界内土地契据的变更

蓝普森致王正廷照会
1930 年 9 月 17 日

　　为照会事:关于商议解决厦门英租界内土地产权问题一案,兹应请贵部长证实本公使之了解,即英国政府对于该处地亩所给外国人民之契据,应易以中国永租地契,每亩缴纳登记费一元。自此项中国永租地契制就交于厦门英国领事,以便转发该处外国人民之日起,上述租界即行取消,所有一八五二年关于将该处租予英国政府之换文亦一并作废。至该处持有英国政府所给契据之中国人民,中国官厅俟其将英国政府所给契据呈缴后,即给与适宜之地契,其所缴英国契据由中国官厅交还英国领事,与给予外国人民之契据同样注销,相应照请贵部长查照并见复为荷。须至照会者。

　　右照会
大中华民国外交部长王

《外交部公报》第 3 卷第 6 号,第 135 页

王正廷复蓝普森照会
1930 年 9 月 17 日

　　为照复事:准贵公使本日照会内开,关于商议解决厦门英租界内土地产权问题一案,兹应请贵部长证实本公使之了解,即英国政府对于该处地亩所给外国人民之契据,应易以中国永租地契,每亩缴纳登记费一元。自此项中国永租地契制就交于厦门英国领事,以便转发该处外国人民之日起,上述租界即行取消,所有一八五二年关于将该处租予英国政府之换文亦一并作废。至该处持有英国政府所给契据之中国人民,中国官厅俟其将英国政府所给契据呈缴后,即给与适宜之地契,其所缴英国契据由中国官厅交还英国领事,与给予外国人民之契据同样注销,

等因,准此。本部长对于贵公使来照所述之了解认为无误,相应照复。查照为荷,须至照会者。

右照会

大英国钦命驻华全权公使蓝

王正廷致蓝普森照会

1930 年 9 月 17 日

为照会事:关于解决厦门英租界土地产权问题,本日互换之文件,本部长兹声明,在中国全国土地征税新法在厦门区域未实施以前,所有厦门因调换英国皇家契据持有中国永租地契之人,其应纳之年租暂照现在征收之数目征收之,相应照请贵公使查照为荷。须至照会者。

右照会

大英国钦命驻华全权公使蓝

蓝普森复王正廷照会

1930 年 9 月 17 日

为照复事,接准贵部长本日照会内开,关于解决厦门英租界土地产权问题本日互换之文件,本部长兹声明,在中国全国土地征税新法在厦门区域未实施以前,所有在厦门因调换英国皇家契据持有中国永租地契之人,其应纳之年租暂照现在征收之数目征收之,等因,本公使业经阅悉,英国政府对于此项声明同意,相应照复贵部长查照为荷。须至照会者。

右照会

大中华民国外交部长王

2.厦门英租界收回手续的完竣

外交部致行政院呈文
1930年9月23日

呈为呈报事:窃查厦门辟为通商口岸,系以道光二十二年《中英南京条约》为根据,至咸丰元年十二月,即西历一八五二年二月始由兴泉道赵与英国驻厦领事苏互换照会,划定英人租用地段。厥后英国在该地设立工部局巡捕,办理界内一切行政事宜,其地位遂与镇江、九江等处英租界相同。迨民国十四年,虽因时局关系,英方自愿将工部局巡捕裁撤,但租界名义迄未取消,其界内地亩之转移及营业,亦仍以英国所发之皇家契据为凭。兹经本部与英方一再磋商,业于本月十七日与驻华英使换文,声明将该处租界正式取消。所有咸丰元年关于将该处租与英国之文件亦一并作废。同时该处英国所发之皇家契据,其为外国人民持有者,由我国换给永租契,其为中国人民持有者,另行换给适宜之契据。至外人应纳年租数目,在全国土地收税新法在厦门区域未实施以前,暂仍照旧办理。除咨行福建省政府查照并咨请内政部核议,对于本国人民究应换给何种契据外,理合检同往来照会抄本两份,备文呈报钧院鉴赐,转呈国民政府备案,实为公便。谨呈

行政院

计呈送与英使往来照会抄本两份,每份中英文各四件(缺)。

再,呈送照会尚未与英方约定公布日期,在未公布前系密件性质,合并附陈。

外交部长王正廷

中华民国十九年九月二十二日

(原编者注:办理取消厦门英租界案,1930年10月11日国民政府行政院致外交部训令称:经国民政府秘字第十八号指令称,准予备案。)

《中华民国史档案资料汇编》第五辑第一编《外交》,第1254—1255页

外交部致行政院呈文

1930 年 11 月 22 日

呈为呈请转呈事:窃查收回厦门英租界一案,前由本部与英使互换照会解决,业于九月二十二日照缮往来照会二份呈报钧院,并奉指令在案。兹查此案内关于中外人民换契办法,除外国人民业经本部制就永租契式,令发思明县政府遵办外,其对于中国人民依照换文规定应给与适当之契据。本部以本国人民取得该处土地之权利,本与所有权之性质相同,自应给与所有权契据。业经咨商内政、财政两部均无异议,并准财政部复称:在土地法实行以前,该项契据即由思明县就近核明换给。等由在案。除由本部咨行福建省政府查照并令思明县政府遵照办理外,所有收回厦门英租界办理换给中、外人民契据各情形,理合连同外人永租契式中、英文各二份,呈请钧院分别鉴赐,转呈国民政府备案,实为公便。谨呈

行政院

计附呈外人永租契格式中、英文各二份,共计四件。

外交部长王正廷

中华民国十九年十一月二十二日

中华民国福建省思明县县长　为给永租地契事:照得接准大英领事官(　　)照会内开:今据(　　)国(　　)人(以后称永租人)请在厦门商埠永租地一段,计(　　)亩(　　)分(　　)厘(　　)毫,北至(　　),南至(　　),东至(　　),西至(　　)。等情。该永租人将旧有英国皇家永租地契缴回英国政府,请换给中国政府永租契据,并愿每年预向中国当局缴纳思明地方官厅所征收之中国政府地税,等因前来,本县长(　　)合行给与该永租人永租地契一纸,仰即依照下述规定执管该地。倘该永租人或其继承人或让受人每年不将上述之地税预付,并经严饬仍抗不遵缴,则此契作为废纸,并将该地及其地上房屋等之所有权或一切权利及其他利益一并复归中国政府。

须至契者。

中华民国　年　月　日给永租地契第　号。

（原编者注：一、收回厦门英租界移换给中外人民契据者，1930年11月10日行政院致外交部训令称：经国民政府第二一四九号指令称：准予备案。二、外人永租契格式除加标点外，照录原样，英文格式从略。）

《中华民国史档案资料汇编》第五辑第一编《外交》，第1255—1256页

办理换给厦门前英租界中外人民地契之进行情形

总述：厦门英租界，业经本部与驻华英使于九月十七日换文，声明取消该处英国所发皇家地契。依照换文规定，其为外国人民持有者，应由我国换给永租契；其为中国人民持有者，应另行换给所有权地契，所有该处换契办法，自应照此办理。

进行之经过情形：关于换给外国人民永租契部分，由本部拟定永租契格式中英文各一份，发交思明县政府，照式换给。至发给中国人民所有权地契，则由思明县政府自行拟具格式，呈请福建省政府核定后，再行换给。其以前英国所发之皇家契据，均缴还英领，一律注销。上述办法，经本部呈请行政院转呈国民政府备案，并咨达福建省政府及令行思明县长遵照各在案。拟订

中国第二历史档案馆藏行政院档案

关于厦门英租界所手执英国皇家地契更换事宜

自民国十六年收回汉口英租界，上年收回厦门英租界后，其界内华洋人民所执英国皇家地契，迄未更换。迭经本部拟具外人租契格式，分别令催办理，并呈报行政院备案。兹据思明县政府、汉口第三特区管理局，先后呈报前英界内中外人民换契情形前来，所有收回手续至是始告竣事。

中国第二历史档案馆藏行政院档案

六、中苏关系的恶化

说明:1927年12月,国民党二届四中全会通过《对苏绝交决议》,旋即在全国范围内查抄、关闭俄苏领事馆,中苏关系几至决裂;1929年,东北地区的中苏关系亦渐趋紧张。由于中苏在中东路管理权上的固有矛盾,加上南京政府的暗中支持,张学良查抄哈尔滨苏联领事馆,武力接管中东路,挑起"中东路事件"。事件发生后,苏联政府照会南京政府,抗议中方违背现行中苏条约,并提出最后通牒,中苏边境局势日益紧张。为此,南京政府派蒋作宾作为全权代表,请德国政府出面调解,无果。10月,苏军进攻东北,东北军败绩连连,举国震动。南京国民政府只好请美、英、法等"非战公约"签字国出面调解,但苏联要求中苏直接谈判。12月,中苏代表在伯力举行谈判,最后签署《中苏伯力会议议定书》,中东路恢复原状,苏联撤军。

本章主要资料来源:

中国第二历史档案馆藏行政院档案、国民党中央民众训练部档案

中国国民党中央委员会党史委员会编,秦孝仪主编:《中华民国重要史料初编——对日抗战时期》绪编(二),台北"中央"文物供应社,1981年

程道德等编:《中华民国外交史资料选编》(1919—1931),北京大学出版社,1985年

南京国民政府外交部编:《外交部公报》第2卷

上海市档案馆:《蒋作宾日记选——中东路事件交涉》,《近代史资料》总67号,中国社会科学出版社,1987年

蔡运升:《伯力交涉始末记》,《近代史资料》总71号,中国社会科学出版社,1988年。

(一)国民政府撤销承认苏俄领事与中苏宣布结交

说明:1927年,南京国民政府悍然通过《对苏绝交决议》,在全国范围内(东北地区除外)查抄关闭俄苏领馆,停止俄苏商业机构在中国的一切商务活动。对此,苏联政府提出抗议,但南京政府无视抗议,继续上演反苏闹剧,有些地方甚至发生杀害苏联外交官的恶劣事件,中苏关系事实上处于决裂状态。

张人杰自上海报告上海远东银行为苏俄接济武汉金融机关电
1927年7月16日

国急。南京总司令部秘书处:饮密。总司令介石弟、伍外长梯云兄均鉴:上海远东银行为苏俄接济武汉金融机关,此间不难封禁,请梯兄设法交涉发封,以绝后患,并盼电复,人杰叩,删印。

录自总统府机要档案
《中华民国重要史料初编——对日抗战时期》绪编(二),第191页

南京国民政府撤销苏俄领事馆及商业机关令
1927年12月14日

查国民政府统治下各省之苏俄领事馆,及其国营商业机关,恒为宣传赤化藏匿共党之所。本政府迭据报告,早有所闻,徒以顾念邦交,未即深究。本月十一日广州事变骤起,共党占领省垣,断绝交通,焚毁全市,肆行杀戮,究厥原因,皆由共产党借苏俄领事馆及其国营商业机关为发令指示之地,遂致酿成剧变,势若燎原,即其他各省地方,亦不无爆发之虑。本政府为维持治安,预防蔓延起见,势难再事姑容,以遗党国

无穷之祸,应即将驻在各省之苏维埃社会联邦共和国领事,一律撤销承认。所有各省之苏俄国营商业机关,一并勒令停止营业,以杜乱源,而便彻究。着由外交部督率所属,并会同主管机关,妥慎办理具报。此令。

《中华民国外交史资料选编》(1919—1931),第411页

伍朝枢遵令电致湖北、江苏、广东交涉员停止
苏俄各地领事、商业机关办法四条
1927 年 12 月 15 日

外交部伍部长遵即令行特派湖北江苏广东交涉员,遵录命令照会苏俄领事,并由部拟具办法四条:

一、由各交涉员向苏俄领事声明:自即日起,对于该领事撤消承认;并备具护照,酌定最短时间,嘱该领事及领馆人员离境。

二、所有苏俄国营商业机关,如银行及轮船公司等,应一律勒令停止营业,并派警严密监视。其停止营业后之详细办法,俟本部会同各主管机关商定,再行令加。

三、详查辖境内俄籍侨民确数,其并无正当营业而形迹可疑者,应随时侦查拘禁或驱逐出境。

四、凡俄籍侨民,均应领取外侨执照。

令饬各该交涉员迅即遵照,会同地方官妥慎办理,并咨请各省政府查照。惟上项办法与财政、交通、司法俱有关系,故由外交部咨请财政、交通、司法各部派员会商办理。苏俄商业以沪汉为机枢,而在上海者,尤为重要。遂由外、财、交三部商定,设立处理苏俄在沪商业临时委员会,各派委员一人组织之,以特派江苏交涉员为主席。该会所办各案,当于下文另叙之。请先言粤、苏、鄂交涉员遵办此案之经过。

《中华民国外交史资料选编》(1919—1931),第411—412页

我东北当局搜查哈尔滨俄领馆破获
俄共图谋扰乱中国之秘密文件

民国十八年五月二十七日,东三省北部特警管理局发现哈尔滨俄领馆有秘密会议,中国军警前往搜查,捕获华俄共产党人数十。当时任苏俄远东国家贸易局总经理之次目巴力、苏俄商船局监查员之打拉落夫、中东路局商务处委员之斯达吉维赤三人,均系东三省北部共产党执行委员会委员。此三大首领,同时被捕。搜查该领馆所获赤化书籍,不下数万册;而关于图谋扰乱中国之秘密文件,其重要者约有左列数种:

(甲)计划实行暗杀之证据　一九二九年一月十六日由哈埠经过海参崴向莫斯科第三国际发出之长途电报(续去年七月二十七日报告),其要点有四:一、因日本鉴于张宗昌、吴佩孚之团结,予以援助,则吾方对于反对张、吴者亦应尽量援助。二、在南京、辽宁间及其他要埠,实行暗杀主义,至中东路一带,以后斟酌情形。三、即使铁路让渡,而电报可由吾国可靠之人经理保护。四、中俄长途电报会议,以平常程序敷衍之,使彼处消息不为外人知悉。

(乙)第三国际扰华之训令　一九二九年一月十八日,由海参崴致东铁电务处转 SIP(第三国际代表)之长途电报,系第三国际电令详查具报,并指导其进行方略者,其要点有七:一、如实行暗杀时,以何种中国共产团体为最可靠? 此项团体东三省内约有若干? 需要何项材料? 及经费几何? 二、尊处爆炸物是否足用? 利用绿气之计划如何? 三、按照报告可否及时将所有暗杀材料供给南京政府? 设使将中东路沿线一带加算在内何处可以集中钱款,并请将华籍实际工作人员审慎具报。四、所有共产机关之文件,亟应改编妥存于机密处所,特别命令未到之前,暂将秘密机关旧存及新购之文艺书籍,发往蒙古沿边各处。五、请按第二十二号表册,将所有华籍首领人物曾经实际为反共产工作者,及其物质上之保障,一律具报。六、如发觉不可避免之纷争时,所有团体方可停止工作。七、宣示所有实际工作人员,应处极端沉静态度,严守法纪,绝对服从当局。

（丙）把持电信机关之训令　一九二九年一月十九日,由哈埠经海参崴向莫斯科发出长途电报,呈复本年一月十一日令文,其要点谓:电报局均在吾人手中,所有服务人员如有力把持电报局时,准予取得中国国籍,工程师杂切林卜斯基、列别结夫及月力格鲁柏等工作今日始行显著。在南京政府对东省铁路一带未能表示态度前,暗杀工作,暂行停止。但须准备建全在辽宁方面有实现秘密敌对组织之可能。但须拨经费金卢布一万二千元。

（丁）赤化中东铁路之物证　一九二九年二月二十日,由莫斯科经海参崴向哈尔滨发来长途电报,其要点谓:中国南方事变之结果,或可有使辽宁、南京决裂之可能。东路中俄平均用人一节,宜加以阻碍,其无正式苏联国籍之人,亦须予以开除,以便尽量补充党员。布皎内君精于军事,可将中国各方之政治及军事情形,详尽具报。

（戊）分配赤党图乱之证据　一九二九年一月二十三日,白莫斯科第三国际经海参崴向哈埠发出之电报,其要点谓:辽宁与南京妥协后,吾人应具秘密强固之战线,反抗南京与辽宁妥协。盖彼等联络,势须对吾党之各团体组织实行追究。追加经费金卢布三十五万元,为施行暗杀工作之费用。至吾党嗣后如有不顺利时,第三国应组织秘密破坏军,以实行毁坏东省铁路各机关之计划。

（己）扰乱东亚之准备工作　世界革命之途径一书,乃东方第三国际之最近计划,其内容要点:一、被资本主义国家压迫之民族;二、经营殖民地及次殖民地;三、为被压迫之民族奋斗自由;四、第三国际共产党协助全世界民族之革命运动;五、在殖民地地方扩充营业;六、在殖民地地方广行解释阶级之区别;七、免除资本主义之发达变成社会主义;八、苏维埃联邦乃被压迫的民族之标志灯;九、中国革命之意义;十、中国实业操纵于外国资本家之手中;十一、协助打倒在中国之武力资本家;十二、压制中国资本家及外国在中国之资本家;十三、中国工人之工作;十四、中国农业之状况;十五、铲除外国资本家,使中国能绝对自由;没收中国土豪劣绅之土地,交归人民;十六、扩充第三国际共产党;十七、在资本主义地方组织共产党部；十八、脱离共产党的危险；十九、研究列宁学说及共产党之经验；二十、共产党之工作；二十一、第三国际共产党向共产党之要求；二十二、攻击杜罗次基派之共产党；二十三、第三国际共产党化学之筹备；二十四、化学问题；二十五、在帝国主义国家工作之困难；二十六、青年奋斗之意义；二十七、扩充青年工人加入政治工作；二十八、外国共产青年团之工作；二十九、苏俄及世界革命之前程；三十、世界资本主义仇视苏俄之因由；三十一、清理皇帝时代之债务；三十二、苏联乃劳工革命之运动者。留巴签。又：苏联中央致领馆宣传共产之函，其内容谓密件抄自中央一九二九年二月二十一日第三号来函：第四条，继续开除不可信赖之白党访员，缩小范围，增加访员工作。第五条，应搜罗关于东铁问题之各种消息，俾一旦有暴烈动作，随时可报告，因照现在景况上所得之消息，均为已往之事（如强收电话事件）。第六条，应须调查关于东铁白党之思想并详细调查伊等本年春季之工作计划。第七条，召开一百六十人或四百人之访员会议，报告派别内容：一、新旧派之争及其组织；二、新派之内争及反干派之将领。第八条，详细研究三百名访员费用低贱问题，并请将贵处关系此项问题之计划来函告知，此项使命，应严守秘密，不得告知其他职员。第九条，别业尔为赶反中央，已见前电，祈转知彼速清理一切。第十条，速为艾木斯同志筹备住所，并计划其工作，此项计划，应严守秘密，不得告知其他职员。第十一条，巴尔俩、别业尔二同志之重要工作问题，为新同志未到任以前，负责保守尼次之所有事件，祈转知巴尔俩，无论如何得先交老头两个月费用，如不遵命办理，所有尼次损失，应由伊负责。盖以成立该项工作，已费尽许多心力。第十二条，巴尔俩之结算报告云云。又：此外关于准备扰乱东亚工作之函件尚多，然大要不出世界革命之途径之范围以外，故不备载。

（庚）哈领馆宣传会议证据　在一个半月以前，苏联共产党在哈埠苏联领馆内召开宣传会议之议决，录其要点如下：一、现在右派之政见日趋软化，对反革命派渐有屈服之势；二、右派对于实业，不知注意，视为无足轻重;三、右派现已成贵族,竟忘其从前与农人之共同动作矣。全体党员对此项议案,详加查考。

录自中央党史委员会库藏史料

《中华民国重要史料初编——对日抗战时期》绪编(二),第204—207 页

喀拉罕①致夏维崧抗议书

1929 年 5 月 31 日

本年五月二十七日午后二钟,哈尔滨苏联总领事馆忽有一队警察突入搜查六点钟之久,并剥夺总领事梅里科甫及馆员等之自由,不准与外间通消息,对于副领事直拉勉斯齐并施以强力之压制。该警察等置领事之严重抗议而不顾,搜去领馆文件一部分,并将领馆各房间之来宾逮捕三十九人,系属居住满洲之苏联人民,其中多系苏联国家经济机关及苏联方面在哈尔滨中东路局办事人员,均因主管公事而至领馆者,有一部分系因接洽护照事务而至领馆者;尚有领馆额外办事员三人,中国警察及警署之俄白党,公然将领馆及馆员之钱物掠去。搜查后次日,警察方面公布,仿佛查出在领馆地窖内开第三国际共产党会议,云云,实属鲜耻无知之谈。因此,地方华报及白党报纸继续登载虚构事实之煽动文字,藉以解除警察当局之非法行为。警察之袭击及搜查在国际公法保护下之苏联领馆,实属违背国际公法之原则,拘留领事及其馆员六小时之久,逮捕领馆来宾,搜去按照国际公法不可侵略之领馆文件,以及种种强横无礼之行,完全为警察当局藐视国际公法及国际往来之原则,警察搜查之直接无礼行动,如掠夺钱物及对副领事之强横行为;而此种行为之发动系完全为警察当局对于苏联总领事所持态度之表现。哈尔滨警察当局在各报之宣传及诬赖领馆行为决不能认为合理,至公布领馆开第三国际会议一节,显属妄诞无稽之谈。此种无智识之虚构行为,决不能免除该地方当局所造成之两国邦交新交涉之责任。苏联

---

①　苏联代理外长。

政府迫不得已请中国政府注意者,此种侵袭领馆举动系有长时间之准备而发动,于反对苏联及其领馆代表之团体,此团体不独表现其意见于不负责之报纸,并常流露于国民政府各机关官吏与半正式人员之演说中。上述之反苏团体与警察合作,侵袭哈尔滨之苏联领馆;其所造成之情形,致使苏联领馆代表在中国领土上之正式工作发生极大困难。此种情形更严重于一千九百二十七年四月六日北京侵袭苏联大使馆,十月二十五日,上海白党侵袭苏联领馆,十二月广东蹂躏苏联领馆,并杀害馆员五人及屡逞强力之行为于中东路。凡此各节,皆归中国各机关负责,至今尚未赔偿,致阻碍中苏正式邦交之恢复。虽中国当局对苏联在华使、领各馆屡有煽动行为,而苏联政府以最大之忍耐,从未施以报复手段,对于中国驻苏联领土内之使、领各馆,仍继续予以国际公法之保护,使其正式行使职权,而待遇驻苏联华人与对于有正轨邦交国家之人民毫无差异。苏联所持之镇静及友谊态度,反为仇视苏联之势力所利用,藉以对驻华苏联领馆代表作不断之煽动行为。苏联政府对于此次侵袭行为,迫不得已提出严重抗议,要求从速释放在领馆被捕之苏联人民,发还被收之公文及所掠去之物件、钱财。苏联政府迫不得已有所声明者,因中国当局之行为,(己)〔已〕证实不愿并不知介意公认之国际公法,则苏联政府从今起对于驻莫中国代表处及苏联领土上之各使馆,亦不问国际公法之拘束,而不承认其享有国际公法所赋之治外法权。苏联政府对于中国人民处各种情况之下仍不变更维持其友善之关系,而对于南京政府及其司事之机关,则极力严防其再尝试苏联政府永久忍耐而作违约及煽动之行为。

中国第二历史档案馆藏行政院档案

苏联外交部向南京国民政府提出最后通牒

1929 年 7 月 13 日

南京外交部部长钧鉴,顷准苏联外交部哈部长函称:奉苏联共和国政府之委任,请将以下所列,转达奉天政府及中华民国国民政府。苏联政府据报称,七月十日早晨,中国地方官对于中东铁路施以侵袭,夺取全路线电报,阻断与苏联之电报交通。不声明原因,封闭苏联商务代表处,与国办商务分局、布帛集团公司、石油集团公司及苏联商船会社。嗣督办吕荣寰向东路局长叶穆善诺甫声明,令其将路局交与督办所派之人。叶以此种违法之要求,显背一九二四年五月三十一日在北京所订暂行管理中东铁路协定,及一九二四年九月二十日在奉天所订苏联政府与中华民国东三省自治政府协定。叶不从,当被免职,副局长艾斯穆特亦被免职,均由督办所派之人接替。机务处、车务处,及其他各处处长,均由督办发令免职。而大部分均易以俄国白党,全路线之铁路职员及工人所组织之职工会合作社等团体,均被封闭蹂躏,并从事搜查,逮捕铁路职工中之苏联人民,被逮者二百余人,其中已被遣发出中华国境者约六十人,而叶穆善诺甫及艾斯穆特均在其内。同时据所得消息,满洲之军队,已在苏联亚洲处集中,准备战斗,而进逼边境。同时在苏联边界近处,与满洲军队连合,并配置有白党队伍。而满洲军队之指挥官,准备令其向苏联领土出发。此种举动,彰明较著,违反中俄现行条约丙款。督办于其声明中,主张中央执监委员联席会议,双方在职人员均应严守条约,而反尝试以此种假面具遮掩其违法行为,于今违法事实显著。按照一九二四年五月三十一日第一次暂行管理中东铁路协定第一条,及按照类此之奉天协定第一条第六项,本铁路设理事会,为议决机关,置理事十人,所有一切取决,须得理事六人以上同意,方可有执行之效力。中国派华理事一人,为理事长兼督办,苏联政府派苏联理事一人,为副理事长兼会办,督会办共同管理理事会事务,并共同签定各项文书云云。因之督办所发之片面命令,即照其根本上违反条约所定平等之原则始置不论,且系一人签押,既无理事会,复无苏联所派会办之同意,非法行为,已显然有违法之性质。按照北京协定第三条,及奉天协定第一条第八款载,本铁路设管理局局长一人,由苏联人充任,副局长二人,中国苏联各一,均由理事会委派,由各该政府核准云云。局长之职权,由理事会规定之,本铁路各处处长、副处长等由理事会委派。

因之督办命令更换局长,临时以华人接替及片面更换副局长与其他职员,已违反一九二四年中俄协定大纲,并根本违背铁路局依照表面与中国政府所商定,载在两国现行约章而制定之规则。此种违法行为,依以上引证之约章,凡任免以上所述之职员,为理事会全体之特权,决不能以他种程序实施,而督办片面之个人命令,尤为不可。督办于其宣言中,以局长叶穆善诺甫对其所下中国方面,即将要求关于路局事务之一切命令为言。但铁路管理局系理事会全体之执行机关,而督办或其代理人之命令,若非由理事会所交出之有理事长及副理事长签押者,如一九二四年奉俄协定第一条第六项所要求者,即不能执行。兹督办借口局长不遵从其个人之命令,足证明其违法性质之行为。按照一九二四年北京及奉天协定之精神与文字,中东铁路为苏联与中国共管之物件,或满条约所定限期,或未满期前,依双方商定,由中国赎取,始能移转为中国所有物。但据以上所述,督办之违法行为系中国政府所认可,此足证明尝试夺取中东铁路及片面取消现行之约章。一九二四年协定关于解决铁路争执事项之方法,证据确实。按一九二四年五月三十一日协定第六条,及奉天协定第八章第一项载,理事会不能解决时,应呈报两缔约国政府,以和平公允方法解决云云。于是双方中之任何一方,对他方均有依照合法及按轨道之程序进行,实行其要求之可能。中国方面此次及前数次,例如夺取电话局,以采用片面非本礼行为为优胜之途径,不独违反中苏两国间现行之条约,且推翻之。详查以上所载中东铁路督办之行为,实违反中苏间现行条约。苏联政府因之提出最严重之抗议,并请奉天政府及中华民国国民政府注意此种行为所酿出特别严重之情况。苏联政府曾屡次证实,对于中国抱爱和平及亲善之主义,而对于中国人民前此曾竭力及现时犹奋斗之废除不平等条约,巩固中国主权之事,尤表同情。苏联政府为第一与中国缔结平等原则及尊重主权条约之政府。苏联政府曾以自动之主张,向中国国民宣言,准备废除中国与帝俄所定不平等之条约。一九二四年之条约中,苏联政府即实施其宣言。苏联政府给与中国利益,自愿放弃旅大条约、天津汉口租界,放弃在中国境内之领事裁判权及其人民所享有之治外法权。苏联政府曾自动退还庚子赔款,专作中国人民教育之用。终则,中东铁路上俄国所已取得之特别优先权利,即系驻军警设法庭及他种军事行政机关,彼时为中东铁路俄国机关,及铁路租借地一带应享之特权,亦均相继放弃。此种放弃之特别权利,至今与中国有正式外交关系之各外国,尚依然享有。此为苏维埃国家表示对外政策,合社会主义之性质故也。一九二四年苏联与中国缔结条约,引起中国全国最大之同情。因此约完全实行双方相互平等之合作,而尊重中国主权故也。若中国政府机关关于中东铁路现状,及铁路上苏俄某代表或按约所定之铁路规章,或限满,或未满限赎取,以及有任何不满意之处,则此种机关,依照条约所规定,完全有按法定程序,向苏联政府表示之可能。苏联政府证明关于中东铁路各问题,曾经声明,准备于任何争议时,谋和平之解决。前次曾于本年二月二日,由驻沈阳苏联总领事,递一公文于中国东三省交涉总署。苏联政府曾宣言,甚愿将所有一切争议问题,及其中关于中东铁路现状之问题,于近数年来,未能解决,致引起误会而妨碍铁路正当之工作者,向地方长官提出讨论解决,以避免可发生之误会及冲突。此种建议,足证明苏联政府如何准备容纳中国方面有理之愿望,俾中国政府将其余之问题,有提出讨论之可能。不料中国政府不愿利用苏联政府本年二月二日所开议之可能,而将此建议置之不答。本月十一日苏联交通人民委员长曾签押致电于中东铁路理事长,声明准备从速讨论争议之问题,并通知关于此种问题之果能委托交通人民委员长谢列白力亚科甫办理,亦未答复。凡此以上所述之事实,足详细证明中东铁路督办宣言所借口之理论,仿佛中国方面曾尝试解决争议问题无结果者云云,完全不能成立。以上所述,以和平亲善之政策,解决一切争议问题,及尊重中俄邦交之政策,根本上与资本国家之帝国主义政策完全相反。现在中国政府机关侵吞苏联所应享之利益,必以为此种政策,决非苏联政府出自天然,而为其软弱之现象。甚至中国政府机关,任意肆行,乘其爱和平主义之隙,对于苏联共和国施以强力煽动之行为。苏联政迫不得已,因之请中国政府机关注意。何因由任何强力之加害,苏联政府为保障其人民合法之权利所必需者,尚富有处理之方略。苏联政府为信仰其和平政策起见,对于中国政府机关强力煽动之行为,再声明准备。愿望中国驻俄公使解决中东铁路各种问题。但此种谈判,只能于从速释放被逮之苏联人民及取消中国各种不法行为之条件下,方能实行。为与此节相符起见,苏联政府提议如下:(一)从速召集会议,解决中东铁路一切问题。(二)政府机关对于中东铁路,将不合法之行为取消。(三)所有被逮之苏联人民从速释放,而中国政府机关对于苏联人民及机关停止处分与压迫,苏联政府甚愿奉天政府及中华民国国民政府对于是项反对苏联此种提议所发生之严重结果,熟加考量。苏联将于三日之内,待中国政府关于以上所提议事项之答复。并预先通知,倘不得满意之答复时,苏联政府迫不得已将取用他种方略,以防卫苏联原则上之权利。

加拉罕
一九二九年七月十三日

《外交部公报》第2卷第4号,第46—51页

夏维崧转报苏联政府照会致外交部电

1929年7月14日

南京外交部部长钧鉴:顷准苏联外交部哈部长函称:奉苏联共和国政府之委托,请将以下所列转达奉天政府及中华民国国民政府:苏联政府据报称:七月十日早晨,中国地方官对于中东铁路施以侵袭,夺取全路线电报,阻断与苏联之电报交通,不声明原因封闭苏联商务代表处与国办商务分局,布帛集团公司,石油集团公司及苏联商船会社。嗣督办吕荣寰向东路局长叶穆善诺甫声明:令其将路局交于督办所派之人。叶以此种违法之要求显背一千九百二十四年五月三十一日在北京所订《暂行管理中东铁路协定》及一千九百二十四年九月二十日在奉天所订苏联政府与中华民国东三省自治政府协定之意不从,当被免职。副

局长艾斯穆特亦被免职。均由督办所派之人接替,机务处、车务处及其他各处处长均由督办发令免职,而大部分均易以俄国白党,全路线之铁路职员及工人所组织之职工会、合作社等团体,均被封闭蹂躏,并从事搜查逮捕。铁路职工中之苏联人民被逮者二百余人,其中已被遣发出中华国境者约六十人,而叶穆善诺甫及艾斯莫特均在其内。同时,据所得消息,满洲之军队已在苏联亚洲处集中准备战斗,而进逼边境。同时,在苏联边境界近处与满洲军队连合,并从配置有白党队伍,而满洲军队之指挥官,准备令其向苏联领土出发。此种举动彰明较著,违反中俄现行条约丙款,督办于其声明中主张,中央执、监委员联席会议,双方在职人员均应严守条约,而反尝试以此种假面具遮掩其违法行为,于今违法事实显著,按照一千九百二十四年五月三十一日第一次《暂行管理中东铁路协定》第一条及按照类此之《奉天协定》第一条第六项:本铁路设理事会为议决机关,置理事十人,所有一切取决须得理事六人以上同意,方可有执行之效力。中国派华理事一人为理事长兼督办,苏联政府苏联理事一人为副理事长兼会办,督、会办共同管理理事会事务,并共同签定各项文书云云。因之,督办所法之片面命令,即照其根本上违反条约所定平等之原则姑置不论,且系一人签押,既无理事会,复无苏联所派会办之同意,非法行为已显然有违法之性质。按照《北京协定》第一条及《奉天协定》第一条第八款载,本铁路设管理局局长一人,由苏联人充任,副局长二人,中国、苏联各一,均由理事会委派,由各该政府核准云云。局长之职权由理事会规定之,本铁路各处处长、副处长等由理事会委派。因之,督办命令更换局长,虽时以华人接替及片面更换副局长与其他职员,已违反一千九百二十四年《中俄协定》大纲,并根本违背铁路局依照表面(似有误)与中国政府所商定载在两国现行约章而制定之规则,此种违法行为依以上所引证之约章,凡任免以上所述之职员为理事会全体之特权,决不能以他种程序实施,前督办之片面个人命令尤为不可。督办于其宣言中,以局长叶穆善诺甫对其所下中国方面即将要求关于路局事务之一切命令为言,但铁路管理局系理事会全体之执行机关,而督办或其代理人之命令,若非由理事会所交出之有理事他项(此处似有缺误)及副理事长签押者,如一千九百二十四年《奉俄协定》第一条第六项所要求者即不能执行。兹督办藉口局长不遵从其个人之命令,足证明其违法性质之行为。按一千九百二十四年北京及奉天协定之精神与文字,中东铁路为苏联与中国共管之物件,或满条约所定限期或未满期前,依双方商定由中国赎取始能移转为中国所有物。但据以上所述督办之违法行为系中国政府所认可,此足证明尝试夺取中东铁路及片面取消现行之约章。一千九百二十四年协定关于解决铁路争执事项之方法证据确实,按一千九百二十四年五月三十一日协定第六条及《奉天协定》第八章第一项载理事会不能解决时,应呈报两缔约国政府以和平公允方法解决云云。于是双方中之任何一方,对他方均有依照合法及按轨道之程序进行,实行其要求之可能。中国方面此次及前数次,例如夺取电话局,以采用片面非礼行为为优胜之途径,不独违反中苏两国间现行之条约,且推翻之。详查以上所载中东铁路督办之行为,实违反中苏间现行条约,苏联政府因之提出最严重之抗议。并请奉天政府及中华民国国民政府注意,此种行为所酿出特别严重之情况,苏联政府曾屡次证实,对于中国抱爱好和平及亲善之主义,而对于中国人民,前此曾竭力及现时犹奋斗之废除不平等条约,巩固中国主权之事尤表同情。苏联政府为第一与中国缔结平等原则及尊重主权条约之政府,苏联政府曾以自动之主张向中国国民宣言,准备废除中国与帝俄所定不平等之条约,一九二四年之条约中,苏联政府即实施其宣言,苏联政府给与中国利益《旅大条约》自愿放弃天津、汉口租界,放弃在中国境内之领事裁判权及其人民所享有之治外法权,苏联政府曾自动退还庚子赔款,专作中国人民教育之用,终则中东铁路上俄国所已取得之特别优先权利,即系驻军警、设法庭及他种军事行政机关(彼时为中东铁路俄国机关)及铁路租借地一带应享之特权亦均相继放弃。此种放弃之特别权利,至今与中国有正式外交关系之各外国尚依然享有,此为苏维埃国家表示对外政策——合社会主义之性质故也。

一九二四年苏联与中国缔结条约，引起中国全国最大之同情，因此约完全实行，双方相互平等之合法，而尊重中国主权故也。（此处似有缺误）由以此抗阻之，若中国政府机关关于中东铁路现状及铁路上苏俄某代表或按约所定之铁路规章，或限满或未满限赎取，以定有任何不满意之处，则此种机关依照条约所规定，完全有按法定程序向苏联政府表示之可能，苏联政府证明关于中东铁路各问题曾经声明，准备于任何争议时谋和平之解决。前次曾于本年二月二日由驻苏联总领事递一公文于中国东三省交涉总署，苏联政府曾宣言，甚愿将所有一切争议问题及其中关于中东铁路现状之问题；于近数年来未能解决，致引起误会而妨碍铁路正当之工作者，地方长官提出讨论解决，以避免可发生之误会及冲突。此种建议，足证苏联政府如何准备容纳中国方面有理之愿望，俾中国政府将其余之问题有提出讨论之可能。不料，中国政府不愿利用苏联政府本年二月二日所开议之可能，而将此建议置之不答。本月十一日，苏联交通人民委员长曾签押（改）〔致〕电于中东铁路理事长，声明准备从速讨论争议之问题，并通知关于此种问题之果能委托交通人民委员长谢列白力亚科甫办理，亦未答复。凡此以上所述之事实，足详细证明中东铁路督办宣言所藉口之理论，仿佛中国方面曾尝试能解决争议问题等结果者，完全不能成立。以上所述，以和平亲善之政策解决一切争议问题及尊重中俄邦交之政策，根本上与资本主义国家之帝国主义政策完全相反。现在中国政府机关所应享利益之侵吞，必以为此种政策决非苏联政府出自天然，而为其软弱之现象甚近〔还归〕。中国政府机关任意肆行，乘其爱好和平主义之隙，对于苏联共和国施以强力煽动之行为，苏联政府迫不得已，因之请中国政府机关注意，何因由（似有缺误）任何强力之加害，苏联政府为保障其人民合法之权利所必需者；尚富有处理之方略。苏联政府为信仰其和平政策起见，对于中国政府机关强力煽动之行为，再声明准备愿望中国驻俄公使解决中东铁路各种问题，但此种谈判只能于从速释放被逮之苏联人民及取消中国各种不法行为之条件下方能实行。为与此节相符起见，苏联政府提议如下:(一)从速召集会议,解决中东铁路一切问题;(二)政府机关对于中东铁路将不合法之行为取消;(三)所有被逮之苏联人员从速释放,而中国政府机关对于苏联人民及机关停止□□与压迫。苏联政府甚愿奉天政府及中华民国国民政府,对于是若反对苏联此种提议所发生之严重结果,□□考量。苏联将于三日之内,□中国政府关于以上所提议事项之答复,并预先通知,倘不得满意之答复时,苏联政府迫不得已将取用他种方略以防卫苏联原则上权利。喀拉罕。一千九百二十九年七月十三日,等语,窃查来文措词,异常严重几类最后通牒限期三日,尤为紧迫,此文系由苏联外部远东司中国科长盖铁亲身送来,其时已届十四日上午四时,盖君并声明,请将全文译就电达中央国民政府及奉天政府。接交后穷一日之力,陆续分数次译发,最末一次发电直已下午十一时矣。至东省政府未奉钧部令示,未敢擅专通电,并以附陈。维崧。十四日。

外交部为照复苏联政府致夏维崧电

1929年7月16日

十四日来电全文顷始译悉,苏联外部来函答复如下:溯自一九二四年中俄协定订立以后,两国外交关系本已确立,中国政府与人民本其博爱之素怀,对于苏联政府及人民无时不以平等互助之精神推诚相与;乃近年中国境内,屡次发觉苏联方面有煽动中国人民破坏中国国家社会,反对中国政府之各种有组织之宣传及工作,致中国政府不得不采取适当之措施,以维持中国国家社会之安宁。此次东省搜查哈埠领馆及对于中东路之措置,纯以防止骚乱治安事件之突发为目的,不得已而有此权宜之处置,而该省采取此项办法之时仍极审慎,(勿)〔务〕使范围不致扩大。中国政府叠据东省报告,东路苏联局长及该路苏联重要人员对于一九二四年《中东路暂行管理协定》自始即未切实实行。数年以来,该局长等种种违法越权事实不可胜举,致该路中国人员欲照暂行管理协定执行职务而不可得。尤甚者,苏联人员辄藉该路机关阴〔谋〕作违犯中俄协定之宣传。因此种种原由,该省对于中东路遂不得不有此措置违背中俄协定暨东路管理协定,其咎不在我方,至为明显。又据我国驻俄使、领馆报告,苏联国政局无端将我侨商拘押者不下千余人,旅俄侨商,因处彼方,种种压迫致无计谋生不能立足者为数尤众,而中国政府对于旅华苏联侨商及其他商务机关待遇素主宽大,无论苏联何项人民绝无歧视或偏袒之意。此次东省逮捕俄人及查封其他机关,完全出于防止反动宣传、维持治安之必要。中国政府并非以下述办法为交换条件,然若苏联政府对于(一)苏联国政局所有拘押之华侨,除由驻苏联使、领馆因案件未了保证留俄者外,概予释还;(二)旅俄侨商及团体应予应得之保障及便利,不得任意压迫;则中国政府对于东省此次因案逮捕之苏联人员及查封之机关,亦可于适当时机予以相当之待遇。总之,中国政府及人民,对于苏联政府无时不期其以自觉态度纠正其过去之不正行动,对于本案更望其尊重中国之法律与主权,不为违反事实之提议,中国政府当于朱公使回任之际,饬令赴哈详查一切。届时所有中俄间关系各事件及东路问题,均可由该公使与苏联外部从事商洽,谋合理合法之解决。仰即备文译送苏联外部,并详探彼方意见,电复为要。

外交部,十六日

夏维崧为苏联宣布中苏绝交致外交部电

1929 年 7 月 18 日

万急。部长钧鉴:十七日电计达钧览。兹准苏联外部哈部长复文称:接到贵代办本年七月十七日之公文,内载中国南京政府敬通知以下各节,苏政府认中国政府答复之内容稍示不满意,其论调为矫饰。苏联政府为恢复中苏间已被中国政府机关所破坏之权利、根据地,曾于七月十三日之公文中提出必须的最低限度极缓议和之条件:(一)取消中政府机关对于中东铁路违反现行中俄协定一切片面违法之行为;(二)停止反对苏联人民及其机关之压制举动;(三)召集双方会议,解决关于中东铁道一切问题。中国政府之答复,对于苏联政府此种提议,就其本体论已经否决。于是,本应恢复被中国机关片面取消之北京与奉天协定及亲善邦交之根据地,而中政府反直认取消此种协定。因之,将两国合轨道之因接(此处似有误)完全破坏,本应撤消中东铁路督办以强力免理事会依苏联介绍所任命各职员之不法行为,即中政府反认此种违法行为为是,而为掠夺中东铁路之行为加以辩护,不惟不制止反对苏(宁)〔联〕人民及苏联机关不法之压制。而中政府之复文直认此种压制为是,而以矫饰之态度尝试辩护其虚伪之证明,仿佛苏联对于中国旅苏侨民曾加以各种压制;其实吾人深知,苏联对于华民所施之压制,仅限于最少数一部分之犯间谍、贩卖鸦片、窝娼、贩私货及其他刑事罪之华人。中国政府复文,不惟不直接赞同从速召集双方会议,以解决一切冲突问题,而反置此问题于不理,并即以此否认苏联政府所提议,于是遂将以协商途径为调和双方方法之可能完全毁灭。中国政府复文之辩论,以中国政府机关折冲不法行为之原因为宣传,既属虚伪而复矫饰,因中国政府在本国领土上何敢实有其事,周旋取之制止断绝方法甚多,并非舍掠夺中东铁路及断绝中国与苏联条约之关系外,别无他术者。中国政府机关对中东铁路逞强力之行为及中国政府七月十七日认此种行为为是之公文,其实在之背景,由报纸一体遵照所登载中国元首蒋介石先生之正式宣言中可以看出,极为明了。关于中国政府机关对于东路违法行为曾加以辩护,其后效曰:我等之步骤,为取中东铁路于手中,并非非常举动。吾人愿意先收回中东铁路,嗣后进行讨论其他问题云云。蒋介石先生此种宣言为七月十七日中国政府复文之实在背景毫无疑义,苏联政府因之以为关于中国政府机关所酿成,并由七月十七日中国政府之公文加倍征实之。中东铁路冲突,其一切争议问题欲以协商为解决途径之各种必须方法业已用罄。根据以上所述各节,苏联政府迫不得已取以下所列之方法,归中国政府负之全责:(一)召回苏联驻中国使馆及侨务代表,(二)召回中东铁路苏联所派人员,(三)断绝中苏间铁路交通,(四)请中国驻苏联使领迅速离苏联国境。苏联政府并声明,保留一千九百二十四年北京、奉天中俄协定之一切权利。等语,原文甚长,俟续电。事关重大,一切候令遵行。维松。十八日六钟。事关断绝国交非常重大,应如何办理之处,静待令示遵行。维松。十八日十钟。

外交部关于中苏绝交宣言
1929 年 7 月

　　自一九一九年及一九二○年新俄政府一再向中国人民及政府披露宣言。我中国人民及政府本其博爱和平之素怀,遂尔坦怀接纳,因于一九二四年订立中俄协定,确立两国之邦交。我政府及人民固无时不以坦白互助之精神推诚相与。乃一九二七年中国南北各处迭经发觉苏联方面藉驻华大使馆、领事馆及国营商业机关宣传赤化,藏匿共党,阴谋颠覆中国政府,破坏中国国家社会之事实。中国政府遂不得不撤销苏联驻华使领之承认,停止苏联国营商业之营业,以防止祸患之勃发,犹冀彼方自行觉悟,国交渐复常轨。故数年以来,对于滞留华北之苏联使领人员、商务代办以及其他国营事业机关,一本宽大,维持现状。讵意本年五月二十七日,北满一带苏联共党领袖在驻哈苏联领馆开第三国际共产宣传大会,经东省特区行政长官当场查获,搜得破坏中国统一,组织暗杀团,在南京、辽宁及其他要埠实行并组织秘密破坏军,实行炸毁中东铁路各项密谋文件,以及种种宣传赤化、助长内乱之铁证,而所获人犯多系中东路重要职员及东路职工联合会、苏联中央商业联合会、商船局、远东煤油局、远东国家贸易局等机关之经理及委员等。该地方当局为杜绝乱源,保卫治安起见,遂不得不对于中东路执行相当之处置。并封禁上述苏联各机关,此种办法与制裁悉在必要范围之内;盖中国政府及人民素志和平,虽至必不得已之时,仍不越此轨道。乃苏联政府未能返躬自省,遽于本月十三月,以违反事实之提议,要求限日答复。中国政府始终贯彻其宽容之旨趣,爰即根据事实予以相当之答复,并期其自觉,俾中俄间各项问题得以商洽,而谋合理合法之解决。顷复准苏联政府二次牒文,仍以乖违事实绝无根据之词,故相诘难,声明实行:(一)召回苏联驻中国使领及侨务代表;(二)召回中东铁路苏联所派人员;(三)断绝中苏间铁路交通;(四)中国驻苏联使领迅离苏联国境等因。且其通牒全文无一而非矫饰虚伪欺世之词。至于国民政府七月十七日之复牒中所提派遣代表协商一层完全抹煞,即此足证苏俄向来对于国际所施矫饰欺世之惯伎,及其对于中国所蓄侵略主权、违犯协定之阴谋已完全暴露。总之,此次中东路事件之发生,乃由苏联政府违反中东路协定精神之全部及指使苏俄驻哈尔滨领事馆与利用中东铁路机关及其人员之名义,为其宣传共产主义,图谋颠覆中国政府、假造各国使领馆信号、扰乱东省治安所累积之事实而起,是不仅为单纯的中东路权问题而已,且中俄协定依中东路为纯粹商业交通之精神而订定,并明定两国政府互允彼此不为与对方国政治,社会组织相反之宣传。讵苏联不独利用此路机关人员及其收入为宣传共产、接济中国境内反革命势力,且图谋颠覆中国政府,此已成为背弃协定原有之全部精神,违反国际上信义之非法举动,而以中国政府搜出苏俄政府利用铁路机关及其领馆图谋暗杀,煽动内乱、组织破坏军之证据及事实,则中国政府对于该路之断然措置,乃为消弭内乱之正当防卫的行为。兹将搜获哈尔滨苏俄领馆之证据公诸世界各友邦,以明真相而定是非,且以见其破坏国际交通、违反协定精神与扰乱中国之野心。但中国只知努力于和平之保持,良以世界和平为中国政府及人民之夙愿,故必以全力于自卫范围内贯彻《非战公约》之精神,而自卫之权固必确保,倘苏俄仍悍然侵我自卫之权,则破坏和平之责任全在苏俄而不在中国也。中国政府及人民深愿各友邦政府及人民注意,中国政府迭经发现苏联方面在中国境内宣传共产、煽动内乱之事实及此次披露之苏联方面阴谋破坏统一,施行暗杀,组织秘密军谋毁中东路之种种文件证据。中国政府更须声明,中俄铁路交通关系不仅为中俄两国之交通,乃苏联政府实行断绝中俄铁路交通,当然应负破坏国际交通之全责。特此宣言。

立法院为中苏绝交事的训令

1929 年 7 月 28 日

立法院训令字第二五四号

令本院军事委员会

为令知事:案准国民政府文官处养午电开,顷奉主席谕:查苏俄政府籍驻华官办营业机关匿伏共党,不独宣传赤化,并图危吾国国本,迭经见诸事实。本年五月感日,吾东省特别行政长官查实,驻哈苏俄领馆开第三国际共党宣传大会,当经搜得破坏我国统一组织"杀团"及私组破坏军,捣毁中东路,助长内乱,种种铁证,遂不得不对中东路有相当之处置,并封禁东路职工联合会等谋乱机关。乃苏联政府未谅我和平防乱之旨趣,遽于本月十三日发来违反事实之通牒,限日答复。当经以防乱理由予以复牒,促其觉悟,并提议相互派使以谋合理合法之解决。乃彼于十八日突来两次通牒,饰词诘难,并声明召回苏联驻华使领、侨务代表及中东路人员,断绝中东路交通,召回吾国驻苏联使领,罔知正义而惟诈力之是,(尚)〔倘〕其悍然破坏国际交通,违反《非战公约》,侵我自卫主权之狰狞面目固已明明暴露,国人于此同声愤慨。惟对外贵能镇静,我政府维持世界和平、保障本国主权之独立早已定有方针,苟非苏联以武力稍凌,兵衅决不轻自我启。溯自十八日迄今,绝交已赓五日,东省长官来电,尚未有军队接触之正式报告,全国军民应各沉机应变,先事筹备,一心一德,以御外侮,而拯国难。着由文官处通电知照。等因;特达。等由;准此。除分令外,合行令仰该会知照。此令。

院长胡汉民

中华民国十八年七月廿八日

中国第二历史档案馆藏行政院档案

国民党中央训练部关于组织国民对俄交涉后援会的提案
1929 年 8 月 8 日

为提案事：据首都国民对俄后援会前后呈称：纠合同志组织国民对俄后援会，并呈送组织章程，进行方针及标语等，请予核示。又据东北特别市党务指导委员会电称：值此中俄外交紧张之际，请准组织对俄外交后援会，以为政府外交后盾，如何，请电示。复据国民外交后援会呈称：该会于民国十四年六月呈准前大元帅府胡代帅备案成立，十六年时曾在南京设立分会，嗣因分会工作懈弛，令知停止，现值苏俄以高压手段逼迫我国，该会除分饬各地分会一致兴起为政府作有力之宣传并将南京分会恢复外，呈送简章，请鉴核饬遵，等情。据此，查现值中俄交涉紧张之际，理应全国国民团结一致，努力对俄，以作政府后盾，藉期对俄交涉之圆满胜利，此种对俄交涉国民后援会之组织似属必要。惟查以上呈请立案各团体名称互歧，组织各异，中央对此非有统一计划，整齐步骤，殊难收成效而杜流弊。本部有见及此，爰将此种团体名称改定为国民对俄交涉后援会，审慎草订国民对俄交涉后援会组织通则十四条，其组织要点有三：（一）此种团体仅各地分别组织，不得有全国总会及类似总会之组织；（二）此种团体待中俄交涉解决时即行解散；（三）此种团体须绝对受当地党部之指导和政府之监督。兹特根据各地各该团体呈请各缘由及对组织国民对俄交涉后援会意见，拟具提案，敬请钧会核议，密令施行。谨呈

中央执行委员会

计附国民对俄交涉后援会组织通则一份。

中央训练部
中华民国十九年八月八日

国民对俄交涉后援会组织通则草案

第一条　国民对俄交涉后援会依据本通则组织之。

第二条　第二条国民对俄交涉后援会以发扬三民主义的救国精神，唤起民众作政府对俄交涉之后盾，以期圆满解决中俄交涉为目的。

第三条　国民对俄交涉后援会须绝对接受中国国民党之指导,切实遵奉国家法令与政府之监督。

第四条　国内各省、特别市得分别设立国民对俄交涉后援会,该会成立后,须呈报各该地高级党部转呈中国国民党中央执行委员会训练部备案。国内各县、市及海外华侨集中地方,有设立国民对俄交涉后援会之必要时,由各该地高级党部申述理由,按级转呈中国国民党中央执行委员会训练部核准组织之。国民对俄交涉后援会不得有全国总会或相似之组织。

第五条　国民对俄交涉后援会以各该地人民团体为委员,各会员团体选派代表若干人组织代表会,其代表额由各该地高级党部规定之。

第六条　国民对俄交涉后援会代表会选出七人或九人为执行委员,组织执行委员会,互选一人或三人为常务委员执行日常事务。

第七条　国民对俄交涉后援会执行委员会得设左列各科,每科由执行委员会推选一人为主任;

一、宣传科,遵照中央宣传方针掌理对俄之宣传;

二、调查科,掌理调查苏俄侵略中国及共产党扰乱之阴谋与行动;

三、总务科,掌理文书,庶务,会计、交际及不属上列两部事宜。

第八条　国民对俄交涉后援会应将每周工作情形呈报该地高级党部,按级转呈中国国民党中央执行委员会训练部备查。

第九条　国民对俄交涉后援会经费由会员分担,遇必要时得由当地党部酌给津贴。

第十条　国民对俄交涉后援会应先编制预算,呈请各该地高级党部核准,按级转呈中国国民党中央执行委员会训练部备查。

第十一条　国民对俄交涉后援会每月终了时,应将决算呈报各该地高级党部核销,按级转呈中国国民党中央执行委员会训练部备查。

第十二条　国民对俄交涉后援会在中俄交涉解决后,由中国国民党中央执行委员会密令取消之。

第十三条　本通则如有未尽事宜,由中国国民党中央执行委员会训练部提请中央常会修正之。

第十四条　本通则由中国国民党中央执行委员会密令施行。

中国第二历史档案馆藏国民党中央民众训练部档案

南京国民政府外交部第二次对俄宣言

1929 年 10 月 25 日

一九二九年五月二十七日，东三省地方当局发觉苏联驻哈领馆集议倾覆中国政府、破坏东省铁路之阴谋，因七月十一日①按照中俄协定，对于中东铁路执行必要之处置。所有经过真相，及苏联政府颠倒事实，诬砌中国政府复文意旨，故意酿成中苏严重形势各情形。中国政府业于七月十九日发布宣言，声明中国只知努力保持和平，用以贯彻非战公约精神，请各友邦政府及人民，注意苏联方面在中国境内宣传谋乱之事实，及各文件证据，通告中外。旋据东省报告，苏联驻哈领事梅里尼阔夫迭来接洽，表示苏联政府愿设法由中俄两国自行了结。中国政府因本七月十七日答复苏联政府牒文之意旨，就驻苏联朱代办赴哈调查之便，饬令前往满洲里。而朱代办抵满之后，苏联方面竟不派人商洽。我方虽具诚意，遂亦无从接洽。嗣以驻德苏联大使又有直接交涉之表示，因由调人先行非正式征取双方同意，提出解决方案，由两国共同宣言：（一）双方愿按照中俄协定，解决一切问题，尤须按照该协定第九条第二款解决中东路问题，且双方须立即派遣全权代表开议。（二）双方承认自纠纷发生以来之中东路现状，应照中俄、奉俄协定变更之，但此种变更，须先由其两国代表会议决定。（三）苏联政府推举新局长副局长，由理事会委派。苏联政府训令中东路俄籍职员，严格遵守中俄协约第六条规定。（四）双方立将为此纠纷被捕之人释放。乃此项方案，于八月二十七日正式提出之后，苏联政府虽因对于此项方案先已表示同意，不能不予接受，但又要求将第三条除去"新"字，推荐上加入"立即"

---

① 应为 7 月 10 日。

字样;并声明新局长委派,须与共同宣言同时施行。训令官吏,亦两国同时施行。似此蔑弃信义,反复无常,在我原可置之不理,惟为格外表示诚意起见,仍予答复如下:(一)本国政府迭次宣言,愿与苏联政府谈判,俾得公平解决两国最近争论。现苏联政府表示愿与本国政府共同宣言,深为嘉赞。而对于苏联政府提议两国代表从速开议,俾两国一切悬案,得一永久解决,尤为完全同意。(二)苏联政府拟将第三条修改,于"推荐"二字之上,加"立即"二字,本国虽不反对,惟对于"新"局长立即委派,作为共同宣言签字或两国代表开议之先决条件一节,不能同意。盖此与第二条所规定之原则不相符合,而该条已由苏联政府接受矣。(三)此外苏联政府提出之修正案,本国政府以为此后皆可由双方代表会议解决,若会议决定应行采用,本国政府即不反对。乃苏联方面对我此种极和平之答复,强词拒绝,谓苏联政府所提修正案之实行,为两国开议前之必要条件。中国政府拒绝上述修正案不啻自行撤回其提议,而不欲以妥协方法解决争执云云。中国政府对于苏联政府之反复狡诈,固已深悉其毫无诚意。然为保持世界和平,贯彻宽大素怀起见,仍无时不冀彼方之自觉。无论任何提议,苟于可能范围得寻妥协之途径,中国政府无不勉力从事。本月九日,准德政府通牒,提议两国拘禁人民交换释放,藉以缓和两国感情,为和解之初步。中国政府以释放被拘之人,前由调人提出,业经彼方接受之共同宣言,原曾列有此款。彼方果有诚意,可将原议之共同宣言同时办理。因以此意答复德政府,德政府认为适当。遂由德政府依据原拟共同宣言,将中俄各派全权代表会议,按照中俄及东路协定,解决悬案,变更现状。互释被拘侨民,停止边境军事行动各节,折衷双方意见,拟定共同宣言。讵此项办法提出,而苏联政府对于德政府前提交换被拘人员通牒,竟以中国不尊重条约为口实,正式拒绝。苏联政府并向驻俄德大使表示,非先行履行喀拉罕对中国首次通牒所主张之二先决条件,不准任何俄人与华人开始谈判。至第三国调停,尤为拒绝。苏联政府绝无诚意以谋本问题之解决,至此已完全证实。更证以另表所列苏联陆海空各军侵扰东三省沿边之事

实,是苏联政府自始蓄意破坏和平,实已毫无疑义。所有自本问题发生
因苏联政府故意酿成之结果,以及今后因苏联政府继续其寻衅侵略行
动,致陷中国政府基于自卫权而发生冲突之一切责任,自应由苏联政府
负其全责。

《外交部公报》第2卷第6号,第65—67页

(二)中东路战争

说明:基于中苏在中东路管理权上的固有矛盾,在南京政府的唆使
下,东北张学良地方政府于1929年5月悍然搜查哈尔滨苏联领事馆;7
月份,东北地方当局又下令武力接管中东路,驱逐中东路苏方人员。对
此,苏联政府一方面在外交上向南京国民政府提出强烈抗议,同时准备
军事打击。10月份,苏军进攻东北,东北军败绩连连,东北边疆危急,
史称"中东路战争"。

蒋介石致阎锡山、张学良告以中央对
中东路事件方针务须保我主权电
1929年7月18日

中东路事件,赤俄迄无觉悟,铣日向我通告,召还驻在我国之使领
及中东路俄员,断绝中俄铁路交通;并请我国召还在俄使领,赤色帝国
主义者充分表现其蛮横之态度,本无足异,且中俄绝交已非一日,苏俄
至今宣告,等于滑稽。况据其国内形势及国际关系观察,亦未必遽敢向
我宣战,中央对于此事,早经决定方针,务须保我主权,决不受其胁迫,
惟中俄接壤,绵亘万里,狡谋侵占,不可不防,国际情势复杂,尤须郑重
应付,免致造成协以谋我之局。弟意形势至此严重已极,西北边防尤形
紧急,中央同人拟请兄兼任西北边防司令长官,征兄同意,尚请体念时
局艰危勉任其难也。尽筹所及,务恳随时电示,并告汉卿兄等为祷。尊

处准备有素,当不至稍有疏虞,仍望将沿边情形随时电告为盼。中正
叩。巧。

录自总统府机要档案

《中华民国重要史料初编——对日抗战时期》绪编(二),第214—215页

张学良自沈阳转报俄军舰进入黑河口对我
示威与俄人扣留华人与车辆等情形电

1929 年 7 月 18 日

急。南京国府蒋主席钧鉴:行政院谭院长、外交部王部长勋鉴:密。
顷据东北边防军驻吉副司令官公署篠电称:据依兰李镇守使铣电,据路
团长删电称:本月删日八时,俄军舰四艘由伯力方向进入黑河口,对我岸
并列停泊,按数年来俄舰无此举动,显有示威模样等情。同日复据电称,
顷据三江口驻军报告,俄舰靠粮河口南岸三只,有小汽船两只,其一只仍
在俄岸,夜间用息灭灯光,频向我岸用灯探照各等情。除饬严密防范续
报,谨闻。等情。除电复转饬路团严防外,请速派军舰前往以资镇摄等
语。又据洽电称:据宪兵曾队长倡璧转据绥芬宪兵分所长邵丕明删电
称:职闻七月十一日早八点三十分,中东路由绥开崴车内有华人一百三
十余名,行到俄境四站,全被俄人扣留,使其筑战壕用,驻绥俄领事馆内,
通俄国之电话及无线电完全被特区截断,又闻四站增加兵力,并来铁甲
车三辆,内有炮十余门,再中东路瓦罐车被俄扣留四百八十辆,十四日由
绥至四站断绝交通等情。先后报告前来谨此电闻。张学良叩。巧印。

录自总统府机要档案

《中华民国重要史料初编——对日抗战时期》绪编(二),第218页

蒋介石致张学良告以国务会议议决召回我
驻俄使领人员并指示东北防御部署电

1929 年 7 月 19 日

张司令长官汉兄勋鉴:密,国务会议顷决议对苏俄二次复牒办

法：一、决召回我驻俄使领人员。二、苏俄驻华使领人员一律保护出境。三、在俄华侨托德国使馆代为保护，此外并拟发表哈尔滨俄领馆内搜获全文，通告世界。以中意观察，苏俄决不敢对我国开战，但我方不得不防其万一，惟须严令边境军政人员持以十分镇静态度，即使来挑衅，则我军应照集中于预定之防御线暂取守势，万不可在边境与之对抗，至在奉吉沿南满线之主力各军队应否集中在满铁线路之西，以防不测，以苏俄如派兵保护中东路则日必进兵北满也。中正叩。皓申。

录自总统府机要档案

《中华民国重要史料初编——对日抗战时期》绪编（二），第 215 页

张学良自沈阳转报苏俄在绥芬河用炮向我军射击电

1929 年 7 月 19 日

哈埠电话：本早八时，苏俄在绥芬河用炮向我军射击，我军尚未还击等语谨闻。

录自总统府机要档案

《中华民国重要史料初编——对日抗战时期》绪编（二），第 219 页

蒋介石致金树仁①告以中央对中东路事件之处置方针并望其注意严密防范电

1929 年 7 月 19 日

极密。此次中东路事件，实因赤俄违背协定，蔑视我国主权，宣传煽惑，蓄谋扰乱，迭经查获确证，始为断然处置。赤俄犹无觉悟，先提出限期答复之通牒，现复向我通告，召还驻在我国之使领及中东路俄员，断绝中俄铁路交通，并请我召还在俄使领，赤色帝国主义者充分表现其

---

① 新疆省政府主席。

蛮横之态度,本无足异。据其国内形势及国际关系观察,亦未必敢向我实行宣战,中央对于此事,早经决定方针,务须保我主权,决不受其胁迫,惟中俄接壤,绵亘万里,阴谋侵占,不可不防,新省久为彼族垂涎,防务不可稍涉疏忽,务望督饬所部,注意侦察严密防范,并将一切情形随时电告为盼。中正。皓。

录自总统府机要档案

《中华民国重要史料初编——对日抗战时期》绪编(二),第220—221页

蒋介石为中东路事件勖勉全体将士团结
一致共同御侮电
1929年7月20日

各省政府、各总指挥、军师旅团长转全体将士同志公鉴:苏俄对我国之两次通牒,与哈尔滨苏俄领馆内搜获之宣传共产、扰乱中国之证据,已由外交部逐次发表,想经览及。夫废除不平等条约,以求中国之独立平等,为本党最要之政纲,民众最大之愿望,亦诸将士万死不顾一生所致力之国民革命最重要之目的。苏俄对于我国早以自动撤废不平等条约为标榜,民国十三年之中俄协定,明定中东路正副局长权限均等,督办有执行之权。又明定两国政府互允彼此不为与对方国政治社会之组织相反之宣传。乃数年来中东路俄员之行为,既尽越条约之外,其所雇佣之职工会,又为宣传共产主义之唯一机关,至于近日其侵越我国主权、扰乱我国秩序之阴谋,益复加厉,我国不得已而为自卫之行动,收回路权,解散工会,纯属必要之处置,亦为条约上赋与中国之权力。苟苏俄稍知国际信义,宜自悔悟,更何抗议之有。乃既提出限期答复之通牒,又复召还使领人员,断绝中俄铁路交通,既自违约,而复声明保留中俄协定之一切权利,其甘为戎首,敢于破坏世界和平,蔑视我国,以为可任其侵凌宰割,固已昭然若揭矣。此而可忍,则现尚存在之不平等条约,更何从废除,中国之独立平等,永无希望,而诸将士数年来誓死牺牲所努力之国民革命,亦将毫无意

义可言。中央于此已抱最大之决心,决不稍受其胁迫,我三民主义之国民革命,以正义人道为指归,但求我国之独立平等,绝无侵略他国之野心,苏俄虽极蛮横,在我决不愿轻启衅端,但国权所在,未容暴弃,公理所存,未容畏缩,自当唤起全国民众以团结一致之意志,作坚强不屈之拥护,诸将士以捍卫国家为天职,当知此次事件为我国力争独立平等之关键,非举国一致,共同御侮,更无以自存于世界。猛虎在山,藜藿为之不采,早能团结自救,苏俄亦何敢以非礼相加,英政府对驻英俄代表之一再搜查,法政府对驻法俄使之强制撤换,苏俄皆帖然就范,不敢稍抗,今独敢以最后通牒加于我者,岂非蔑视我国之无人,乃以次殖民地视我国耶,国必自伐而后人伐之,此中正平日所为垂涕而道于邦人君子之前,尤我全党同志全体将士所当憬然返省者也,今日舍努力拒俄以外无忿嚏,舍一致对俄以外无出路,诸将士其同心一德,共同努力,誓贯彻废除不平等条约之目的,以完成我国民革命最后之职责,诗云,其亡其亡,系于苞桑,民族存亡革命成败,争此俄顷,凡我袍泽,其共念旃,蒋中正。咨。

录自总统府机要档案

《中华民国重要史料初编——对日抗战时期》绪编(二),第219—220页

张学良自沈阳报告苏联政府调动军队迫近
满洲里、绥芬等处请中央预定方策电

1929年7月20日

万急。蒋主席钧鉴:行政院谭院长、外交部王部长勖鉴:任密。近日苏联对东省布置情况、迭电奉陈、计邀鉴督。报载苏联所致通牒,中央业已答复,想属实在,而迄未蒙电示。现在苏联政府调动军队,积极筹备,迫近满洲里、绥芬等处,确有以武力压迫情势,决非局部之事故,亦非东省独立所能应付,应请中央预定方策,详为指示,俾中央与地方联贯一气,相〔机〕应付;事机危迫;不容再迟,否则,牵动大局,关系重〔大〕,自应预为虑及,专电奉陈,敬候复示。张学良叩。

号印。

录自总统府机要档案

《中华民国重要史料初编——对日抗战时期》绪编(二),第 221 页

蒋介石致张学良告以对俄作战已调制全般计划
如有必要全国军队可以随时增援电
1929 年 7 月 21 日

张司令长官汉兄勋鉴:密。号电祇悉。中央对苏俄作战及军队调遣事,已由参谋部负责调制全般计划,并派葛次长或刘局长光亲送来辽,如有必要,全国军队可以随时增援也。本日未接报,边情如何? 甚念。闻苏俄甚想转圆圈避战,故中央亦在设法进行,我军暂不与之接触为要。中正叩。马亥。

录自总统府机要档案

《中华民国重要史料初编——对日抗战时期》绪编(二),第 222 页

张学良自沈阳转报苏俄有组织俄蒙
联合骑兵分途袭击热绥之计划电
1929 年 7 月 23 日

南京国民政府蒋主席钧鉴:密。据密报,俄方沿我吉黑边境增加兵力,希图进窥,业经电呈。刻据探报:俄方有联络蒙古王公及青年党编组俄蒙混合骑兵,分途进(袭)〔压〕绥热之计划等情。除饬沿边各队严防杜,详探具报外,察绥方面应请注意为要。东北边防军司令长官张学良。漾二印。

蒋主席批示:转报阎总司令。

录自总统府机要档案

《中华民国重要史料初编——对日抗战时期》绪编(二),第 222 页

蒋作宾①自柏林报告俄人态度转强及藉共党扰乱已证实电

1929 年 7 月 23 日

连日详情已电外部,俄人态度转强,似非出于一战不可,俄国动员令尚未公布,惟运动外蒙古与吾国绝交,及藉共产党扰乱已证实,望速预备,徐君已面告。宾。廿三日。

录自总统府机要档案

《中华民国重要史料初编——对日抗战时期》绪编(二),第 223 页

蒋介石致张学良告以关内军事准备情形电

1929 年 7 月 24 日

张司令长官汉兄勋鉴:密。各电均悉,凡兄所见,皆先获我心,欣幸无已。对于关内总预备队之计划,及万一开战时各种之接济,亦均已计及,不日即派葛次长或刘次长来辽面详也。中正叩。敬辰。

录自总统府机要档案

《中华民国重要史料初编——对日抗战时期》绪编(二),第 223 页

高鲁②自巴黎报告苏联暗助中共军火破坏统一电

1929 年 7 月 25 日

南京外交部王部长、并转蒋主席钧鉴:苏联拒绝调人,近又宣言尊重非战公约,据此间外交界传闻,彼仍用其暗助中国共党军火,破坏统一,使我内乱,无法对外,蒙新及内地各省均应严防,谨闻。高鲁。二十五日。

《中华民国重要史料初编——对日抗战时期》绪编(二),第 223 页

---

① 驻德公使。
② 驻法公使。

张学良自沈阳转报札兰诺尔方面俄步探向我军
鸣枪又在马此也夫司克方面闻有炮声电
1929 年 8 月 13 日

南京国民政府蒋主席钧鉴：参谋本部、军政部、外交部勋鉴：密。据驻江万副司令官福麟蒸电称：据报札兰诺尔佳早三时半在三十里民店我阵地前方，发现俄步探七八名，逐次向我阵地接近，令其停止，置之不理。行距我阵地约二十米远处，忽向我军鸣枪十余发，逃回俄境，当即检查守兵王连生左右手各受伤一处，并得俄军黑色军〔帽〕一顶、手榴弹一枚。又据报佳早六时在马此也夫司克方向，闻有炮声三四十发，机关枪发射三四次等情，据此，谨电奉闻。东北边防军司令长官张学良叩。元印。

录自总统府机要档案

《中华民国重要史料初编——对日抗战时期》绪编（二），第 224 页

蒋介石致何成濬参军长告以中东路事俄方威逼日甚
请其往奉天辅佐张学良主持交涉电
1929 年 8 月 13 日

急。何参军长勋鉴：慎。中本辰回京，中东路事，俄方威逼日甚，汉卿、辅丞恐皆为所动摇，故拟请兄即往奉天为政府代表，暂驻半月或一月，辅佐汉卿主持交涉，使暴俄无所使其伎俩，我方对俄终以不主开衅，惟以镇定不屈处之，并与其切商军事准备，以防万一可也。中正。元酉印。

录自总统府机要档案

《中华民国重要史料初编——对日抗战时期》绪编（二），第 224—225 页

蒋介石致张学良司令长官指示对暴俄挑衅威逼请其坚持不屈并告以拟派何成濬或何应钦来辽面商电

1929 年 8 月 13 日

急。张司令长官汉兄勋鉴:道密。中正本日回京,兄来各电均欣悉。暴俄挑衅威逼,我前方将士皆能处以镇定,不为所动,欣慰何似。惟能多一时之忍耐,即增多无穷之国威,且表现吾兄政治之能力,不久在国际地位上将生莫大之影响,请兄坚持不屈。惟军事急须准备,政府拟派雪竹或敬之兄来辽与兄面商一切,以便随时助理,何如。中正。元酉印。

录自总统府机要档案

《中华民国重要史料初编——对日抗战时期》绪编(二),第 225 页

张学良自沈阳陈复东北情势俄人由陆路进窥及共党分布东北各省防不胜防电

1929 年 8 月 14 日

机急。限即刻到南京蒋主席钧鉴:密。元酉电敬悉。承嘱坚持不屈,并军事应急作准备各节,自当遵办,良疆寄忝膺,始终以报效党国为职志,重以尊谕,尤当竭尽愚诚。无如一言用兵,动需巨款。东北一隅之力,实有未逮。前电略陈,谅蒙鉴察。尤有陈者,东北与俄接壤之处,绵亘千里,现在防御所能及者,仅在东路两端,即绥芬与满洲里,而近来俄人寻衅,率由陆路交界处节节进窥,顾此失彼,极感困难,此防不胜防者一。中日韩俄之共党,分布东北各省,平时尚未敢发动,一旦有机可乘,势必到处爆发,不易遏止,此防不胜防者二。凡此情形,当邀洞鉴,但无论如何,良必当尽力支撑,详筹应付,期保地方之秩序,纾钧座之忧劳。顷得雪竹兄寒电云;奉命即日来辽,此后一切,得其指导,于边事定多裨补,不胜欢忭,谨此电复,张学良叩。寒印。

录自总统府机要档案

《中华民国重要史料初编——对日抗战时期》绪编(二),第 225—226 页

刘光自哈尔滨报告俄军在肇兴登陆搜括民间麦粮及
俄海军在三江口附近演放毒气炮情形电

1929 年 8 月 14 日

急。南京总司令蒋、参谋总长朱钧鉴：密。近日情况缕陈如下：一、我江防舰队力量远劣于俄，现在松花江下游之三江口、富锦等处设防。前日俄军忽在富锦北方黑龙江南岸之肇兴登陆，人数千余，逐去我警戒队，搜括民有麦粮巨万而去。二、俄海军曾在三江口附近演放毒气炮。三、江口一带原来水线设防尚易，近忽涨水，俄舰运动甚易，我之设防更难，尹司令极忠勇，颇思誓死反攻，已由朱科长将中央意旨往告矣。四、中东路全线仍能照旧开行，俄工原有万余，近告假者已达二千余，幸早有准备，未受影响。据吕督办云：纵令全体罢工，亦不足虑，已早有应付计划。五、本日拟往齐齐哈尔晤万副司令详查西路防守各情。六、昨路局涕觉梅藤回，交涉可望再续，未知确否。七、如有电示，仍请寄哈尔滨护路军总司令部转。职刘光叩。寒印。

录自总统府机要档案

《中华民国重要史料初编——对日抗战时期》绪编（二），第 226—227 页

蒋介石日记一则

1929 年 8 月 15 日

吾人以革命立场，决不屈服于暴力之下，与其不战而亡，以污我民族光荣之历史；宁背城借一，同归于尽，以保我国民革命之光荣。

吾人为民族，为主义，为革命，而奋斗，而牺牲，惟有玉碎，毋为瓦全，断无不战而亡之理，亦无为自卫而战，战而不胜之道。

录自总统府机要档案

《中华民国重要史料初编——对日抗战时期》绪编（二），第 227 页

蒋作宾自柏林报告俄报宣传淆惑以掩饰派加伦为远东总司令
及运兵运粮并召集我国共党大肆恫吓扰乱之行动电
1929 年 8 月 15 日

南京外交部、蒋主席、谭院长、王部长钧鉴：俄外交部长昨日到柏林，传来消息，谓我当局对于谈判条件反复，此后只能接受书面提交，俄报极力宣传，各国为之惑，宾已将梅领事提议情形发表辩正，中央前段再行声明，因俄人正极力造成吾国无诚意接受直接交涉之空气，以掩饰派加伦为远东总司令，运兵、运粮，召集吾国共产党，大肆恫吓扰乱之行动。又俄官报宣言，朱使电无新提议，无庸答复。宾。十五日。

录自总统府机要档案

《中华民国重要史料初编——对日抗战时期》绪编（二），第 227—228 页

张学良自沈阳转报俄炮兵在煤窑附近向我阵地
开始射击步骑兵一部已实行接触电
1929 年 8 月 16 日

限即刻到不准停留，南京蒋主席钧鉴：密亲译。顷据万司令福麟铣酉电称，据梁司令报告，铣晚三时半，在煤窑附近俄炮兵向我阵地开始射击，步骑兵一部已实行接触，刻尚在激战中，等情，特此驰电报陈。张学良叩铣。戍印。

录自总统府机要档案

《中华民国重要史料初编——对日抗战时期》绪编（二），第 228 页

张学良自沈阳转报满洲里方面敌人
向我攻击及我军伤亡情形电
1929 年 8 月 18 日

万万急。南京国民政府蒋主席钧鉴：行政院参谋本部、军政部、外交部勋鉴：密。据驻黑万副司令篠电报称：据满洲里梁旅长报告情况如下：（一）铣日午后三时半，敌人向我攻击，至七时半停止，现仍在对峙

中。(二)敌人在阿巴该图附近之兵力,约有一师以上,并有特种部队,今日向我攻击之兵力,步骑连合约有一团,炮卅余门,其武器以机关枪为最多。(三)我军阵亡排长一员,兵廿五名,伤连排长各一员,兵廿五名。(四)查敌人目的系占领扎兰诺尔,截断海满连络等情。除饬遵中央意旨,力求避战,以便在国际非战公约上我先占有地步外,谨此电闻。此次苏俄向我军实行攻击,非寻常冲突可比,应否向非战公约各国通告,应请外部核办。东北边防军司令长官张学良叩。篠印。

录自总统府机要档案

《中华民国重要史料初编——对日抗战时期》绪编(二),第228—229页

蒋介石讲词——对于中东路事件之感想

1929年8月19日在中央军校讲

前一星期,外交上政治上所经过最大的事情,就是中东铁路的中俄交涉,俄国欺侮我们中国,不是从今天起,外国帝国主义者压迫我们中国人,看轻我们中国人,亦不是从这次中东铁路问题起头,他们早看我们中国没有人的了。他们,尤其是俄国,对于我们中国的批评,是怎么说? 说我们中国人统统是乌托邦的人。什么叫乌托邦的人呢? 就是说这种国民通是空想的,要是我讲国家民族思想,讲政治或讲团体生活,他们就以为不应该有这样的人,这一句话,简单的讲,就是我们中国人没有秩序、条理,不肯守纪律、受训练;随便的自由,毫无政治知识能力,不知国家民族为何物,所以随便给外国人来欺侮了。今天失了一块土地,他的国民是完全不晓得的。今天我们中国人被外国人打死,他们中国人还是同过路人一样,没有一点血性、志气,一任外人的欺侮,还是莫名其妙。所以他们外国人就敢于这样的来欺侮我们中国,尤其是中国几百年来,养成功一个懦弱的习惯,驼了背、弯了腰、浪漫腐败,衣服都穿不了! 街上乱走,没有一点纪律,毫无精神,如同沉疴病夫一般,差不多外国人都当作我们中国人是一个远东病夫,不配同他们去打的,尤其是俄国人批评我们中国人是乌托邦,这话最毒。就是说天下没有这种

人,无论一个人要生在世界上,一个国家要立在世界上,一个民族要存在世界上,一定要守国家的法令,一定要守党的纪律,有血性志气,不许人家来压迫一点,欺侮一点;大家精神团结起来,同心一志的来抵抗外国的侵略,这才算得是在中国民族中的一个国民。现在几百年来,这种精神衰颓了,便使得俄国人目无中国,他自己违反了条约,他自己来压迫我们,来侵略我们中国,反还讲是我们中国人不对,随便的派兵到我们中国国境来,骚扰我们土地,打死我们同胞,是可忍,孰不可忍?大家要是承认自己是一个中国人,承认你是中国人的祖宗父母所生下来的子孙,我们就要保存祖宗父母遗下来的国土,保护我们四万万的同胞。我们对于外国人,尤其是俄国人这样的横暴欺凌,应该作何感想?如果我们大家是一个好男儿,爱国家、爱民族的,那末,应该如何磨练我们的志气,如何团结我们的精神,誓达收回中东铁路,废除一切不平等条约,完成我们国民革命目的。我们已经到了现在这步田地,这等外侮临头,假使还不能争口气,洗净我们的奇耻大辱,那就不能算得一个革命党员,不能算是中国国民,也就不能算是人了。

上一个星期,俄国拿了军队来侵略我们煤窑一带边境,又来占领了满洲里方面几个村庄,一来骚扰之后,随即便退了。我们明明白白晓得,俄国人的这种伎俩,也早已洞如观火。前几年他们俄国人到中国来的一种阴谋,要危害我们政府的情形,非口舌所能罄述的种种举动,当时我们就晓得俄国人别有野心了!现在居然在军事上暴露了出来,前天竟自打过来了!要是它不这样现出狰狞面目,不免还有些人上它假面具的当,还以为它是帮我们中国的忙,不应同他绝交,那真是活葬在虎口里都不知道了。各位学生同志们,要晓得俄国人起头想来侵略我们中国,拿政治的力量,主义的方法,用尽种种鬼计阴谋,实行捣我们中国的乱。搅了好几年都没有办法,所以最后只有拿武力来恫吓我们,想这就屈服我们,现在我们革命的政府,怎么能给人家吓倒呢?绝对不会为那一个帝国主义者的武力所威胁的,他们还把我们当作革命前的中国看待,想以横暴的方法劫夺我们,那简直是做梦!设使我国而可给他随便来欺侮,那他们从前的阴谋早已成功了,他们俄国人从前的种种阴谋,比现在何止大十倍、凶十倍,但终不能损及我们中国毫末,便证明它是早已破产了。现在犹复装腔作势,张牙舞爪,抬出它的纸老虎来吓人,可见其不自量力罢了。我们革命政府是历尽困难危险,从洪炉百炼出来,正如铁打金刚一般,绝对不会为帝国主义者的武力所屈服,并且我们相信俄国人也绝没有这种力量可来侵略我们中国。所以它一侵进来,只须我们一打就退了,不敢多逗留。只是到处的骚扰恐吓,想这样就吓倒我们,此外就无所施其伎了!它挑衅至今,已经有一个月了,我们毫不为动,可还有什么方法呢?所以我常常讲,我们大家是中国的国民,要完成我们的国民革命,来打倒帝国主义,我们并不要用什么多大的武力去打倒,只要我们自己能够自强、体格、精神、行动、态度,时时刻刻均能强健,改过一切不良的习惯,做一个堂堂中华大国民,我们不自侮,还有谁敢欺侮我们,我们最要洗雪这个乌托邦的耻辱,不可各人只讲个人自由了!这样的自由就要亡国,就是乌托邦,就是不爱国家,不爱民族,就不是人,甘心给外国人来欺侮了!现在国家困难的情形,一天一天暴露出来了,无论赤色帝国主义者,白色帝国主义者,一起来环攻我们了。凡是我们中国国民党党员,中国的国民,有血性、有志气的好男儿,应该从这次中东铁路的问题起,时时互相勉励,磨砺自己的志向,健全自己的体格,以后要取消不平等条约,还不晓得要比收回中东铁路难过几多倍,更不是驼了背弯了腰所可以收回来的。一定要充实我们的精神力量,同心一致的来为国家民族,也就是为我们自己来奋斗。在我们国民党领导之下,共同一个目标来对付帝国主义者。我们相信,前回同你们讲过的,多则五年,少则三年之内,我们一定就可以取消不平等的条约,在我们心目中间,不废除不平等条约,不驱逐帝国主义者在中国的这种横暴势力,誓不干休。除非牺牲死了为止,我们一天还没有死,还要准备牺牲我们的一切,来完成我们的国民革命。

录自总统府机要档案

《中华民国重要史料初编——对日抗战时期》绪编(二),第229—231页

何成濬参军长自沈阳呈蒋介石报告与张学良谈话情形并
陈述对东路收回之意见认为即俄能相从日本决不任我独有电
1929 年 8 月 20 日

机密。限即到南京总司令蒋钧鉴：密。到东以后，关于对俄问题，曾照钧座先后两电所授意旨，与汉卿详谈，汉卿态度颇镇静，确能遵照中央不屈不挠之办法进行一切，决定即出两军五旅，协助吉黑军抗御赤军，惟除汉卿以外之重要人物，对外交当局之办法，多怀疑。并极不愿有军事行动。西北之边防毫无准备，加之国内变态纷呈，未必能真正一致对外，一旦有事，不无顾虑。百川对俄力主慎重，良有所见，至东路收回自管，在势恐不可能，即苏联能勉强相从，日本以南满铁道及其在东一切关系，决不任我独有，若就绥芬现状观察，苏联虽屡以暴兵来犯，旋复退去，可见亦无必战之决心。然久延不决，日人必多方唆使，企图扩大，终属与我有害无利；盖东北外交关键，操纵于日方者居多数也。为今后计，似仍宜外示坚强，内则速由外交方面秘密进行，以求得一相当解决，事关切要，伏乞鉴察，并饬外交当局妥为办理为幸。余续陈。职何成濬叩。号申。

录自总统府机要档案

《中华民国重要史料初编——对日抗战时期》绪编（二），第 232 页

张学良自沈阳报告俄军于绥芬、满洲里两处猛烈进攻电
1929 年 9 月 10 日

外交部王部长儒堂兄勋鉴：汉密。近日俄军于绥满两处猛烈进攻，其意殆不止促进交涉，似有作战决心，业电前方将领，竭力撑持。驻德蒋公使接洽情形，近日至何程度，报纸所载：俄方已在俄京宣布，局长问题认中国答复为无诚意，是否俄方即藉此实行作战，我兄智虑周密，请将交涉情形，并尊见所及，详示一切，至为盼祷。弟张学良。蒸。

录自总统府机要档案

《中华民国重要史料初编——对日抗战时期》绪编（二），第 233 页

蒋介石致张学良告以暴俄凶险已电柏林严重
交涉并望督促前方将士忠勇抗御电
1929 年 9 月 10 日

　　万急。张司令长官汉兄勋鉴：密。各电均悉，暴俄凶险，已电柏林严重交涉，并拟即宣布其破坏和平罪状，尚望督促前方将士忠勇抗御，以发扬我国威，昨今二日战况如何？甚念，盼覆。蒋中正。灰成。

录自总统府机要档案

《中华民国重要史料初编——对日抗战时期》绪编(二)，第 233 页

中国国民党中央执行委员会慰劳东北前敌将士书
1929 年 11 月

　　溯自中东路事件发生，政府对俄，始终以保存疆土不事凌人为职志，目的在于自卫，主张仍在非战。赤俄蔑弃正义，罔恤公理，以侵略之存心，作残忍之暴行，陈兵国境，挑衅多方，扰乱我疆土，杀戮我民众，焚毁我建筑，劫掠我财物，包藏祸心，狡计百出，满洲里、同江、富锦、黑河诸战，弹雨枪林，向我扫射，炮震石裂，血暴肉飞；而我东北将士秉承中央意旨，矢诚矢勇，一德一心，在全国热望之中，努力为谋民族生存而战，为国家争光荣而死，非我东北将士之忠勇奋发，矢志不渝，盍克臻此？值此天气冱寒，边风萧瑟，河冻石枯，云飞月暗，我东北前敌将士仍能辛勤防守，竭力周旋，卓著勋功，曷胜佩慰。本会缅怀功绩，益念贤劳，爰于十月十四日中央第四十八次常会决议：推孙科、吴铁城两委员前往慰劳。诸将士捍国卫民，克尽厥职，不独发扬我国民族固有之精神，一洗从前积遗之耻辱；且本此迈进，则策勋于将来，确立中国之独立自由者，端在此举。本会于慰劳之余，悬此为鹄，更愿与我东北全体将士共勉之。中国国民党中央执行委员会。

录自中央党史委员会库藏史料

附录：我军在同江及札兰诺尔抗御俄军经过

中俄两国之备战，中俄正式断绝邦交后，七月十九日国民政府发表

宣言,说明俄人赤化中国之种种证据,并由司法院长王宠惠控之于海牙国际法院,希望利用国际力量,阻止俄之侵略。俄政府则任命布里耶诺为特别远东总军团长,设总指挥部于赤塔,指挥分驻赤塔、大乌里、黑河、伯力、海参威、伊尔库次克等处俄军八万余人,向我沿边发动攻击。我政府为实行抵抗计,以东三省国境防御全权授张学良负责。张氏任命张作相为国防司令,万福麟为副司令,以王树常率兵三万防御西伯利亚边境,总部设满洲里;胡毓坤率兵三万防御东口,总部设绥芬。七月二十日,蒋主席为俄军侵入东北,致电全国将士,略曰:

　　数年来中东路俄员之行为既尽越条约之外,其所雇佣之职工会又为宣传共产主义之唯一机关。至于近日其侵越我国主权,扰乱我国秩序之阴谋,益复加厉,我国不得已而为自卫之行动,收回路权,解散工会,纯属必要之处置,亦为条约上赋与中国之权力。苟苏俄稍知国际信义,宜自悔悟,更何抗议之有?乃既提出限期答复之通牒,又复召还使领人员,断绝中俄铁路交通;既自违约,而复声明保留中俄协定之一切权利,其甘为戎首,敢于破坏世界和平,蔑视我国,以为可任其侵凌宰割,固已昭然若揭矣。……今日舍努力拒俄以外无他噬,舍一致对俄以外无出路,诸将士其同心一德,共同努力,誓贯彻废除不平等条约之目的,以完成我国民革命最后之职责。

　　九月十一日,俄军首先向我东宁县山地驻军发动猛攻,我保卫领土之抗俄战争遂形爆发。

　　同江之战。同江属于今合江省,位于黑龙江与松花江交流处,地当边陲要冲,而水路之三江口尤为同江之命脉。俄人对我绝交后,我海军司令沈鸿烈即督率江防舰队长尹祖荫在该处切实布置。当时兵舰凡利捷、利绥、利川、江平、江安、江通七艘,多已陈旧,吨位既小,且无主力炮位,陆战队才数百人,高射炮仅有一尊。十月十日,俄极东舰队司令官勃司脱屈润夫率大队巨舰及陆军向我进犯,相持二日,败退江北。十月十二日,俄复以新式巨舰九艘、飞机八架、步骑兵三千人,开始猛烈攻击,自上午五时激战至下午四时,我军奋勇迎击,击沉俄旗舰、巨舰各一艘、击落俄机两架,歼敌数百人。而我江平、江安两舰亦被敌机炸毁,利捷、江通两舰,竟遭敌炮击沉。士兵伤亡达三百余人,舰长莫耀明力战殉国,陆战队长李泗亭自杀成仁,陆战队生还者八人而已,同江亦于当日晚陷入敌手。

扎兰诺尔之战。扎兰诺尔位于兴安省西北隅,北隔满洲里与俄境为界,中东铁路经过于此,系我第十七旅韩光第部驻防地。十一月十七日晨,俄军大队来犯,用机关枪重炮攻破我第一道防线,我军浴血反攻,于中午复将阵地夺回。下午二时许,俄增援部队大至,并有飞机助战,战况惨烈,敌我死伤均重。是役俄军使用重炮在五十门以上,而我军仅有炮四门,但因士气振奋之故,俄军竟不能支,颇有溃退模样。十八日午后,俄再增调之大军又至,于是我军陷入四面包围之中,全旅因之覆没,旅长韩光第殉难,扎兰诺尔遂告失守。

当扎兰诺尔被围时,俄军同时包围满洲里,当地驻军为梁甲忠旅,在众寡悬殊情形下奋力抵抗,激战三昼夜,至二十日,因弹尽援绝,满洲里复被攻陷。

录自中央党史委员会库藏史料

《中华民国重要史料初编——对日抗战时期》绪编(二),第233—236页

(三)国际调处与中苏初步交涉

说明:中东路事件发生后,由于军事上的失败,国民政府只好寻求美、英、法等"非战公约"签字国出面调解。但苏联主张由中苏双方直接谈判解决问题。于是,从12月中旬开始,中苏双方于伯力举行会谈,中国最终被迫签署了《中苏伯力会议议定书》,中东路恢复原状,苏联撤军。

高鲁自巴黎报告中东路事全欧各国
极为注意及苏俄外无国际同情电
1929 年 7 月 17 日

南京外交部乞转蒋主席钧鉴：报载俄人因中东路事致书国府，限期答复，全欧各国极为注意，苏联计取中东路，不照原约履行，用为共产党宣传根据，今为防共卫国，决然收回，实属正当之举，查苏俄外无国际同情，内无充分兵力，倘对我称兵，其政府必难巩固，各方推测，势所不敢，务乞钧座贯彻主张，勿为所动，则内政外交，均有裨益。特电陈词，伏乞垂鉴。高鲁。十七日。

录自总统府机要档案

《中华民国重要史料初编——对日抗战时期》绪编（二），第 236 页

蒋作宾自柏林报告关于在俄侨民利益
已托德国外交部转饬
保护及德政府颇愿居间调停电
1929 年 7 月 18 日

南京外交部、蒋主席、谭院长、王部长：十七日电敬悉，已照转。关于在俄侨民利益，已托德外部转饬保护：俄亦请德保护，均已应允。俄人因国际地位，对我国不能示弱，积极备战，此间风传中日已订攻守密约，有谓系白俄运动日本，怂恿中国，与俄开战，空气紧张可见，推测日本态度，德国政府尤为注意，颇愿居间调停，碍于列强不敢出首。宾。十九日。

录自总统府机要档案

《中华民国重要史料初编——对日抗战时期》绪编（二），第 237 页

张学良自沈阳转据吕荣寰督办
电报绥芬方面苏联向我开炮示威我已提出抗议电
1929 年 7 月 20 日

　　急。南京国民政府蒋主席钧鉴：行政院谭院长、外交部王部长勋鉴：密据吕督办荣寰皓电称，顷据绥芬报告，昨夜苏联向我方开炮示威等情，查两国未正式公告宣战以前，苏联竟行开炮示威，显系故意寻衅，有违国际法例，经由荣寰向俄副理事长齐尔金正式提出抗议，以明责任等语，谨闻。张学良叩。号印。

录自总统府机要档案

《中华民国重要史料初编——对日抗战时期》绪编（二），第 237 页

蒋作宾自柏林报告吾国复牒全文译布后欧洲舆论多不直俄电
1929 年 7 月 22 日

　　南京外交部速转蒋主席、谭院长、王部长：二十一日电悉，连日与德国政府接洽，暗中甚得援助，自吾国复牒全文译布，欧洲舆论多不直俄，又美法干涉态度似渐和缓，德报转载俄国半官报伊斯维斯特也社论云，苏联人民不特不主战，且将极力奋斗反对战事。又云：中东铁路地位本无保持之可得，又载俄交通部长宣言除非中国侵入俄境，决不输送一兵。又得日内瓦消息，中东铁路资本，俄多贷自法国，法人主张由国际联盟组织国际共管团暂管，深盼请求国际联盟调停。又二十二日电悉，已请德国政府饬查并闻。宾。二十二日。

录自总统府机要档案

《中华民国重要史料初编——对日抗战时期》绪编（二），第 238 页

张学良自沈阳报告东北情势某方处
心积虑在坐收渔利我对俄以避免纷争为宜电
1929 年 7 月 22 日

　　机。南京蒋主席钧鉴：密。巧电奉悉，承示中俄壤地连接，侵占须

防,国际情势复杂,应付宜慎,仰见思周虑远,钦佩莫名。学良疆寄忝膺,其力保之权,不畏胁迫之精神,似乎尚堪自信。就苏联国内情势及国际联系推测,其未必遽敢宣战,诚有如钧电所云,惟某方处心积虑,惟在坐收渔利,就之百般煽惑,惟恐衅端不开,日来连得报告,昭然有据,倘不幸引起战事,牵涉甚大,诚有不可思议者,钧座洞明国际情形,当不以良言为过虑,值此甫告统一之际,元气未充,百务待举,但有避免纷争之术,总以避免为宜,非为东北一隅而言,实为全国前途着想,否则强邻伺隙,一触即发,纵欲避免,协以谋我之局,亦恐权不在我,东北密封,见闻较切,用敢直陈所见,未识钧座以为然否,边防紧要责在一身,自应兢兢布置,刻刻严防,使彼无隙可乘,我亦决不开衅,至此后情形,仍当随时报闻也。张学良叩。养印。

　　蒋主席复张学良电:养电欣悉,中东问题,不惟中国力避战端,俄亦无此能力,顷得德电,俄官报载:苏联人民不特不主战,且极力反对战争。又云:中东铁路地位本无保持之可能云。其交通总长宣言除非中国侵入俄境,决不输送一兵。据此可知苏俄之态度矣。惟请兄严防慎守也。

录自总统府机要档案

《中华民国重要史料初编——对日抗战时期》绪编(二),第238—239页

张学良自沈阳报告俄驻哈梅领事与张作相副司令、
蔡交涉员谈话情形及拟由东北方面致喀拉罕
一文作为局部意见以谋和平解决电

1929 年 7 月 27 日

　　机急限即刻到。南京国府蒋主席钧鉴:行政院谭院长、外交部王部长勋鉴:密。中俄绝交,双方备战,调停迄未实现,挑拨尤大有人。号日因驻哈苏俄梅领事将行,托致喀拉罕一函,大意不出中央答复范围,业经电陈主座。敬日张副司令作相由辽旋吉,梅领事特由哈密至长春,晤谈之下,渠云:俄无野心,经张副司令详告我国中央及地方均爱和平,此

次纯出俄方误会,谈次彼此均以为应由两国自了,不必待第三国出而调停,更不必诉诸武力,亘二小时之久始毕。有日梅领事到哈埠蔡交涉员处面称;张司令长官函前经报告政府,已得复电,设法由中俄两国自行了结,其政府主张不似从前之激烈。宥日蔡交涉员来辽面陈,当经详细讨论,拟由东北方面致哈拉罕一文,作为局部意见,计分四项:一、双方各派代表定期会议解决东路问题。二、苏联政府另派正副局长。三、东路现在之状态认为临时办法,由俄正局长华副局长共同签字办事。俟将来会议后根据中俄奉俄协定规定之。四、被拘苏联人员可以释放,但须经过相当手续驱逐出境,其苏联拘留之华人亦须一律释放。以上各节蔡交涉员与梅领事交换意见时,业已谈及。该领谓如照此意,由中国政府或辽宁省政府提出,俄方可以接受。彼已奉到政府指示,相去不远。该领于有日起程,在赤塔专候我方,如有此式公文,彼即于艳日亲来满洲里接受。查中央迭次电示,均嘱衅不我开,且为避免冲突计,军队稍为撤退,亦无不可。外部来电亦力主和平,期以在非战精神解决纷纠,良分属军人,于积极准备之中,默察中央意旨,及地方情况,均以和平了结,不使第三者坐收渔利为得计,东路本为局部问题,不如先由地方径与商洽,即一时未能解决,亦尚有回旋余地,况梅领事在该国颇占势力,其所言自属可信,如照上述各项,由彼转达政府,派员接洽,似有妥协希望。至东路外各重要问题,仍由中央交涉,以期全部解决,管见是否有当,仍请熟权利害,指示方针,即日电复。至为翘盼,张学良叩。寝印。

录自总统府机要档案

《中华民国重要史料初编——对日抗战时期》绪编(二),第239—240页

蒋介石致张学良指示对俄交涉应注意事项及对喀拉罕提议改正各条文电

1929 年 7 月 27 日

张司令长官汉兄勋鉴:密、寝电诵悉,对俄先由地方接洽,以为回旋

余地,此意甚佩。惟应注意者:一防俄利用中央与地方之分,彼乃从中挑拨取利。二、使我中央与地方对俄方针分歧,步调不一,致外交失败反为其所操纵。故凡既经由中央接手之外交无论如何困难,必须认定中央为交涉对手,以保国家威信。如我对外之方针与步调能内部一致,必可收最后之胜利也。对(克)〔喀〕拉(享)〔罕〕提议,当先用兄私人名义协商之,至所提诸条,略改如下:一、中俄二国政府双方各派代表定期会议解决东路问题。二、东路现在之状态,认为临时办法,俟将来会议后,根据中俄奉俄协议规定之。三、被拘苏俄人员须经过正式手续释放并驱逐出境。其苏俄扣留之华人亦须一律释放等语。至于局长签字等问题,可以在第二条包括,此时不必细提也。中意如此,请核复详告为盼。中正叩。感亥。

录自总统府机要档案

《中华民国重要史料初编——对日抗战时期》绪编(二),第240—241页

张学良自沈阳报告业将所定
三条原文用个人名义函达喀拉罕电
1929 年 7 月 28 日

感亥电奉悉。业对钧电所定三条原文,用良个人名义,函达喀拉罕。并请其电复。惟俄另派正副局长一节,准情酌理为先发制人计,不得不容纳彼方意见。至会同签字办事一层,实系我方提出,如能办到,于将来会议时,亦属有益无损。上述两端仍须于函末附带声明,并未列入正式条文之内。至其他外交问题,自当听候中央处置,绝不敢为局部交涉,致妨国家威信。

录自总统府机要档案

《中华民国重要史料初编——对日抗战时期》绪编(二),第241页

张学良转据蔡交涉员电陈俄驻哈梅
领事来满面交喀拉罕复函及谈话情形电

1929 年 8 月 3 日

万急。限即刻到南京蒋主席钧鉴：行政院谭院长、外交部王部长勋鉴：密据蔡交涉员运升冬电称，冬晚五时，梅领来满面交加拉罕致钧座复函，电文内译开，张司令长官阁下，本年八月一日蔡交涉员将阁下七月廿九日致敝人之函，交与梅领，当即电转前来，查七月廿九日尊函所提之件，与蔡交涉员七月廿二日与梅领所提之件，实有差别之点如下：一、尊函内对于蔡交涉员七月廿二日所提之苏联政府先派正副局长并未提及。二、对于苏联政府原拟条文东路冲突后之状态，根据中俄奉俄协议变更一节，在尊函内不啻提议将违反中俄奉俄协定以武力侵夺造成之东路现状，予以合法之承认，综上以观，敝人认为奉天政府以与七月廿二提案相异之新提案，将根据我方七月廿五日提议用协议方式所可解决之冲突之可能性破坏，因此能（得）〔引〕起最重要之新纠纷，奉天及南京政府应负完全责任也。此颂时祺。加拉罕启。梅领事复声明系奉令送达复函，即须折回，不便谈判。升亦以未奉政府令讨论复函为词，但以复函内多所误解，不妨以私人资格一谈，计密谈约三小时之久，俄方因变更原议，颇滋怀疑。大致可有二点：（甲）认我乘机变更协议，预占改用华正局长之地步。（乙）东路现在状况一语认为含混，不如冲突以后字样较为明确，对于甲项，升虽竭力争执彼终以为必有他意，执持不让，大有虽至决裂亦所不惜之势，升到满数日，见俄方军容极为严整，实有战意，闻其舆论对梅领主和，亦多不满，昨据梁司令密告，海拉左翼又思蠢动，似此情形，欲图再进一步，实难办到，如何请电示，为叩，等语。除电饬未得中央指示以前，勿与俄方商洽进行外，谨此电闻，仁候飞电指示一切，再朱公使定于明日由辽起程赴满并闻。张学良叩。江印。

录自总统府机要档案

《中华民国重要史料初编——对日抗战时期》绪编（二），第 242—243 页

蒋介石致张学良告以暴俄狡横
我方切勿示弱请令蔡使不可迁就电
1929 年 8 月 5 日

张司令长官汉兄勋鉴：江电诵悉，暴俄狡横支吾，自在意中。我方切勿示弱，请令蔡使不可强为迁就，静观其变化，今日外交部已将此案通告美国，遵守非战公约并备自卫之意，属其转告公约各国矣。中正叩。微。

录自总统府机要档案

《中华民国重要史料初编——对日抗战时期》绪编（二），第 243 页

朱绍阳代办自满洲里报告俄方梅领事已启程及喀拉罕复电请
我方用书面方式答复意在先行取得有利条件电
1929 年 8 月 11 日

急。南京外交部王部长钧鉴：联密、亲译。鱼（六日）电计达，阳（七日）用电话通知俄方梅领约请会谈，据接电人覆称：梅已启程，正在途中，如有书面通知或具体表示，彼可转达等语。旋复接其转来梅领答复电曰：彼无任何全权与蔡交涉员或朱绍阳进行谈判，苏俄政府之意见，已叙明于喀拉罕致张司令长官之函中，等情。当即用绍阳名义再发电话直接致喀拉罕，文曰：朱绍阳请转递喀拉罕。于八月六日晚间抵满洲里，关于全部问题之误会有解决之可能，必须会见，请速派梅勒尼科夫或相当人员以便会谈，去后，青日（九日）接到电话转来喀氏复电，文曰：不派任何人员，蔡交涉员与梅领谈话之事，可以证明书面通知之必要，我方致张司令长官之复函，及我方之通牒，均为阁下所深悉，如有答复，请用书面方式，由电局或八十六处小站转来均可，等语。复经立时仍由电话通知喀氏，文曰：因余未曾参加前此历次之会谈，碍难给与任何书面之通知，但余相信一切问题，均可与贵国政府相当代表，或余与阁下在莫斯科会晤之方法解决之。并将在莫斯科讨论其他相互利益之各项问题，盼即答复等语。预料尚须二三日方能得复，此鱼日（六日）

以后交涉进行之经过情形也。查俄方狡诈异常，变化无定，有利则来，无益即去，彼因深知我方和平主旨，愈加任意迟延。喀氏要求书面答复，迭次申明致张司令长官函中之意见，不肯正式派员磋商，意在先行取得有利条件，占定优势地位，具体言之，即欲我方先以书面允许解决正副局长问题，藉此维护东路管理权也。盖前此东北政委会因东北地位困难及国防情势紧急，为缓和当时局势起见，曾经议决可以允许另派正副局长，故梅领在长春晤见吉林张辅忱主席及梅领与蔡交涉员在满站会谈之时，均已对我表示另派正副局长。故绍阳到此，俄方恃其成竹在胸，坚持书面答复，以为会谈与否之要挟条件。绍阳此时如对俄表示书面条件，是无异未经谈判即行让步。且表示以□□俄方亦未必即能就范，以保其不再作进一步之要挟，其结果非仅东路问题之解决，欲速反迟，必将有害于中俄两部交涉之解决。此对俄方面交涉之困难情形也。再查东路沿线兵力单薄，防护不周，极足示弱于俄方，就北满路线而言，布防军除有三旅驻满站，国界仅驻一旅，其他二旅分布沿线一带，赤俄工人乘机思逞，意图定期罢工，破坏交通，断损机厂，谣言繁兴，人心惶恐，时闻恶耗，一夕数惊，满站后方札兰诺尔煤矿，已有俄工挖掘河流，意图淹没全坑，呼伦贝尔，包域□俄蒙勾结蠢蠢欲动。至于其他各处铁路、电线、机厂、车房，亦在在堪虞，俄方兵士出没边境，□□我界之事，日有所闻，甚至扰我防线，伤我兵士，额尔古讷河且有俄方建筑桥梁之举，满站居民前已逃避一空，近日知有交涉人员来此，始陆续回归，哈满西界如此，哈绥东已闻亦相同，似此情形，是一旦有事，以现有防军绥东内部秩序之不暇，尚何保卫国界之可言，他如当此交涉相持情势紧急之时，东省方面又因特殊关系，恐惹纠纷，不能利用民气，亦为对外之弱点。此内部示弱影响交涉，中俄东路事件发生以来，日人屡用阴谋方法，以图扩大范围，破坏和平解决，或造谣恫吓，或实行阻碍，种种伎俩不胜枚举，例如梅领在长春时，日人将梅领乘车包围强迫登车会见，谓中国欲将梅领逮捕，长春系日人势力范围，不容中国此种举动，自任保护之责。又声言南路线不准中国军队通过，曾受种种检查刁难。此外日人更尽力助长俄人在华之反动势力。并将于我不利之事实及消息传达俄方,以期延长俄方顽强之态度。盖日人见我国府统一渐告成功,东省对外无力抵抗,故乘机破坏□中交通,形势紧张,藉以和缓我方对日之交涉,俄方虽深知日人狡滑,但因东路利益受我方重大打击,一时无法转圜,故亦不惜互相利用,日俄近年早有秘密勾结,至此愈形显著,因此中俄双方均受日人之影响,而东省首当日俄压迫之冲,处处受其牵制,更难应付自如,此日人方面之外界势力影响交涉之情形也。东省即受日俄两方直接压迫,所处地位,自极困难,兼以运兵调防需费甚巨,经济方面,影响亦多,更因迭接各处报告,东路沿线及边界一带,商民恐怖,争相迁避,损失不赀。故多倾向从速解决之意见,自系环境使然也。现时之交涉困难情形,实数倍于东路事件发生以前,因彼时中俄关系尚未破裂,俄方为保全利益,难以十分坚持,日人牵制我方,鼓惑俄方之伎俩亦自难得逞。现当中俄关系决裂以后,双方相持已成僵局,俄人实利即失,胸无回复希望,曷能轻开谈判,自必一面延宕充实力量,一面相机破坏扰乱,实行压迫,交涉进行,难期顺利,细绎近日俄方电话答复语意,可供预料,凡上陈种种实际情形,均出吾人在京时预定计划之外,故就现势而言,我方应付方针约有两途,一缓进主义,即一面由东省迅速增加边防实力,并尽力维持东路交通及秩序,严防一切扰乱破坏举动,一面审度俄方情形,再行交涉。关于此点,必须由中央与东省妥筹办法,一致进行。二速决主义,即第就实际情形,先将车路管理权之根本问题双方让步,调和解决,如试行提出正局长暂不派人,先由中俄两副局长共同签字办法,如仍不能解决,即试行提出正副局长会同签字办法。□同时签定恢复交通撤退军队,双方开会磋商一切问题,以为交换条件,否则不准交通员到差任事。以上两途,择一专行,并可先后行之亦可,无论如何,防务不可不充,再查东路当局及地方官署,对于罢工俄人概行护送出境。而俄方对我在俄安分居住之侨民,非但不准出境,且概行拘留,甚至强迫在防线工作。故我东省对于俄工之此种处置,亦欠允当,似应与俄方采取同一办法,否则将来既无交换之担保,且使俄方易于引为口实,谓我方仍继续排斥留在东路之俄人,并将否认其曾经罢工扰乱之事实。此外被遣回俄工人贻□泄露东路现状,亦颇不宜。绍阳承我政府付膺之重,国人属望之殷,利权所在誓必力争,决不因环境困难,稍形退让。惟目睹各方实际情形,不敢缄默致误事机,为此谨将管见所及详细电陈,敬乞鉴核,并请分别转呈主席院会,敬候训示祗遵。绍阳叩。真(十一日)。

录自总统府机要档案

《中华民国重要史料初编——对日抗战时期》绪编(二),第244—246页

蒋介石致张学良告以俄态度仍强并
指示我方应处以镇定沉机观变电
1929 年 8 月 14 日

奉天张司令长官勋鉴:顷接驻德蒋公使十二日晚来电称。据德外部得莫斯科报告,俄政府确信直接交涉为惟一解决方法,唯另任新局长持之颇坚,谓即照中俄协约,由双方承认改正现时局面亦无不可云。据他方消息,俄态度仍强,现正积极进行离间手段,促吾国内部变化云。又德大使报告,俄外部否认占据第九十六号车站等语,据各方消息,以现势判断,俄实外强中干,彼除用利诱威胁之外,再无其他方法。如正式开战,乃正彼所忌,我方若处以镇定,沉机观变,吾信必可操胜算也,贵体如何? 请为珍重。中正。寒戌。

录自总统府机要档案

《中华民国重要史料初编——对日抗战时期》绪编(二),第247页

蒋介石致张学良告以苏俄因我国内不安故态度转强刻
已电令蒋作宾仍继续进行并另设法谋与接洽电
1929 年 10 月 4 日

张司令长官汉兄勋鉴:密。顷接柏林蒋公使电称,据德外长谈,苏俄因我国内不安,故近日态度转强硬不理,德国于日内亦无从理喻等

语。如此暴俄因我内乱必趁火打劫,刻已电令蒋公使仍继续进行外,并在他方另设法与谋接洽,仍求速决,而两广问题必可于半月内解决勿念。未知昨今两日战况如何? 盼即复。蒋中正。

录自总统府机要档案

《中华民国重要史料初编——对日抗战时期》绪编(二),第247页

蒋作宾自柏林报告对俄事已进行
及德国提议拘禁人民交换释放电
1929 年 10 月 9 日

南京外交部王部长密鉴:俄事已进行,日内可知结果。本日德国政府通牒提议:两国拘禁人民交换释放,据外交部人解释,系欲先除两国恶感,为和解初步。惟探得系俄人急欲救出哈尔滨五月二十七日被拘中数要人。以免意外。宾意似可稍缓答复。俾得探明,并试对方有无诚意。宾。初九日。

录自总统府机要档案

《中华民国重要史料初编——对日抗战时期》绪编(二),第248页

蒋介石致张学良告以暴俄知我国内乱故对我
提议与德国斡旋均置之不理电
1929 年 10 月 19 日

张司令长官汉兄勋鉴:密。近日边情如何? 念甚。暴俄知我国内乱,故对我提议与德国斡旋之计,均置不理。且声言概不承认与德国有所接洽云。如此情状,我方求速,而敌方反益延缓,使我前方将士与东北同志困难倍增,此心歉仄,莫可名状。以意度之,西北问题不了,则俄事亦连带延宕不能速了。如在根本上能求军事之进步,以最短时期约三四星期内解决西北,是间接即所以解决俄事也。暴俄对同江既得而复放弃,是其始终不敢正式以武力占据中东路可知,但其亦决不允我速了。如此是其不过骚扰边疆,使我国内不安而已。故鄙意对暴俄之扰

乱边境,不必以强力抵御,用彼进则我退,彼退则我进之法,以应之。而速用全力最速时期以解决西北是为要着。惟攻击潼关须用重炮,可否由兄处速借重炮若干营,由现有官长带来助攻潼关,该关一破,则西北瓦解,不难一鼓荡平。近观俄情,或其有意与东北直接交涉。故对中央再三支吾,如有接洽机会,亦可与相机进行,何如?请酌裁之。蒋中正。皓亥。

录自总统府机要档案

附:张学良司令长官复电

1929 年 10 月 22 日

南京蒋主席钧鉴:密。皓亥电敬悉,苏联于正在接洽期间,遽尔尽翻前议,停止磋商,其为因我国发生内乱,意存观望,显而易见。尊电以解决西北即是间接解决俄事,洵属穷源探本之论,钦佩曷胜。皓嘱筹拨重炮营队,顷拟与陈次长商决办法,无论如何为难,必当尽其力之所能以为公助。至俄事由东北直接交涉一节,钧虑极为周匝,所惜今昔不同,溯自沿边战祸既兴,交通立行阻绝,不独对方原任谈判之人早已遣返,彼邦无由接洽,即欲以函电传达消息,亦苦无法可通,鄙意此事当初既由中央完全担任,而为时又逾数月之久,彼我负有全责之外交当局对于本案应付计划,自必筹之已熟,兹虽小有波折,亦应别图良策,以善其后,若地方则时机业经错过,实无术再事转圜,此种情形谅邀澈瞩,叨蒙垂爱;用敢质陈,尚乞俯鉴愚衷,转催设法速决,祷甚。张学良叩,养印。

录自总统府机要档案

《中华民国重要史料初编——对日抗战时期》绪编(二),第248—249页

外交部发表中俄交涉经过之情况

1929 年 12 月

年来,苏联政府迭次在吾国南北各处宣传赤化,日见扩大;十八年五月念七日,东三省地方当局又发现苏联驻哈领事馆内集议倾覆中国政府及破坏中东路阴谋之证据,中俄邦交,因之愈入于恶化状态,此盖

全由苏联背约宣传赤化所致。外部鉴于两国壤地密接,商旅殷繁,须确定履行中俄协定办法,以杜赤化宣传,并使两国政治商务关系,均得导入正轨,爰即由部长拟具体方案,于七月十日携往北平,商承主席,当时阎、张两委员亦在座会商,决定准备向苏联相机提商。顾东省当局鉴于五月念七日在苏联驻哈领馆所搜获结果,为遏绝乱源起见,已于七月二十日对中东路及其他苏联机关执行紧急处置。事案既起,吾政府一本善意,拟定方案,准备与苏联协商,故苏联七月十三日违反事实之通牒,仍按照既定之和平方针予以答复,迨七月十七日苏联二次通牒,拒绝洽商,召回使领并与吾国断绝交通,我政府乃将事实宣告友邦,申明保持和平之旨,以望苏联之再自觉悟。又以对俄目的端在防遏其宣传赤化,今东路既暂由我管理,赤化宣传已失其凭藉,在彼既无诚意,在我虽欲速谋解决,亦无从交涉,故即密陈政府请一方面严戒边备,一方妥筹救济华侨及预防赤党煽动,而交涉方针则始终决定和平谈判,断不与彼开衅。初因苏联驻哈领事表示苏联政府愿由两国自行了结,未及成议。嗣复由驻德蒋公使依照本部意旨,从事商洽,由调人提出调解方案,复以苏联未有诚意而中辍。自此以后,苏联陆海空军侵袭东北沿边各地更烈,本部乃两次通告非战公约各国,声明我国本和平素旨,遵守公约,随时准备与苏联直接谈判,并为提出国际联盟之准备。十二月二日午后,送准英美荷及其他公约各盟国牒文,均声请中俄两国应注意公约第二条条文,以和平方法速谋解决。当此时适据东北长官来电,声述地方困难情形,并称已遵照中央指示范围,与苏联方面接洽,彼方允推荐正副局长,声明切实遵守协议,拟即予以同意继续商洽等情,中央审度内外情势,允宜及时解决,因即电派蔡运升为代表与苏联代表,续商进行。

录自中央党史委员会库藏史料

《中华民国重要史料初编——对日抗战时期》绪编(二),第252—253页

南京国民政府外交部致非战公约各国照会
1929 年 12 月 3 日

为照会事,中国政府曾于本年八月十九日通知签字非战公约各国政府,说明中国政府与苏联政府关于中东铁路纷争之发生原因,并宣称愿随时与苏联政府谈判解决此项争端。但自事件发生之始,苏联政府显然欲以武力解决此事故。苏联军队时由陆地水路及空中攻击中国驻军,侵略中国土地。如八月十四日、八月十六日、八月十七日之东宁,八月十八日、九月四日、九月八日之扎兰诺尔,九月二十九日之绥远,十月一日、十月二日之满洲里,十月十二日之同江等处。凡被侵袭之地,不仅驻军被击,即当地居民之生命财产,亦蒙重大损害。反之,中国政府则始终尊重非战公约,虽苏联方面极端侵扰,然除努力自卫外,未有其他丝毫举动。中国军队,除击退侵入中国领土之敌人外,亦始终未越国境一步。中国政府虽一再谋与苏联政府和平解决,不幸均属无效。最近因苏联政府一再诬蔑中国政府,谓迭次战事,均由中国主动。是以曾向苏联政府提议组织共同调查委员会,公推一中立国人为委员长,调查及报告边境肇衅之责任。或双方将军队撤退三十英里以外。并声明,若苏联政府接受此种提议,中国政府愿依据国际和平解决纷争惯例,将中俄事件提交一中立机关处理。而苏联政府仍复完全拒绝。中国政府虽始终曲予容忍,遵守非战公约,而苏联政府则实行其战而不宣政策。自十一月十七日起,苏联方面更大举进攻,较前更烈,竟占领满洲里及扎兰诺尔。在此情形之下,中国政府自应通告签字非战公约各国政府,注意苏联政府违反非战公约之行动及其态度。并望按照该约第二条,采取相当必要之处置。相应照请查照。转达贵国政府为荷。须至照会者。

英国外交部致南京国民政府外交部照会
1929 年 12 月 3 日

自七月中俄事件发生，敝国感觉极警惕的关注。敝国于七月间，与美国一致行动，唤起中俄两国注意非战公约之规定。当其时中俄两国政府，曾正式郑重声明，除受人攻击外，不诉诸武力。敝国现在与美国一致请注意非战公约第二条之规定。极诚恳的盼望中俄两方，对于目前的争执，制止其对敌的行动。并于最近之将来，能于和平方法中求解决的门径。敝国认中俄两国以后之得国际间信仰与否，胥视其能否守此神圣之条约而定。

《外交部公报》第 2 卷第 9 号，第 86—87 页

美国政府致南京国民政府外交部照会
1929 年 12 月 3 日

自七月十日北满境内中俄关系紧张以来，敝国政府与人民已感极警惕的系念。曾于七月十八日由敝国务卿与五国驻美公使商谈。因中俄两国均为非战公约的签字国，应如何唤起此两国政府注意非战公约之条文规定。中俄两政府均曾正式声明，保证除受人攻击外决不诉诸武力。非战公约已经五十五国批准签字。中俄两国均已加入。敝国政府因之重行申请特别注及此条约之第二条条文，凡缔约各国家，于解决各项争执时，除用和平办法外，不得取其他方法。敝国政府极诚恳的盼望中俄两国政府，对于目下争执之问题，极力制止其对敌的行动，并于最近之将来，能于和平方法中求解决的门径。敝国政府认为，中俄两国以后之得国际间信仰与否，胥视其能否守此神圣之条约而定。

《外交部公报》第 2 卷第 9 号，第 89 页

法国驻南京领事馆致南京国民政府外交部照会
1929 年 12 月 4 日

敬启者：奉敝国公使命，将宣言转达于下：法国政府对于自七月间

中俄两方因北满事件而发生之情形,并阻碍两国邦交以来,甚为关心,而深以为憾。在七月间,法国政府曾请两国在巴黎代表,转达法政府认为应请中俄两国政府,对于两国所签字之非战公约之规定,加以注意之意。其时,中俄两国政府,曾极力正式否认,除受人攻击而出于自卫外,决不诉之武力。以后,此约为五十五国所批准,中俄两国亦在其内。法政府愿再请两国对于非战公约之规定,加以注意,尤须特别注意第二条条文。其文如下……法政府极望见中俄两国取消军事行动,并于最短期内,觅一可能之妥协,用和平方法以解决现在所争各点。法政府以为,世间舆论,对于中俄两国之所有信用,全恃该两国如何遵守彼等所正式缔结之义务为标准。相应函达。即希查照。此致外交部

白隆徒

外交部为苏联人出入国境拟定签发护照办法的呈文
1929 年 12 月 9 日

为呈报事;窃职部前准山东省政府陈主席电称:据特派山东交涉员呈准江苏交涉署先后附单函送俄人二百余名前往青岛游历,业经职署照录原单,呈请转饬济南市政府,并转咨青岛特别市政府特别注意,严密检查,以昭郑重在案。兹复准江苏交涉署附单函送俄人多名,前往青岛游历前来。查自中俄交涉日趋紧张,赤化宣传秘密中愈形活动。青岛乃山东门户,华洋杂处,防范尤难:此次各工厂风潮迭起,即难保不无俄人作其背景,冀以扰乱青市,破坏大局少隐患潜伏,亟应弭救。兹经详密查核近来之俄人来青游历者,纷至沓来,日见其多,并挽有苏俄在内,揆其行踪,显系别有作用,准函前因,除已有职署呈请外交部通行各省交涉署,嗣后凡有俄人请领护照来青游历者,务须加以慎重审核填发,对苏俄护照自应概予停发,以昭郑重而弭隐患外,理合照录江苏交涉署函送游历人名单,备文呈请转饬济南市政府格外注意,并转咨青岛特别市政府谕饬所属,俟该俄人到登岸时,务须特别注意严重检查,以

免疏虞,并恳转电外交部通饬各省交涉署,以后凡俄人请领护照来青者,务须审慎办理,对苏俄概予停发,以昭郑重,而弭隐患。等情,除指令并分别咨令外,请查照核办见复。等因。业经职部通令各省特派交涉员遵照。嗣后(一)凡苏联及旧俄人民请领出国境护照,可予签发。(二)苏联人民请领游历国内各地护照,概行停发。(三)旧俄人民请领游历国内各地护照,应详加审慎核发。除呈报国民政府备案外,理合备文呈报钧院鉴核备案。谨呈

行政院

外交部长王正廷

中华民国十八年十二月九日

中国第二历史档案馆藏行政院档案

伯力议定书及其签订之经过记录

1929 年 12 月 22 日

德国以中俄断交,双方均托其代为保护侨民。当时以两国冲突业已开始,并有正式宣战之势,遂向中俄两国提出转圜意见。并声明此项调停,因中俄国交已断,无法直接照会,不得不任此转圜,与第三者之干涉,迥不相同。中俄两方俱先后同意共谋和平解决之法,实行停止冲突。东省当局先派蔡运升为代表,于十八年十一月三十日赴俄境双城子交涉一切。至十二月三日,始会同俄代表西门诺夫斯基签署草约,全文如次:

1. 交涉使蔡运升代表辽宁政府宣布中东路理事长吕荣寰撤去复职。

2. 伯力苏俄外交委员会办事人西门诺夫斯基代表苏俄政府宣称:中东路理事长吕荣寰撤职后,苏俄政府照八月二十九日代理外交委员会李维诺夫驻莫斯科德大使之宣言,将准备推荐新员,任中东路正、副局长,以代叶穆善诺夫与艾斯蒙特;惟苏俄政府保留有权得委派叶、艾两人任中东路其他职务。上列由蔡运升与西门诺夫斯基个人谈话中,表示同意。

3. 交涉员蔡运升代表辽宁政府宣称:辽宁政府意欲用一切方法以图解决中俄冲突,并摒除一切未来纠纷原因,将严格遵守一九二四年奉俄、中俄两协定之全部与各节。

4. 伯力外交委员办事人西门诺夫斯基代表苏俄政府对交涉员蔡运升宣称:辽宁政府将履行一九二四年之两协定,圆满承受;并代表俄方宣称;苏俄政府一向立于中俄、奉俄两协议根据上,当然将严格履行其全部与各节。

5. 双方对于本草约第二三两条上述宣言,视作可以承受。

双城子草约既经签署,于是蔡运升回沈报告后,复由国府于七日电派蔡氏为对俄交涉代表,促其与苏俄当局进行交涉。蔡运升遂以预备会议代表资格,于十日赴伯力,十六日中俄预备会议开会。二十二日,华代表蔡运升与俄代表西门诺夫斯基签订伯力议定书十条,内容如下:

一、苏联政府所提之先决条件第一项,双方认为与本年十一月二十七日苏俄代理外长李维诺夫之电报及十二月三日在双城子签定之纪录相符,并系按照中俄、奉俄两协议,恢复冲突以前之状态,所有双方合办东路时之争议问题,均应于最近之中苏会议解决之。根据以上所述,即应实行以下各办法:(甲)按照已往协定,恢复理事会之任务,苏联理事即应复职。以后中国理事长及苏联副理事长须根据奉俄协定第一条第六项,会同办理事务。(乙)恢复原有各处苏联及中国处长之分配,并恢复苏联正、副处长之职权。如苏联提出另换苏联正、副处长时,亦须即予同意。(丙)七月十日以后,理事会及路局所发命令,如不得合法之理事会及路局之分别同意追认,认为无效。

二、所有苏联侨民,于一九二九年五月一日以后及因双方冲突而逮捕者,不得分类,均应一律立即释放。一九二九年五月二十七日,因搜查哈尔滨苏联领事馆所逮捕之苏联侨民,亦均在内。苏联政府亦即将所有与冲突有关逮捕之华人及中国俘虏官兵,一律释放。

三、(甲)一九二九年七月十日起,所有免职或自动辞职之东路苏联职工,应准其有权立即回复原职,并向东路领取应得之款项。(乙)

如有上项职工,不愿恢复原职者,应即付给应领之薪工及恤金等款。(丙)将来遇有缺出,应由合法之理事会及路局分别任补,所有冲突以来任用之前俄人民,而非苏联籍者,均立即免职。

四、中国官宪对于白党队伍,即解除其武装,并将其首领及煽惑之人,驱逐东省境域以外。

五、中苏国交全部恢复问题,于中苏会议前作为悬案,双方认为可能并必要先行恢复苏联在东三省之领馆。因苏联政府于本年五月三十一日有以下声明:"因中国官宪之一切举动,证明不愿并不尊重国际法规之拘束,并不承认国际法赋予该代表及领事等之治外法权。"现因双方愿按照国际法及惯例之原则恢复领馆,奉天省政府声明于其管辖区域保障苏俄领馆之不可侵犯权并一切国际法及惯例所赋予之特别权利,自然不以强力破坏此种不可侵犯权及特别权利。苏俄政府撤销其五月三十一日冲突以后对于中国领馆之特别待遇办法,并予按照本条第一节所规定恢复驻苏俄远东部内之中国领馆,以国际法及惯例所赋予之不可侵犯权及一切权利。

六、于恢复领馆时,对于苏联冲突前在东三省境内之营业机关,亦予恢复。中国、苏联境内之商业机关,因东路冲突而停业者,亦即恢复。中苏通商之全部问题,应由中、苏会议解决之。

七、关于切实保障协定之履行及双方利益问题,应由中、苏会议解决之。

八、中、苏会议定一九三〇年一月二十五日在莫斯科举行。

九、立即恢复中、苏困境之和平状态,双方随即撤兵。

十、本议定书自签字日起即发生效力。

一九二九年十二月二十二日订于伯力

中华民国代表蔡运升

苏维埃社会主义共和国联盟代表西曼诺夫斯基

录自中央党史委员会库藏史料

《中华民国重要史料初编——对日抗战时期》绪编(二),第253—256页

蒋介石致张学良告以外交部关于伯力记录
之宣言及外交方面已有准备电
1930 年 2 月 8 日

张司令长官汉兄勋鉴:顷由外交部关于伯力记录之宣言如下:

国民政府前令派蔡运升与苏联代表司曼诺夫斯基为初步商议,因中东铁路发生之纠纷问题,并讨论嗣后举行正式会议之手续。中国苏联两国代表于一九二九年十二月二十二日在伯力签立记录作为解决中东铁路之纠纷。兹查该项记录,除规定解决中东铁路纠纷之办法外,而载有数种事项,属于两国间之一般关系,显系超越国民政府训令之范围,而为中国代表无权讨论者。中国代表实属超越权限,且按之国际惯例,协议由双方代表订立后,须经各该国政府核准或批准。

伯力记录中关于解决中东铁路纠纷之办法、业已实行、依照该项办法,而两国拘留之人民已由双方释放,该新正副局长亦经任命,该路交通已恢复原状。

国民政府兹为谋中东铁路问题之最后解决起见,准备遴派代表前往莫斯科出席正式会议,专为讨论中东铁路善后问题。至该路以外关于两国通商及其他一般问题,苏联政府如认为有商议之必要,另派代表来华时,国民政府亦愿与之商议。等语。对方对此必有表示,外交方面已有准备,请勿急虑。中正叩。庚。

《中华民国重要史料初编——对日抗战时期》绪编(二),第 257 页

蒋介石致张学良告以外交部宣言已
发表并请迅即电保所派代表电
1930 年 2 月 9 日

张司令长官汉兄勋鉴:阳电祗悉,外交部宣言已于昨午发表,此时不及阻止,但中以为无大碍。且经哲生、亮畴、展堂研究再三,对英美亦有相当豫备。惟所派代表应即发表,以安苏俄之心,请兄迅即电保,以

便发表也。中正叩。佳辰。

录自总统府机要档案

《中华民国重要史料初编——对日抗战时期》绪编（二），第 257 页

蒋介石致张学良告以派莫德惠
为代表事已提出政治会议电
1930 年 2 月 10 日

张司令长官汉兄勋鉴：佳电祇悉，派莫柳忱为代表事，已提出政治会议，待星期三常会通过后决先发表也。中正叩，灰。

录自总统府机要档案

《中华民国重要史料初编——对日抗战时期》绪编（二），第 258 页

中国国民党第三届三中全会国民政府政治工作报告书
（关于中东路事件）
1930 年 3 月

十八年五月二十七日，北满一带苏联共党领袖在该国驻哈领馆开第三国际共产宣传大会，经东省特区行政长官当场查获，搜得扩大赤化宣传、助长中国内乱各种密谋文件，而所获人犯又多系中东铁路苏籍重要职员及其他该国国营商业机关之经理委员等，东省地方当局为杜绝乱源，保卫治安起见，遂于七月十日暂行收回中东铁路之管理权，封禁上述苏联各机关，分别驱逐逮捕上述谋乱人犯。乃苏联政府遽于同月十三日以违反真相之提议，要求限日答复，经本部于十六日根据事实予以答复之后，该国政府亦于十八日发出二次通牒，仍以乖违事实绝无根据之词，故相诘难，声明实行断绝邦交。旋即称兵内犯，吉黑二省边境各处备受蹂躏。我国为保持世界和平，并遵守非战公约义务，仅在领土之内防御，未曾出境反击。如此扰攘数月，中间虽经由本部派员北上，并由驻德蒋使以德政府之居间屡有接洽，而卒以苏方存心侵略，未获就绪。本部乃于八月十九日以加入非战公约会员国之资格，分电签字该

公约各国,要求注意苏联破坏公约种种举动。旋美国即于十二月二日向中苏双方通电拥护非战公约,并请即日停止军事行动,从事和平解决。英、法、义等十数国继之,亦作同样之通电。本部因于同月三日复照会各国,提议组织一混合调查委员会,以第三国之国民为主席,调查及报告边界衅端之责任。并声明愿依国际间以和平方法解决争端之惯例,送交中立机关解决。苏联自接美英等国通电后,虽表面犹故作倔强,而实际不能无所顾虑,乃即派代表于十二月二十二日与我方代表蔡运升签订议定书于伯力,惟查蔡代表所签文件,颇有逾越权限之处,经提出中央政治会议详加研究,由本年二月八日发表宣言,纠正蔡代表越权签字,及违反国际惯例未经两国批准之手续错误。并声明国民政府为谋中东问题之最后解决起见,准备遴派代表前往莫斯科出席正式会议,专为解决中东铁路善后问题。至铁路以外关于两国通商及其他一般问题,苏联政府如认为有商议之必要,另派代表来华时,国民政府亦愿与之商议。该项宣言发出后,苏方尚无何种表示,现政府已派定中东铁路督办莫德惠为中苏会议全权代表前往莫斯科解决该路善后问题。

录自中央党史委员会库藏史料

《中华民国重要史料初编——对日抗战时期》绪编(二),第258—259页

莫德惠代表呈蒋介石报告抵俄访晤
李脱维诺夫①谈话情形函

1930 年 4 月 16 日

主席钧鉴:敬肃者,春间晋京,恭谒崇阶,猥蒙温谕殷挚,复承优渥逾恒,感德铭心,曷胜爱戴,拜辞后,摒挡就道,衔命出国,业将抵俄日期及开会情形先后电陈,谅邀睿鉴。德惠日前访晤苏联外长李脱维诺夫,观其态度,听其言语,以中国实行统一,对我感想迥非曩昔,谈及钧座,尤极钦仰,当询以中国共产党之行动,与苏联之关系,究竟如何?渠云:

---

① 即李维诺夫,时任苏联外长。

此系中国内政措施问题,苏联并无忿悥之事,至于复交通商,彼虽希冀,但已深知我国所最注重者,厥为东路,如不得相当办法,其他均难进行。故于东路问题,颇有与我解决之趋向。德惠惟有恪遵钧恉,暨外部方案,殚精竭思,努力交涉,以求最后胜利。除开会情形,随时电禀外,所有国际现状及会议详情,有非楮墨所能罄者,统托蒋公使代为面陈,临颖不胜驰依,专肃敬叩崇安,伏乞鉴察。莫德惠谨肃。

再陈者:前奉谕嘱订寄苏联报纸,已订其政府机关新闻报,党部机关真言报按日邮呈,并以附陈。

录自总统府机要档案

《中华民国重要史料初编——对日抗战时期》绪编(二),第259—260页

张学良呈蒋介石为俄方仍坚持伯力记录所定范围电
1930年6月3日

莫代表东电称,喀拉罕仍力持伯力记录所定范围,主张早日开会,态度异常坚决,究应如何?速密示,等情。伏祈火速密示,以便转饬遵照。

录自总统府机要档案

《中华民国重要史料初编——对日抗战时期》绪编(二),第260页

蒋介石复张学良指示对俄事望电嘱莫代表妥慎应付电
1930年6月5日

江电奉悉,此事中当电呈中央政治会议,请其火速决定办法,并径行奉覆,以苏俄之狡诈惊忍,重以我国又称兵,破坏统一,内乱未息,自无外交可言,喀拉罕所持态度实早在吾人意料之中,惟国权所关,能补救一分,总尽一分力量,除已电请政治会议精密研究外,特此电复,仍望先电嘱莫代表按照尊示妥慎应付为祷。蒋中正叩。微辰。

录自总统府机要档案

《中华民国重要史料初编——对日抗战时期》绪编(二),第260—261页

蒋介石致中央政治会议为对俄交涉请召集外交组
并临时会议迅速决定办法电
1930 年 6 月 5 日

中央政治会议钧鉴:顷接张司令长官学良江电称:"莫代表东电称:喀拉罕仍力持伯力纪录所定范围,主张早日开会,态度异常坚决,究应如何祈速密示,等情,伏祈火速密示,以便转饬遵照。"等情,查本问题关系十分重大,非中所敢擅专,特此转呈,请立即召集外交组并临时会议,迅速决定办法,径行电复张司令长官为祷。蒋中正叩。微辰。

录自总统府机要档案
《中华民国重要史料初编——对日抗战时期》绪编(二),第 261 页

蒋介石复莫德惠代表请坚持到底不辱使命电
1930 年 10 月 22 日

莫德惠代表自莫斯科呈咸电:报告中苏会议情形,极尽心力以相争,竟无要领而散会,惟有竭力续商,期彼就范。蒋主席复电:咸电欣悉,请兄坚持到底,不辱使命,并期注意起居,无任盼切。

录自总统府机要档案
《中华民国重要史料初编——对日抗战时期》绪编(二),第 261 页

中国国民党第四次全国代表大会国民政府
政治总报告(关于中苏问题)
1931 年 11 月

中苏间重要问题,为中苏会议事项,我国于十九年二月发表宣言,纠正伯力议定书错误。旋派东路督办莫德惠赴莫,于十九年十月十一日正式开会,并于十二月四日继续开会一次,议定议事程序后,由莫代表回国报告开会经过情形。当即责成该代表返莫,遵照政府既定方针进行会议。该代表抵莫提出赎路大纲五项,俄方同时提出对案八项,往复辩论,未得结果,嗣我国代表对于俄方对案,除第三条外,余均驳回,

俄方对于中俄协定会议中解决赎路之款额及款件与奉俄协定第一条第十五项所载之条件二字，异常胶执，彼方援据该两条内所载条件二字，主张此次会议，不但应解决赎路款额与手续，并须解决赎路之条件，且声明所提八项对案，多系赎路之条件，我方以为除协定中既定各原则外，不应再有任何条件，而协议中所谓条件，系指赎路之方法，于是双方对于彼此提案，互相驳诘，未有所决定。我方根据中俄奉俄两协定之原则，暨苏联对华两次宣言之精神，由我方提出赎路方案，讨论进行，后因赎路问题迭经大会讨论，以条件二字解释，彼此不同，互相辩驳，不易解决。遂经商定暂作非正式接洽，俟较接近即提大会讨论。故于第八次会议即提出暂行接理东路问题，我方主张修改管理协议，彼方坚不同意、力主先决悬案，我方对于修改管理协议一节，声明保留。遂商定订定路局章程，嗣于第九次会议我方提出管理局暂行章程，注重局长会签种种要点，而彼方提出十三项问题，多系东路理事会未解决之悬案。第十二次会议时，我方对彼方前提出之清单十三项，提出修正案，第十四次会议时，我方对于苏联提案清单第四项所列旧俄籍人一节力主删除，不允讨论。彼方对于路警任用旧俄籍人一节，争执甚力，辩驳激烈。第十六次会议对于路警任用旧俄籍人一节，我方坚持不与讨论。彼方无可如何暂行搁置。遂讨论东路本身用地等问题，第十七次会议讨论东路财产议题，苏俄以我方收回之各项财产为强取之行为，攻击甚烈。我方以为此等财产，根据协议，东路无权经营，我国有权收回。彼此争辩并未商决。第十八次会议仍议东路财产议题，第十九次会议，通过中东铁路管理局暂行章程，计通过者为：（一）为整顿中东铁路财政起见，应规定增加收入，并力节支出之各种办法。（二）中东铁路对于中国政府各机关之拨款暨护路军并军用品之输运。（三）督办署经费。（八）中东铁路与苏联及欧亚联运问题。（九）分划中东铁路盈余。（十）中东铁路本身所需之地亩问题。（十三）依照中俄协定第九条第七项，奉俄协定第五第十四两项，改订东省铁路公司章程及中俄合办东省铁路合同，使合于一九二四年协定之原则，并遵照中俄奉俄两协定制定并改订整理现行共管办法之各项章则,并定改议赎路问题。第二十次会议,讨论赎路问题,双方对于款额条件同时交付分委会颇多争议。第二十一次会议讨论赎路问题,关于条件之解释两案,均未能一致。第二十二次会议我方以中俄协定所载之条件字样,确即奉俄协定所载之曾经实在值价中国资本公道价额,此种解释,纯系根据两协议一贯之真义,彼方坚谓中俄协定既声明条件字样,当然除款额以外,另有关于赎路中国应承认之一切条件,非我先在原则上确认条件为款额以外之条件,不允讨论。其他各项彼此相持尚未解决。至于未经叙述之各次会议,皆系继续前次会议无大关系者。前后二十三次会议,所议大纲,系赎东路暨管理该路问题,我方所抱之主义,为根据中俄奉俄协定以解决一切纠纷,绝无如报载谣传依伯力记录之事。至于赎路价额,亦始终无具体之讨论,现莫代表正在遵照政府既定方针,继续进行会议。

录自中央党史委员会库藏史料

《中华民国重要史料初编——对日抗战时期》绪编(二),第262—263页

附录一:蒋作宾日记选——中东路事件交涉

说明:一九二九年七月,发生了中东路事件,随即,苏联政府宣布与国民党政府断绝外交关系。八月至十一月,中苏两国在边境发生武装冲突,历史上遗留下来的中东铁路问题再次出现危机。中东路事件的交涉,除双方代表直接谈判外,还通过德国政府进行调停。蒋作宾适任国民政府驻德公使,是处理解决这一事件的当事人之一,故在他当时的日记中保留了一些鲜为人知的材料,对于了解国民党政府处理此事件的经过,乃至各国政府对此事件的态度等,均有参考价值。现从上海市档案馆所藏的《蒋作宾日记》中选辑有关中东路事件的记述,予以公布,供研究者参考。日记的气象记载及与主题无关者一律略去。其余污蔑共产党及苏联之处,均不作改动,以保持日记原貌。本资料由冯绍霆整理。

一九二九年六月十一日

今接外交部电,谓俄在领馆内集议密谋宣传共产主义,俄政府非独

不加取缔,反向我大使馆抗议,吾国只有行最后之决定,召回使领,请商德政府电驻俄德大使保护华侨利益云。但此种请求,德政府无不赞同,惟吾国对俄外交不免失策。须知俄之宣传主义决不因断绝国交停止宣传,恐反因断绝国交益肆行无忌,将更无法制止。现英工党得势,已宣言与俄交好,俄无西顾之忧,惟有竭全力扰乱东方,届时吾国只有屈服于帝国主义者之胯下而已,可为三叹。

六月十二日

报载中、俄因哈尔滨领馆事,日本反从中调解,可发一笑。此真所谓失之毫厘,谬以千里。吾国本可利用与俄亲,以制帝国主义者,今反为帝国主义者利用以制吾国。吾国可谓真无人矣。

六月十三日

致电儒堂,力言与俄恢复邦交须出自动,自动则可利用以制帝国主义者,被动则反为帝国主义者挟以制我,先后缓急均有关系,不可徒恃帝国主义者以图生存,双重外交所必要也。

六月十四日

英、法报载俄人进兵蒙古、新疆等处。南京无电。

七月十四日

连日报载吾国派兵收回中东路,俄外部致哀的美敦书于吾国,限三日答复下列三条:一、恢复中东路原状;二、取消各种暴令,释放被捕俄人;三、各派大员商议中东路事。并谓俄以平等待中国,中国反以俄国为弱,倘三日内不能答复,俄当采取适当办法以保护俄之利益云。又闻柏林俄使馆招待新闻记者,宣传与中国交涉之经过,惜我国外交部竟不给片纸只字消息于各使馆,俾其宣传,诚奇闻也。

七月十六日

今早乘车返柏林。柏林共产党连日对于中国使领馆示威运动,并以瓦石掷碎吾国名誉领事之玻璃窗。约定今晚在使馆前大示威运动。幸德警戒严,不准聚众通过使馆门前,惟在附近宣讲吾国之不当。

七月十七日

今午德工业协会宴请,谓中德两国立于经济相同之环境上,实有互相援助之必要。余答以尽己之力,以求达此希望。

俄国对我备战空气甚紧,各国多极注意,且多批评吾国手续之失当。

七月十八日

接外部电:悉。已对俄答复,俄仍不满,谓吾国无诚意,已实行绝交,将吾国外交官请其出境,将吾国侨民拘押千余人,谓均系贩卖鸦片及作侦探之人,且积极向满洲里方面增兵,因俄在国际地位上及对内起见,不能对吾国示弱。并有谣言谓中日已订攻守密约,又有谓白俄运动日本怂恿吾国与俄开战,均推测日本对此事之态度。余见国交已完全断绝,无可挽救,遂托德外交部转饬吾国侨民。俄于今晨亦已向德请求,保俄人在吾国之权利。德人均照允,于明日公布。

七月十九日

国府、外部均来电,请托德政府转饬驻俄使领照料吾国侨民利益。当复,已于昨日办妥。并谓德人素主张中、德、俄团结,今见破裂,不免惋惜。惟俄人狂热,恐不惜孤注一掷,吾国和战须有最大决心,否则枝节横生。有主张国际联盟干涉,有主张由日本出面调停,此实中阴谋者之奸计,请指示究竟主张,以便应付。下午日本大使长冈来询,何以托德保护利益,有无其他原因。余答无其他原因。又葡萄牙公使来询详情。发出宣言,各报均竞载。

七月二十日

美发起调停中、俄事,约英、法、日共同进行。美照会中国,法照会俄国,名为拥护《非战公约》,实则根据《四国协定》。俄大使托人来称,美、法出面调停不便拒绝,惟不愿美、法以《四国协定》为根据,昂然居于远东和平之保护者;尤不喜列强藉拥护《非战公约》为词出为干涉,正愿直接与中国谈判,请各电本国政府,征同意。窥其意,似恐列强从中渔利,已分照电。自余发宣言后,欧洲各了解吾国此次之行动甚为合理,各报多攻击俄国此次拒绝吾国照会为不当云。

七月二十一日

外交部来电,对于中、俄直接谈判始终不变更。当复电。俄国舆论不直,又因美、法干涉,态度似较和缓。俄半官报载,俄人非特不主战,且努力奋斗,反对战争。又云,中东铁路地位本无维持之可能。又载交通部长宣言,中国若不侵入俄境,决不输送一兵云。

转各电至欧洲各使领馆。

七月二十二日

美、法调停公文已送中国、俄国,中国已欣然接受。然欧洲各报对于占领中东铁路颇以为惧,此风一长,恐沪宁、南满各路均无条件收回也。对于(吴)〔伍〕朝枢之议论尤多批评。蒋介石前有收回中东路为第一步,其余当继续照行,各国骇然;其后蒋又云,取消一切不平等条约当本合理合法手续,各国始稍放心。各帝国主义者把持权利之心,可谓注意无微不至矣。

七月二十三日

俄国拒绝法国调停,谓中国对于其最后通牒未接受,根本上无谈判余地。又云俄国非破坏《非战公约》者,且为世界和平保障最有力之国家。并谓美国总说调停,至今未见正式通告俄国,颇为奇异。其意盖欲美国直接调停,藉可恢复邦交,至拒绝法之调停,盖因法与日暗有勾结,欲取得中东路之权利。俄人可谓狡猾已极。已据情报告,南京俄大使提议之直接谈判,亦不答复矣。

七月二十四日

美国因日人吃醋,宣告不调停;法因俄人拒绝,亦谓吾国不过转达美国之意而已,并不自认为调停;英则谓要调停须约意大利、德国统行加入;日本因汪公使①之请,慨然愿居间介绍中、俄两国言归于好;德国因日本有此举动,不愿与日本冲突。余已去电南京,询有无此事。德人胆小,无异为惊弓之鸟矣。至留参赞夏维崧及馆员一人在俄,均已

①　汪荣宝,1922 年 6 月为中国驻日公使。

照办。

七月二十五日

各报喧传吾国已派孙科俄国已派某同至哈尔滨开会议。此说恐不甚确，或系伦敦转上海来电，谓南京发表驻德公使报告，俄大使要求直接谈判，不愿第三国参与其间云云。此间各报传载，以致新闻界疑神疑鬼，南京竟将此电发表，真可谓太不机秘矣。俄大使馆今午登报否认，本馆亦不得不登报否认。两方措词皆谓自断交后并未见面云。

七月二十六日

外部来电云，并未请人居间介绍，仍请余一意进行，并谓须参酌廿二日之电相机进行。美现发起各国须一致行动，对于中俄事并欲以各国联合会议解决之，其用意固属防日，其实于中、俄不利。已电外部，本此进行。

七月二十七日

午后接得电，谓俄事已接洽二次，其得结果如下：一、八月一日世界全共产党举行和平大运动，此日以前不便谈判；二、前谈事被南京发表，大受俄政府之申斥；三、现尚无全权，只得将中国之意见转达俄政府。又接伍公使电，美国无办法，询我方之意见，并极力主张直接谈判，欲以此破彼连合行动。

七月三十日

俄人军事计划因东省有某国关系，改由蒙古、新疆进攻，并煽动蒙古扰边。又俄人自东路无久占之理，拟藉此得一巨款以渡过财政难关，故欲美出而调停，俾得贷款中国，以赎该路及赔偿损失。已据此报告中央矣。

七月三十一日

驻哈俄梅领事提议由辽宁致电加拉罕，声明四项：一、双方派员开会；二、由苏联另派新正、副局长；三、中东路问题由中、俄开会议解决；四、双方被拘人民释放。张学良以是请示蒋主席，当复可由中、俄两国政府派代表开议，至正、副局长应否另派俟会议解决，双方被拘人民释放不成问题。外交部谓,中、俄交涉,俄方如有诚意,可由中、俄两国自行商决,为政府固有之主张,惟于未直接开议前,不能另有若何具体办法云云。德政府对于明日共产党大运动各方大注意。

八月一日

又,俄使传来谈判条件,与梅领事所提议第二项略同。因俄人百计运动恢复原状,故历引各报主张及美国务卿之宣言以为词。余本部意答复,且持以不求急之态度。又,今日为共产党大运动之期,柏林防范甚严,尚未有何暴动。

八月六日

外交部电,请派馆员出席万国议院连合会,并代付会费二千二百法币佛郎。又,嘱询德政府对中俄事件态度如何。

八月七日

美国务卿致牒五大国,谓中、俄虽遵守《非战公约》,然危机未去。仍须组织调解委员会,得中俄同意调查原因及事实,将其结论送致中俄两国,促助其直接交涉。未调查前,中俄两国不得开战,并不得侵入边境。先须恢复中东路交通,以中立国一著名之人为理事长兼局〔长〕,以旧中俄理〔事〕各五人继续行使职权,不得违反《中俄协定》。尤以第六条第五项为要紧。德于五日答复美国,谓中俄正在进行直接交涉,《中俄协定》第九条规定"不容第三者干涉",各国联合干涉恐反生中、俄疑忌,妨害直接交涉,不如仍任自行解决等语。惟俄人利用多方进行从中取巧,交涉事权必须统一,已请示中央决定遵行。至各侨民,已恳切托德政府转饬驻俄大使切实保护矣。

八月十日

高曙卿公使由海牙来,谓白里安极赞成中俄直接交涉,若有第三者参预,皆于中、俄不利云。

八月十二日

德外交部接俄莫斯科报告,俄人以直接交涉为唯一解决方法,对张学良复函已正式表示。惟另任新局长持之颇坚,谓纵令不能全如俄意,即按照《中俄协定》，由双方承认，改正现时局面亦无不可。俄人多诡计，现在积极进行离间手段，促吾国内部之变化。又，德大使报告，俄外交部否认占据第九十六号车站。

八月十三日

日本大使馆派参事来询中、俄直接交涉事，并谓李提维诺夫昨日来柏林，有无接洽。日人之关心此事可知……。

八月十四日

今日答谢德政府派专使参与总理安葬大典之盛意，以书面照会。据德外交部云，可毋庸觐见。今晚，俄外交部长李提维诺夫由海牙到柏林。据传出消息，谓吾国当局提出谈判条件翻无信，以后只能接受书面提议，实属自欺欺人。前哈尔滨提出各条系梅领事所提出，今反谓吾国提出，颠倒是非，莫此为甚。俄国官报、通信社皆本此旨宣传，各国几为所惑。

八月十五日

因俄国淆乱是非反宣传，只得将梅领事提议之真相宣布，辩正俄人之意，实欲造成吾国无诚意接受直接交涉之空气，以掩饰派加伦为远东总司令，运兵运饷，召集吾国共产党大肆恫吓扰乱之目〔的〕。又，俄官报正式宣言，谓吾国朱公使之电无新提议，毋庸答复云。此间盛传中、俄边境已有小冲突，俄国已正式承认，并巧言防御白党云。

八月十六日

外交部来电，奉令派余为本届国际联盟大会出席代表，并有伍、高二公使。关于国际联盟，数月前迭电条陈，须先有准备，组织各种专门委员，概置不理，今临渴掘井，决难得好结果。

八月十七日

德外交部云，俄大使已接训令，谓喀拉罕声明之二条件无论如何不能改变，即由俄另任局长，并由两国宣言。现在中东路局面与《中俄协定》不合，应照该协定改正，是与中国主张相差太远，以无助成直接交涉之可能，甚愿吾国想一新方式，表面满足俄国之要求，实际收回中国之主权。且云俄人实愿永久解决中东路问题,即不照新旧约年限,提前由中国赎回,亦可考虑云云。又,照会德外交部转饬驻俄大使,抗议俄人侵入绥滨等处,并保留将来损失赔偿。

八月十八日

俄事日趋紧张。俄有一万人侵入满洲里,吾国闻已击退,惟俄人登报否认,反谓吾国惯造谣,以吓世人耳目。真奇谈也。

八月十九日

连接外交部及王部长电,谓按照《中俄协定》为吾国素来主张,倘于局长暂缓提议而能提前开议,均可设法转圜;若能收回主权,在国交上可作更进一步之讨论,即可恢复邦交之谓。

八月二十日

德政府谓,俄人面子上问题,不能不有一转圜方法。谓局长问题须先得我方承认,同时彼宣言开议,照《中俄协定》第九条第二款解决东路问题,我方并须宣言,照《中俄协定》改正现时局面。又,副局长对于用人须副署,有不适当者可反对之,以维持用人各半之原则。当即电外部。

外部来电。来电谓,俄人十六、十七等日在满洲里进攻,我方死排长一、士兵廿五,伤连长一、士兵廿,已转各使馆面告驻在国政府。又来电谓,鹿钟麟今日就陆军部长职。

八月二十一日

外部来电,谓局长可由俄方推荐,由理事会委派。同时宣布依据《中俄协定》第九条第二款解决东路问题,我方对于局长不加可否,可照俄提议开会议,未解决东路问题前,一切维持现状云。

八月二十二日

关于中东路维持现状一节,磋商再四,可改为俟会议后解决,欲仍以局长等未解决第九条第二款前暂不到任。

八月二十三日

外交部来电,俄人连日侵略各地,并击伤我士兵,掳掠我连长,蹂躏我人民。已照转请其质问。

八月二十四日

外交部来电,谓必须维持现状不变,始能满国民之望,并询现状是否指纷纠发生后,即局长去职后之现状。又谓会议时必先确定议竣日期,否则俄人多狡,旷日持久势所难免也。当已复电,照此进行。

八月二十六日

外部来电,赞同所商条件,并请商在柏林为会议地点。又叔同电,蒋介石今日赴浙沪检阅军队;南京老米仓军械库失慎,烧毁步炮子弹甚多。又闻法国近日来极力运动,将中东路事提出国际联盟,以求达国际共管目的。

八月二十七日

今日已将连日所商条件正式照会德外交部,并电请派全权签字。电中要意,请注意运用。理事会沃流来谓,国际联盟因吾国已交会费半年,甚为欢悦;尤其注意吾国中东路事,倘吾国提出,尤为彼辈所欢迎,因可利用此时机实行国际共管,大家均可染指也云。

八月二十八日

各报又载上海盛传俄人让步,致各方均来探询消息。幸柏林各报请求缓登甚早,允将此版抽出。惟寄外各报已印出,无从更正,亦听之而已。晚七时半,日本大使宴会,享以日本料里。席散后,婉询中俄事件,谓已接南京电,确由柏林交涉。若我不能得此中消息,实无颜面,恐受政府申斥。余谓政府命我办理则有之,确无若何头绪,倘有结果当先告君,以却之。日本真可谓勤于职者矣。

八月二十九日

外交部来电,奉政府派余全权办理中、俄交换共同宣言事。叔同来电,谓外交部此次极赞同运用之善。

八月三十日

俄诚意接受所提条件,惟要求第三条除去"新"字,并在推荐上加"立即"字样。且申明委派新局长须与共同宣言同时举行,两国均训诫其官吏职员遵守第六条。两国代表在九月十五日或以前即可开议,此与原议不符。俄人因英、法各报有意误登沪宁消息,谓俄人让步,迹近投降,故藉以我方不守秘密,侮辱俄国,进一步要求以示不屈,并欲宣布其条件及答复。余声明,若俄单独宣布,即俄负破坏谈判之责。由人调停或不至实行,惟局长到任一节恐仍须坚持。

八月三十一日

与调人商,此次俄人答复与原议不符,应请转达其答复不能接受,并辞行来日内瓦……。

九月二日

……十一时即开第十次国际联盟大会,到五十三国,颇极一时之盛。……晚七时余,至德代表团,将中、俄事托其转达俄人,应遵守原议。

九月九日

今日再照会俄政府,驳其修改数条之不能承认。

九月十一日

南京来电,俄人三面进攻,因前日俄代外部长宣言,对吾国代表在国际联盟演说攻击之不当,愤怒用兵,似欲示威国际联盟。今日已拟一严重抗议书,送由德政府转交矣。

九月十二日

与伍、高等商共发致南京电,谓中、俄事和战须有决心。

九月十四日

今日接外部复电,谓俄人始终不觉悟,限五日内催其答复,否则准备提出国际联盟,听其裁判。当复以提出种种利害。并即至调人处,询以前途,谈判是否终止。彼谓此重大问题,决难即刻复,俟星期一当有以告。

九月十六日

……午后七时德外交部次长来谈,据接得驻华公使报告,已由外部改正新条件,十二日到柏林,十四日转俄国,日内当合并答复。又云,闻中国欲将此案提出国际联盟,据我十余年来之经验,决无良好结果,万不可尝试,况两方意见已渐接近,无庸出此云。

九月十八日

……俄人答复今已寄到,谓吾人拒绝立即委派局长,对于第三条为无意义,南京追加之照会尤不啻自行取消其提案,以后纠纷进展由中国负责云。

九月二十日

昨晚接南京电,关于中、俄事请余全权决定。提出国际联盟,当与王、伍、高等讨论,共电中央,应由政府决定或由本党最高机关决定,电示遵行。又,与德外次长商酌,对于担任调停及保证谈判未破裂前不得有军事行动,允即电其部长,明日再以答复。

九月二十三日

俄国行政院长宣言,对中东路尽量采取和平手段,以达到恢复管理权之目的,但远东军已组织巩固,随时可以武力收回云。

九月三十日

午前七时抵柏林……。又,午后至德外部询俄事近况。据称,俄因吾国近日政局变化,态度颇强,所提条件坚不肯让,吾国各保留亦不肯接受,似欲待吾国政局改变,再行交涉。若吾国急欲进行,反以示弱,恐难得好结果云云。因俄汲汲勾结吾国大军阀以倒南京政府,故态度转强也,已据情转告南京政府矣。

十月五日

迭接南京电,谓俄人于九月廿九日夜,俄兵舰及俄兵汽船三面围攻吉林省属绥远县城,县公署及文案均被炮火焚烧,商民住房被烧大半,天明始退,但仍在北岸及江内三面包围等语,嘱提抗议。又谓,卅日俄人遍告驻使,中东问题,俄人始终欲以和平解决,中国人无觉悟,以后发生战事应由中国人负责云。俄人实欲勾结国内军阀及共产党以捣乱,故狡诈其言耳。

十月九日

德照会中俄两国,请释放自五月一日发生纠纷后两方所拘捕之人。实因俄闻中国将在哈尔滨前拘捕三十九〔人〕中有十八人将处死刑,或托德照会云。

十月十一日

俄、德各报纷载吾国在哈尔滨所拘捕之俄人三十九名中有十八名将处死刑,急欲营救。德之通牒或与俄先有接洽。且中、俄所拘之人性质不同,中国所捕之俄人皆系犯法有据之人,俄国所捕之华人纯系报复之举。须有德政府保证俄人能商妥前日所拟共同宣言其他条件,始能释放,否则于和平无补也。

十月十二日

午前至德外部商互换俘虏事,将仅换俘仍无结果之理由详述,彼认为有理,遂互商改正共同宣言。俄之要求之三大原则:一、须开议之日即正式任命局长、副局长;二、如中国坚持须换新局长,则督办亦须换人;三、须由董事会许可始能任免人员及特别支出,不由副局长副署。讨论经日,始略改前日宣言,电京请示,闻国内内乱又起,俄事恐仍无结果。俄事每败于垂成,良可叹喟。国内军阀真不知世界大事矣。

十月十四日

接外部电,谓共同宣言未得俄正式同意后,本国政府未便表示意见。倘俄正式认可,不再有异议,本国政府(郑)〔尊〕重德国政府意见,亦可勉予同意。当即与德政府接洽,认新、旧局长尚有问题,并谓中国若无内乱,俄人当早让步矣。可叹,可惜。

十月十六日

《红旗》各报多谓吾国苏维埃政府将成立,俄国一切悬案应俟与新政府交涉,自诩为与吾国军阀暗通,大有同时并举之势。公洽①来电,

---

① 陈仪,字公洽,又字公侠,时任国民政府军政部总务次长。

谓真日①起三江口方面中俄战斗极烈,两方死伤甚众,请劝阎②息内争,以御外侮云。

十月十七日

俄人恃有吾国内乱,态度仍强,并有大举与国内同时并攻云。

十月十八日

俄人来两照会,谓吾国自十月以来迭次攻击俄军,以后当取适当办法以保边民安居乐业。无理取闹,可谓已极。实系俄人自十月十一日起,以军舰八艘、飞机十八架、步兵二千余闯进同江口,袭击我同江县,我海军被击沉三艘,被炸两艘,被击破一艘,陆战兵强半皆亡,并击死我步兵五百余。已照部电,严提抗〔议〕,俄人之硬化,实因吾国政潮扩大,欲乘机进取,故拒绝德之互换俘通牒及德之调停,并谓非履行加拉罕所主张之二先决条件,不准任何俄人与任何华人开始谈判。至第三国调停,尤为拒绝云。

十月二十三日

外交部来电,发表国民政府宣布冯玉祥反复之罪状。谓其赞成裁兵,人裁他不裁,又裁兵必索款,款到手非独不裁,反增加其兵力。前勾结桂系谋叛,桂系倒而哀求中央赦宥。现又勾结张发奎作乱,并暗通苏俄,以促苏俄在边境猖獗,真所谓(伤)〔丧〕心病狂极矣。云云。嘱转各馆,已遵办矣。

十月二十四日

国府来电,冯部似退缩,中央夹击之计划已妥,日内可望解决云。

孙夫人来电,谓俟至巴黎后再告来柏林期。外部宣布苏反复之情形,已照转各馆,并告知德政府矣。

十月二十五日

外部来电,谓张学良电称俄人在八十六号③方面,近易以第五模范

---

① 真日,即十一日。
② 阎,即阎锡山。
③ 即中东路在苏联境内的第八十六号车站,距满洲里站六十里。

军,约步、炮、骑兵五万余人,似将大举来侵。为自卫计,誓与周旋,成败利钝在所不计。嘱转告各国政府,衅不自我开云。已遵办。

冯部似稍得胜,阎仍观望。

十月二十六日

俄人捏造事实,诬我先开枪之罪,实系我方绝未首先射击。欲使此事明了,今日非正式向德政府提出二种办法:一、由中、德、俄三国共同组织调查委员会,推德国政府指派双方承认之人为委员长,并附三方专门委员从事调查;二、若俄不接受此议,为满足俄人屡次口称和平之愿望起见,两方军队各退出边境三十英里以外,再从事和平谈判。中国亦愿将此事提交中立不偏之人或机关,照国际惯例公平办法解决之。同时并说明俄将大举进攻我国,为自卫计,当取防御手段,且中国为国际联盟会员之国,届时或须告知国际联盟。

十月二十九日

有蒋赴汉督师、国民政府由谭代理之说。并闻夹击冯之势已成,指日可以解决。

俄宣布,谓南京宣言之不确,并谓俄之拒绝德提议换俘事,因中国有条件的承认,且谓俄始终拒绝,南京未接受俄之最低提议前,不与交涉。末复挑拨京、辽①恶感,谓辽有具体条件,当然可以接受,不过现尚没收俄侨财产及远东银行等,无谈判之可能。

十月三十日

国府来电,谓登封敌军已被击溃,蒋主席赴汉督师,国内情势似大有转机。

俄宣言后,德因吾国政府过于涉及德国内幕,亦略含糊否认。盖以吾国之宣言亦未免过于详细也。

十月三十一日

外交部来两电,赞成前提议,并询德答复。且谓军事进行极利,洛

---

① 指南京国民政府与东北张学良之间的矛盾。

阳已于廿三日占领,登封敌亦被击溃,张发奎由溆浦窜龙潭,被何键击灭,国军早已进南宁。同江已于巧日恢复,粮仓被赤俄抢掠一空。俄军于删日又击黑河云。昨晚又与德政〔府〕商提议事。

十一月一日

德政府以南京发表中、俄交涉经过,将其暗中斡旋各节宣布,颇表不满,对于廿六日所提办法亦延不答复,不知其真意之所在。

今日已将俄人宣言及德之意旨电告外交部矣。

十一月二日

德外部云,连接卜使①报告,南京确已宣布中、俄交涉经过。今柏林俄大使通(谍)〔牒〕要求德政府说明调停实在情形。德政府逼不得已,只有正式否认。经种种解释,改为非官式否认。当电南京询真相。德处地位困难,送电请严守秘密,何至尽行披露,外交信用一失,以后进行更感困难。故德政府对十月廿六日之提案不敢忝加意见,不知南京有何作用,竟为此无意识之举动。

张岳军②来电云,大局安定云。

十一月四日

迭接国内来电,冯部分途投降,阎锡山就讨逆职,洛阳即日可下。冯玉祥日内可押解来京。当致电贺阎就职,并告以苏俄逞强,恃有内应。现知冯败阎出,富锦失利,其气稍馁。近又极力离间京、辽,屡次要求德政府照会辽宁,以与南京对峙,均被拒绝。并散布谣言,谓辽方有人献策与俄单独谈判,倘我能早日击破冯部,京、辽团结,外强中干之苏俄决易就范矣。

十一月六日

外部来电,谓廿五日所发之宣言汉文原稿并未提及德国政府,仅云调人而已,其所以发表此宣言,欲免各方猜度而滋误会。当以此意向德

---

① 德国驻华公使卜尔熙。
② 张群,字岳军,时任上海市长。

政府说明,亦颇谅解。不过经此披露后,对于前提案不愿发表意见。外部颇欲视德政府态度如何再定,然为中国占地步起见,仍以提出为好。奈外部总不肯负责,一切均难进行也。

闻富锦失守,哈尔滨震动,日本已命其侨民离开哈尔滨云。

十一月七日

接行政院电,谓阎锡山于歌日已就职,通电已发出,前方军事极利云。

英《泰晤士报》载,俄人决心推倒南京国民政府,辅助冯玉祥成功,实无和意,仍积极进兵云。又保守派极力攻击工党,谓对于俄国无条件恢复邦交系自食其言,认为外交绝对失败,颇有藉此倒阁之势。

十一月八日

国府来电,谓国内安谧,西北叛军即日可灭。阎已就讨逆副司令职,国军江日①已克复登封,现正包围洛阳。救济华侨款先汇国币三万元。四日电并已转张司令长官查照矣。

十一月九日

外部来电,登封、临汝、黑石关等处之冯部均已击破,其部下均纷纷来投降。宋哲元下总退却令,阎锡山出兵陕西击其后路。中东路事,自三日将富锦克复后,尚无多接触。

十一月十日

驻芬兰朱绍阳公使来谈。悉中东路完全出于二三小人儿戏。事出后,因俄人压迫,几欲无条件恢复原状,南京为体面攸关,不得不稍持强硬,故罗文幹②等有谓南京唱高调自误国之电也。小人等不自量力,无故闹出大祸,反归过于人,真不知人间有羞耻也。

十一月十一日

各报载密县战争甚烈,蒋介石亲赴前线督师。外部来电,谓密县已

---

① 即三日。
② 罗文幹时任东山省保安司令部及东北边防司令长官公署参议。

克复，向洛阳集中。中东路尚无战事。张作相①谓，中、俄交涉，南京、柏林均无办法，应由辽宁直接谈判。俄之不欲德从中调停者，实欲促直接与辽宁谈判，因辽宁可以无条件承认也。

英《泰晤士报》毁诬中国，可谓已达极点，吾国竟无一通讯社以辩明是非。

十一月十二日

朱绍阳赴芬兰，并与商中俄交涉办法。

十一月十三日

外部来电，准提廿六日之提案。倘俄人大举来攻，即须提出国际联盟，仍候部电再行提出。又电，外报传俄将中东路有让渡与某国之说，惟吾国据《中俄协定》，断难承认彼片面之让渡云。

《太晤士报》载，太原群众大呼"打倒冯玉祥"！阎似已决心倒冯，冯败无疑矣。

十一月十四日

今日已将提案送交德外交部转驻俄大使，请其相机提出，倘俄愿直接交涉，我国亦愿接受，该件即可暂不提出。

十一月十八日

朱绍阳来电，谓与俄方接洽不得要领，惟中东路之纠纷系东省官吏与前驻哈俄领勾结之黑幕，请勿为人利用云云。

国内关于攻冯事数日无电，据报载有〔双〕方均有损伤云。

十一月十九日

孙夫人到，谈进行俄事，愿设法使与直接交涉。暂寓（Kürfursten damm）〔Kurfürsten dann〕37 Pension Regina②。

十一月二十日

是日为德国宗教上之忏悔节，全国皆休假，本馆因事多未放假，仍

---

① 东北边防军副司令张作相。
② 选侯街37号饭店。

照常办事。

外部来电,谓德使照会苏联,现仍愿准交换拘囚。我方当然照准,惟须俄人准华侨由海参崴自由安全回国,我方亦准北满俄侨除犯法拘禁者外,由天津搭船回国云。德政府并未先通知本馆,似有本馆难说南京易说之态。

又与孙夫人商俄交涉事。

十一月二十三日

今日晤德外交次长,询关于中、俄案提出国际联盟,德政府意见如何。渠答,提出国际联盟,德政府固不便表示若何意见,惟据个人观察,利少害多,不知中国搜集证据是否充分。又谈换俘事,俄人前拒而今允,不知是何用意。据云,此次所换侨民,系于中东路不生关系者,两方互放,亦不必组织若何机关。抗议十七日满洲里侵边事,即照交前廿六日提案,俟星期一再电话告知,即行送出。

十一月二十四日

孙夫人约喀①与余会晤,喀不肯。孙甚怒,并约定明日再谈。窥喀意,实有意来谈,故骄以待。余亦不求急,仍(整)〔准〕备赴瑞士及南德各大学演讲。孙夫人仍嘱缓行,故派谭秘书代表前往,演题为《孙中山先生三民主义》,《中国最近卅年之政治运动》、《中国最近之国民革命》、《国民政府之外交政策》。汉、德两文均交谭葆端秘书带往演讲。

十一月二十五日

外交部来电云,张委员②养电称,俄人大举派兵数万,大炮、飞机、唐克③等进攻,占领满洲里、扎兰诺尔等语。嘱依据十一、十七两条提出国际联盟,并已电告伍使照会美国,约《非战公约》国制裁俄人行动。余今本拟赴瑞士演讲,今见此情形只得暂止。孙夫人所约之喀氏亦不

---

① 喀拉汉。
② 张学良,时任国民政府委员,东北边防军司令。
③ 坦克。

见面,约廿七日再有回话,形势似趋严重。

十一月二十六日

今日(极积)〔积极〕赶办提出国际联盟。前日,三条办法亦已电告德外交部,速向苏俄提出,并在各报宣布。闻国内有各派联合一致讨俄之说,因冯部已了结,情势为之一变。

十一月二十七日

喀氏仍无消息。各报均已将提议全部登出,并谓中国已经提出国际联盟,并电签订《非战公约》各国,制止俄人行动等话。实无其事。然形势紧张,无可讳言。提出国际联盟有三种办法:一系紧急性质,提出后二十四小时或一星期内可召集行政院会议;二系次要性质,俟明年正月行政院开议讨论;三系通告性质,提出后即由秘书长将全文通告在盟各国。已据此请中央决定矣。

十一月二十八日

各报盛传莫斯科来消息,张学良已派蔡(允)〔运〕升①揭白旗投降,并谓已得南京政府之许可。李维诺夫电张学良派全权代表商议恢复原状及拥护旧局长到任。果如此也,东三省各负责者真可杀矣! 无故挑衅,又无故投降,辱国丧权,莫此为甚。国际地位即从此降落,尤以国民政府之声誉扫地矣。

午后 Hötsch 教授②来谈,愿作中、俄调人。

十一月二十九日

外交部来电,辽宁确已接受李维诺夫八月廿九日由德政府转递之条件,但其内容多变更,无异投降。昨日始报告南京政府,政府尚未决定方针。余已将各种经过报告外交部,请其补救。

十一月三十日

已将俄始终抱定分化吾国外交政策,一面与此间谈判,一面仍与东

---

① 蔡运升时任驻哈尔滨、北满特派交涉员,为签订《中苏伯利议定书》之中国代表。
② 赫戚教授。

省接洽,俄人总以东省易于就范,屡欲舍此就彼。德政府亦常以此相告,故交涉进展最感困难。吾国最后提议,俄已答复,谓东省已求和,已无目的物等语,告外交部矣。

闻南京对于此次东省擅自投降,尚在考虑。

十二月一日

又电南京,既愿接受此低条件,何不告知。朝有电来,夕即可与俄人堂堂正正平等发布共同宣言。一可表示吾国酷爱和平,相当让步,非如今日形同乞和投降;二可给调人之好感;三可即日正式开会解决中东路各问题;四可保全吾国外交确系统一。不此之图,甘居城下之盟。闻有数卖国贼在东省作祟,张学良亦被蒙惑,应请严查究办矣。

又电,因俄人宣传过甚,措词稍激,请石醉六①勿将此电示人矣。

十二月三日

接外交部电,改正发布更正谣言书。当复已照更改。并告德政府,对美干涉中、俄事通牒,答复略谓此意极为赞同,但德国代表两国利益,情形特殊,且亦曾为此事之努力,应保留将来之行动。现两国已在直接交涉,甚盼该两国早日成功等语。据德外交部之解释,恐德加入,使俄生一种加入帝国主义团体之嫌疑,于中国不利,于俄亦不利,反使将来有机会调解为难云云。如是《非战公约》团体力量薄弱,日、德既不加入,俄人仍可横行,并告其得了即了,不必使范围扩大矣。

十二月四日

俄复美、法等国,提醒《非战公约》警告,痛诋帝国主义者之不自责而责人。谓俄与中国系平等待遇,依据《中俄协定》已取消一切不平等条约,今帝国主义者尚固守不肯放弃中国各海港及内河等,兵舰任意横行,要地均驻扎军队,非战而何? 现中、俄事件已在谈判,干尔何事? 尤以美国与我苏俄素无来往,今偏忝然出而教训,未免可笑也云云。

南京、东省均发布宣言,谓仍本和平不挠之精神,如有压迫决不承

_____

① 国民政府驻德公使馆随员,当时在国内。

受,俄人之宣传无条件投降,全非事实。

十二月五日

迭传收降冯玉祥之石友三部在浦口哗变,今日情势扩大,约有三万之众,以中央最精锐之军队围剿之。并传广东危急,张发奎已进至三水,各兵臂上均缠"誓死回粤"四字,以示决心。国内纷乱如此,在外作外交官者颜面真无处藏匿,安能在国际争得地位也。

得石醉六电,谓关于俄事虽非投降,但直接受战败影响,中央将就其所交涉者移转中央,以保外交统一。且谓余在此必感困难,幸中央知之,极深望勿灰心云。

十二月六日

外部来两电,谓俄事已由蔡(允)〔运〕升于三日签字,尚未报部,倘与原定计划不符,碍难追认。又谓日不加入《非战公约》团体,于中日有他种关系,自当别论,日以德不愿加入应有表示。又电谓浦口兵变,系石友三部拟调赴广东,于二日子夜哗溃,已派兵围剿,不成问题。

十二月七日

各报纷载张学良、阎锡山、冯玉祥、唐生智、汪精卫联名请蒋介石下野。并谓兵变已扩大,南京附近亦多兵变,沪宁交通已断。蒋已下野,国府事由谭代理。

今日外交部来电,谓据张学良报告,中东路事俄允派新局长,东省撤换吕督办①,余由会议决定,外交组讨论认为可行。又奉蒋主席谕,即行照办等语。东路事可告一段落。似此情形,不致有请蒋下野之电,谣言孔多,在外观察内政,真如在五里雾中矣。

十二月十六日

日本向俄抗议,何以至今不撤去满洲里之兵,与当日驻东京俄大使向日声明之不占一寸土地,不驻一个兵队之宣言不合。然俄现仍积极

---

① 吕荣寰,中东路督办,中东路理事长。

进行满洲里之共和国,并欲以海拉尔为都城。沿吾国边境成立里①者,共有八共和国。原有八共和国,现在新疆、满洲各成立一共和国,均以吾国人民组织之。此亦赤色帝国主义侵略之新方式也。

十二月二十一日

接外交部来电,谓中俄事虽开预备会议,然俄人仍雇用边地韩蒙胡匪扰边,以(惯)〔贯〕彻其威胁。我代表之政策,前途未可乐观云。

十二月三十日

连日各报对于吾国废除领事裁判权议论不一。英、法各报多谓吾国不能保护外人生命财产及商务,且谓片面宣布废除即为不遵守条约,以后即无人敢与中国订约者。尤以上海之英、法人通讯最为狂肆。幸其他各国尚主持公理,认中国此举为不得已之举动,赞吾国一方宣布取消,一方仍与谈判之机会,可谓擒纵得宜云。

一九三〇年一月四日

接叔同电,中央似有意命余兼署驻俄大使之意。不过俄事已非昔比,办理更为困难,总盼此消息不确耳。晚赴西门子茶会。

一月八日

《柏林日报》记者来访。此人前在俄因反对俄暴政,被俄驱逐出境,现拟赴美游历。谓中国此次大让步了结中东路案,实予俄现政府极大之便利。俄现政府已成摇动之局,若中国再予坚持,必发生内变,现因此可维持现局面以敷衍人民之反对,诚可惜也。

一月十一日

报载东三省超出所指示之范围,如恢复邦交先恢复领事等,颇表示反对。已电调莫德惠②来南京商议。今日余将前寄各条陈撮要电告。

---

①　指"满洲里共和国"。
②　莫德惠,字柳忱,民国后曾任奉天省长。1929 年任中东路理事会理事长、中东路督办,后为中东路谈判中方首席代表。

一月二十二日

石醉六来电,谓军事已告一段落,阎亦无野心,国内亦无新酝酿,惟中俄交涉失败,无法挽救。当已电询中俄交涉拟如何挽救。

三月二日

朱绍阳来谈中俄事,谓黑幕重重,彼辈反欲嫁祸于人,故渠有奉令严加议处之明文。但渠自谓均系奉命而行,决不将其秘密宣布于外,遵令回京听候议处。

三月十日

外交部来电,谓莫代表即日赴俄,所有华侨据报已开释。实则未放回,且极虐待。

三月十八日

电介、畏,据闻俄有密助反动派消息,拟送大批军火及飞机至张家口,因雪阻未到。又闻国内西南各省有不稳说。内乱纷乘,仅恃武力亦至难平也。

八月二十一日

连日来,报载美国摩根银行将借款中国,赎回中东路。实系法政府因中苏会议有进展消息,特派白党要人某来德,暗中与俄人接洽,提议愿将所持中东路售于苏联政府。否则,苏联政府愿将全路利益出让时,法政府亦出价接受云云。法政府此举,闻预先已得日政府之谅解。至报载美借款各节,均系影射之词。

八月二十二日

俄驻德大使馆对于出卖中东路于法、美政府事发出否认。

美通讯社访员又报告云,现查确有白党要人到柏林,该氏先向俄代表接洽,拟将白党及法政府所持之中东路股票卖与俄政府,否则俄政府如有意出卖时,法政府亦愿承受云。

八月二十三日

芝加哥通讯员来报云,来柏林接洽中东路事之白党要人为

(Kolozewoki)〔Kolozcewski〕①现寓 Kaiser Hof②,本人曾与晤面。闻他系代表前道胜银行前来柏林,与俄驻柏林之商务代表 Yineral Doslowolow③会商,如何接洽,不肯明言,惟否认与报上所载商洽美、法将收买中东路股票有关。但此人极贫穷,何能来此住此阔绰之地,而又不否认与Doslowolow 会商之事,当然可疑也。现据美驻德大使云,美国资本家参加收买中东路股票一节,余未有所闻,苟有其事,美政府若未前闻,则不能给予外交上之保护云。

十月二十五日

各报载中俄会议已决裂,俄国必须莫代表承认《伯利协定》始能开议。莫奉令不肯,有调回南京之说。俄事已陷于棘手之时也。

十一月三日

闻中俄交涉又将决裂,莫代表有被召回国之消息。俄人反复无常,闻因近来五年计划不能实行,欲向外挑衅以维局面。惟数年来俄国他种工业虽无进步,但军械及飞机等确一日千里,飞机尤为发达云。

十一月四日

德总理布鲁林对法《小巴黎日报》谈话,谓德国于条约可能范围内必遵守条约,以德国现时种种不能维持,应由各列强自动出而为德国解决,更盼望列强亦遵守条约。如德国已被强迫裁兵,列强尚不肯自动裁兵,德国为条约应得之权利起见,不能坐视。又,美国驻比大使地普生奔走法、意两方,谋解决其纠纷。闻尚无结果。

俄外长今过此赴日内瓦出席裁兵会议,今德外长设席私宴。

又,挽韩光第旅长殉中东路战事之乱五古一章:边徼烽烟起,行人海外愁。将军佩剑往,壮士喜同仇。临行心已决,誓拼此头颅。赤焰弥天际,众寡苦不侔。士卒齐用命,尸积如山丘。将军身数创,力斩数贼

---

① 科罗希夫斯基。
② 凯撒饭店。
③ 叶勒纳·多斯诺沃罗斯拉夫。

头。奋起呼杀杀,饮弹自悠悠。君不见扎兰诺尔白雪山巅,血染战壕成河流。细雨凄风里,犹闻雄鬼声啾啾。

十一月十八日

关于保护在俄华侨利益各文件抄寄莫代表,由德外部送信人带往,外封竟未写勾①随员转交德外部,颇觉不便。余曾嘱照办,馆员竟疏忽,可谓一事不留心,即有一事之误也。馆员多系新人物,办事经验颇少,故不能不时时刻刻留心也。

十一月二十二日

外部来电,谓德驻华代表仍谓奉政府训令,仅对俄国人民不保护,对于俄财产仍保护等语,与前德外部所言不相符合。决再照会询德外部,询问何自相矛盾,请确实答复矣。

一九三一年一月二十四日

德照会,在俄保护华侨利益办事处宣告结束,因驻华德公使已完全将保护俄利益事取消,故请中国亦早日了结。今日又接勾随员增启电,德大使亦请于十日内迁出。当将此情告南京,请其决定办法矣。

一月二十六日

德外部催电令勾增启迁出德驻俄大使馆,以便结束保护华侨事宜。当据理驳争,谓托人保护在国际惯例上系一种权利,受人托之国家亦系一种义务,不得遽尔推脱。如谓无战争即无庸保护,美与俄并无战争,何久托瑞典保护。该部当允俟合理期间迁出。已电告南京,并请可否相机函告勾随员迁出该使馆矣。

一月二十七日

外部复电,谓关于保护事系由辽宁与苏领交涉,尚未商妥办法,仍盼德政府代为保护,俟辽、苏商妥后再告。惟德驻华使馆将苏财产交苏保管,似须得中国同意,属探电告。

二月七日

---

① 勾增启。

南京来电,谓立陶宛若愿订友好通商条约,则即寄约稿来与之商订。关于苏俄保护华侨事,又与德外部再三交涉,允暂缓数日腾出。南京询何以德不愿保护,是否因垫款未寄。实则德与俄年来在国际上互相提携,益加亲密,欠款实非真因。惟国信攸关,欠人之款亦须早日筹汇。且德自照会不继续保护后,早已不行使职权,迁出与否,似与中俄交涉不生关系。

二月十六日

中央来电,谓中委会已决议派十九人分赴各省监察党务,监察院已决监察廿三人云。翼兄①来〔电〕,谓介公颇愿意余回国共翊大计。余复电,谓可先来电准假回国报告矣。

二月十七日

南京来电,谓介公与儒堂商洽后即可来电准余回国,并允即汇旅费。噫!使外几等充军,非多方疏通,几不得归,自可慨也!今日为废历之元旦,此间商人尚欲藉废历新年以兜生意,已一律劝其改用春节矣。

二月二十日

外部来电,请与德政府交涉,谓保护利益事正在交涉,交涉未妥以前,德纵交出,俄亦不能接收,请德不必急于交出。德谓已照会俄政府,未便收回,俄若不来接收,亦不催促,惟对于南京开外债会议未请德加入颇表不满,闻在南京已提抗议。彼谓德如加入,可相机援助中国。均已电复南京,并催速汇保护费。捷克代办请茶会,到者寥寥。

二月二十六日

午后赴阿富汗公使茶会,在柏林最大饭店举行,可为今春外交界最阔绰者。遇俄大使,略谈及过俄考察事,渠极欢迎,允即电政府准备。

三月四日

整理俄案文件,每读一电,不禁生无限之感,以此可征先知先觉之

---

① 邵元冲,字翼如,时为考试院考选委员会主任。

难也。英报载蒋在纪念周席上宣布有反对总理遗教者,已将胡①羁留在京,使其不得自由云。

《蒋作宾日记选——中东路事件交涉》,第191—224页

附录二:伯力交涉始末记

蔡运升

说明:1929年发生的"中东路事件"是远东国际关系史上的一个重大事件。在中国单方面收回中东路后,苏中两国政府先后于7月17日和7月24日宣布绝交;不久,中苏边境发生了长达三个多月的激烈武装冲突;12月,双方签立伯力会议草约,决定"恢复冲突以前之状态",有关中东路争议和恢复邦交问题,另开中苏正式会议解决。这一事件在当时还曾引起国际间的相当关注,英、美、法、日等国都有所表示,日本还有所动作。

伯力会议草约又称伯力会议议定书,由苏联代表西曼诺夫斯基与中国代表蔡运升经多次交涉后于1929年12月22日在苏联边境城市伯力(哈巴罗夫斯克)签订。事后,蔡运升曾将交涉原稿等整理存藏,可惜在战乱中散失。1946年蔡运升又撰写《伯力交涉始末记》,回忆了当年交涉的经过情形。蔡运升本是任职多年的东北地方官员,对中苏关系素有了解,伯力交涉又是他亲身经历,所以该《始末记》虽是事隔十七年后的回忆,仍提供了颇有价值的史料。现将蔡运升的这篇手稿《伯力交涉始末记》整理发表,供研究者参考。

哈尔滨为东北外交中心,各国领馆均驻于此。尤其北满国境,处处与苏联接壤,又有合办之东省铁路,关系最大。余任滨江道尹兼外交部交涉员八年,对中苏关系当然了解。一九二九年春,东路理事会因管理局正副局长权限问题(按中俄协定及奉俄协定,正局长是俄人),争执甚烈。此事本不在外交范围以内,余认为中苏友谊不宜发生裂痕,遂以第三者资格,会同苏联总领事从侧面调

---

① 胡汉民,时任立法院长。

停,承苏方好意,正副局长可共同签字办事。自谓此一争端已可解决,不料五月间又有搜查苏联领馆事件,关系突然恶化。(当时由特区派军警包围苏联总领事馆,严加搜查,指为宣传赤化,立即逮捕苏籍路局的高级职员五十九人。)同时特区长官张景惠、东路督办吕荣寰召集会议,驱逐苏侨,更换苏方正局长。是日适东北政委会莫德惠由双城子来访,余告以今日开会各机关均参加,独以余不赞成未请列席,眼看着要闹出国际大事,但这是特别区职权,我不能干预,你也不能过问,咱们都是局外人,只好到江边走走吧!谁知事起以后,我二人都是事中人,且成为重要角色呢。未几苏外长发表宣言,断绝国交,领馆下旗回国。总领事梅尼立果夫来署正式声明后,余就大局立论,认为东北处两大之间,如中苏失和,某国必趁火打劫,与中苏均不利。我自信尚有力量向张司令长官和吉林张督办去说,照我们调停的办法可以了结,请梅氏密电政府。梅氏亦以为然。余即连夜赴奉天。张司令长官和张督办均以为是,遂密电李理事绍庚,陪梅氏同车到长春,张督办亦同时到长,见面秘谈。此事为长春日本领事所闻,是晨曾到车站向车上查看,未遇梅氏,快快而去。张、梅旋即会见,相谈甚欢。约定梅氏回国在苏联国境上十八里站暂住,余回奉取正式文件,亲到满洲里交换。当时张督办回吉林,余偕梅氏回哈。曾记在车中谈及东北情势。梅氏极诚恳的说,东北有两个强邻,一是有野心的,一是无野心的,苏联只希望北满作个缓冲地带,好建设自己的国家,不愿与某国接触。假如北满无苏联支持,某国必来,那时领土必被侵略云云。此言今犹在耳。不及二年,“九一八”事变爆发,果丝毫不爽。我们一路长谈,以为化干戈为玉帛,已有把握,很作乐观。梅氏到哈即动身,彼此约定满洲里再见,临行并密告留馆员两人,托为照料。余又连夜赴奉。政委会即照余所定的办法起草,共四条,前三条系恢复东路原状,第四条为正副局长共同签字办事。起草时已有人主张不写第四条,为争华方正局长地步。余以正副局长权限一样,是苏方好意让步,且已经张督办向梅氏郑重表示,不能失信,始照议写成。余即携此文件直赴满洲里。不料甫抵满站,哈满司令梁忠甲来迎,即交奉天一电,谓外交部有电,所携文件缓交,另换文件送来等语。余已知必在第四条发生枝节,将败于垂成。次日洪秘书送到文件,果如所料,只好通告梅氏,乘专车入苏境送去。梅氏谓政府必不容纳,只好俟奉电再达。余回满站不二日,梅氏通知来会,到时声明,奉政府电,认为华方无诚意,不能再谈云云。余招待梅氏,彼此相对黯然,眼看两国风云立即掀起,握别时,只有互相痛惜而已。梅氏甫行,外交部派驻芬兰公使朱绍阳来满,欲与梅氏继续交涉,照外交部方案自然是不说局长问题,一再通知梅氏,不得答复。适王之相参赞亦同来,渠素主持中苏友好者,认为外交部方案与实际不合,主张由朱氏出名,向外交部建议,仍照余定的办法。遂由渠起草一长电,洋洋千言,用密码拍发。旋得复电,内开:所陈各节,虽不无见地,但仍应坚持收回铁路管理权,即正局长万不能让于苏方云云。简直未加采纳。但此时在满洲里已十八天之久,并无交涉对手方,亦不能再候,遂商同回哈。

此时国境上已备战,临行梁司令极兴奋;车过海拉尔站,韩旅长光第来迎,亦极兴奋;此两将军与余为最后的一面。可惜!可惜!余甫抵哈,两军即入交战状态。从此国境数千里,均炮火连天,沿边沿线实行战时职权,枝节横生,余一人几成众矢之的,各方面纷纷责备。余以坦然态度处之,不问亦不辩。一日,二舍弟运昌密告梅氏所留之馆员,因生活困难在市场变卖家具。余立刻备款,嘱其密交,并告以随时接济。计由八月至十一月,经过多少次激战,我军全线及江防上舰队均失利,苏军已分路入境。(当未决裂时,张学良曾派军令厅长王树常到南京力陈不宜作战实情。胡汉民说廷午你是军人,怎还怕事!苏联革命后兵力已弱,决不敢动。蒋介石说:你不必再说,我已有电令给汉卿了。王只好怏怏而回。)吉林张督办到奉与张司令长官商定和战方针,认为不应再战,应邀余议和,即急电余到奉。余以战事正在剧烈进行,不知苏方意思如何。当即回哈与两馆员秘商,请他们回国说明,如肯言和,余即入苏境会谈。两馆员慨然说道,由绥芬战线出境,此时战事愈加激烈,梁司令被俘,韩旅长亦阵亡,此两军都全军覆没。两馆员到海参崴,见负责人说明一切。苏政府表示对余极端信任,一定接待;惟闻曾询两馆员回去的时期,在梁、韩兵败之前或后,如在前是华方先有和的诚意,如在后是兵败求和,情形大有区别。两馆员举事实证明在梁、韩兵败以前,遂定前往会谈之议。两馆员为两国事不避艰险,出入火线,令人佩服。渠等一回,余立刻赴奉报告,将动身日期电知莫斯科,匆匆就道,由绥芬乘专车开入苏境,(此时苏军进兵甚快,我一入苏境,各路即停止前进。)有苏方代表西曼诺夫斯基冒雪来迎,在双城子谈判数日,大致妥协,定明在伯力正式会议,再在莫斯科会议,最后在北京换文。只一先决条件,苏方希望东路督办吕荣寰自动辞职,苏方会办亦换人,载在记录上边。照事实上说,吕督办当然辞职,但载在记录上,我方必认为与用人之权有碍。又唱高调,一再商讨,不得结论。战局正迫,又不能久待,遂动身回国,约在车中商量。余在车中一再考虑,认为回奉受攻击事小,因此破裂再有战事,双方牺牲许多,此事极大,遂决心由我个人负责。即通知西代表将纪录缮清签字。十二月三日西氏送至绥芬,约定伯力再见。余即回奉相告,张司令长官很愿接受,定次日在北陵别墅会议。余闻各政委意见颇不一致。王秘书树翰素主张中苏不宜失和者,亦以为虑,谓袁洁珊(即袁金铠)遇事敢言,可与他先说说。余走访袁氏,渠闻知内容,认为满意,谓会议时如有反对者,渠必力争。次日开会,顾维钧亦列席,余报告毕,大家即议论纷歧,有赞同者,有反对者。反对的理由皆集中于吕督办辞职载在纪录一项。顾维钧谓答应此条件,将来与外交史上亦有关系,此议一发,愈难解决。正辩论间,适黑龙江省派人报告军情,张司令长官在别室接见。据称苏机已临省区上空,和战立待决定。张司令长官回坐说明目前军事状况,问大家有何意见,大家面面相觑,不发一言。袁氏遂发言,谓战败媾和,苏政府并未提何条件,吕督办辞职是当然的事,品山办的本好,此时只有请品山赶紧赴伯力会议,不必再加考虑。至此这番争论才算表决。余即当场声明,谓我现已筋疲力尽,预料由伯力回来,身体必更不支,需要休养,将来莫斯科会议全权代表,我绝不再行担任。现在危急时期,我不敢辞,莫斯科会议是和平时期,请另选贤能。又说此次在国外会议,不能事事请示,须予我以全权。张司令长官对此两点,均允所请,当即电请南京政府派我为伯力会议中国代表。准备出国,回哈收拾行装。日本驻哈总领事八木元八来署正式声称,中苏战事,必不能停。北满的日本侨民生命财产关系甚巨,政府为保护侨民,要派四千兵来等语。余即郑重答复,我在双城子已将议和大体决定,此次伯力会议,必能圆满解决。至于地方治安,现有王树常总司令统兵在此,对日本侨民可负完全保护的责任,请转告贵政府,不必派兵云云。八木无言而去。日本此举早在意中,幸和议尚早,未致酿成另一严重事件。(英、美、法、日四国,在事先事后极力挑拨中国反苏反共。在交战时,都有电报向苏联干涉。日本素认东北为其口中物,想趁此独吞,所以急于出兵。)

十二月十一日,余乘专车赴伯力,夜间过阿城车站,正在展望室看窗外雪景,忽有人投一大石头进来,将车窗撞碎,余幸未受伤,此亦一个不平人反对我甚烈者。余由窗中尚望见其人徐步东行,亦置之不问。开车南行至绥芬,西代表来迎,直达伯力,到时极受欢迎,旋即开始谈判。双方均以诚相见,不用任何外交辞令,很顺利的将条款作成。忽接美国政府的喉舌《纽约时报》一电,希望我不签字。余阅完一笑毁之。随员李绍庚问是何意,余谓中苏议和,与美国无关,我是奉本国政府命令的,不能听美国的高调。李深以为然。(其后莫督办到南京时,外长王正廷谓品山签字可惜太早,如迟延几天,美国就要说话了。莫告以实地情形,王始释然。)西代表来商签字日期,余问及撤兵日期。西代表郑重相告,政府已决定的方针,俟莫斯科会议完成才撤兵。余谓中苏失和,为全世界关心的一严重事件,我们虽是两个人在此会议,可是为全世界所注目,能否恢复和平,全在双方能否撤兵。如不撤兵,即是未恢复和平,我们费了许多精神,我认为是白费事,失了签字的意义。而且就条款而言,承贵国的好意,都是公平的,并不像帝国主义定些苛酷或压迫条件为我方所不能履行者。如陈兵以待,摆出一个强迫的形势,亦与贵国态度无益。西代表谓政府决定的军事,我无权答复;但是贵道尹的意见,我必一句不漏请示政府。次日西代表欣然而来,谓奉政府电,原定的方针,本不能撤兵,为尊重道尹的意见,签字后即撤兵。西代表正式说完,又亲切的说,能变更我们政府决定的方针,非贵道尹谁都办不到,这真是特别事情。(闻苏军原定攻下哈尔滨为止,及和议成,亦预定屯驻中国境内,俟莫斯科会议完成才撤。我认为不撤兵,仍是交战状态,日本正伺机出兵,必有意外事件。且大兵压境,各地枝节甚多,所以力争撤兵问题。苏联政府对于我的意见,一经提出,立即更改原定方针,实令人感佩。)余闻之深佩苏联政府的大国襟度,对自己特别见重,尤深深地感动。当即亲笔添一条文,定明立即恢复中苏国境之和平状态,双方随即撤兵。西代表亦一字不改通过,商定次日签字(十二月二十三日)。届时举行签字典礼,宾主举杯互祝,至此两国风云才算化为和平。回忆在满洲里与梅氏握别时景况,不禁百感交集。签字第二日晨起,西代表即来正式相告,谓奉政府电,自今日起通令全线撤兵。余闻此数语,当时心情的欣快,实非任何言语所能形容。自觉所抱中苏和好之见解,始终不差,虽挨骂受累,终能将这场险恶的风波扭转过来,问心可以对得起国人,至于是功是过,只好任国人评判。此时方方新路员均在此等候同行,西代表设盛宴饯别,并为余照一像放大,想至今尚悬在伯力,很可作为纪念。西代表仍送至绥芬而回。

一入我国境,沿站受各界欢迎。余在车中招待苏方数十人,一一干杯,不觉大醉。车抵哈尔滨,甫入站,乐声大作,一片欢呼,中苏两方齐集,站台内外,几乎万人空巷,半年来战时的气象,立刻变成极亲睦的气象。尤其新来的苏方人员,皆格外和蔼,绝不带丝毫曾打过仗的形迹,真是友好精神的充分表现。周旋很久,即同车赴奉,余亦未及回家。计半年以来,余过门不入已数次矣。到奉时(十二月二十八日),苏方人员极受张司令长官的热烈招待,政委会开会,余报告伯力会议经过,全体赞同无异词。此时东路新局,正亟待成立,新任督办亟待发表。一日王秘书长来,谓政委会开会已派你为东路督办,余谓何以事先未征求同意。王谓你当督办是天经地义的事,所以不用征求同意,今日已办公事,任命状就要送来。余谓早知汉卿必派我当督办,可是我绝不当,我若先说此话,大家反倒疑惑,我是专等今天才说我的意思,汉卿对我诚厚,但半年以来我挨骂受累,不惜牺牲个人,全是为国家,丝毫不为自己。东路督办位尊而多金,我岂不知。可是受了这个报酬,好像是为了这个督办才肯奔走的,我蔡品山太不值钱了。我已早有决心,请为力辞。王闻之非常赞成,谓想不到你有这种意思,这是真辞并非谦让,我必向汉卿力说。隔一日王晤面告知,谓汉卿对你的意思很赞成,昨天开会已改派柳忱(即莫德惠)为督办,并依照你的前议,莫斯科会议全权代表亦电南京以柳忱兼任。余以张司令长官能了解我的意思,极为欣快。未几柳忱偕苏方人员赴哈尔滨就职,余仍留奉。一日王秘书长又来传达张司令长官意思,谓你虽不当督办,可是张叙五(景惠)对此次事件应负责任,不能再当特区长官,要请你去接任,先与你说一声。我谓我不当长官,与不当督办是一样理由,此次事件,张叙五自己无主见,绝是上了南京反苏反共派的大当,好在他为人忠厚,将来与苏方相处亦必能好。外交立场上已经换了一个督办,再换一个长官,亦不好看,请与汉卿说,不必再派别人。此话不啻为张景惠加一层保障,至今日张氏并不知道。王秘书长问你什么都不当,打算做什呢? 余谓我已作官多年,希望藉此离开休养一下,在政治上从旁帮帮忙。王遂与汉卿说,委为参议闲职,将道尹交卸。

此时正值旧历年终,赶紧办理交代,会计科一算亏累得一塌糊涂,竟欠债在大洋十万以上,始觉为难了。以此次交涉而言,一切在国内国外的花销,均由余个人担负,为数甚巨,如造报销,必须假做许多单据,只好充个硬汉子,全算我的事吧! 官去一身轻,自然另有兴趣,可是无钱却亦大受其窘。记得除夕夜车回哈,一个人坐专车上,见所过各站皆爆竹声声,家家欢乐,心中实有无限感触。到哈后,闻知讨债情形,尤不禁怅然。东路新任会办格兰德,一日委托王子元(前道署科长)来说,苏方本希望道尹当督办,不料坚辞未就。可是道尹是最了解中苏友好的,此次事件以一个人的力量,不惜牺牲一切,奠定和平,今天在生活上发生困难,照道义上说,大家实觉不安。现在苏方已会议一办法,道尹在炮队街有所房子,离埠头很近,路局可以买用,给价二三十万金卢布,有这笔钱,道尹生活问题即可从容解决,苏方亦觉对得起道尹,务求同意,再由路局局长正式来求等语。余闻之深为感动,谓如此关切,我真感谢。炮队街房子是前几年由朋友经手以五万元买的,因为无钱,用房子抵押在远东银行,借款分年偿还。如给我二三十万金卢布,折合大洋七八十万,可买这样房子十所,立时就成了富翁,生活当然不成问题,可是很明显的是受路局好处了,彼此均无词自解。我是不怕困难的人,请大家不要担心,我虽不受此款,我认为这种厚意,比钱重的多,千万替我致谢云云。此事外人固不知也。当时余病象日重,头部后小脑疼痛,据医生诊断,因用脑过度,非转地疗养不可,遂选定赴大连海滨休养。所最痛心者,半年以来余母因谤言四起,日夜担忧,积病已深,我尚不知。当临行时,余母故作欢喜,在院中散步以示健康,及余走后,即卧床不起,迫家人发电召余回哈,病已危笃矣。痛哉! 我母可谓为国事牺牲了,此实我终身之恨事。

另有《思母记》一篇，以志吾痛。

　　在此时期内，南京反苏反共派见中苏又言归于好，满腔愤怒全集中在余一人身上。外交委员会开会，胡汉民主席大声疾呼说：蔡某有几个脑袋，敢定这样协定。此议一发，全国哗然。最奇怪的是伯力所定条文内容，大家全不知道，都盲目的一唱百和，认为蔡某丧权辱国，是崇厚第二，一时谤满天下，国人皆曰可杀。政府即发明令将余交部议处。但余此时虽是一待罪之身，已无官可免，正好坦然受之，不问亦不辩，将中苏事件看作结束，又将全副精神转移到对日问题，想挽回另一个危局（我已写一篇东北事变回忆录）。不幸努力未成，竟目睹空前一大事变，夫复何言。关于伯力交涉原稿及照片和全国毁誉的各报社论，曾经整理清楚，存在长春，惜在解放前为乱兵抢掠散失，惟经过的事实，尚如昨日，是永远不能忘记的，今照实写出来，此固中苏两大国值得纪念的一段历史也。

　　此稿系一九四六年写的，一九四九年略加修改。

　　　　　　　　　　　　　　　《伯力交涉始末记》，第257—265页

七、积案交涉

说明:南京国民政府成立后,为尽快建立与列强之间的外交关系,加快了处理积案交涉的步伐。中日两国先后在南京、上海进行了多次谈判,最终达成协议。国民政府向日方做出诸多让步,甚至以不惜承认日本在北京政府时期夺取的山东权益为条件,换取了日本撤兵的许诺。同时南京国民政府为了取得各国的承认与支持,也在"宁案"交涉中委曲求全,先后同英、美、日、法、意各国进行谈判,答应赔偿与道歉,从而使"济案"、"宁案"相继得以解决。

本章主要资料来源:

"中华民国"外交问题研究会编:《中日外交史料丛编》(一)国民政府北伐后中日外交关系,台北:中国国民党中央委员会党史委员会,1965 年

中国第二历史档案馆编:《南京国民政府外交部公报》第一卷第一号、第一卷第四号、第一卷第六号,江苏古籍出版社,1990 年

中国第二历史档案馆编:《中华民国史档案资料汇编》第五辑第一编《外交》,江苏古籍出版社,1994 年

中国国民党中央委员会党史委员会编,秦孝仪主编:《中华民国重要史料初编——对日抗战时期》绪编(一),台北"中央"文物供应社,1981 年

United States Department of State, *Papers Relating to the Foreign Relations of the United States*(《美国外交文件》,以下简称"FRUS"),1927 – 1928, Washington: United States Government Printing Office,1942–1943

Kenneth Bourne and D. Cameron Watt ed. , *British Documents on Foreign Affairs:Reports and Papers from the Foreign Office Confidential Print*

(《英国外交文件集》,以下简称"BDFA"),Part Ⅱ,Series E Asia,1914—
1939,Vol. 32—34,China. University Publications of America,1994.

(一)济案交涉

说明:中日两国先后在南京、上海进行了多次谈判,最终达成协议。
国民政府给日方做出诸多让步,甚至以不惜承认日本在北京政府时期
夺取的山东权益为条件,换取了日本撤兵的许诺。

王正廷呈国民政府关于与芳泽交涉济案之报告
1929 年 3 月

为呈报事,窃自日本芳泽公使回华,关于济案交涉,迭经非正式谈
判,往复争议,几经波折,始于二月四日将本案最关重要之撤兵、道歉、
赔偿各项议定大纲,关于撤兵问题,所有现驻山东日军于本案正式定议
互换文书之日起,两个月内全数撤尽。道歉问题,双方同时相互口头表
示婉惜。赔偿问题,组织中日共同调查委员会实地调查,估定双方损失
确数,以凭相互赔偿。以上各原则双方同意,决定即经该公使电日政府
请示,俟得复电,即可正式定议,完全解决。乃二月八日续与该公使会
谈,该公使以奉日政府训电,于组织共同调查委员会一项,完全不允同
意,请我方谅解,予以考虑。其意盖欲将赔偿问题搁置不议。正廷以此
项原则该公使业经同意议定,乃日政府竟欲根本推翻,在我断难承认,
当时即予峻拒,并向严词诘质声明已经议定之原则,万难变更,绝无考
虑余地。惟有停止谈判,该公使见我方态度至为坚决,声请容其再行电
请日政府重加考虑,交涉遂暂停顿。正廷默察情形,赔偿问题彼方对于
前经议定之原则,恐难彻底维持,在我固当根据原议坚持力争,而能否
就范,殊未敢必,设竟因此决裂,不惟日军撤退无期,济青各属受害益
深,中日关系前途尤极可虑,国际形势亦且多所牵动,倘或稍予迁就,则

中日悬案虽得藉以解决,山东地方人民苦痛亦可稍苏,而我因济案所受重大损失,不获相当赔偿,恐无以慰国人之望。统筹兼顾,似所难能,全局所关,未敢擅决,所有济案议定大纲,日政府翻议各缘由,理合呈请鉴核训示,祗尊,谨呈国民政府主席。

外交部长王正廷谨呈。

《中华民国重要史料初编——对日抗战时期》绪编(一),第 188—189 页

芳泽致王部长照会
1929 年 3 月 28 日

为照会事。山东日军撤去后,国民政府以全责保障在华日侨生命财产之安全,则帝国政府拟自关于解决本案文件互换签字之日起,至多两个月内,将山东现有日本军队全部撤去。本公使特向贵部长通知,并关于日军撤去前后之措置,应由中日两国各派委员就地商议办理,本公使兹特向贵部长提议。相应照请查照。须至照会者。

《中华民国重要史料初编——对日抗战时期》绪编(一),第 189 页

王部长致芳泽照会
1929 年 3 月 28 日

为照会事。准本日贵公使照会内开:山东日军撤去后,国民政府以全责保障在华日侨生命财产之安全,则帝国政府拟自关于解决本案文件互换签字之日起,至多两个月内,将山东现有日本军队全部撤去。本公使向贵部长通知,并关于日军撤去前后之措置,应由中日两国各派委员,就地商议办理,本公使兹特向贵部长提议等因。查在华外人,国民政府依照国际公法负责保护,向有声明,故此后国民政府对于日侨之保护,实为当然之事。来照所开撤兵日期及期间,业经知悉。关于日军撤去时之接收办法,贵公使提议由两国政府各任命委员,就地商议办理,本部长表示同意,相应照复查照。须至照会者。

《中华民国重要史料初编——对日抗战时期》绪编(一),第 190 页

汪荣宝为济案业已解决致外交部电

1929 年 3 月 29 日

南京。外交部:迭电均悉。顷晤床次,以交涉圆满解决,嘱向主席和部长转达庆忱。荣。二十九日。印。

《中华民国史档案资料汇编》第五辑第一编《外交》,第 307 页

行政院为报告济案交涉情形的呈文

1929 年 3 月 30 日

呈为转呈事:案据外交部呈称:窃自日本芳泽公使回华,关于济案交涉,迭经非正式谈判,中因日政府推翻成议,交涉遂致停顿。嗣复非正式交换意见,回还往复,舌疲唇焦,争议多时。几经周折,双方意见始渐接近。遂于本月二十四日在沪签定本案解决草案。关于撤兵问题,所有现驻山东日军,自本案正式签字互换文书之日起,至多两个月内全数撤尽。损害问题,组织中日共同调查委员会,实地调查办理。此项草案业于本月二十八日在京与日本芳泽公使正式签字互换。所有本案解决情形,理合抄录日使来照暨本部复照各一件,又声明书一件,呈请鉴核,并恳转呈国民政府。等情。据此。除指令外,理合抄录原附件,具文呈报钧府鉴核,示遵。

谨呈
国民政府主席蒋

计抄呈日使来照一件,外交部复照一件,又声明书一件,议定书一件。

行政院院长谭延闿
中华民国十八年三月三十日

《中华民国史档案资料汇编》第五辑第一编《外交》,第 307—308 页

芳泽致王部长照会

为照会事:山东日军撤去后,国民政府以全责保障在华日侨生命财

产之安全,则帝国政府拟自关于解决本案文件互换签字之日起,至多两个月内,将山东现有日本军队全部撤去,本公使特向贵部长通知。并关于日军撤去前后之措置,应由中日两国各派委员就地商议办理,本公使兹特向贵部长提议。相应照请查照。须至照会者。

《中华民国史档案资料汇编》第五辑第一编《外交》,第 308 页

王部长复芳泽照会

为照会事:准本日贵公使照会内开:山东日军撤去后,国民政府以全责保障在华日侨生命财产之安全,则帝国政府拟自关于解决本案文件互换签字之日起,至多两个月内,将山东现有日本军队全部撤去,本公使特向贵部长通知。并关于日军撤去前后之措置,应由中日两国各派委员就地商议办理,本公使兹特向贵部长提议。等因。查在华外人,国民政府依照国际公法负责保护,向有声明。故此后国民政府对于日侨之保护,实为当然之事。来照所开撤兵日期及期间,业经知悉。关于日军撤去时之接收办法,贵公使提议由两国政府各任命委员就地商议办理,本部长表示同意,相应照复查照。须至照会者。

《中华民国史档案资料汇编》第五辑第一编《外交》,第 308—309 页

声明书

中日两国政府对于去年五月三日济南所发生之事件,鉴于两国国民固有之友谊,虽觉为不幸,悲痛已极,但两国政府与国民,现颇切望增进睦谊。故视此不快之感情悉成过去,以期两国国交益致敦厚。为此声明。

《中华民国史档案资料汇编》第五辑第一编《外交》,第 309 页

议定书

关于去年五月三日济案发生,中日两国所受之损害问题,双方各任命同数委员,设立中日共同调查委员会,实地调查决定之。

中华民国十八年三月二十八日在南京。

中华民国外交部长王正廷

日本帝国特命全权公使芳泽谦吉

《中华民国史档案资料汇编》第五辑第一编《外交》，第 309 页

国民政府存中日济案秘密协定及评论

1929 年 7 月 4 日

关于济案解决，有说老蒋得了日本三千万借款，同时事实上承认西原借款，名义上并不承认，只承认每年给五百万之利息。此外消息，言人人殊，疑隙极多，国内各报，讳而不详。兹得大阪《朝日新闻》四月十一日所记载关于解决济案之秘密协定内容，极可惊异。查《朝日新闻》有半官报性质，所言似有根据，如所记载，则胶济路权从此断送，而沿路地带主权，亦将因事实而失陷，山东将为南满第二矣。兹将《朝日新闻》译述如左：

济南事件在协定中未公布时，关于政府不经谘询手续之点，自不无非难政府之失当者。但据政府当局者言，此次秘密协定中，于大正十一年华盛顿之山东条约，虽无可废之条项，但于该条约已经决定项目尚未实行者，兹已确认其当实行。此外，尚有关于山东铁道之规定，均只载诸议事录，并未公布。兹将芳泽公使与王正廷氏所决定之事项胪列如左：

一、胶济铁道须增用日人，并扩张其权限；

二、胶济铁道所属运输材料，不得移作别用；

三、胶济铁道之收益不得充军费及他目的之用，专作该铁道之修改及偿还借款本利之用。

其关于承认山东条约者三：

一、青岛实施特别市制；

二、青岛港湾之修筑；

三、胶济沿线之居留权。

右三项为山东条约决定之事项,原未见实施者,兹已约定,支那方面承认其实施。

至关于铁道关系之细目协定,更当由日支双方任命委员行之。

以上秘密协定有甚么意义,关系我国利益与主权如何,现在把他略略分析如下:

胶济路本为德人债权之抵押品,自中德宣战,德国权利已经消灭,同时日人由五七条约而得关于胶济路之权利目的物亦根本销灭。一九二二年山东条约第二条规定以五三,四○六,一四一金马克即德国遗下时之定价给与日本买回该路,实属根本错误。当时日人之占有胶济路,并无合法的条约为其权利的根据,仅仅依于战时占领之事实,日本对于同盟国而占领其财产,其无合法根据可以使日本人所有权发生,彰彰明甚,日本人于胶济路既无所有权,而强迫我给以五千三百余万马克之代价,不平等条约孰有过此。

现在南京政府对于此种不平等条约不惟不废除,而且加以承认,不惟承认,而且为之加多保障。《朝日新闻》所记三款,即为日本人此种不当权利得之铁障也。

照山东条约第十九条规定,胶济路在国库券未清还时期,要用日本人为之车务总管,又一人为总司计,与中国总司计会同襄办事务,而在中国督办指挥管理监督之下,并得因有理由与以免职。车务总管与总司计,此系该路经济命脉所关之要职,为日人取去,犹不足,尚欲增用日人至何程度耶。事务总管与总司计之权限已为不少,尚欲扩张其限耶,将欲使其离中国督办指挥、管理、监察而独立耶。

一九二二年山东悬案铁路细目协定第九条规定:本国库券以胶济铁路财产及进款为担保,此项财产及进款不得再供内债及其他外债之担保。照此规定,则中国对于胶济收益还可以自由支配其用途。照《朝日新闻》所载新协定,则中国简直对于胶济收益丝毫不能有支配之自由矣。如以收益为工人待遇之改善、劳动保险、工人教育,或基于经济政策、商业政策之要求,以铁路收益之一部对输出商人为输出奖励,或基于交通政策之要求,以收益之一部兴办支路,而使胶济路营业益形旺盛等等事业,皆在禁止之列矣。如此,则中国之办胶济路,除了白替日本人当差,除了年年以收益之全部贡献于日本作偿还借款本利之用,更不能动用分文矣。如此,中国要胶济路何用。须知所谓胶济路借款,日本人其实并没有支出,他把我方的铁路强占去,便要我们拿钱来赎回,你没有现钱便算借款罢了。

至于所谓山东条约规定未实行事项各项,如青岛特别市制,如青岛港湾之修筑,都是内政问题,岂能为主权国家间协约之目的。

至于胶济沿线之居留权一项,较诸胶济路交收协定实为广泛,因该协定居留权仅限于(一)坊子地区,(二)在开埠地未决定以前,有此二种时间与空间之限制,所以并非胶济沿线可以任日人随便居住也。但我们主张内地杂居应与裁撤领事裁判权同时进行,限制外人内地杂居原系为救领事裁判权之弊。否则,外侨足迹之所至,而中国领土主权便完全破坏无余。所以,特别顽固的限制外人内地杂居制度,乃是对抗特别顽固的领事裁判权制度而设。今政府对于日人领事裁判权并未撤废,而遽许日人以胶济路沿线居留权,结果非使胶济路变其南满路第二不可,将来日人必藉口于保护外侨在胶济沿线行使其警察权矣。如此,则山东不复我有矣。

《中华民国史档案资料汇编》第五辑第一编《外交》,第 312 页

中日济案解决

1929 年 3 月

去年五月三日所发生的济南惨案,简直是中国空前所未有的奇耻大辱。在这一次惨案中,日本无故杀我外交官吏,无故炮轰我国名城,无故屠杀我国军民数千人,论物质上的损害,为数总在数千百万元以上;论精神上的损害,则侵犯领土主权的损失,却更非数字所能估计。事变发生,以迄于今,快要达一年了,直到本月(三月)二十八日,方由我国外长王正廷和日使芳泽交涉的结果,才把这件惨案签字解决了。

本来中日济案交涉，在上月初间，已将协定议妥，只待正式签字；讵料临时日方忽生变卦，竟推翻自己议决的条件，以致交涉破裂，还在本志的第三期，已经约略说过。嗣后，双方虽有续议消息，却终未见诸事实；直至二月底间，日本驻沪新总领事重光葵到上海后，才与我国外部司长为非正式的接洽；但未几又因胶东乱事发生，日方故意延宕，毫无解决济案诚意，以致久无成议；直到本月二十四日，交涉形势，方才急转直下。是日王外长与日使芳泽一度正式会谈后，即将济案解决草案签定；二十八日芳泽往南京，当即正式签定济案关系各文件，于是历史上一幕伤心惨目的悲剧，便这样的告一段落。

这次济案解决的办法，要点共有四项：（一）于互换签字之日起，两个月内，日本撤退山东全部驻军；（二）撤军后的接收办法，双方各派委员就地办理；（三）济南不幸事件认为既往不咎，相互不课军事行动的责任；（四）组织共同调查委员会重新调查双方损失。这几项要点，都散见于这次正式签字之互换照会、声明书，及议定书中，此等文件颇有参考的价值，因更附录如下。

（甲）芳泽致王部长照会（略）

（乙）王部长复芳泽公使照会（略）

（丙）声明书

中日两国政府对于去年五月三日济南所发生之事件，关于两国国民固有之友谊，虽觉为不幸，悲痛以极。但两国政府与国民，现颇切望增进睦谊，故视此不快之感情，悉成过去，以期两国国交益臻敦厚。特此声明。

（丁）议定书

关于去年五月三日济案发生，中日两国所受损害问题，双方各任命同数委员，设立中日共同调查委员会，实地调查决定之。中华民国十八年三月二十八日在南京，中华民国外交部长王正廷，日本帝国特命全权公使芳泽谦吉。

我们就上项文件看来，可见这次议定的办法，真已经过不少周折了,第一关于撤兵问题,我们的国土,无缘无故被人占领了这许久,虽然从前我国要求"先撤兵后开谈判"办不到;后来要求"无条件撤兵",也为日本在野党所反对;现在终算由我国承认"以全责保障在华日侨的生命财产",日本才答应"于济案签字之日起,在两个月内,将山东全部日军撤去"。从此胶济一片干净土得以归还故物,总算费了不少的力气了!关于赔偿问题,在上次(二月四日)王芳协定中,是议定"赔偿以同价格为原则",便是双方损失在民间者,会同调查确实后,须以同样价格赔偿,如死一人赔一万元,则日方死亡,根据济领西田报告不过十三人,赔偿亦不过十三万元;而我方死亡数千人,赔偿须数千万元之巨。因此田中觉着太不合算,终令芳泽取消赔偿一条。所以这次济案协定中也就全不提及"赔偿"字样。仅只议定将来共同设立调查委员会实地调查双方损害。那么将来纵有抚恤金额,却也不算是赔偿了。不过实地调查一事,事隔一年,日本已将证据湮灭净尽,将来究应如何调查,还有待于我国外交当局的努力呢。复次,关于我国外交大吏蔡公时的被杀,上次王芳会议,我国曾要求"日本道歉了事",后来田中训令芳泽:"谓蔡公时交涉员之死,系双方互击时误伤,不能道歉。"所以这次也毫没有提及。这虽是我国的大大让步,但为急切解决悬案起见,恐怕也是由于甚么环境的变迁吧。(育干)

《中华民国重要史料初编——对日抗战时期》绪编(一),第191—193页

(二)宁案交涉

说明:1927年3月24日早晨国民军占领南京,部分军队抢劫外侨,攻击英、美、日领事馆,造成多名英美日侨民伤亡,英美军舰为保护侨民而炮轰南京,造成多名中国人伤亡,史称"宁案"。南京政府成立前,各国主要是和武汉政府进行交涉,南京政府成立后,各国转同南京政府进行交涉。作为国民革命中温和派与激进派斗争的产物,南京政

府得到了英、日、美各国的支持,所以各国在宁案交涉中都对南京政府有所让步,南京政府为了争取到各国的支持,也在宁案交涉中委曲求全,从而使中外宁案交涉得以顺利解决。

1. 中日宁案交涉

我外交部对南京事件发表宣言
1927 年

对于南京事件,外交部长发表下列宣言:(按该项宣言业于三月三十一日由外交部长向英国代表面诵一遍)

最近南京发生之事件,已有委员会正在从事调查,兹据该委员会初期报告,足以确定一显著之事实,盖南京之骚扰事件,实为反动派及反革命派之所为,彼等乘北军及其收买之白俄兵士被击败退秩序未定之际,煽动逆军余孽(内有多人衣国民革命之制服,盖事前取自被俘之革命军兵士身上者)及地方流氓,对于城内外侨有袭击及劫掠之行动。

当程潜军长部下之军队尚未将南京秩序完全恢复之际,英、美、日本诸国之领署已被袭击,并不幸有伤害外侨生命,掠夺财产情事。程军长于三月二十四日下午五时半进城后,参加劫掠外侨之暴徒多人,即由程军长下令处决。据报告此次骚扰,中外人受伤者六人,死亡者约自四人至六人,而与华人方面被害人数相较,则约略可得一比例(确数尚得证实),即外人之遭死伤者一人适当于华人死伤于英美炮舰者百人以上。

国民政府一方深知痛恶于南京之骚扰行为,致美国及其他领事馆被袭击,并表示甚深之歉意,于外侨生命之伤亡及英国领事与其他外人之被伤。一方对于英美兵舰炮击户口繁多之南京之举,将提出严重之抗议。

《中日外交史料丛编》(一)国民政府北伐后中日外交关系,第83—84 页

外交部答复日本通牒

1927 年 4 月 14 日

国民政府外交部长业经接悉一九二七年四月十一日日本政府之通牒,内含拟定之条件,据称:乃"所以迅速解决三月二十四日国民革命军在南京侵害日本侨民后造成之局面。"

按国际公法对于国际纷争定有和平解决之方法,今谓日本自初即欲于此种方法以外,更求他种之解决,殊难置信,故国民政府外交部长,当声明:该项通牒送达以前,日本既未与外交部长接洽此事;外交部长阅读该项通牒之时,只可认定其意旨为外交上谈判之初步提议,以友谊的及迅速的方法,解决三月二十四日南京骚扰中日本侨民所受之困苦与损失。

今日左右中国时局之势力,为历史上所仅见,与过去之五十年间,左右日本之势力使之脱离不平等条约之束缚者,绝无二致。谅日本人士均能洞见,是以国民政府外交部长希望日本政府能权衡其自己之利益,在目前之局势中,拒绝参加任何之行动或办法足妨国民政府权利之扩张,并使国民政府早日统一全国之计划受碍者。

日本通牒要求"个人伤害及财产损失应完全赔偿",国民政府为答复此项要求,准备赔偿南京日本领事馆所受之一切损失,其理由为:无论致成此种损失者,是否为北方逆军,或其他人等,(如三月三十一日国民政府发表之宣言中所述),但在中国域内有一友邦之领事馆业被侵害,则为已成之事实也。

至于赔偿日本侨民之个人伤害损失之问题,国民政府准备在合理及必要之范围内,赔偿此种损失,但经切实证明某种损失为三月二十四日英美炮击南京,或为北方逆军及挑拨者流所致成者,概不在赔偿之列。

通牒中复要求"致成外人受有死伤侮辱及财产损失情事之军队长官及有关系人员,皆受相当惩罚",此项要求,直臆断攻克南京之革命军,为骚扰该城之军队,此点业于三月三十一日国民政府发表之初次宣言中予以反证。但政府已遣派人员就该项事件之事实,作严密之调查,并谋证实攻克南京之程潜军长在军事委员会报告之重要事实。程军长称当攻克南京之时,在南京城内挟有枪械之北军,被包围者有三万之众,随军人等亦有数千之谱,程军长并报告业将与骚扰有关者多人,就地正法。国民政府兹特提议惩办负责人员问题,当俟调查所得之报告以为解决。或即采政府遣派调查委员(现正在进行)之报告,或由国民政府及日本政府立即组织国际调查委员会共同调查,提出报告。

至通牒中要求"国民革命军总司令应以书面道歉,并出书面担保以后绝无有妨外人生命财产之暴动及风潮"一项。国民政府之意见,以为道歉要求,非至南京骚扰确实证明乃由于国民革命军之过失时,实无提出之理由。故国民政府提议道歉之问题,亦当俟国民革命军有否过失之问题决定后,再行解决。此项先决问题,或由现在进行调查之政府调查委员解决之,或由拟议之国际委员会解决之。同时国民政府对于南京事件,深为抱憾,前得南京日本领事馆被侵害之消息时,即由外交部长以此意转达日本政府,兹特将其怆惜之意,重行申明。

国民政府,为负责之主治机关,自不能容许无论何人使用任何方式之暴动及风潮,以侵害外人之生命财产。且国民政府一再宣言:外侨生命财产之保护,为其固定之政策。故对于国民革命军之主管当局,自当令其不独照此意义出书面之担保,且必负责注意有效办法之实行,使外人之生命财产,咸得相当之保护。

虽然,国民政府为开诚布公计,有不能已于言者:国民政府深信在华之日侨及他国侨民,对于其生命财产之保护,苟欲得最佳之保证,非袪除民族主义之中国与列强间诸种困难之根本原因不为功。今日列强尚欲维持不平等条约之制度,庸讵知使外人生命财产足濒于危险者,即此种不平等条约为阶之厉(?),盖外人坚执不舍之种种之条件,实足桎梏我政府之能力,使之不能因应咸宜,此种条件一日不取消,外人生命财产之危险必继续存在。而此种条件,自有伟大之历史,且自觉其新力量之国家观之,实为一种耻辱及胁迫也。

因是国民政府准备任命代表,与日本政府派遣之代表磋议民族主义之中国与日本间诸种问题之解决,此种解决一方当保证日本之合法的利益,一方当重新改善两国间之国交状况,以平等互惠为根据,确定并实施两国相互之利益及关系。

武汉 一九二七年四月十四日

《中日外交史料丛编》(一)国民政府北伐后中日外交关系,第84—87页

调查委员会的报告

呈为报告现在办理宁案调查情形,并呈送会议录,仰祈鉴核事。窃职等奉令调查宁案,所有日方所送损失清单共计五十三户,总额三百数十万元,当在京沪书面审核,复随时会同日委实地调查,并陈蒙面谕。日方不提证据不能估价各在案。查日委时向职等表示意在从速估价,早日完结。职等以日方所开损失为数过巨,综核双方调查及日方所提少数说明材料,不足以资证实,迭向日委以书面及口头要求,转饬将所有文证早日提交,以为双方核定估价表之参证,日委则坚请就现有之说明材料及调查所得,决定赔偿数目。职等以证据一节载在两国换文,不容忽视,始终要求日方提交文证,最后日委允来函声明,除提出者外,别无证据。但该日委迄未履行前言。职等曾屡向日委探询,日方被损各户究竟是否确无证据,该日委常露各户间有证据不愿提交,日委不能加以强迫之意,窃揣日委迟迟未来函声明无证据者,盖恐我方对于无证据各案不予赔偿,惟日方所开损失为数过巨,难免浮滥,若不提交证据,实属无凭估定赔偿数目。所有现在办理宁案调查情形,理合具文,呈请鉴核。再职会对于证据一层,迭经讨论,兹谨将双方已经签订之第一、第二两次会议录附呈备案,合并陈明。谨呈部长、次长。

中日宁案调查委员会委员余紫骧、陈开懋

《中日外交史料丛编》(一)国民政府北伐后中日外交关系,第87—88页

外交部长致日本驻华公使照会

1929年5月2日

为照会事,关于前年三月二十四日所发生之南京事件,本部长兹特向贵公使声明:国民政府为欲增进中日两国人民固有之友谊起见,准备将该事件从速解决之。兹本部长以国民政府名义,对于在本事件日本国领事馆官吏及其他日本人所被加之憎悔非礼,并其财产上之损失及身体上之伤害,以极诚恳之态度向贵国政府深示歉意。至该事件,经调查证实完全为共产党于国民政府迁都南京以前所煽动而发生,惟国民政府担负其责任。

国民政府对于在华日本人之生命财产,已本其所持之政策,迭次通令军民长官,继续切实保护,现共产党及其足以破坏关于中日人民友谊之恶势力,已经消灭。故国民政府此后保护外人,自较易为力。惟国民政府特担任对于日本人之生命财产及其正当事业,不至再有同样之暴行及煽动发生,合并声明。至当时被共产党煽动而参加不常事件之该军队,业已解散。国民政府且已施行切实办法,以惩办肇事兵卒及其他有关系之人,此则本部长堪为贵公使附带通知者也。

国民政府准备依照国际公法通行原则,对于日本国领事馆日本国官吏及其他日本人所受身体上之伤害,及财产上之损失,应从速予以充分之赔偿。为此,国民政府提议组织中日调查委员会,以便证实日本人从中国人方面所受之伤害及损失,并估计每件中所应赔偿之数目,相应照请查照见覆为荷。须至照会者。

附:日本驻华公使复外交部长照会

1929年5月2日

为照复事,接准本日照会内开(录全文)等因,业经阅悉,查本公使对于上述来文所表示之提议,应表同意。且于国民政府在最短期内完全履行上述来文所示之责任时,本公使认定即可作为根本解决因南京事件而发生之各种问题也。相应照复查照为荷。须至照会者。

《中日外交史料丛编》(一)国民政府北伐后中日外交关系,第92—93页

2. 中美宁案交涉

中美两国关于解决南京事件来往照会黄部长致美马使照会
1928 年 3 月 30 日

为照会事。关于去年三月二十四日所发生之南京事件,国民政府外交部长依据本部长与美国公使自今年二月二十六日开始讨论后互相同意之大纲,准备立即解决,藉敦中美两国国民固有之睦谊。

兹本部长以国民政府名义,对于本事件虽经调查证实完全为共产党于国民政府未建都南京前所煽动而发生,但国民政府仍负其责,兹因对于美国国旗及美国政府代表等有不敬之处,领馆暨侨民受有生命财产上之损失,不得不以极诚恳之态度向贵国政府深示歉意。

国民政府对于在华美人生命财产迭经本其素持之政策,通令军民长官继续切实保护。现在共产党及其足以破坏中美人民友谊之恶势力业已消灭,国民政府深信此后保护外人自必较易为力,故特担任对于美侨生命及其正常事业决不致再有同样之暴行及鼓动,至当时被共产党煽动而参加不幸事件之该军队,除业已解散,国民政府且且施行切实办法以惩办肇事兵卒及其他人。此则本部长堪为贵公使附带通知者也。

国民政府依照国际公法通行原则对于美国在宁领馆馆员及美侨所受生命财产上之损失担任充分赔偿,为此国民政府提议组织中美调查委员会以证实美人从有关系之华人方面所确受之损失并估计每案中所应赔偿之数目。相应照请查照见覆为荷,须至照会者。

《南京国民政府外交部公报》第一卷第一号,第 69—70 页

美马使复黄部长照会

1928 年 3 月 30 日

为照复事。准贵部长本日照会内开：关于去年三月二十四日所发生之南京事件，国民政府外交部长依据本部长与美国公使自今年二月二十六日开始讨论后互相同意之大纲，准备立即解决藉敦中美两国国民固有之睦谊。兹本部长以国民政府名义，对于本事件虽经调查证实完全为共产党于国民政府未建都南京前所煽动而发生，但国民政府仍负其责。兹因对于美国国旗及美国政府代表等有不敬之处，领馆暨侨民受有生命财产上之损失不得不以极诚恳之态度向贵国政府深示歉意。国民政府对于在华美人生命财产迭经本其素持之政策，通令军民长官继续切实保护。现在共产党及其足以破坏中美人民友谊之恶势力业已消灭，国民政府深信此后保护外人自必较易为力，故特担任对于美侨生命及其正常事业决不致再有同样之暴行及鼓动。至当时被共产党煽动而参加不幸事件之该军队，业已解散，国民政府且已施行切实办法以惩办肇事兵卒及其他人。此则本部长堪为贵公使附带通知者也。国民政府依照国际公法通行原则对于美国在宁领馆馆员及美侨所受生命财产上之损失担任充分赔偿，为此国民政府提议组织中美调查委员会以证实美人从有关系之华人方面所确受之损失，并估计每案中所应赔偿之数目等由，准此。

本公使深知贵国人民于不为恶势力所煽动之时素有公道及自敬之心且深信对于去年三月二十四日南京事件贵国有思想之人民莫不歉憾，并信所有该事件各犯尤以亲身负责之林祖涵一名为最要，其惩办一层并能依照表示从速完全履行。故本公使代表本国政府承受贵部长来文内开各条件，认为因南京事件而发生各问题确切解决。美政府深信此次解决之诚挚精神，故希望所有各该条件诚实履行，藉以表明南京当局对于中美两国人民他方面之关系亦必以诚实与善意对待可也。

相应照覆，须至照覆者。

黄部长致美马使照会

1928 年 3 月 30 日

为照会事。关于去年三月二十四日南京事件发生之问题业经本日换文解决,惟本部长尤有为贵公使声明者。去年三月二十四日贵国停泊南京江面之诺亚及泼利司登两美舰向南京城内萨家湾开火,为此国民政府深望贵国政府对于此举表示歉意。相应照请查照见覆为荷。须至照会者。

《南京国民政府外交部公报》第一卷第一号,第 72 页

美马使复黄部长照会

1928 年 3 月 30 日

为照复事。准贵部长本日来文关于去年三月二十四日停泊南京江面之诺亚暨泼利司登号美兵舰对于南京萨家湾开火一事,深望美政府表示歉忱等由,准此。查当日炮火实系保护炮,专对美领事及其眷属馆员暨他人因无管束兵丁殴击,迫而躲避之房屋临近地点而发生,当时此项人众生命危险,故开炮一层不但藉以保护,且为一时思想得到之惟一办法,俾生命确实濒危之驻宁各美侨亦得离境。因此美国政府颇感美国兵舰不得已而采取此种手段,盖当时情形无法制止,藉以保护南京美侨生命,美国政府深为抱憾也。相应照覆,须至照覆者。

《南京国民政府外交部公报》第一卷第一号,第 72—73 页

黄部长致美马使照会

1928 年 3 月 30 日

为照会事。关于去年三月二十四日南京事件发生之问题,业经本日换文解决。兹国民政府外交部长希望中美两国在外交上开一新纪元,本部长并提议以平等及互相尊重领土主权为原则修订现行条约,并解决其他悬案,为进一步之接洽相应照请查照见覆为荷。须至照会者。

《南京国民政府外交部公报》第一卷第一号,第 73 页

美马使复黄部长照会

1928年3月30日

为照复事。准本日来文内开：贵部长希望中美两国在外交上开一新纪元，并以平等及互相尊重领土主权为原则修订现行条约，并解决其他悬案为进一步之接洽等由，准此。查修约问题虽未能认与南京事件向美政府及美籍人民赔偿一层有何关系，然本公使现时仍愿将上月与贵部长晤谈时所发表各节再为贵部长陈之。中美邦交素称敦睦，勿庸追忆。贵国人民自谋发展，使国家生存稳固，且欲实现其愿望，以实施不为特种义务所限制之主权。此种愿望本国政府及人民深表同情。揆诸历来美政府行动，以及去年一月二十七日国务卿宣布政策明矣。故美政府希望当时所以必须载在旧约各条款之情形有以改善，俾得随时遇机，将所有不需要及不妥当之约章得经双方同意正式修改。为此美政府希冀贵国有代表贵国人民之政治施行实权俾得诚实履行贵国一方面关于修改约章所有应尽之义务可也。相应照覆，须至照覆者。

《南京国民政府外交部公报》第一卷第一号，第73—74页

马慕瑞①致美国国务卿电

1927年3月25日

以下是给汉口美国领事的电报：

……

你应该立即拜访陈友仁，抗议这次出乎意料的国民军在南京对于美国公民的残酷攻击和杀害，之后告诉陈友仁，我希望他立刻采取一切可能的办法来将仍然呆在南京的美国人释放。

FRUS,1927,Vol.2,p.148

---

① 亦作马克谟。

马慕瑞致美国国务卿电

1927 年 3 月 28 日

以下是从汉口美国总领事那儿接到的电报：

陈友仁希望我转告您，他对于美国公民在南京遇害深表歉意，不管这是国民军还是北方军队所为。他让我告诉您事实一被查明他就会公布真相。

FRUS，1927，Vol. 2，pp. 150−151

马慕瑞致美国国务卿电

1927 年 4 月 1 日

美国、英国、法国、意大利和日本公使今天中午碰面讨论日本政府就有关南京事件提出联合要求的建议的答复。关于日本的回答，参见我今天上午 9 点所发第 312 号电报。

日本公使表示日本政府愿意同意建议的条件，但是要删除 B 部分"明确一个答应的期限，不答应将由他们承担后果"。我们都同意删除的建议，以取得一致行动。

蓝普森已接到指示，英国政府在南京事件后正在重新考虑整个中国问题，并在与英国陆海军专家磋商后制定某些计划，这些计划将会送交相关的 4 个主要国家参考。蓝普森估计这些条款将与惩罚相关。英国政府总体上同意所建议的文本，但是提出疑问，是否我们将不进一步坚持蒋介石应该参加正式的军事演习，并向公民受到攻击的国家的国旗行礼，并个人致歉，包括蓝普森在内我们都一致认为我们不可能获得这么多。

英国政府还认为，既然提交的文本无须讨论或商定，我们应该告诉陈友仁这些要求，给他机会来采取行动以获得一致意见。英国和日本政府都一致认为，单独将蒋介石独立于国民政府之外来承担责任是不可取的，所以五个相关国家的公使决定所建议各条款同时向蒋介石和陈友仁提交，下面的序言将用于后者：

"受（　）政府指示，（　）公使让我向您递交下列各款（同时也向国民革命军总司令蒋介石将军递交），以迅速解决由于3月24日国民军在南京针对（　）公民的暴行所形成的危局。"

意大利公使已经接到指示，授权他参与他和其他相关公使意见一致的任何联合行动。

法国公使收到的指示，大意是他不应该采取主动，但是他被授权参加任何五个相关公使充分讨论后意见绝对一致的联合行动。

五个相关公使一致认为时间是任何要求得到满足的关键，如果相关国家没有下定决心采取任何必要措施来确保其得到满足就提出这样的要求，那将不仅没用，而且更糟，那将会带来灾难。因为我还没有接到有关我政府的态度的任何指示，有关该事件的任何进一步考虑不得不被推迟，直到我接到给我的指示。

FRUS，1927，Vol.2，pp.172-173

马慕瑞致美国国务卿电

1927年4月1日

刚刚收到国务院3月31日111号电报。从我今天的第317号电报可以看出，其他4个相关国家已充分准备好立即提出我们所建议解决南京事件的条件，但是目前还没有采取行动，以等待您关于美国政府态度的决定。这样耽搁或使寻求南京暴行得到满意补偿失败所造成的灾难性后果的责任就完全落到了美国政府身上。在这种我们在中国所面对的情形下，请阁下认识到美国公民和其他外国人的危险随着南京事件的有效解决的日益耽搁而不断增长。我不认为有必要等待威廉将军对于纯粹的政治事件的意见，我认为我已经就此向国务院提供了足够的信息。因此，我非常恳切的要求，立即就您计划采取的行动方针给予指示。

非常明显，如果我们要求道歉和补偿，我们必须做好准备以防有必要强制执行。如果我们允许国民党忽视一个正式要求，将会带来进一步的反美骚乱。正如 3 月 20 日上午 10 点使馆第 275 号电报第 11 段所建议的,唯一的选择就是立刻全身心加入与其他相关国家的联合行动,或者采取独立行动。后一选择将会或者使我们对于现在由其他相关国家计划的行动夭折负责,或者允许那些国家来承担共同的责任,事实上现在已经处于一种由控制着中国政治思想的人所进行的没有公开的反美战争状态,这已成为不争的事实。

有关南京事件计划采取的行动是不报复,并且不考虑介入。我们这方面屈服于环境压力,并正从国民党统治区疏散我们的公民,可以肯定,我们很快也将在北方做同样的事情。要使撤离安全实现,我们绝对有必要立刻应付南京事件所造成的影响。恕我直言,我们政府在处理南京事件所造成的影响时表现出的任何迟疑都使我感到惊恐。

FRUS,1927,Vol.2,pp.173-174

国务卿致马慕瑞电

1927 年 4 月 2 日

3 月 31 日下午 6 点的 111 号电报会使你明白,国务院通过海军部长询问了威廉将军关于你 3 月 29 日上午 10 点 275 号电报中所计划的行动,在接到威廉将军的建议之前,如果你认为有必要立即采取行动,你可以将以下命令发给我们的上海领事:他可以加入其他相关国家总领事的联合照会,或者发出与其他国家总领事完全一样的照会。该照会可以陈述中国军队在南京的行为,并通知蒋介石,作为军队的统帅,我们认为他的机构对那儿发生的行为负全责,我们对这些行为提出抗议,并坚持要求对美国政府和它的旗帜、官员所做侮辱,以及给美国公民,他们的人身与财产造成的损失进行完全满意的补偿,本政府要求保证,它的公民在未来受到保护。国务院相信该照会结尾应该保留本政府针对蒋的答复和他的实际行动采取行动的权利。本政府不希望该照会包含任何限定时间的最后通牒性质。

FRUS,1927,Vol.2,pp.175-176

国务卿致马慕瑞电
1927 年 4 月 2 日

美国政府授权你如果其他主要相关国家加入,将以下要求递交给蒋介石将军和陈友仁:

"A.(1)给予造成谋杀、个人伤害以及间接物质损失的军队指挥和所有被发现与之相关的人员以严惩。

(2)国民党军队司令做出书面道歉,包括表示采取措施避免外国生命和财产遭受任何形式的暴力和伤害。

(3)对于人身伤害和造成的物质损失进行完全赔偿。

B. 在递交这些要求的同时,通过我们的总领事告诉蒋介石,除非他令我们满意的表示出他准备迅速满足这些条件,否则相关国家将被迫采取他们认为适当的措施。"

美国政府对于如果有必要使用制裁时应采用何种制裁保留发言权。

FRUS,1927,Vol.2,pp.176–177

罗赫德①致美国国务卿电
1927 年 4 月 2 日下午

陈友仁今天下午通知我,他刚刚从伦敦和其他渠道了解到,美国、英国和日本正在进行磋商,准备就南京事件提出要求。他问:"是什么要求?"我回答说我没有得到任何关于该问题的信息。他说,如果递交照会,除非是以民国政府外交部长的名义称呼他,他不会接受;如果相同的照会也递交给其他谋求代表中国的政府,他也不接受。他说他希望重申他经常所说,国民政府希望与美国政府保持友好关系,并希望我能够向您保证这点。他强调他不会接受任何各国同时递交给其他中国

---

① 汉口美国总领事。

政府的照会。

我的个人观点是,既然国民政府看来对南京事件负全责,那么将责任完全归咎于国民政府也是合理的。相应的,单独就该问题照会陈友仁也就显得合适了。照会或备忘录应该用心草拟,以避免任何承认的嫌疑。

FRUS,1927,Vol.2,p.177

美国国务卿备忘录

1927 年 4 月 4 日

(1927 年 4 月 2 日)星期六下午英国大使到我家拜访我,想知道我们就要求对在南京造成的美国人员与财产损失进行道歉和补偿将要采取什么措施。我非常机密的告诉他,我们授权美国驻华公使马慕瑞与其他国家一起提出大体上像他建议的要求,但是剔除了任何有时限的最后通牒。我告诉大使,我不想这一消息从伦敦公布,但是假如公布的话,应该从各国首都同时公布。

FRUS,1927,Vol.2,p.179

霍华德①致美国国务卿电

1927 年 4 月 5 日

阁下:我非常荣幸通知您,今天我收到英王陛下外交大臣一封电报,通知我北京美、英、法、意和日本代表现在已经同意分别向他们的政府建议就最近发生的南京事件应采取下列措施:

(a)立刻通过他们在上海的总领事与蒋介石就此事进行会商,并向他提出以下要求:

1. 严厉惩处对杀戮、人身伤害、侮辱和财产损失负有责任的军队指挥官,以及所有相关人员。

---

① 英国大使。

2. 国民军总司令应书面道歉,包括防止针对外国生命与财产的暴动与骚乱发生的书面保证。

3. 对人身伤害与财产损失进行全部赔偿。

(b)同时通过上海总领事通知蒋,除非他准备立刻满足这些要求,表现使他们满意,否则相关各国将被迫采取他们认为适当的措施。

也一致同意同时通知陈友仁如下同样的要求:

"接到国政府指示,我受部长指派,向您提出下列要求(也同时向国民军总司令蒋介石提出),以迅速解决由 3 月 24 日国民军在南京所制造的针对我国人民的暴乱所造成的这种现状。"这儿插入(a)和(b)。

英王陛下政府就自身而言准备在以下两个条件下同意这些建议:

1. 他们完全赞同日本政府所表达的观点,即有理由相信蒋介石正在努力形成一个温和分子的核心,以对抗国民政府中的激进派,这可能会成为中国未来的一个希望,目前对他过分的羞辱是与各国的利益背道而驰的。所以,英王陛下政府强烈建议,以上要求首先交给代表国民政府的陈先生,他被认为对这些暴行负责,这些要求的抄件由上海的领事官员交给蒋介石。

2. 同意如上引述(b)条建议省去时限,因为英王陛下政府认为其他各国原则上接受如果国民政府拒绝满足这些要求,就要对其实施制裁。

英王陛下政府也充分认识到日本和其他国家政府在采取任何制裁措施前将本国人民撤离所遇到的困难,他们准备留出足够的时间来全部撤离,以及为保护其他国家生命和重要利益而采取的必要措施。然而,他们殷切希望,如果还没有下达的话,进行撤离与其他相似行动的命令应立即下达。

关于实施制裁的问题,英王陛下政府认为应该立即由五个国家对此展开讨论,他们建议可以授权各国在华海军司令拟定一个可以为各国政府接受的共同行动计划,如果有必要,可以采取渐进步骤,从而使该问题最好而快捷的解决。

在将以上信息带给您的同时,我被授意表达以下希望,美国政府可能清楚知道他们应该立刻指示其北京公使,授权他就北京五国相关代表所起草的建议采取行动。

需要补充的是英王陛下在巴黎、罗马和东京的代表正在将被授权的相似照会交递相关政府。

FRUS,1927,Vol.2,pp.179–181

美国国务卿致马慕瑞电
1927 年 4 月 5 日

刚刚从英国大使处接到照会,他说他的政府接受了国务院电告你提出的要求。照会中包含下列内容:

(此处为 1927 年 4 月 5 日英国大使第 225 照会中的引文,从"2. 同意如上引述(b)条建议省去时限"开始,一直到照会的倒数第二段。)

国务院完全不同意英国大使照会中的说法,即同意 b 条中省去时限,英王陛下政府这样做,是基于这样的理解,即各国原则上接受如果国民政府拒绝满足这些要求,就要对其实施制裁。现存协议中没有一条包含这个意思。实际上,英国大使递交给我一份备忘录,其中提到他的政府对于制裁持保留态度,你会记着,在我就此给你的指示中,为了美国政府的利益,我也对制裁持保留态度。美国政府没有责任使用制裁,也不准备就此问题与其他国家取得一致,这点应该要非常明确。

FRUS,1927,Vol.2,p.181

马慕瑞致美国国务卿电
1927 年 4 月 5 日

昨天相关国家的公使们进行了商议。日本驻华公使芳泽谦吉表示日本政府将接受所拟条文,前提是 B 条应该修改如下:"同时通过我们的总领事通知蒋介石,除非国民军令我们满意的表示出迅速配合的态度等等。"其他公使和我都感到有充分理由接受这一修改。

　　然后芳泽谦吉宣读了日本政府给他的指示,让他要求几天的宽限,以便通过日本驻上海总领事争取诱使蒋介石率先表示满足各国的要求。包括芳泽谦吉在内我们都为这种耽搁感到歉意,特别是因为已从日本驻上海总领事接到消息,说他看不到蒋介石会同意的可能性。然而,我们直到芳泽谦吉接到新的指示才能采取行动。他说他会立刻要求新的指示。

FRUS,1927,Vol.2,pp.181-182

马慕瑞致美国国务卿电

1927年4月9日

　　今天上午,五个相关国家的公使碰了面。蓝普森报告说,他已经被授权就南京事件提出要求,而不再坚持相关国家间就制裁问题有一个共识。

　　日本政府很显然不想就制裁问题先行达成共识。我还没有接到我预想的对我4月7日上午11点第368号电做出回应的指示。

　　我,相信我的同僚也都通过与蓝普森的谈话,认为英国政府如有必要,准备承担起全部责任,采取行动使南京事件得到满意解决。相信我们的要求与相伴而来的威胁不会被允许保持一致,我同意我同僚们的观点,我们应该尽快将我们的要求以我们已经同意的方式和形式提交,虽然美国不参与的话,这些要求被满足对于美国在远东的利益与地位来说只是比这些要求不被满足危害要小一些。

　　相应的给我们汉口和上海的领事发去了下面的电报:

　　"紧急。4月9日下午1点。现在五国政府已经同意为解决南京事件所提条件。所以指示你与你的四位同僚一起行动,于星期一(4月11日)与他们一块同时向蒋介石递交你们已经拿到的要求。相同的指示正被送往汉口。你被授权记录你们递交要求时蒋介石可能做的任何口头评论,但是由于我们认为这些要求是无可争议的,你应该避免任何讨论。所提要求将于星期一下午在华盛顿,将于星期二(4月12日)在其他首都和中国刊登公布,同时公布的还有一个声明,这个声明将另外电告你,但是不用交给蒋介石。你递交这些要求后,请紧急向使馆和国务院报告。"

关于您 4 月 2 日晚上 8 点的 121 号来电,请注意达成的协议牵扯到公布的问题。因为不可能预见要求递交给陈友仁和蒋介石的确切时间,我建议,国务院公布要求时可以表示已经指示领事如果可能的话将要求于 4 月 11 日递交。

下面是所提要求被公布时同时发表的公开说明:

"3 月 24 日早晨和下午,国民军进入南京后,身着制服,有组织的国民军部队对外国领馆和居民进行了侵犯,对其人身与财产犯下了系统的暴行。许多美国人、英国人、法国人、意大利人和日本人被谋杀或受伤;还有许多人受到野蛮的攻击,生命受到威胁;他们被抢劫并受到极端无礼的对待;妇女遭受了种种暴行。美国、英国和日本领馆被侵犯,他们的国旗被侮辱。南京所有外国居民的房舍被系统的抢劫,有些甚至被烧毁。

有鉴于对他们的官方代表与居住在合法房舍里的和平国民进行明显早有预谋的攻击,美国、英国、法国、意大利和日本政府认为有必要要求由负有责任的国民党当局进行满意地赔偿。达成共识的条件非常适度,只是涵盖了在这种情况下任何意识到自己的尊严与在国际大家庭中对其他友好民族的责任的政府都要进行公平赔偿的最小值。

这些要求并不会有损于中国人民的主权和尊严,相关政府非常高兴相信中国人民的友好,他们非常希望继续增进与中国人民的友好关系与合作。这些要求是针对那些对南京暴行负责的中外势力提出的,他们的行为旨在破坏现存的友谊,增加中国人民对友好国家的人民的不信任、仇恨和愤怒。"

因为收到最新报告,称蒋介石已经离开上海,我们将下列电报发给我们那儿的领事:

"4 月 9 日下午 4 点。我们收到一份报告,称蒋介石已经或正在离开上海,前赴南京。如果属实,你被授权将要求呈交给地方军事代表(相信是裴将军),请其立即转呈蒋介石。"

马慕瑞致美国国务卿电

1927年4月11日

以下电报来自汉口总领事:

"4月10日下午1点。陈友仁坚持拒绝接见我和四位同僚一块呈递同文照会,我们相应安排明天上午11点开始单独去,每半小时一位,除非收到不同的指示。"

有鉴于陈以前的态度,以及最近有迹象表明,他公开诱使日本人脱离和南京事件相关的其他国家的合作,相关外交代表们今晚紧急指示他们在汉口的领事如下:

"4月10日,半夜。你4月10日下午1点第11号电报。

(1)有鉴于陈拒绝同时接见5位领事,5位相关公使同意,要求应该以由5位领事签字的集体照会的形式递交,所说照会将由5位相关领事中的年长者代表所有领事在指定接见时间递交。

(2)照会开头应该这样写:'受美国、英国、法国、意大利和日本政府之命,签字者受他们国家在华外交代表的指示,向您递交以下要求,以迅速解决对他们的国民所犯暴行而造成的危局。'

(3)然后照会剩余部分就按照目前草拟的,结尾处5个领事签名。"

上海领事被指示交给裴将军与交给陈友仁经过修改的集体照会内容相同的照会。

请注意这些改动是为了媒体刊登。

正像我的意大利和日本同僚,从技术层面来说我的行动和我收到的指示不同,以适应紧急的情形,根本不可能及时咨询您的意见。

马慕瑞致美国国务卿电

1927 年 4 月 11 日

以下来自上海美国领事：

"4 月 9 日下午 8 点。蒋介石今天上午离开上海前赴南京。"

FRUS,1927,Vol. 2,p. 188

高思①致国务卿电

1927 年 4 月 11 日

对南京暴行所提要求已于今天下午 3 点 15 分由 5 位总领事同时递交裴将军,以立即转交蒋介石。递交要求没有任何困难。裴没有进行任何评论,只是说他会将要求转交给蒋介石。

已通知使馆。

FRUS,1927,Vol. 2,p. 189

罗赫德致美国国务卿电

1927 年 4 月 11 日

关于南京事件的同文照会已于今天下午 3 点实际上同时分别由英国、美国、日本、法国和意大利总领事递交陈友仁。陈友仁没有任何评论。日本总领事递交的照会没有签字。已通知使馆。

FRUS,1927,Vol. 2,p. 189

罗赫德致陈友仁函

1927 年 4 月 11 日

阁下:受美国政府之命,美国公使指示我向您递交以下要求,以迅速解决国民党部队 3 月 24 日在南京对美国国民所犯暴行造成的形势:

---

① 上海领事。

1.严厉惩处对杀戮、人身伤害、侮辱和财产损失负有责任的军队指挥官,以及所有相关人员。

2.国民军总司令应书面道歉,包括防止针对外国生命与财产的暴行与骚乱发生的书面保证。

3.对人身伤害与财产损失进行全部赔偿。

除非国民党当局令人满意地表示准备很快满足这些要求,否则相关政府将被迫采取他们认为适当的措施。

FRUS,1927,Vol.2,pp.189-190

霍华德致美国国务卿电
1927年4月14日

阁下:非常荣幸通知您,今天我收到英王陛下首席外务大臣的电报,要求我向美国政府解释英王陛下政府关于就南京事件向广州政府递交同文照会所造成的局面的观点。

英王陛下政府认为,如果不能满足所说照会中提出的要求,实施制裁应该由五个相关国家来承担。英王陛下政府相信,如果不能满足他们的正当要求,相关国家的政府将坚持采取认为必要的措施,否则中国所有暴力因素将被鼓动蔑视各国,继续对他们的国民和代表施暴。

面对这共同的危险,英王陛下政府非常诚挚地希望,五国联盟能够继续维持,因为他们在这个联盟里看到了保持和平和保护所有国家都同样感兴趣的权利的最大的希望。

为了实现上述目标,英王陛下在北京的代表已被指示努力使五位相关国家的公使就以下几点达成共识:(a)广州政府最后给予同文照会的答复是否可以接受;(b)如果同文照会中所提赔偿条件得不到满足,实施制裁的性质;(c)允许接受这些条件的时限。如果最终证明有必要实施制裁,即使法国和意大利政府是否同意采取这样的制裁不能确定,英王陛下政府准备与美国和日本政府采取一致行动。最后,我需要补充的是,如果不幸证明相关国家在采取什么样的措施来回应广州政府拒绝赔偿上无法取得一致,英王陛下政府将保留采取他们认为在特定环境下必要的行动的权利。

FRUS,1927,Vol.2,pp.191-192

罗赫德致美国国务卿电

1927 年 4 月 14 日

4 月 14 日下午 3 点致使馆 17 号电。今天下午 2 点通过外交委员会办公室接到陈友仁的下列答复:

"国民政府外交部部长接到美国政府 1927 年 4 月 11 日的照会,该照会表示'以迅速解决国民党部队 3 月 24 日在南京对美国国民所犯暴行造成的形势'。

对于美国所要求'对人身伤害与财产损失进行全部赔偿',国民政府准备对南京美国领事馆造成的所有损失进行全部赔偿,因为这些损失无论是否如国民政府在 3 月 31 日所述那样是由北方叛军和其他人造成的,中国领土上的美国领事馆受到了攻击这一事实是不容改变的。

对于对美国公民的人身伤害与其他财产损失的赔偿,国民政府准备进行所有合理必要的物质赔偿,但是那些被确切证实由 3 月 24 日英美炮击南京或者是北方叛军与其代理人造成的损失除外。

'严厉惩处对杀戮、人身伤害、侮辱和财产损失负有责任的军队指挥官,以及所有相关人员'的要求当然假定是占领南京的国民军所犯罪行。然而 3 月 31 日所发布的基本陈述中却否认了这一罪行,为了确定这一事件的确切事实,政府正在进行严格调查,包括核实程潜将军向军事委员会报告的重大事件,他占领南京,其部队在南京城内包围并俘虏了大约 3 万名带枪北方士兵,成千上万的非战斗人员不算。程潜将军也报告称许多与南京事件有牵连的已被击毙。国民政府认为惩处问题应该等待现在正在进行的政府调查或由国民政府与美国政府即刻成立的国际调查委员会的结果。因为各国法律和文明国家的实践禁止对一个友好国家领土上的城市进行轰炸,所以国民政府认为所说国际调查委员会也应该调查 3 月 24 日美国政府海军对没有设防的城市南京进行轰炸的背景。

'国民军总司令应书面道歉,包括防止针对外国生命与财产的暴力与骚乱发生的书面保证'的要求,因为牵扯到道歉,所以这一要求只有在南京暴行为国民军所犯罪恶的证据确凿后才能满足。所以国民政府认为道歉问题也应该等候现在正在进行的政府调查或者计划中的国际调查委员会对犯罪问题的决定。外交部部长曾对南京美国领事馆据报告受到攻击直接向美国政府深表歉意,此处国民政府再次对此事深表歉意。

作为一个负责的政府机构,国民政府自然不容许使用任何形式的暴力与暴行来威胁外国人的生命与财产。实际上保护外国人的生命与财产已经多次被宣布为国民政府的既定政策。国民军的指挥官当然将被指示不仅要做出这一意义上的书面保证,而且还要采取有效措施来保护外国生命与财产。

然而,如果国民政府不宣布并强调对于美国和其他外国在华生命与财产的有效保护的最好保证就是将目前中华民国与列强间的纠纷根源铲除,那将有失公允,而列强仍在继续支持不平等条约体系。正是这些不平等条约构成了对于在华外国生命与财产的主要威胁,而且只要合法政府因外国人坚持对于一个过去伟大而今天重新觉醒的国家来说意味着侮辱与威胁的条件而带来困难,这一危险就将继续存在。

相应地国民政府准备并已准备好指定代表团与美国政府的代表团进行谈判,对于中华民国与美国间悬而未决的事务与分歧达成满意解决,在保证后者的合法权益的同时,在平等互惠的基础上使两国间的国际关系现代化,并明确和确定两国间的相互利益与关系。1927 年 4 月 14 日,武汉。"

FRUS,1927,Vol.2,pp.192–194

美国代理国务卿致马慕瑞电

1927 年 4 月 15 日

目前国务院对于照会不拟进行公开评论,也希望使馆不要在北京进行公开评论。请电告我们你的看法和关于陈友仁给几个国家的照会行文差异的信息,以及北京的反应。

FRUS,1927,Vol.2,p.196

马慕瑞致美国国务卿电

1927 年 4 月 15 日

总领事罗赫德已经从汉口利用海军无线电给您发去陈友仁对罗赫德 4 月 11 日就南京事件提出要求的照会的答复。

陈对英国照会的答复,除了小的词句的变化,和给我们照会的答复实质上一样,只是在英国的照会中建议所说国际委员会也调查 1925 年上海和沙面事件,还有去年秋天的万县事件。

陈对意大利照会的答复非常像对我们的答复,只是没有提到炮舰开火或侵犯领事特权。对于法国照会的答复只接到一半。好像实际上与对意大利的照会答复一样。日本公使只收到了一个答复的大意。从这个大意来看,好像这个照会有两段用作对日本的"诱饵",日本公使这样说:一段建议日本通过外交谈判来解决此事,另一段表示相信日本并不想阻碍中国的革命。

今天相关国家的公使同意向各自政府电告以下相同的建议:

"在认真阅读了他们各自领事接到的来自国民党当局对 4 月 11 日同文照会的答复后,5 位相关外交代表一致相信,所作答复完全不令人满意和不可接受。很明显这些答复用意是产生耽搁或者使 5 个相关国家产生分歧,从而使所提要求流产。照会没有满足所提要求,而是企图利用无关的事情搅浑为南京暴行要求赔偿这一简单事实。他们宣称同意满足的唯一一点是保证尊重外国公民的生命与利益,而此点也是建立在宣传国民党的政策的基础之上;对于这个政策,经验显示,依靠国民党当局非常危险,他们受共产主义影响所左右,他们的行为旨在无限的耽搁任何各国诚恳追求的对于困难局面的调整,并使保持中国与外国列强间的正常友好关系不可能。在国民党的势力范围之内,美国和英国政府认为有必要将他们的公民撤到他们可以受到保护或掩护撤离的地方;法国、意大利和日本政府也差不多一样。在汉口,国民政府的首都,实际上所有的外国商业已经被迫关闭,所有的外国人被迫离开,只有一少部分受到海军保护的激励还留在那儿,但是情况也很危险。甚至在照会中对外国人进行保护的保证也存在着隐蔽的威胁,这一威胁就存在于无缘无故的提到所谓这些不平等条约构成了对于在华外国生命与财产的一个威胁。5 位外交代表的头脑中非常清楚,任何基于这些照会的谈判或争辩都只是掉入〔陈友仁〕的圈套……所以他们共同向他们各自政府建议他们被授权通过他们各自的领事向陈友仁递交下列内容的同文照会:

'4 月 11 日美国、英国、法国、意大利和日本政府的代表递交了同文照会,提出了某些要求,以迅速解决 3 月 24 日国民党军队在南京对他们的国民所犯暴行而造成的困难局面。

对于这些同文照会,国民党当局没有给予同文答复,而是分别给予外交代表答复,而且措辞有异,旨在搞宣传而不是结束发生的事件。没有一个要求被国民党当局明确的接受。每个接受都做了保留。

4 月 11 日所提同文照会中的要求并不是可以进行讨论的条件,而是相关国家决定需要满足的基本要求。国民党当局只有在明确肯定表示他们准备迅速完全满足这些要求,关于细节的讨论才能进行。

所以,除非国民党当局及时明确地宣布他们准备接受所有提交的要求,相关政府将被迫考虑采取必要措施来获得遵从。'

我们也建议,递交这个照会的同时,几个政府应该发表一个基于上述内容的声明,而且公使们被授权联合在中国公开发表基于上述内容的声明。"

我们之所以同意这些建议,是基于这样的理解,它们无损于我们各自政府的地位。特别是,关于制裁问题,我在美国政府部分保留行动自由。

马慕瑞致美国国务卿电

1927 年 4 月 17 日

在匆忙准备针对陈友仁对于南京事件照会进行的答复的共同建议之时,5 个相关国家的公使未能对以下两点做出评论,我们的讨论显示我们同意:

陈友仁的答复考虑分别建立五个国际委员会调查同样的事情,这不可行。很明显这个建议旨在使五个相关国家产生分歧。

建立这样的国际委员会将会导致五个国家因南京暴行而承认国民政府。至今没有一个国家承认这个政府。

南京美国领事戴伟士致美国国务卿电

1927 年 4 月 17 日

4 月 17 日半夜。关于陈友仁 4 月 14 日下午 2 点的照会,国务院需注意以下几点:

第一,关于第 3 和第 4 段:

(1)在南京俘虏了北方军队没有问题,但是和南京暴行没有关系,根据我个人观察,还有英总领事的观察,一些可信的美国人的经过宣誓的陈述都证实,暴行实际上是由身着国民党制服的湖南人在军官的带领下实施的。

(2)所有信息显示,所知被枪毙的只是几个黄包车苦力,然而没有犯罪的国民党士兵被惩罚。

(3)关于“对一个友好国家领土上的城市进行轰炸”,在海军开炮之时,“友好国家”的军队已经抢劫了美国领馆,侮辱了美国国旗,杀害并伤害了美国人,并企图强奸美国妇女,否则早已蹂躏了美国妇女,那时正在向美国领事,他的妻子和孩子射击,知道他们处于这种情形。另外,广泛证实海军的炮火是拯救了所有外国人,包括美国人的主要原因。

第二,关于第5段:(1)国民政府的罪行还被以下事实证实:经证实罪恶的暴行是由身着制服的士兵,经常是在军官的陪同下实施;程潜未能采取有效措施来保护美国人,一直到3月24和25日的海军炮击之后;对海军军官的要求进行了粗鲁与逃避责任的答复;南京事件发生后放任国民党士兵多日抢劫美国人的财产;国民党军队甚至现在还非法占领着美国人的房屋;包括今天程潜的军队不断地炮击悬挂着美国旗的船只。

第三,关于第6段:如果国民政府是一个"负责任的政府",为什么国民军第15师4月7日在庐州府被允许将美国传教士从家里赶出来,迫使他们像猎物一样逃跑,为什么直到现在还继续占领着美国人的房屋。

第四,关于第7段:暴行不是由"不平等条约"问题引起的,而是由国民政府放弃它们而代之以俄共统治所引起的……

第五,关于第8段:因为国民政府的罪行确切无疑,我非常有礼貌的但是非常强烈的要求,而不是建议,设定一个时限,4月11日所提要求应在此时限内得到完全满足,否则威廉姆4月3日电告海军部的惩罚将被实施,另外需要增加的是(1)南京及其附近的堡垒,还有江阴的堡垒;(2)南京军火库和火药厂。

因为所犯罪行确凿无疑,而且既然陈友仁只是极端共产主义因素的无力的代言人,他所计划的谈判只能导致逃避责任与耽搁。

我非常担心除非迅速采取果断措施,重申对守法中国人的友好,第二次更为危险地义和团起义很快就会到来。除非蒋介石最后公开与汉口决裂,就不再是与国民党,而是与俄国人指导下的共产党商谈问题了。

马慕瑞致美国国务卿电

1927 年 4 月 20 日

参见 4 月 15 日下午 7 点第 440 号电。我英国、法国和意大利同僚已经被授权根据我所说电报里的建议行动,前提是 5 个相关国家都能够同意。我日本同僚还没有收到指示。我希望您的指示能够尽快到达,这样可以从速取得一致意见和采取行动。明天南京暴行就发生 4 周了,每天的推延都减少着和平取得满意解决的可能。

FRUS,1927,Vol.2,p.203

美国国务卿致马慕瑞电

1927 年 4 月 20 日

关于你 4 月 15 日下午 7 点第 440 号电。国务院不同意你加入你所说电报中所建议的同文照会,因为通过媒体和其他渠道取得的来自中国的信息显示,温和派正在设法将激进派赶出国民政府。国务院认为,如果此时将要求强硬执行,将会削弱温和派领导人的力量,还可能将他们赶到激进分子那边。我们不应该着急采取行动,这可能会被证明对我们的公民是危险的,而且可能任何情况下都不会有效,因为现在国民党领导人处于分裂状态,即使他们想这样做,能否满足这些要求都值得怀疑。当然这样的行动在这里也缺乏支持。

在你电报中所建议的照会中最后一句话里有一个特定的威胁,如果国民党当局不能满足要求,将实施制裁。美国政府现在不准备使用制裁,也不使自己牵扯到这个问题上。国务院不仅感觉到目前这样的环境下使用制裁可能证明对我们的公民来说是危险的,而且制裁不会证明有效,因为他们不得不被用来对付一个分裂的国民党。对于只是暂时处于不负责任的派别占领下的中国国家财产进行制裁的最终效果也非常值得怀疑。

由于对于各国照会的回答内容有异,国务院认为,每个国家单独回答,照会只是在各国利益相同的问题上内容一致。如果本政府认为继续与陈友仁商谈此事有必要,国务院将考虑用于答复的形式。

马慕瑞致美国国务卿电

1927 年 4 月 22 日

今天早晨的会面中,其他四个国家的公使已经同意向他们各自外交部建议,他们的政府应根据我 4 月 15 日下午 7 点第 440 号电报中所提建议行动。

马慕瑞致美国国务卿电

1927 年 4 月 23 日

我冒昧向您简单陈述某些可能发生的事情,在我看来是不可避免的,假如我们的政府在中国问题上不继续积极配合其他国家,明显是放弃我们在华盛顿会议上在各国中取得的中国问题上的领导权。

那时美国政府将其关于国际社会如何对待中国的观念加于各国,并使他们在中国问题上一起正式加入一个否定自我的合作政策,一改过去所遵从的各自政策。英国也放弃了英日同盟,这被她认为曾经是其在远东地位的最大的唯一保障。无须说,英国和日本改变她们的政策也不是因为唐吉可德式的理想主义,而是因为,就日本而言,认识到她的侵略政策越来越失去优势,并使其在国际大家庭中的地位越来越困难。就英国而言,美国的远东国际政策受到支持,因为非常自然地相信,我们作为有关中国的华盛顿条约的拥护者,将继续保持在华盛顿取得的领导地位。在战后疲惫的状态下,她感到这是最可取的,而在美国和日本之间,这也是比较可行的。华盛顿会议之后这段时间,越到后来,英国和日本对于美国在保持我们所发起的合作政策方面的领导地位上越来越失望。必须认识到,他们将会从新考虑他们最终在事实基础上所理解的整个形势中的地位,他们非常重视果断快速应对形势的必要性。

考虑到这点,我相信,如果我们拒绝在南京和其他重要问题上与其他相关国家坚定地并进和配合,日本和英国肯定不可避免的在远东问题上重新形成密切合作,即使不是正式结盟的话。这意味着放弃了我们政府经过很长时期才成功取得的,在九国公约中所包含的中美两国在原则和政策上的互利。在我看来,如果美国拒不积极与英国和日本配合,他们肯定会被迫在对华政策上联合起来,当然是将我们排除在外,所以不会受我们领导权的约束,甚至不会受我们积极参与的约束。坦率地说,以前我们总是捡别人桌子上的残渣。我们在中国商业和其他方面取得有利条件的机会,完全取决于其他国家在中国的有力行动。如果我判断正确,这次连残渣也不会留给我们了。

所以,在决定按照美国公共舆论所呼吁的——从中国的国际合作中撤出——去做之前,我相信应该非常认真地考虑以上所述观点,以及我们拒绝全身心加入在中国为了共同目的所作的共同行动所带来的目前和将来的长远影响。

FRUS,1927,Vol.2,pp.209−210

美国国务卿致马慕瑞电

1927 年 4 月 25 日

参见你 4 月(22)〔23〕日下午 4 点第 479 号电报。

在你的电报中,你得出的结论似乎是基于对国务院 4 月 20 日下午 3 点第 176 号电的演绎,而该电报只是针对你 440 号电报中所建议的照会草稿,而不是针对美国对各国和中国的政策问题。

美国政府从来没有决定在各国对华问题上完全不给予配合。该政府继续履行在华盛顿会议上所作承诺,在修改条约税则和可能视情况而定采取措施取消治外法权上与各国进行合作。事实是,美国政府准备保护在华美国生命与财产,目前中国水域上大量美国海军的出现,和上海大量军舰的出现,才可能给予这样的保护。美国政府虽然有必要自己完全控制它的军事力量,也在共同保护外国生命与财产的计划上给予配合。

　　目下问题不是在中国问题上交出我们的领导权。领导权存在于温和行动,也存在于有力行动,国务院感到目下你应该利用你的影响来采取温和行动。国务院不认为美国在华的商业优势是通过各国的有力行动获得的,或者在华商务会通过武力行动而都为各国所有。国务院相信,外国通过武力夺取中国领土或保持商业势力范围的时代已经过去了。目前问题是,美国是否在提交陈友仁另一照会的问题上意见一致,如果陈友仁不能配合,可能会使我们不得不使用武力。在我看来,我们给陈友仁一份不如第一份严厉的照会似乎不可取;提出不用制裁就无法获得的要求似乎更不可取。国务院发给你 4 月 20 日下午 3 点第 176号指示的时候,我就尽力在南京问题上避免使我们必须采取制裁的行动,国务院相信,这不会有效,而且非常危险。

FRUS,1927,Vol.2,pp.210–211

国务卿备忘录

1927 年 4 月 25 日

　　今天中午 11 点日本大使来访,与我商谈答复陈友仁回复的照会问题。他说他接到的信息显示,他的政府感到在这个问题上各国之间任何分歧都是不幸的,各国不能统一行动将对中国当局产生不幸的影响。我向他保证美国政府从来没有说过它在中国问题上不和其他政府合作。现在的问题是在回复陈友仁的照会上我们应该采取什么样的行动。在这个问题上,美国已经向美国驻华公使马慕瑞先生说过,美国政府不愿意加入各国在京公使所推荐的照会,那是我们指令的限度。而且我们不愿意实施制裁或者在这个时候讨论制裁问题。日本大使说,那恰恰就是日本政府的态度。他说,他们不愿加入所建议的照会,并且不愿意实施制裁。

　　然后他提出了另一个照会,内容如下:

　　"4 月 11 日美国、英国、法国、意大利和日本政府代表以同文照会的形式提出了旨在迅速解决 3 月 24 日国民党军队在南京所犯侵害各国人民的暴行所造成的紧张局势。

对于这些同文照会,国民党当局没有回复同一答复,而是分别答复每个代表,条件不同,不是旨在确保迅速解决发生的南京事件。没有一条要求被国民党当局确切的接受。接受每一条都做了保留。

4 月 11 日同文照会中所提条件并不是用于讨论的条件,而是各相关国家决定使其兑现的基本要求。

只有当国民党当局明白确切的表示他们准备迅速完全接受这些条件的时候,关于细节的讨论才可能进行。

所以各相关政府感到有必要要求国民党当局立即明确表示他们希望完全满足所提条件。"

在讨论该问题时,我向他指出,对于给予美国的答复,下面这句话不是非常准确——"没有一条要求被国民党当局确切的接受。接受每一条都做了保留"。我告诉他,迄今为止,关于美国领馆在南京受到侵犯,所谓的国民政府已经承认侵犯,不管是国民党士兵还是北方士兵干的,都会提供赔偿,因为领馆在中国领土上,应该受到保护。我不认为这一条不确切,我也不能说对这条做了保留。另一条回答是中国当局愿意对任何损失进行赔偿,英美战舰炮击或北方士兵造成的除外。因为美国没有对这种原因造成的损失要求进行赔偿,我们不认为这样的保留不合情理。炮击没有造成美国财产损失,对北方士兵造成的伤害也没提出赔偿要求。

再者,对于要求书面保证反对排外宣传,要求保护美国公民,答复似乎对我们来说非常明确,实际上就是我们要求的。总体来说这一答复确实不令人满意;我们非常满意损失是由国民党士兵造成的;因为美国已提出了自己的要求,就像其他国家那样,我们不认为提出共同的要求是可取的。我们相信我们的事实在最初的要求中已经非常准确地叙述了。

我也向他指出,这个建议的草稿说"各相关国家决定使其兑现的基本要求";对我来说就像原先建议的答复中所包含的威胁一样强烈。

我问他各国计划如何来使这些要求兑现——是反对陈友仁或蒋介石或国民党军队;如果陈友仁希望满足,也根本不清楚他是否有能力满足,蒋介石还没有进行答复。

然后我告诉他,我会与总统讨论这件事,并会仔细考虑日本的建议,我建议稍等一段时间,看看南方的发展情况,这可能会比较明智。很明显汉口政府和蒋介石发生了分裂,就像我以前说的,我质疑给予不如最初要求有意义的答复的可行性,因为这会被中国人解读为变弱。另一方面,作出将各国政府拉入制裁的答复同样不明智。在我看来,除了这两点之外,各国政府是否应该等待,看国民党当局分裂的结果如何发展,很值得考虑。公使强调其政府不会实施制裁,并承认这些建议的可取之处,并表示将把这些建议电告其政府。我没有拒绝加入这个方案,但是我指出了这些反对的理由。

我们然后讨论了向北京和天津派遣军队的问题。他说他的政府不愿意这个时候向这些地方派遣更多军队,他们已经在天津将军队增加到1500人。我说英国和美国政府相信,如果向北京和天津派遣足以保护这些地方和到海边的交通不受正规中国军队的攻击的军队,至少需要50000人,可能更多。英国政府只愿意派遣一个旅,大约4000人。如果形势需要,美国将能够派出大约3000多海军,或许更多,我们认为这将足以保护使馆与天津的美国人免受暴徒的攻击。他说他不相信任何中国军队会攻击使馆或者天津的外国人。任何情况下,他说他的政府都不愿意在这个时候派遣我告诉他的英国照会中所提到的军队。

FRUS,1927,Vol.2,pp.211-214

戴伟士[①]致美国国务卿电

1927年5月3日

我非常恭敬地建议,蒋介石集团作为最好的所谓国民政府,现在与

---

① 美国驻南京领事。

其建立友好关系是非常可取的,前提是(1)它将答应非常满意地处理南京暴行;(2)保证停止侵占美国财产并且尊重美国的权利。

我相信任何干预对美国利益来说都是不实际和有害的,并会进一步耽搁对南京事件的满意处理,而且可能会对美国在华威望产生永久性损害。

FRUS,1927,Vol.2,p.217

马慕瑞致美国国务卿电

1927 年 5 月 4 日

参见您 4 月 28 日上午 11 点 194 号电。4 月 13 日(有误)五个相关国家的公使进行会晤,日本公使告诉我们 4 月 25 日和 27 日您与日本大使的谈话概要,并谈了日本政府对于可能是您接受所建议的对于陈友仁的答复的口头改动的建议,英国、法国和意大利公使一起起草了一个给他们各自政府的报告。

以下是译自这个报告的法文文本,当天就送给我了,但是由于一些差错,今天我才收到:

"关于解决南京事件问题,最近交换意见显示,美国政府,虽然否认希望从其他相关国家分离出去,但是在继续已经进行的谈判并迫使武汉当局立即满足所提要求的问题上不欲采纳他们的观点。其理由是国务卿坚持有必要推迟提交相关公使所准备的对陈友仁最近回复的答复,直到蒋介石与武汉政府之间的形势明了。

另一方面建议对日本政府所作修改再进行新的改动。

后者表示调整自己使其接受美国政府的观点,并因对于如果可能四个国家将在没有美国参与的情况下行动的建议的答复进行进一步考虑而产生耽搁。

为了达成谅解,制裁问题已经搁置一边,该问题将有必要重新进行讨论,即使以目前降低了的要求,决定了的共同行动也不能获得一致的同意,有鉴于此,看起来在北京再寻求观点一致已没有用,至少两个国家不同意其他三个国家的观点,特别是一个多月已经过去了,还没有获得满意的答复。

考虑到以上情况,英国、法国和意大利的代表禁不住感到遗憾,曾经一度实现的统一行动无法保持下去,而面临的形势仍然非常危险,严重程度从来没有减少,但是他们更进一步认为,他们有责任让他们各自的政府警惕软弱的政策,受得不到惩罚的排外感情和暴乱行为的鼓舞,这种政策将不可避免地很快将在华外国生命与财产置于更加危险的境地。"

FRUS,1927,Vol.2,pp.218-219

马慕瑞致美国国务卿电

1927 年 5 月 6 日

以下是来自上海总领事高思 5 月 4 日下午 4 点的第 31 号电报。

南京政府已经聘请伍朝枢担任外交部部长。可能他会接受,但是他面对的一个困境是处理南京事件的要求既要满足中国人的观点,又要使相关各国满意。诺曼先生①建议伍朝枢可以在上海与您或您的代表商谈各国再次提交的照会和南京政府作出的合适答复。我要代表您与伍朝枢就以上所说进行非官方先期会谈吗?

对于以上电报我今天回复如下:

5 月 6 日下午 6 点第 31 号电:

(a)我不反对你接受伍朝枢可能与你或者是戴伟士领事(我知道他目前在上海)进行新的谈判,寻求解决南京事件。然而,我没有权利通知你,我们政府考虑解决哪一部分,我们政府准备坚持哪些要求,或者是坚持到什么程度。所以,你必须非常谨慎地避免对于任何问题作出许诺。

---

① 罗布特·S·诺曼,美国公民,孙中山前法律顾问,此时正在上海,准备从广州到美国。

（b）我正在向国务院要求对于你 5 月 4 日下午 4 点第 31 号电和这封电报的指示。

美国国务卿致马慕瑞电

1927 年 5 月 9 日

你 5 月 6 日下午 10 点第 526 号电。

你指示高思和戴伟士接受伍朝枢可能希望提出的会谈，但是不要作出任何承诺是对的。除非你接到相反指示，你可以将高思给你的电报和你给他的答复交给你相关的同僚，我想我们应该让他们了解这些信息，以示诚意。很可能已经向他进行了相似的表示。

我相信关于南京事件的任何新照会都不应该送交南京当局，特别是因为蒋介石有机会对于 4 月 11 日的照会作出答复，我们缺乏关于伍朝枢代表那一方的信息。

机密，我不准备说，我们政府最终不接受对最初提出的要求进行某种程度的修改后南京事件的解决，但是我不认为就这个问题再写更多照会会起任何好的作用，直到有关责任当局提出某些确切的主张。如果蒋介石准备承担责任，并进行合理的赔偿，我们将给他的方案给予考虑，但是在我看来，现在最好的方案就是听听伍朝枢对高思和戴伟士说些什么，并且不要做出任何承诺。

马慕瑞致美国国务卿电

1927 年 5 月 12 日

下面来自美国驻南京领事：

"5 月 11 日下午 8 点在南京大量美国布道团房舍依然被占领，用作兵营，一所教堂被用作军队医院。"

马慕瑞致美国国务卿电

1927 年 5 月 26 日

我 5 月 18 日中午第 570 号电。

下面来自上海美国领事：

"5 月 21 日上午 11 点 5 月 20 日外交委员（郭泰祺）写信给我，内容如下：

'伍朝枢先生希望我通知您，他准备尽快解决南京事件。如果美国政府为此派出代表，他准备与其举行非正式会谈。'

没有送往国务院。"

我询问是否其他相关国家也以相似方案进行接触，他回答称：

"其他国家还没有以同样的方式进行接触，但是已经或将会接触。在日本总领事缺席的情况下，向正在上海访问的松井石根将军提出该建议，他已将此建议报告给东京。该建议将在英国公使访问上海期间向其提出，但是他还没有与伍朝枢碰面。法国正通过法国总领事进行接触。

该建议第一次是通过一个报纸记者向我提出的，我向他建议应该通过一个官方渠道提出。伍朝枢希望该外交委员与我进行个人接触，而不是写信。"

接到该电报后，我回复如下：

很明显外交委员的来信并没有改变我在 5 月 6 日第 31 号电，5 月 7 日第 36 号电中给你的指示所针对的情形。已经给你和戴伟士足够的权利去接受南京政府在前述基础上为解决南京事件提出的任何提议。无需为此目的而作出任何特别任命，另一方面，在他们保证他们诚心诚意地认识到他们满足我们就南京事件已经提出的完全合理的要求的责任。

你应该与蓝普森和你的同僚保持密切联系，因为我不理解我们的政府试图在这件事上独自处理，冒着使自己在五个相关国家中处于几个解决条件被中国人取消的危险境地。

美国国务卿致马慕瑞电
1927 年 5 月 27 日

你 5 月 26 日中午第 589 号电和我们 5 月 9 日下午 1 点第 211 号电。同意你给上海总领事的指示。关于你给上海总领事的电报中第一段最后一句,记住我们 211 号电报机密的第三段。总领事应该被指示通知伍朝枢,总领事准备接受伍朝枢可能代表蒋介石提出的任何建议,并将其报告给美国政府考虑。

FRUS,1927,Vol. 2,pp. 221–222

马慕瑞致国务卿电
1927 年 5 月 28 日

您 5 月 27 日下午 1 点第 235 号电。

以下来自美国驻上海总领事:

"5 月 27 日下午 6 点第 43 号电。今天伍朝枢邀请戴伟士和我与其会见,说他的愿望是就早日解决南京事件的方案进行非正式会谈,这个方案是他政府的新方案,而不是满足南京照会中所提要求。

他的非正式方案大体如下:

(1)外交部将说明,南京事件主要是由第 6 军第 19 师造成的;该师已经被解散,煽动者已经被惩罚;该事件是由共产党煽动;已经下令抓捕第 6 军政治委员林祖涵,然而他已不在南京。(他不能说明谁被惩罚了,或者怎样被惩罚的,但是建议能够从军事当局获得这方面的信息。戴伟士说他相信没有人被惩罚,军队被合并到其他部队,暴行并不局限于所说的这个师。)

(2)外交部将表示歉意,并保证已经或将要严令保护外国生命与财产。

(3)国民政府将修补领馆所受损害,并对明显由军队造成的损失对美国人进行赔偿;其他情况下国民政府将对国际法下被证明需承担责任的地方进行赔偿。应成立中美委员会来调查各项声明,对明确的事实确定赔偿数额,对不明确的事实确定责任,如有必要确定赔偿。

(4)该中美委员会也要'根据普遍接受的国际法则'决定'战舰炮击南京'问题,如果这样的炮击被证明不正当,那么就要估计因此而对中国人造成损害的赔偿数额。

没有被授权讨论任何提议,我们只是对他们的说明进行了询问,但是指出他们没有满足南京照会中的要求。可能如果被授权讨论,并表明美国观点的话,可能会促成更多可以接受的提议。

伍朝枢在答复我们的询问时称,他打算与相关国家以相似的方案进行接触,并已在与英国人进行接触。"

要求国务院授权戴伟士来北京与我进行会谈。

FRUS,1927,Vol.2,pp.222–223

马慕瑞致美国国务卿电

1927 年 7 月 6 日

下面的电报来自美国驻上海总领事:

"7 月 2 日上午 10 点参见您 5 月 24 日下午 7 点第 45 号电和 5 月 28 日下午 3 点第 49 号电。在过去几天与伍朝枢和郭泰祺的会晤中,他们表示,南京政府准备并且非常希望与美国政府解决南京事件,而无需顾及其他各国在这件事情上的进展。郭泰祺个人认为,这件事情将会因为美国希望与英国共同行动而受到耽搁,如果这是真的话,将非常不幸,因为与英国的任何解决,都将包括万县事件和沙面"屠杀"的明确解决,任何想得到中国人民支持的政府都必须解决这些冤屈,而这可能会造成耽搁,因为国民政府将坚持这三个事件应该一起考虑。伍朝枢和郭泰祺说,下一步就取决于美国了,南京政府将非常高兴美国政府指派代表参加中美调查委员会,决定责任方和美国公民所受损失数额。询问南京的确切解决方案,结果只是大体上重复了 5 月 27 日下午 6 点本领事第 43 号电中伍朝枢对高思和戴伟士所做的说明。

伍朝枢告诉我,他计划对所有领事馆进行彻底的修缮。参议员斌汉姆公开主张美国领事官立即回到南京,不用等待南京政府的任何补偿行动。"

我坚定的认为,我们应该保持我在 6 月 16 日下午 9 点第 650 号电中所推荐的善于接受的态度。

蓝普森通知我,他最近收到王的方案,大大削减了此前他们谈论的解决方案[参见我 6 月 9 日下午 5(9?)点第 631 号电],但是他仍然坚持原方案的基本内容,虽然表述无需完全一样,这得到英国政府的同意。

FRUS,1927,Vol.2,p.224

马慕瑞致美国国务卿电

1927 年 7 月 22 日

我 7 月 10 日中午第 715 号电。

下面电报内容由克宁翰和戴伟士发自上海:

"7 月 13 日下午 5 点。

昨天上午郭泰祺受伍朝枢之命拜访我,戴伟士也在,带来转交美国政府的国民政府急切解决南京事件的条件。我告诉他,虽然没被授权进行谈判,我将非常高兴转交他提出的任何方案。然后他向我的速记员宣读了下列内容:

'解决南京事件的基础:

(1)中华民国国民政府,对南京事件进行调查后,尽管事实是该事件完全是共产党在南京国民政府成立前煽动所为,根据国际法法则仍然负有责任。

(2)国民政府将给美国政府一份关于如何惩治该事件中相关责任人员的具体说明(该说明将提前非官方的提交并为美国政府接受)。

(3)外交部长将在照会中对此事件深表歉意,并表示国民政府将禁止政府官员对美国生命与财产进行任何形式的侵犯与伤害(以上声明的副本将提前非官方的提交并为美国政府接受)。

（4）国民政府根据国际通行法则承担责任，将成立一个中美委员会，以查证相关中国人对美国人的生命与财产造成的实际伤害和损失，并估计每个案例中应赔偿的数量。

（5）国民政府外交部长的照会中会提到美国战舰对南京的炮击，国民政府希望美国政府将表示歉意。

（6）国民政府要求取消现存条约并在平等和互相尊重领土主权的基础上立即签订一个新条约。'

郭泰祺进行了下列解释：对于第2条，所说详细说明已经在南京准备，可能很快就会交给我；对于第4条，承担责任没有问题，委员会的功能将只是对于可赔偿数额的非正式决定；对于第5条，英国公使已经同意接受该条，他的答复将大意为英国对于出现有必要开火的情况表示歉意。

郭泰祺进一步说明（1）加入第4和5条只是为了平复中国舆论，并暗示并没有希望得到满意的答复；（2）所提供的条件代表着国民政府的最大让步；（3）国民政府非常希望能够与美国政府首先解决南京事件。

我认为，戴伟士也同意，非正式会谈可能对各条进行充分补充，使他们达到基本满意，因为南京政府很明显急于解决。强烈建议在接受所拟各款之前将各点明确细化，因为我预测，一旦各款被接受，将会有大量推诿和遁词。

我认为在接受各款之前要求细化和书面保证最为重要，这样我们的国旗再次升起时，就会充满荣耀，而无需特别的中国护卫。

我建议如果所拟条件由于不足而被反对，就如实通知郭泰祺，这样他就不会说，就像他已经说得那样，下一步就看美国政府的了。"

我准备答复的大意如下：

"（1）认真考察之后，我感到国民政府准备解决南京事件的条件并没有像他们设计的那样构成足以补偿该暴行的基础。

（2）可能进一步的谈判会得到更令人满意的条件，尽管也有相反的说法,特别是像我从我英国同僚那儿秘密了解到的,他有理由希望与王的谈判会得到更好的条件。在这种情形下,我不认为有任何理由这样匆忙谈判,因为这可能会使我们处在一个与其他相关国家进行竞争的地位,特别是很明显南京事件构成了国民政府的一个非常沉重的债务,在他希望得到他渴求的国际承认之前必须还清。

(3)与我们4月11日细心计划的温和要求相比,目前的方案用外交部表示歉意来代替蒋介石将军的道歉,并提出中美委员会来证实和估计损失。我倾向于推荐只有我们要求的其他内容被充分明确的满足之后,国务院再考虑这两个非常重要的让步。然而该方案的前4段包含着好几点在我看来并不令人满意或者模棱两可,我希望得到你的评论。

(4)关于惩罚的第二段,打算提供说明'惩治该事件中相关责任人员'的措施。就已知事实来看,到现在为止,该暴行的主要负责任人仍然没有受到惩罚,应该对于如有可能最终将采取措施惩治这些人,有明确的承诺。

(5)第3段并没有给予充分的保证,政府或政党或其他政治组织不可以参与'对美国生命与财产进行任何形式的侵犯与伤害',也没有明确采取什么措施来防止任何此种不友善行为。

(6)第4段'根据国际通行法则承担责任'(可能证明有必要成立中美联合委员会重新讨论整个责任问题)一词并不确切,而是非常模糊的,容易引起争论的。国民政府应该明确接受4月11日所提要求中规定的'对造成的人身伤害和财产损失进行完全赔偿'。

(7)对于所拟条件的第5、6段中,我感觉这样的套话(我认为只是为了挽回面子)可能会为我们政府接受,假如对前四段中的补偿满意的话。

(8)我完全同意你关于在接受各条款之前有必要对各点明确理解的观点(你的第4段),包括当我们国旗再次升起时的荣耀(你的第5段)。

(9)无疑我们对于新方案的态度明确后通知郭是可取的,但是我对于他暗示我们应该尽快对所提各款作出决定并不太感兴趣,因为南京在做出回应方面是如此拖延(你的第6段)。

我正在向国务院复述你 73 号电报中的第 1 段以及这一答复。"

FRUS,1927,Vol.2,1942,pp.225–227

美国国务卿致英国驻美使馆电

1927 年 7 月 28 日

请参考 7 月 25 日国务卿与希尔顿先生的谈话,以及希尔顿先生所留下的备忘录,在该备忘录中,谈到了最近在北京英国和美国公使之间关于解决南京问题的基础的谈话。国务卿已通过电报被告知英国驻华公使和南京当局,以及美国公使和南京当局之间关于南京事件谈判的总体情况。他同意直到各相关国家的代表之间有机会充分讨论了解决条件,该事件才能够解决。美国公使已经被指示与他的同僚就此保持密切联系。国务卿认为,充分讨论之后,如果发现不能与其他相关国家就解决办法达成一致,每个政府应该保留完全的行动自由。国务卿相信各政府在此事上总体上意见一致,希望他们将会就解决办法能够达成一致,使其为所有国家接受。美国公使将被指示与在北京的英国公使充分讨论该问题,并将继续按照这些原则行动。

FRUS,1927,Vol.2,p.228

梅尔①致美国国务卿电

1927 年 9 月 26 日

以下来自镇江的包憨勋(美国驻南京领事馆副领事,译者注):

"9 月 24 日下午 6 点今天是南京暴行的半年纪念日。据报告,几卷仅存的领事馆装订通信正被在南京街头叫卖。据目前所知,除了芜

---

① 美国驻华代办。

湖和镇江的两所美孚煤油公司的建筑,金陵大学和金陵女子学校外,所有美国人的房产继续被占领着。传教士开始返回,没有通知本领事馆,已知有 9 名美国妇女出现在内地。男士肯定会跟着过去。

南京的情况正在有所好转,现在允许与岸边来往,美孚煤油公司的轮船要求我在上海短暂停留后被指示返回那里。

如果我应该返回,希望一艘美国战舰能够来南京,主要不是为了安全,而是为了交通。"

对此发去下列答复:

"9 月 26 日下午 4 点你 9 月 26 日下午 6 点来电。使馆同意你回到南京。你不能够上岸,除非有使馆授权。我正在询问总司令关于海军战舰驻泊南京事宜,并将就此进一步与你联系。"

FRUS,1927,Vol. 2,pp. 228-229

梅尔致国务卿电
1927 年 10 月 26 日

参见 9 月 24 日美国驻南京领事关于"暴行后 6 个月来南京领事区美国利益的状况"的通信第 39 页及下列等等:

总司令已经电告我,建议仔细考虑包憝勋与南京方面进行解决南京事件谈判的建议。他说相信外交上和通过海军保护美国在全中国的利益将需要与各方保持密切关系。我们不能与各个方面保持密切关系,在南京事件解决前也不能与他们有任何关系。他与伍朝枢会过面,伍朝枢表示他的政府准备解决这个事件。他认为保留包憝勋领事在南京地区行使领事职责的海军战舰不可行。在任何领事被派去在船上或岸上工作之前,南京方面应该在那一区域承认一个领事馆代理。另外,这样的建议应该是解决南京事件要包含的一点。如果武汉政府被取代,已经进行的谈判将会落空,基础工作不得不重新再做一遍,很可能是与不愿意解决此事的一方去做。布里斯托司令知道公使 12 月 1 日前不会回来,所以他认为这件事上采取行动最迟不应拖延到公使的到来,但是公使离开美国前就应该在国务院开始商议此事。

我认为现在不适宜与南京政府开始任何谈判,或继续克宁翰与伍朝枢之间的非正式对话,原因如下:(1)现在南京政府由于最近在南京和武汉之间的内战,能否即使以目前不稳定的状态继续存在下去比任何时候都成问题。两派之间开始就有很明显的大规模敌对行动,最终的分裂很早已经被预见到了,不管从哪一个角度来说,与战争中的任何一方谈判都是不明智的。不确定哪一方会存在下来。(2)南京方面已经升任程潜为南京军事委员会主席,领导对武汉的进攻。(3)再加上南京政府以前的态度,使其希望对南京事件进行公正处理的诚意或希望我们得到满意解决的可能性都化为乌有。无疑南京方面目下会努力表示出希望和解,以便拉拢我们谈判,如果可能,再通过我们使其他相关国家与其进行谈判,这样南京方面就会在这关键时刻获得面子。(4)我相信,只有长江沿岸建立政权,该政权足够稳定,有能力实现南京事件解决带给我们的利益,我们才可能合理预期南京事件满意的解决。不顾这些而进行谈判,只能是总体上削弱我们的地位,败坏我们的名誉。(5)我相信,南京暴行会使最好的中国人感到抱歉,即使不是羞辱的话,如果我们小心不要在目前这种情况下盲目试图解决这个问题,而驱散这种感觉,可能这一因素会带来南京事件的妥善解决。

考虑到所有这些,我非常恭敬地建议,现在不要采取行动,试图解决该事件。

10月24日克宁翰对于我所询问程潜将军的地位电复如下:

"10月21日郭口头通知我,他认为下一个方案应该由美国制定。他被告知,就像之前建议的那样,公使对我7月13日下午5点转交的方案并不满意,对此他希望如果能够告诉他不足,他会确定另一个方案。我答应这周向他指出某些不足。

我猜想我被授权非正式的指出使馆7月22日下午4点所发电报中第2至7段中所包含的批评。

请确认我的猜想,如果非正式会谈中有需要更多反对的东西,请进一步给我指示。"

如果国务院同意我的建议,我将指示美国驻上海总领事相应回答郭泰祺。

FRUS,1927,Vol. 2,pp. 229–231

梅尔致美国国务卿电
1927 年 10 月 27 日

我们 10 月 26 日上午 11 点第 954 号电。

英国公使通知我,南京政府最近通过王宠惠和英国驻上海总领事,寻求恢复与英国使馆关于解决南京暴行的谈判。英国总领事以非常强硬的措辞明确拒绝此时讨论该问题,因为南京政府任命程潜为南京军事委员会主席这一侮辱性行为和该政府的不稳定性。

同时蓝普森爵士通知我,日本和法国公使已经告诉他,他们将同样拒绝南京政府可能就以上事件向他们作出的提议。

FRUS,1927,Vol. 2,p. 231

约翰逊①备忘录:解决南京事件的基础
1927 年 11 月 3 日

7 月 22 日下午 4 点使馆第 752 号电报告,在上海的国民党外交委员郭泰祺,受南京的国民党外交部长伍朝枢之命,向美国总领事做了题为"解决南京事件的基础"的陈述。

(此处为 7 月 22 日下午 4 点美国驻华公使第 752 号电报中所列 6 点解决基础。)

国务院对以上方案做以下评论,以作为使馆的指导,为方便起见,评论也以 1—6 标号为序,以与解决方案中的 6 点相对应:

1. 如果所谓南京国民政府能够无条件的承担责任,而不附加可能

---

① 美国国务卿助理。

被理解为某种程度上受国际法规的约束的语句,当然更好。关键是我们应该被说服承担责任的诚意。如果南京政府只是希望表示它在遵守国际法规,我建议第一段这样写:"中华民国国民政府,调查南京事件后,发现系共产党于国民政府在南京建立以前所煽动,然而,希望遵守被广泛接受的国际法规,国民政府对南京事件和南京事件造成的所有损失承担全部责任。"我提出这些建议的理由是我不希望看起来美国政府不顾国际法规强加责任于中国人。

2. 我同意你所说如果可能对于该事件中有关人员进行惩罚所采取措施的详细说明中应该包含最终采取措施惩罚犯罪人员的承诺。当然很可能他们实际上不会兑现他们所答应采取的任何这样的惩罚。我不希望坚持此点使他们为了满足我们用其他受害者来代替。然而,他们至少应该公开谴责那些对该暴行负有责任的值得惩罚的人,这好像非常重要。

3. 我准备接受表示非常抱歉的声明来代替蒋介石的道歉。我也感到在表示禁止官员侵犯和伤害美国人的生命与财产时,所谓的国民政府应该在这样的说明里包含一个承诺,即它的官员不会支持或者赞同侵犯和伤害美国人的生命与合法利益。这样措辞看起来就包含了所有可以预见到的情况,无需像英国看起来希望的那样,特意提到抵制商品、罢工等等。

4. 假如作为解决基础的第一段中非常清楚的说明了南京事件的责任,在第四段开头"基于国民政府根据国际通行法则承担责任"就看起来没有必要和不合适了。如果这句被删除,我同意指定一个中美委员会,前提是非常明确的知道,这样一个联合委员会的责任将只限于确认事实,并确定赔偿损失的数额。

5. 当然,我们无需对所谓国民政府声称的炮击表示歉意,实际上那只是对美国人和其他外国人在里面受到攻击的一所房子周围进行的阻拦性炮击,目的是使美国人逃生。我不反对向所谓的国民政府声明,这次炮击是因为有必要向生命受到威胁的美国人提供保护,而由美国军舰发射的。美国政府对发生使这一行动成为必要的情势深表歉意。

6. 当然不反对再次明确美国政府准备在我 1 月 27 日声明和相关的指示中所说的情况下考虑修约,同时也需要明确进行这样的修约(很明显牵扯到考虑完全不同的秩序)不能作为对我们国民受到侵犯的合理解决的回报而要求。

美国政府希望牵扯美国的这一事件应该得到解决,美国南京领事馆应该被归还。所以希望公使将寻求最早的恰当时机解决南京事件。

FRUS,1927,Vol. 2,pp. 232-234

梅尔致美国国务卿电

1927 年 11 月 8 日

今天上午日本、英国、法国、意大利外交代表和我自己在一起讨论我们天津驻军的某些管理细节,英国公使陈述了南京当局为恢复关于解决南京事件谈判的努力,我 10 月 27 日上午 11 点第 959 号电与我的 967 号电中都已谈到,并说英国政府已经同意了他的建议,即此时对于解决南京事件不采取任何行动。

我也同样告诉我的同僚们郭泰祺试图与我们的南京总领事就该问题恢复对话,并且解释了包含在我 10 月 26 日上午 11 点第 954 号电中的观点,并补充说我已经就此问题要求指示。

日本、法国和意大利公使都一致相信,这时不应该就该事件的解决采取任何行动,日本公使表示这就是他政府的立场。我了解到法国和意大利公使正在向他们的政府推荐相似的行动方案,假如他们就此事被咨询的话。

FRUS,1927,Vol. 2,pp. 234-235

马慕瑞致美国国务卿电

1927 年 12 月 10 日

日本公使已经通知他的英国、法国、意大利同僚和我自己,日本政府相信独立于任何最终解决南京事件之外,最好是要求程潜对其在该事件中的部分表示歉意,作为在汉口与他进行往来的前提条件。除非从程潜那儿得到满意的歉意表示,日本将通知他,在汉口,日本总领事"将与日本海军一起切断他与外界的一切联系,不会给予他任何设施,所有的谈判将与外交委员进行"。日本政府希望其他相关国家将以同样的方式行动,但是如果其他国家不这样的话,他计划自己单独行动。

我认为没有必要直接与程潜处理。他在汉口的地位并不稳固。我也看不到从他那儿获得歉意声明的任何明显优势。我也害怕被牵扯进现在与程潜和其他国民党将领有关的复杂阴谋中去。所以我不认为我们应该加入日本,采取他们所计划的行动。

FRUS, 1927, Vol. 2, p. 235

美国国务卿致马慕瑞电

1927 年 12 月 10 日

你 12 月 10 日中午第 1079 号电。国务院同意你的意见,目前采取日本为获得程潜道歉所拟行动并不可行。

FRUS, 1927, Vol. 2, p. 236

马慕瑞致美国国务卿电

1928 年 1 月 14 日

我一直希望事情会顺利发展,这样我可能会在不久的将来(二月份的某个时间将会比较合适)去上海,那时我将会做出所有努力,圆满解决南京事件……

FRUS, 1927, Vol. 2, p. 323

马慕瑞致美国国务卿电

1928 年 2 月 29 日

黄郛将军 22 日就职南京国民政府外交部长,为与我建立联系来到这儿（参见2月28日中午上海邮报，关于他以接受国民代表就职采访的形式发表的政策宣言）。2月26日，我到达这儿的第二天，我就拜访了黄郛将军。

他立即邀请我在我沿江视察途中做客南京，但是我说因为无需解释的原因，我很遗憾不可能接受这个邀请。当他硬要我解释我的理由时，我提醒他，南京暴行没有得到解决；国民党当局对于改变南京暴行得以发生的根本情况没有采取任何措施，即使到目前，领事馆和它的档案正在逐渐被本应该受命保护它的士兵破坏；我们公民的房屋还在不断遭到蹂躏，我们回来的公民没有正常安全生活或正常工作的自由。

对于我关于目前情况的说明和在此情况下我不能拜访南京的暗示，他没有表示异议。但是他坚持认为，从那以后南京政府已经彻底改变了，现在希望承担整个责任，并就此暴行达成满意解决。我通知他我将很高兴考虑他可能现在或等我从长江上游回来时交给我的任何带有诚意的解决方案。他回顾了美国政府在巴黎、华盛顿和北京会议上对中国的同情，并且要求我们在目前南京事件解决的谈判中也表现出同样的精神。我向他保证，我们政府将本着同样的友好精神，但实际应该记住，为了避免任何可能的误解，在他所说的会议上维护中国的权利一直是我们政府的政策，然而在任何有关南京事件的谈判中澄清美国政府及其人民所损失的权利与利益将是其必要的目的。我又补充说，虽然我们不希望太苛刻或者进行报复，但是我们希望不要被待之以狡辩，而是待之以诚恳与主动，这样才能保证相信他们的真诚，并使我们相信他们已经充分批驳了此次暴行，并可以依靠他们保护我们免于任何类似去年3月份事件的发生。默许我所说的，他表示他希望能向我们提出满意的解决条件。

他公开表示渴望尽快解决这一事件，他询问在我从长江上游回来之前，是否由我指派一个代表进行初期的谈判。我告诉他，当然总领事克宁翰被授权代表我，克宁翰将在此期间一直与我保持联系。第二天早晨黄郛回拜我时说，为了在这儿进行初期谈判的目的，他将指派一个代表。他间接向我表示,这个代表将不是其前任代表外交委员郭泰祺。他希望,我回到上海后,作为初期谈判的结果,他将能够与我解决南京事件。同时,通过一个中间人,他向我表示希望同时分别与日本和英国总领事在这儿进行谈判。

克宁翰参加了我与黄郛的这些会见,他被要求在初期谈判中代表我,并立即将黄郛提出的任何方案转给我和使馆考虑并向国务院报告。建议授权克宁翰,任何方案被提交,都可以让包憨勋到上海进行商讨(出差津贴和花销按照惯例给予补贴)。

黄郛展示了在公平体面的条件下迅速解决南京事件的最令人满意的意向,但是我并不希望就可能按照希望的条件解决南京事件给您过于乐观的印象。目前任何这种可能都要依赖于黄郛,一位新来人,而且就国民党组织而言,他是一个外来人。黄郛的任命受到南京政府中许多非常有影响和有能力的成员的异常憎恨。对他有很深的个人嫉妒,他被认为在蒋介石与北方军阀有希望形成联盟反对冯玉祥过程当中扮演了反动的角色,冯玉祥是他以前的首长,现在已经与他疏远了。这无疑只是一个怀疑。放下南京政府本身地位并不稳固的问题不说,有充分的理由怀疑黄郛是否能够坚持一段时间,或者他在位期间谈判的任何解决方案能否取得南京的同意,甚或他是否被允许与我们达成他头脑中想象的解决协议。我唯一的希望是我们到现在已经采取措施和我们计划要采取的措施都是那些最有可能取得满意解决的措施。

FRUS,1928,Vol.2,pp.323-326

克宁翰[①]致国务卿电

1928 年 3 月 13 日

以下电报来自公使:

"3 月 12 日下午 8 点你 3 月 9 日下午 5 点电报。

---

① 美国驻上海总领事。

虽然在我们上海的谈话中,黄郛保证他将提出解决条件,诚心诚意地弥补在南京对美国政府和其公民所犯过错(来代替之前国民政府所提出的不合适的条件),然而,他现在所拟定的条件不仅还不如以前的条件令人满意,而且甚至更少提到进行正当补偿。特别是对于所造成的财产损失和人员受伤表示的歉意,好像很明显显示出不愿意承认或拒绝对美国官方代表的旗帜和人员以及其公民采取了敌对行动这一事实。但是现在这个条件更令人反对的地方在于,因为美国军舰在急需解救我们的领事和其他人,避免马上就要到来的大屠杀,所采取的行动,而无根据的对美国政府表示不满。在已知的环境下提出这样的要求如此荒谬,只能使人对目前提出的解决条件的诚意产生怀疑。

请你向黄郛表示我的失望(最好是与他谈话时,但如果必要的话,也可以通过伍德),他已经提出了一个我甚至不希望讨论的方案,该方案包含的内容,试图使我们承担南京暴行的一份责任,其表述好像我们比犯下暴行的国民政府更应该道歉和感到羞愧。

如果你能够对黄郛的大转弯和他明显故意坚持他明明知道我们不可能考虑的一点,作出任何解释,我将非常感激。他是否害怕派系的反对,发现自己无法实现他在这个问题上的调和政策,所以试图以挑衅的态度结束谈判,以挽回脸面?

请发给国务院和使馆。"

FRUS,1928,Vol.2,pp.326-327

美国国务卿致梅尔电

1928 年 3 月 20 日

以下是发给公使的:2 月 29 日下午 5 点公使电报第二段。

你不去南京的决定被国务院批准,但是建议你无须提前声明,可在南京滞留足够的时间,以使包憨勖和贝库诺或其他合格人员对于美国财产,包括领事馆做一粗略调查,这样可以为你提供官方信息,以备将来使用。

梅尔致美国国务卿电

1928 年 3 月 23 日

以下来自美国驻上海总领事：

"3 月 13 日下午 4 点南京外交部长催促说他应该被通知南京暴行中遭受损失的美国政府和公民要求赔偿的概略总数。包憨勋说只有国务院可以提供全面的信息。请电告总数，并授权在会谈中交给外交部长。

南京当局准备承认领事馆赔偿要求优先，并在签订协定后支付。请指示在会谈中应该采取什么态度。英国不认为领事馆赔偿要求优先。在实验性的协议中，他们将赔偿要求分为人员和财产损失，领事馆赔偿要求放在第二级。"

在我 3 月 15 日下午 3 点的回答中，我的部分回复如下：

"我看除非他已经这样做了，包憨勋应该建议公使，他，包憨勋确定并通知国务卿领事馆中国馆员的损失数额，并要求授权将其包括在赔偿要求中。"

克宁翰电报也已于 3 月 15 日下午 3 点和其他事务及下列评论发给公使：

（a）蓝普森告诉戴伟士英国政府几个月前就已经恢复它的领事了。

（b）我建议国务卿通过每个差会委员会来确定它希望提出的教会财产赔偿要求，因为有一些可能不希望要求赔偿。并且由国务院对领事馆损失的公家家具和设施进行估价。

（c）除了领事馆赔偿要求，使馆有记录的美国个人和团体的赔偿要求是大约 580,000 墨西哥元和 146,000 金元。

相应要求国务卿对克宁翰电报的第二段作出指示。

马慕瑞致国务卿电

1928 年 3 月 23 日

您 3 月 20 日下午 5 点第 99 号电。

慎重起见,我计划先不派任何官员在这时访问南京,至少这样做我将会破坏这种冷漠,而这种冷漠被证明在解决南京事件的谈判中是一种优势。

我 2 月 27 日上午 10 点第 40 号电。我正指示包憨勋和我一起去上海。我要求给予他同样的出差补贴。

我应该乘军舰于 3 月 26 日沿江到达上海,除非被南京谈判耽搁更长时间,我将于 31 日从上海乘驱逐舰到达塘沽。

我请求暂不对长江流域情势作出评论,直到我在上海完成我的观察。

FRUS,1928,Vol.2,p.328

美国代理国务卿致梅尔电

1928 年 3 月 24 日

以下是给公使的电报。你 3 月 23 日下午 5 点的电报。

国务卿关于解决南京事件的可能性的信息包括:

(a)(克宁翰 2 月 28 日中午第 42 号电报)所报告的黄郛宣布愿意解决积案和(你 2 月 29 日下午 5 点电报)给予你同样的表示。

(b)上海 3 月 19 日报纸载电报,提到黄郛所作声明,国民政府非常希望对南京损失作出赔偿,与英国公使的谈判正在进行中,以为解决美国和其他国家的赔偿要求建立先例。

(c)3 月 13 日下午 4 点电报克宁翰给使馆电报,使馆 3 月 23 日下午 6 点第 183 号电中将这一电报报告给国务卿,提到英国和南京当局关于赔偿要求的"实验性协议",并提到了黄郛询问美国官方和非官方的损失数额,从而部分确认了(b)。

你 3 月 12 日下午 8 点给克宁翰的电报,在 3 月 13 日下午 2 点的电报中报告给国务院,没有任何关于南京当局所提出的方案中可以接受的特征。是否可以肯定没有一项可以作为进行有益谈判的开端?

你应该记住,国务院希望有关问题可以得到解决,并希望谈判进程在情况允许下越快越好。

国务院要求关于所说英国和南京当局的实验性协议的信息。

包憨勋可以与你一块去上海,并批准出差补贴。

梅尔致美国国务卿电

1928 年 3 月 27 日

下面电报来自上海:

"3 月 26 日上午 11 点蓝普森爵士于 3 月 25 日离沪赴京,没有去南京,没有就解决南京暴行达成协议。"

马慕瑞致美国国务卿电

1928 年 3 月 28 日

你 3 月 24 日下午 6 点通过使馆的电报。

您电报中 1(c)段所提到的英国公使与黄郛将军间的"实验性协议"为英国政府所反对;并且在多日试图找到协议的新基础之后,英国公使放弃谈判,于 3 月 25 日离沪赴京。

虽然克宁翰和包憨勋已经做了大量有用的基础工作,整个解决问题仍然还是很茫然。黄郛现在南京,但是我有理由希望他会很快回到上海,以与我直接会谈。

在这件事上,我将继续按照国务院的意愿行事,就像去年秋天与您讨论的,以及您第(四)〔三〕段中提到的那样。

马慕瑞致美国国务卿电

1928 年 3 月 30 日

参见我 2 月 29 日下午 5 点和 3 月 28 日上午 11 点电报。

我已经与黄郛根据您 11 月(4)〔3〕日的备忘录和口头指示所授权的解决条件就南京事件的解决达成协议。协议内容与评论将尽快电告您。直到关于公开的细节被安排妥当,黄郛要求协议的签订要保密。

FRUS,1928,Vol. 2,p. 330

马慕瑞致美国国务卿电

1928 年 3 月 30 日

我 3 月 30 日下午 3 点电报的补充。

标志南京事件解决的文件包括 3 个黄郛致我"美国驻华公使"的第三人称照会和我给他"南京外交部长"同样格式的回复。每个照会都由发出者签字盖章。以下是我回复的内容,其中充分反映了他的照会的内容或大意:

……

另外还在准备一个关于将要组建的混合委员会如何运作的备忘录,这是履行他最后照会最后一段中的内容。完成后将把备忘录内容发给您。黄郛口头答应一个月内能够支付 10 万墨西哥元作为对美国损失赔偿的第一期付款,然而他称自己目前根本无法承诺接下来各期付款的数额与频率,只是给予总体保证,南京政府将竭尽所能付清赔偿要求。根据您的指示,我采取的态度是,我们不强迫要求履行有关赔偿的特别规定,但是必须看到"国民政府"在忠实履行所承担的责任时的真诚与善意。

FRUS,1928,Vol. 2,pp. 331-333

美国国务卿致美国驻上海总领事电

1928 年 3 月 31 日

给公使:公使 3 月 30 日下午 3 点和下午 8 点的电报。

非常满意,国务院对于你努力后取得成功结果表示祝贺。

你将暂时留在上海。

国务院很快将发给你对于相关照会及其答复的评论。

FRUS,1928,Vol.2,pp.333-334

马慕瑞致美国国务卿电

1928 年 3 月 31 日

对我 3 月 30 日下午 3 点和我 3 月 30 日下午 8 点电报的补充。

我离开上海期间,克宁翰和包憨勋与代表黄郛将军的伍德(参见我 2 月 29 日下午 5 点电报第 4 和 5 段)进行了初期的会谈。在这些初期会谈过程中,伍德不仅试图进行讨价还价,并且还讨论英国和日本在他们关于此事的各自谈判中所作让步,而且他对于不能取得一致意见的各点上自己没有决定权,从而使会谈更加混乱。所以,我 3 月 25 日回到上海后发现与黄郛的整个谈判基础非常不确定,虽然我们这方面所作工作非常有效,非常出色。

同时,黄郛的声望因为英国政府反对英国公使最先提出的安排而受到削弱,为了弥补这种对他影响的削弱,黄郛回到南京。很明显他害怕冒险来上海与我谈判,除非他相信我已准备与他达成从政治的角度看他可以接受的协议。在通过中间人进行了几天交涉之后,他来到上海,于 29 日早晨到达。在克宁翰和贝库诺的帮助下,我与黄郛一直谈判到凌晨,才对解决各点达成协议。

虽然很明显非常害怕引起国民党的敌对情绪,尤其是担心像英国谈判中那样,我最终不能将此事解决,黄郛还是冲破他自己的重重政治阻力,决心谈判解决。所以谈判实际上处在可以一蹴而就的情形下,这是取得满意解决的绝好机会。

　　昨天傍晚签署了几个照会,并实际上交换了每个照会的副本,所署日期为 3 月 30 日。然而,黄郛和我都希望他可以做一安排,使我能够去南京与中国当局参加我们的升旗仪式,实际也是重开领事馆。但是他不确定他是否能够做出让我满意的安排或者是他自己的建议能够被接受。假如黄郛能够做出安排,我将明天乘坐长江区司令的旗舰,在海军护卫下前赴南京。黄郛对此非常兴奋,我已经同意他的要求,我们到那个时候交换的原件应该署上在南京完成交换的日期(可能是 4 月 2 日)。

　　对于公开所签文件还没有做出任何安排。

FRUS,1928,Vol. 2,pp. 334-335

美国国务卿致克宁翰电

1928 年 3 月 31 日

　　给公使。国务院 3 月 31 日下午 1 点,你 3 月 31 日下午 8 点的电报。你所签署的照会非常令人满意。国务院没有什么评论。

FRUS,1928,Vol. 2,p. 335

3. 中英宁案交涉

王部长致蓝公使照会

1928 年 8 月 9 日

　　大中华民国国民政府外交部部长王为照会事。关于去年三月二十四日所发生之南京事件,本部长兹特为贵公使声明,国民政府为欲增进中英两国人民幸有之友谊起见,准备依照近日讨论后互相同意之大纲立将该事件解决之。兹本部长以国民政府名义对于本事件虽经调查证实完全为共产党于国民政府未建都南京前所煽动而发生,但国民政府仍负其责。兹对于英国政府代表等所受之不敬及伤害,领馆财产上之损失暨侨民身体上之伤害及财产上之损失,不得不以极诚恳之态度向贵国政府深表歉意。国民政府对于在华英人生命财产迭经本其素持之政策，通令军民长官继续切实保护，现在共产党及其足以破坏中英人民友谊之恶势力业已消灭，国民政府深信此后保护外人自必较易为力。故特担任对于英侨生命及其正当事业决不致再有同样之暴行及鼓动，至当时被共产党煽动而参加不幸事件之该军队业已解散，国民政府且已施行切实办法以惩办肇事兵卒及其他有关系之人。此则本部长堪为贵公使附带通知者也。

国民政府依照国际公法通行原则对于英国在宁领馆馆员及英侨所受身体上之伤害与财产上之损失担任充分赔偿，为此国民政府提议组织中英调查委员会以证实英人从有关系之华人方面所确受之损失，并估计每案中所应赔偿之数目。相应照请查照见复为荷，须至照会者。

右照会

大英国钦命驻华全权公使蓝

中华民国十七年八月九日

蓝公使致王部长照会

1928 年 8 月 9 日

大英国钦命驻华全权公使蓝为照复事。准贵部长本日照会内开：关于去年三月二十四日所发生之南京事件本部长兹特为贵公使声明，国民政府为欲增进中英两国人民幸有之友谊起见，准备依照近日讨论后互相同意之大纲立将该事件解决之。兹本部长以国民政府名义对于本事件虽经调查证实完全为共产党于国民政府未建都南京前所煽动而发生，但国民政府仍负其责。兹对于英国政府代表等所受之不敬及伤害，领馆财产上之损失暨侨民身体上之伤害及财产上之损失，不得不以极诚恳之态度向贵国政府深示歉意。国民政府对于在华英人生命财产迭经本其素持之政策，通令军民长官继续切实保护。现在共产党及其足以破坏中英人民友谊之恶势力业已消灭，国民政府深信此后保护外人自必较易为力。故特担任对于英侨生命及其他正当事业决不致再有同样之暴行及鼓动。至当时被共产党煽动而参加不幸事件之该军队业已解散，国民政府且已施行切实办法以惩办肇事兵卒及其他有关系之人。此则本部长堪为贵公使附带通知者也。国民政府依照国际公法通行原则对于英国在宁领馆馆员及英侨所受身体上之伤害与财产上之损失担任充分赔偿，为此国民政府提议组织中英调查委员会以证实英人从有关系之华人方面所确受之损失，并估计每案中所应赔偿之数目等由。准此。本公使对于国民政府近来所颁处分有关系人暨防止以后发生同类事件之各命令亦已获悉，本公使相信如此表示之意思必能从速完全履行，故代表本国政府承受贵部长照会，认为一九二七年四月十一日致前外交部长公文中所列之要求业已解决。相应照复请烦查照为荷，须至照会者。

　　右照复

大中华民国国民政府外交部部长王

中华民国十七年八月九日

王部长致蓝公使照会

1928 年 8 月 9 日

大中华民国国民政府外交部部长王为照会事。关于去年三月二十四日南京事件发生之问题业经本日换文解决，惟本部长尤有为贵公使声明者。去年三月二十四日贵国停泊南京江面之"爱末拉尔特"军舰向南京城内萨家湾开火，为此国民政府深望贵国政府对于此举表示歉意。相应照请查照见复为荷。须至照会者。

　　右照会

大英国钦命驻华全权公使蓝

大中华民国十七年八月九日

蓝公使致王部长照会

1928 年 8 月 9 日

大英国钦命驻华全权公使蓝为照覆事。准贵部长本日照会关于去年三月二十四日停泊南京江面之"爱末拉尔特"英兵舰对于南京萨家湾开火一事深望英政府表示歉忱等由，准此。查当日所开炮火实系保护炮，专对英国侨民数人因被无约束之兵士殴击，迫而躲避之外国房屋临近地点而发，当时此项人众生命危险，故开炮一层不但为一时采取之惟一办法，以救当地人之生命危险，且使其他生命确实濒危之驻宁各英侨亦得以离境。因此英国政府颇感英国兵舰"爱末拉尔特"采取此种手段藉以保护南京英侨生命财产之必要，虽处一九二七年三月二十四日南京情形之下不得已采取此种手段，英政府深为抱憾也。相应照请查照为荷，须至照复者。

　　右照会
大中华民国国民政府外交部长王

大中华民国十七年八月九日

王部长致蓝公使照会

1928 年 8 月 9 日

大中华民国国民政府外交部部长王为照会事。关于去年三月二十四日南京事件发生之问题业经本日换文解决，本部长兹希望中英两国在外交上开一新纪元，本部长并提议以平等及互相尊重领土主权为原则修订现行条约，并解决其他悬案为进一步之接洽。相应照请查照见覆为荷须至照会者。

　　右照会
大英国钦命驻华全权公使蓝

大中华民国十七年八月九日

蓝公使致王部长照会

1928 年 8 月 9 日

大英国钦命驻华全权公使蓝为照复事。准本日照会内开：贵部长希望中英两国在外交上开一新纪元，并以平等及互相尊重领土主权为原则修订现行条约，并解决其他悬案为进一步之接洽等由，准此。本国政府对于中国修约之要求认为根本合理，且在一九二六年十二月十八日之宣言暨一九二七年一月二十八日七项建议内业经充分表明其政策，并已尽力实行其步骤，以实现此项政策。英国政府兹为对于中国素常维持之友谊与同情的态度作进一步之表示起见，准备依相当程序，由依法委派之代表与贵国政府商议修订条约，英国政府之意决不因南京事件变更以前之对华态度，而认为该事件与修约政策无关系之另一问题。须至照复者。

右照会

大中华民国国民政府外交部部长王

中华民国十七年八月九日

《南京国民政府外交部公报》第一卷第四号，第 114—115 页

众议院有关南京事件的质询

1927 年 3 月 28 日—30 日

张伯伦的官方回答

克莱门特金洛克-库克爵士(Sir Clement Kinloch-Cooke)询问外交大臣，他能否就南京针对英国人的暴行向众议院通报一下有关情况；他是否知道英国领事已被抢劫，英国国旗被焚烧；并且他可否讲一下他计划采取什么样的措施来保护英国人的生命与财产。

回答

张伯伦：我的回答比以往要长，但是这种情形下众议院可能会谅解。

以下是关于最近南京事件的情况：

　　预见到国民军的到来,绝大多数英国妇女与儿童截至星期二,3 月
22 日已从南京撤离。其他外国妇女与儿童的撤离在星期三,3 月 23 日
还在继续,除少部分还在城里外,所有滞留人员都集中到了码头的房屋
里。3 月 23 日夜北方军队开始整体退往江北,留在城里的外国人被集
中到南京大学。国民军于 3 月 24 日星期四凌晨到达,到上午 9 点南京
已在他们控制下。国民军完全失去控制,开始抢劫。大约上午 11 点英
国总领事遭到一群散兵的攻击,继之以抢劫。一位英国人史密斯医生
被杀,总领事翟比南受伤。我很高兴告诉大家,他的伤势不重,而且他
已经安全离开。美国和日本领事那天下午也遭到攻击和抢劫,一名美
国传教士被杀。

　　美孚煤油公司所在小山位于乡村,紧贴城墙内侧,成为所有外国人
的聚集点,那些冒着枪林弹雨到达的人集中在美孚煤油公司的库房里,
由一小股美国士兵保护,他们与江面的军舰建立了视觉通讯。美国领
事就在其中。国民军士兵企图冲进美孚库房,并开始开火,人数不断增
加。于是下午 3 点 45 分英舰“绿宝石号”和两艘美国驱逐舰“诺亚
号”、“普莱斯顿号”开火,将炮弹打在库房周围没有平民居住的地方。
他们的开火立即产生效果,31 个外国人毫无困难地越过城墙撤离,他
们是在英美战舰的海军特遣队掩护下撤退的,特遣队于下午 4 点 10 分
登陆,他们的登陆没有受到阻挠。

　　当天傍晚国民军指挥官的代表来到英国军舰“绿宝石号”上。英
国和美国指挥官要求应立即下令保护外国人;应为所有滞留外国人的
撤离提供护送;国民军指挥官应该亲自到军舰上。包括英国总领事在
内的 15 名英国人仍然下落不明,6 名英国水兵也仍然没有找到。大约
150 名美国人下落不明。没有自中国人那儿接到满意的答复,于是在
第二天 3 月 25 日星期五中午又开了一个会,如果其他外国人没有立即
找到,建议对某些中心地点进行炮击,英国与美国海军指挥官威胁要采
取相应强有力措施。蒋介石正从芜湖顺江而下,他要求在他到达南京
前,英美先不要采取强有力措施,他到达后会保证外国人的安全。上海

英、美、日总司令相应要求他们在南京的海军军官,如果可能,应避免过激行动,以给于蒋介石一个机会来实现他的保证。相应地强有力措施被推迟。下午5点30分总领事与领事馆人员,还有走失的水兵来到英王陛下的军舰"绿宝石号"上,他们和其他外国人遭受了难以忍受的待遇与侮辱。所有美国人也找到了,但是一个被杀,一个受伤。

就我所知,我也不确定我的信息是否完整,英国人的意外包括史密斯医生与一名水手被杀,吉尔斯先生和斯百尔上尉受伤。

台克满先生在3月25日见到了陈先生,在3月26日又见到了陈先生,并就据报道为国民军士兵所实施的史无前例的暴行向他提出最强烈的抗议。

金洛克-库克爵士:这位尊敬的先生看到电报上说如果不是炮击,山上的人就会都被杀死了吗?

张伯伦:根据我已收到的信息,我毫不怀疑,就是与军舰的及时联系和他们的及时措施救了英国与美国公民的命。

特陶先生:就这位尊敬的先生的回答,他是否知道广东军队的总司令明确说,他认为,抢劫与暴行是由北方军队实施的?

张伯伦:我已经见到那种说法,但是来自美国人与英国人的信息正好相反。

鲁克先生:这位尊敬的先生能否说蒋介石将军所作保护外国人的承诺是英国政府认为能够安全依赖的承诺呢?

张伯伦:在目前中国许多地方都处于无政府状态的情形下,不可能说我们能够将安全依赖于这些保证,我们必须关注发生的一切,不是根据其承诺而是根据其履行情况来作出判断。

肯沃斯上尉:鉴于南京发生的这些事件,现在计划将长江流域其他地方的所有其他英国人撤离吗?

张伯伦:此事正在考虑中,但是我想我不会从这儿签发命令。这必须由那里做出决定。

金洛库-库克爵士:这位尊敬的先生可以回答我的最后一个问题

吗？他计划采取什么措施来保护汉口英国人的生命与财产？

张伯伦：我认为，英王陛下政府所采取的措施，现在都已知道，他们除了有某些批评外，总体上还是被接受的。

1927年3月30日众议院的质询

南京暴行

尔斯肯勋爵（通过私人信函）问外交部大臣能否向众院提供关于南京攻击外国人的更多信息。

回复

张伯伦：我希望用部分直接得自英国人的事实，部分由美国与日本代表提供给北京英王陛下公使的信息来补充我前几天的陈述。

实施暴行的士兵所着服装属于程潜将军所指挥的军团，这一事实已为英王陛下的总领事、美国领事和无数英美当事人所证实。抢劫者是一小股通过号声来控制的士兵，在军舰开火后，他们很快被军号召回。英国总领事在水军到达并布置岗哨之前就被包围了。大约三十名士兵于前一晚在副领事的房子里过的夜，这时房子还没有被占领，紧接着再进来时竖起了革命旗帜。外国妇女，包括英王陛下总领事的妻子，吉尔斯夫人，被彻底搜查，并被粗鲁地抢去值钱的东西。许多妇女的衣服被剥掉，其中企图强奸两个美国妇女，但被制止。这些事实能被宣誓证实。

我还进一步了解到外国人不是被北方军队或当地居民所抢劫；后者始终非常友善，并帮助外国人逃走。抢劫和破坏比开始时意识到的要严重，而且对于外国人的攻击是经过认真组织的。英国总领事是主要目标。领事人员丢掉了所有的东西，值钱的东西都在枪口下被抢走了，房子在被抢后放火烧毁，家具被用作木柴。港务局长胡伯先生被杀。

下面是美国人在南京的遭遇：

大约中午，国民军士兵杀死一个美国传教士，并企图谋杀更多的美国传教士，中国警察警告美国领事，除非他能够逃走，否则他们一伙人将被杀死。于是他们一伙人，1 名官员，11 名水手，9 名平民和 2 名儿童，在枪林弹雨中穿过乡村，逃到城墙上方美孚石油公司所在小山上的库房里，许多美国人与英国人已经在那里了。虽然屡次遭到国民军士兵的抢劫与威胁，副领事与美孚石油公司的经理设法将他们阻在屋外两个小时，但是他们最后还是冲进来了，见到屋内人多，又退回去了，并开始向他们开火，而且人数越来越多。于是美国与英国军舰立即向库房周围发射炮弹，这一伙人越墙逃走。

国民军士兵故意向美国领事开火，明知他是美国领事还这样做，是有意要杀死他。开火前，他刚将自己的名片给他们看过，并要求见他们的长官。美国领事被故意抢劫，虽然国民军长官知道这一情况，但是没有采取有效措施来进行保护，直到江上的军舰为了保护美孚石油公司库房里的人而开炮。从上午 8 点开始，全城都在发生着对美国人和其他外国人的杀戮、抢劫和其他暴行，而官方却没有试图阻止，直到下午 4 点 30 分海军炮击之后。美国领事全天都在试图通过警察官员和其他通道见到负责官员，但是都不见他。通过士兵向他与其他美国人所作陈述，以及通过士兵成队行进，听从指挥行动，海军炮击开始后听从军号迅速集中这一事，他相信暴行是有计划的，不可能是一小股军队意外失控的结果。

以下是有关日本人的情况：

3 月 24 日早晨，大约 150 名属于第二和第六国民军的士兵占领了日本领事馆 4 个半小时，他们身着军服，头戴军帽，装备有步枪，他们立刻开始抢劫。一部分士兵攻击领事馆人员的办公室和住处，另一部分士兵攻击领事的住处，而领事正卧病在床，并向他，以及领事馆人员，一名海军官员和水手，还有在领事馆的日本平民开火，并用刺刀威胁他们。两名日本人受伤。军队也抢劫了妇女。军队之后是一群暴民，他们抢走了领事馆人员与平民的所有财物。一所日本人的学校，一个宾馆和两所私人医院被彻底抢劫，并变成军事司令部。士兵最后威胁要放火烧领事馆，在这紧要关头第二国民军第六团的政委出面干涉。紧随其后的是六团的团长,随即设置了岗哨,保护领事馆。第二天下午,领事馆里的人登上了江上的日本驱逐舰。

我这儿也有英王陛下总领事的妻子,翟比南夫人与一位英国公民布朗先生宣过誓的陈述。

肯沃斯上尉:我可以问这位先生他打算下一步就此事采取什么样的措施吗? 他正在进行抗议吗? 发出照会了吗? 或者正在做什么? (打断)你的军队做了什么?

张伯伦:对于英王陛下的政府,以及其公民被如此对待,其国旗被如此侮辱的其他政府来说,采取什么样的措施会比较合适,正在考虑中。

BDFA,Part Ⅱ,Series E Aisa,1914–1939,Vol.32,China,pp.248–251

霍华德致张伯伦函

1927年4月7日

在此我非常荣幸将我于1927年4月5日送给美国国务院建议就南京事件采取行动的照会附送抄件给您。

附:1927年4月5日霍华德致美国国务卿凯洛格照会

我非常荣幸通知您,今天我收到英王陛下外交大臣一封电报,通知我北京美、英、法、意和日本代表现在已经同意分别向他们的政府建议就最近发生的南京事件应采取下列措施:

(a)立刻通过他们在上海的总领事与蒋介石就此事进行会商,并向他提出以下要求:

1. 严厉惩处对杀戮、人身伤害、侮辱和财产损失负有责任的军队指挥官,以及所有相关人员。

2. 国民军总司令应书面道歉,包括防止针对外国生命与财产的暴动与骚乱发生的书面保证。

3. 对人身伤害与财产损失进行全部赔偿。

(b)同时通过上海总领事通知蒋,除非他准备立刻满足这些要求,表现使他们满意,否则相关各国将被迫采取他们认为适当的措施。

也一致同意同时通知陈友仁如下同样的要求:

"接到国政府指示,我受部长指派,向您提出下列要求(也同时向国民军总司令蒋介石提出),以迅速解决由 3 月 24 日国民军在南京所制造的针对我国人民的暴乱所造成的这种现状。"[这儿插入(a)和(b)]

英王陛下政府就自身而言准备在以下两个条件下同意这些建议:

1. 他们完全赞同日本政府所表达的观点,即有理由相信蒋介石正在努力形成一个温和分子的核心,以对抗国民政府中的激进派,这可能会成为中国未来的一个希望,目前对他过分的羞辱是与各国的利益背道而驰的。所以,英王陛下政府强烈建议,以上要求首先交给代表国民政府的陈先生,他被认为对这些暴行负责,这些要求的抄件由上海的领事官员交给蒋。

2. 同意如上引述(b)条建议省去时限,因为英王陛下政府认为其他各国原则上接受如果国民政府拒绝满足这些要求,就要对其实施制裁。

英王陛下政府也充分认识到日本和其他国家政府在采取任何制裁措施前将本国人民撤离所遇到的困难,他们准备留出足够的时间来全部撤离,以及为保护其他国家生命和重要利益而采取的必要措施。然而,他们殷切希望,进行撤离与其他相似行动的命令应立即下达,如果还没有下达的话。

关于实施制裁的问题,英王陛下政府认为应该立即由五个国家对此展开讨论,他们建议可以授权各国在华海军司令拟定一个可以为各国政府接受的共同行动计划,如果有必要,可以采取渐进步骤,从而使该问题最好而快捷的解决。

在将以上信息带给您的同时,我被授意表达一下希望,美国政府可能清楚知道他们应该立刻指示其北京公使,授权他就北京相关五国代表所起草的建议采取行动。

需要补充的是英王陛下在巴黎、罗马和东京的代表正在将被授权的相似照会交递相关政府。

BDFA, Part Ⅱ, Series E Asia, 1914–1939, Vol. 32, China, pp. 280–282

梯雷①致张伯伦函

1927 年 4 月 7 日

非常荣幸地向您报告,接到您 4 月 2 日的电报后,我立即拜访了外务省大臣,并将电报内容告知。

大臣阁下一上来就问我认为南京暴行的目的是什么。我说看起来非常明显是有意对外国人进行有组织的攻击。他同意,但是他说他的意思并不指这个。他自己相信这次攻击是由极端分子组织的,其目的是为了使蒋介石丢脸。他认为这非常重要。如果我们现在向这位将军提出过高要求,而他又不能在不丢脸的情形下满足这些要求,那我们就掉到极端分子的圈套中了。(之后我收到电报,说陈友仁将暴行归罪于反动分子,他们想往国民党脸上抹黑。)我说,对我来说此次暴行不可告人的目的是什么并不十分重要,因为我们仍然有责任防止他们在将来发生。同样,如果蒋介石保证未来不再发生,不论他的目的如何好,我们真的能够依靠他,而放弃任何对于我们公民安全的防范吗?然而,日本外交大臣坚持认为不要做任何损害蒋介石地位的事情非常重要,是我们用以保证与国民党达成合理解决的条件。他自己间接同蒋介石联系,希望促使他不必等到对南京暴行最终满意的解决而给出自己的协议。同时蒋成立一个调查团对此事进行调查,可能这一调查团的成立是受广东政府指示,是由委员会而不是由个人来执行。日本外务省大臣认为应该给他几天时间来获得相关报告。

阁下还告诉我,王宠惠是一个非常可靠的人,他曾经是华盛顿代表团成员之一,正在努力使南北统一,就像奥匈帝国,也就是说除了外交、

---

① 英国驻日本大使。

军队与财政,有共同的委员会来管理外,都是完全独立的行政管理。

当我们谈到如果蒋介石拒绝满足所提要求需要制裁的问题时,我发现日本外务省大臣不仅不建议,而且相信就现实政策来说,没有制裁。封锁将会损害外国贸易,而不会对自给自足的中国造成任何严重伤害;炮击不会有任何效果;广州作为国民党的司令部,可能会看作是攻击的对象,目前非常平静有序。而且,对于与中国贸易的日本来说,不可能与全中国人民对抗。他们已经在中国经历过痛苦的军事占领,而接下来的撤退困难重重。

此次会见后我听说日本外务省大臣也向美国大使宣扬所能建议的制裁形式,即封锁、炮击和军事占领,不会有效。

我想日本外务省大臣谈到北京和天津的危险,以及我们对这些地方的防御很大程度上依赖于日本。阁下说日本在任何时候都能够向天津增兵,虽然他没有说他将派兵。但是他完全不对天津或北京感到紧张。

我有礼貌地提醒阁下,到现在为止,他和德布赫(Mr. Debuch)的对华预测几乎总是错误的,虽然我认为他某种程度上将此听进去了,但是他可能自然对于目前形式的估计没有表现出任何震惊。然而他却非常关切地问,如果中国与他的希望相反,成为社会主义国家,我们该怎么做。我们不能干涉政府的内部制度,只要他正确对待外国人,我们不会抱怨。我可能准备同意这一观点,但是阁下继续说"我们与苏维埃政府相处很融洽",我不能赞成这一乐观观点。

我已将此电报的副件发送英王驻北京公使。

BDFA,Part Ⅱ,Series E Asia,1914-1939,Vol. 32,China,pp. 346-347

霍华德致张伯伦函

1927 年 4 月 8 日

很荣幸将 1927 年 4 月 7 日来自国务院有关中国问题的照会抄件附送给您。

附:1927年4月7日凯洛格致霍华德照会

我非常荣幸地通知您,已收到了您1927年4月5日的第225号照会,该照会中您说英国政府已被告知,美国、英国、法国、意大利和日本在北京的代表已就有关要求达成共识,该项要求将被推荐给各自政府作为解决因所谓国民军士兵在南京对外国领事官及平民实施暴行而引发的问题。

已认真考虑了您所作表述,即英国政府就自身而言准备同意这些建议,如果:1. 该照会首先交给代表国民政府的陈先生,其抄件由上海的领事们交给蒋。2. 英国政府同意省去时限,因为它认为其他各国原则上接受如果国民政府拒绝满足这些要求,就要对其实施制裁。也认真考虑了您的另一陈述,即英国政府认为,关于实施制裁的问题,应该立即由五个国家对此展开讨论,他们建议可以授权各国在华海军司令拟定一个可以为各国政府接受的共同行动计划,如果有必要,可以采取渐进步骤,从而使该问题最好而快捷的解决。

美国政府非常遗憾不能接受原则上如果国民党当局拒绝满足其要求,就要对其实施制裁。它不认为给广州军事司令送去一份要求,就必须采取任何形式的制裁。至于授权美国驻北京公使与各国代表一起向南京负责当局就南京暴行提出抗议,国务院已指示其公使,美国希望就万一那些对南京暴行负责的人拒绝满足这些要求而对其进行制裁的问题保持绝对行动自由。美国目前不准备在制裁问题上与其他列强进行协商。

BDFA,Part Ⅱ,Series E Asia,1914–1939,Vol. 32,China,p. 282

格雷厄姆[①]致张伯伦函
(附:1927年4月11日、12日意大利外交部致格雷厄姆照会)
1927年4月14日

关于我本月12日的第93号电报,此处非常荣幸将我收到的意大

---

① 英国驻意大利大使。

利政府对于我根据本月4号和8号您95与109电报所示就最近南京暴行所采行动的问题给其照会的答复呈上。

附件一

照会

英国大使做得非常好,在本月5日的129号照会中通知皇家外务部部长英王陛下政府同意北京英国、意大利、法国、日本和美国外交代表向各自政府所提建议,即由以上所说各国共同向与在南京所发生严重事件相关的中国国民党当局提出抗议,要求惩处那些对发生的极端事件负责的人,并要求书面道歉,表示禁止对外国人的任何暴力行为,并对损失的生命与财产进行全面赔偿,如果不满足这些要求,以上所说各国有权采取任何被认为必要的措施。

为了感谢英国大使这一礼貌性的通知,皇家外务部很荣幸通知他们,北京皇家公使已通知皇家政府以上所说外国代表所作决定,并于3月30日通过电报授权他参加根据所作建议而计划的集体行动。

皇家政府与英王陛下政府意见一致,应先将各国包含以上要求的照会送给陈先生,因为他代表国民党政府,并将该照会的副本送给广东军队的总司令蒋介石。

意大利政府同意,有鉴于万一国民党政府拒不满足所提要求,各自在华海军司令应该被授权制定将要采取制裁的统一方案,并将其提交相关各国政府,以获得同意。

以上意义的指示已经被送给北京的皇家意大利代表。

附件二

照会

对于本月9日第137照会的回复,皇家外务部部长非常荣幸通知英王陛下大使,虽然皇家政府认为关于南京事件的集体照会在相关国家间就如果中国人拒不满足以上所提照会中的要求而达成协议后再将其提交更为合适,但是此协议一直没有达成,为了各国的团结,为了避免进一步的耽搁,在华外国海军司令就以上所说最终采取制裁的计划达成协议,并取得相关政府同意之前,已经取得一致的要求,应该交给陈博士,并将副本交给广东总司令蒋介石。

意大利政府已经签署指示,将此层意思告知北京的代表。

BDFA,Part Ⅱ,Series E Asia,1914–1939,Vol. 32,China,pp. 283–284

英国与国民党当局有关南京事件的往来文件

1927 年 4 月

Ⅰ.1927 年 4 月 11 日英国汉口总领事致陈友仁照会

受英王陛下政府的指示,英王陛下的外交大臣令我将以下文本交给您(此文同时交给国民军总司令蒋介石将军),以迅速解决 3 月 24 日由国民党部队在南京对英国公民实施暴行所造成的紧张局面:

1. 严厉惩处对杀戮、人身伤害、侮辱和财产损失负有责任的军队指挥官,以及所有相关人员。

2. 国民军总司令应书面道歉,包括防止针对外国生命与财产的暴动与骚乱发生的书面保证。

3. 对人身伤害与财产损失进行全部赔偿。

除非国民党当局的表现使他们满意,准备满足这些要求,否则相关各国将被迫采取他们认为适当的措施。

Ⅱ.1927 年 4 月 11 日英国上海总领事致军事代表蒋介石将军照会

我受英王陛下外交大臣指示,将所附照会交给您,今天已将其交给武汉当局。

Ⅲ.1927 年 4 月 14 日陈友仁给英国驻汉口总领事的答复

(1)国民政府外交部部长接到英王陛下政府 1927 年 4 月 11 日的照会,该照会表示"以迅速解决 3 月 24 日由国民党部队在南京对英国公民实施暴行所造成的紧张局面"。

(2)对于所要求"对人身伤害与财产损失进行全部赔偿",国民政府准备对南京英国领事馆造成的所有损失进行全部赔偿,因为这些损失无论是否如国民政府在 3 月 31 日所做陈述那样是由北方叛军和其他人造成的,中国领土上的英国领事馆受到了攻击这一事实是不容改变的。对于对英国公民的人身伤害与其他财产损失的赔偿,国民政府准备进行所有合理必要的物质赔偿,但是那些被确切证实由 3 月 24 日英美炮击南京或者是北方叛军与其代理人造成的损失例外。"严厉惩处对杀戮、人身伤害、侮辱和财产损失负有责任的军队指挥官,以及所有相关人员"的要求当然假定是占领南京的国民军所犯罪恶。然而 3 月 31 日所发布的基本陈述中却否认了这一罪恶,为了确定这一事件的确切事实,政府正在进行严格调查,包括核实程潜将军向军事委员会报告的重大事件,他占领南京,其部队在南京城内包围并俘虏了大约 3 万名带枪北方士兵,成千上万的非战斗人员不算。程潜将军也报告许多与南京事件有牵连的已被击毙。国民政府认为惩处问题应该等待现在正在进行的政府调查或由国民政府与英王陛下政府即刻成立的国际调查委员会的结果。因为各国法律和文明国家的实践禁止对一个友好国家的公民进行屠杀,当这些公民在他们自己的领土上时更是这样,而且也禁止对友好国家的城市进行轰炸,所以国民政府认为所说国际调查委员会应该调查 3 月 24 日对没有设防的城市南京进行轰炸的背景,也应调查 5 月 30 日英国军队在上海制造,1925 年 6 月23 日英国武装水手与志愿者在沙面,去年英国海军在万县所制造的一系列暴行。

（3）"国民军总司令应书面道歉,包括防止针对外国生命与财产的暴动与骚乱发生的书面保证",因为牵扯到道歉,所以这一要求只有在南京暴行为国民军所犯罪恶的证据确凿后才能满足。所以国民政府认为道歉问题也应该等候现在正在进行的政府调查或者计划中的国际调查委员会对犯罪问题的决定。外交部部长曾对南京英国领事馆据报告受到攻击直接向武汉英国代表表示非常歉意,此处国民政府再次对此事表示非常抱歉。作为一个负责的政府机构,国民政府自然不容许使用任何形式的暴力与暴动来威胁外国人的生命与财产。实际上保护外国人的生命与财产已经多次被宣布为国民政府的既定政策。国民军的指挥当然将被指示不仅要做出这一意义的书面保证,而且还要采取有效措施来保护外国生命与财产。

(4)然而,如果国民政府不宣布并强调对于英国和其他外国在华生命与财产的有效保护的最好保证就是将目前中华民国与列强间的纠纷根源铲除,那将有失公允,而列强仍在继续支持不平等条约体系。正是这些不平等条约构成了对于在华外国生命与财产的主要威胁,而且只要合法政府因外国人坚持对于一个过去伟大而今天重新觉醒的国家来说意味着侮辱与威胁的条件而带来困难,这一危险就将继续存在。相应地国民政府准备并已准备好指定代表团与英王陛下政府的代表团进行谈判,对于中华民国与英国间悬而未决的事务与分歧达成满意解决,保证后者的合法权益,同时在平等互惠的基础上使两国间的国际关系现代化,并明确两国间的利益与关系。

BDFA, Part Ⅱ, Series E Asia, 1914–1939, Vol. 32, China, pp. 286–288

霍华德致张伯伦函
(附:1927 年 4 月 14 日霍华德致凯洛格照会)
1927 年 4 月 15 日

昨天给您发出 202 号电报,此处非常荣幸给您附去在接到您的 190 与 193 号电报后我给国务院的两份照会。

虽然正如几家大报纸的社论所反映的那样,公众的观点赞成美国政府与其他列强一起向广东政府递交同文照会,要求对南京暴行进行赔偿,但是非常明显,这个国家公众的观点完全反对在此事上采取进一步的行动。与此相关,我非常荣幸报告,朴瑞斯巴特瑞教堂的外交使团委员会本月 9 日宣称反对自中国人那儿要求对威廉姆斯医生在南京的被谋杀进行任何赔偿的政策。

所以美国政府自己很可能不会同意加入任何如果广东当局对于所犯暴行没有进行补偿而对其所采取的报复。除非他们抛弃作为中国唯一无私的朋友的虚名,否则是很可怕的,政府此时好像同意默许广东人认为适宜的对其特权的任何破坏。必须时刻记住,在亚洲特权对于美国远远不如对于英帝国重要。

附件一

1927 年 4 月 14 日霍华德致凯洛格

非常荣幸地通知您,我今天从英王陛下外交部大臣那儿接到一封电报,要求我向美国政府呈送英王陛下政府对于就南京事件向广东政府送交同文照会所产生的现状的总体解释。

英王陛下政府认为,一旦没有满足相关照会中所提要求,所有五个相关国家都应对其实施制裁。英王陛下政府只能相信,如果没有满足他们的正当要求,其他相关国家应该坚持他们认为必须的赔偿,否则,所有中国的暴力因素将受到鼓舞,向列强挑衅,并继续对其公民与代表实施暴力。面对这一共同威胁,英王陛下政府非常真诚地希望应该保持五个国家的团结,因为他们从这一团结中看到了保持和平,保护所有国家都一样感兴趣的权利。

有鉴于以上目标,英王陛下北京代表已经被指示努力在五个相关国家的共识中达成如下各点协议:(a)接受或不接受广东人将最终给与同文照会的答复;(b)如果不能满足同文照会中的要求所采取制裁的性质;(c)允许满足这些条件的时限。如果最终证明有必要实施制裁,即使法国与意大利政府不能保证同意实施这种制裁,英王陛下政府也准备与美国和日本政府一起行动。最后,我要补充的是,如果最终不幸证明相关国家不能就广东政府拒绝赔偿后采取什么措施达成协议,英王陛下政府将保留采取他们认为环境所需的行动自由。

附件二

1927 年 4 月 14 日霍华德致凯洛格

非常荣幸地通知您,我今天收到英王陛下政府的电报,通知我北京英王陛下的公使自己认为有责任警告英王陛下政府,存在严重危险,与1901 年相似的情形可能会在北京发生。天津司令对于当前形势的严重性持有相同的看法,并要求在天津和北京的国际军队应该增加到 25000。

英王陛下政府已经承担了防卫上海租界的主要任务。所以希望他们在北方另外承担同样的任务是不合理的,他们已经指示英王陛下的代表,除非能够保证有效的国际合作,否则他必须在必要时为北京与天津的英国人的撤退做出安排。英王陛下政府认识到这一决定对于其他国家,和对英国一样严重,英国也极不愿认为这不可避免,除非日本和美国准备承担对于共同利益的防范任务,以反对同样威胁所有国家的危险。

带给您以上信息的同时,我受命探寻美国政府关于北京和天津的当前事态与应采取何种措施来应付此种事态的看法。与此相关联,我很荣幸做一补充,根据英王陛下政府收到的意见,上面所引用的司令所说 25,000 人估计少了,要求再增派两个师,来把守天津及其各条道路。对于这支部队,英王陛下政府可能会从在华待命部队中出一个旅,但是这个旅在 5 月中旬不能到达,而且到达后的调遣必须由那时的环境来决定。

BDFA,Part Ⅱ,Series E Asia,1914–1939,Vol.32,China,pp.304–305

众议院关于南京与汉口事件的提问
1927 年 5 月 9 日

肯沃斯上尉问外交部大臣关于陈友仁对南京事件照会的答复是否已决定采取任何措施,如果是这样,能否说一下将采取什么样的措施?

张伯伦:我要做的陈述非常重要,我希望它的重要性会从众议院对于我的回答的不可避免的冗长的反应来得到体现。

南京暴行发生在 3 月 23 与 24 日,4 月 11 日英、美、日、法和意大利代表将一封同文照会送给国民政府外交部部长陈友仁。这封照会要求惩办攻击者、道歉并赔偿。4 月 14 日陈友仁给予了回复。给其他政府的照复文字相似,每封照复都有所变化。这些照会内容与细节都不满意。南京暴行的严重性与急迫性被故意避开，而不相干的事情与国民党的宣传则被介绍进来。

当事件在长江流域发生时，对于陈友仁不令人满意的答复，五个政府已经讨论了应进一步采取的措施，但现在情形已经发生了变化。

当暴行发生时，甚至当列强将照会递交时，长江以南的中国明显被统一于国民党政府之下，其首府设在武汉。所以，存在一个对暴行负责并负责赔偿的政府。在陈友仁给予答复的4天内，那个华南统一政府不复存在，陈友仁与他的照会只能代表他自己个人的观点。他不再为国民政府与国民党代言。

南京事件促使国民党各派长期以来存在的分裂很快到来。在南京对外国财产的抢劫，对外国人的射击，是一项长期以来鼓动、抢劫、恐怖主义与谋杀政策的高潮，这项政策的工具是国民军没有支付工资的士兵与大城市里的暴民，但是他的组织与驱动力都是直接或间接借自第三国际。这项政策今年1月在汉口制造反对英国事件失败，由于存在防御军队的保护，未能占领上海。到三月份它开始被指导反对国民党将军蒋介石，共产党妒忌其权利。南京暴动有组织的一面好像是要破坏蒋介石与外国列强的关系。

对于其策动者来说，南京暴行已经在中国产生了巨大而意想不到的反响。不到两个月前，看起来好像南方党和国民军将要从南到北扫平中国。南京阻止了这一胜利进程，如果不是说将其完全毁灭。它将共产党从国民党中分离出去，最重要的是，它使共产党和其外国顾问在整个中国人的眼中声名狼藉。

有鉴于这一重大变化，对于南京暴行的惩治问题需从全新的角度来看。对于暴行负责的武汉政府不再控制南京。真正的攻击者——煽动的共产党已经由中国的国民党自己进行了惩罚，其严厉与有效性是任何外国列强都无法做到的。在上海、广州和其他城市，极端主义组织已经被解散，他们的领导被枪决。武汉国民政府已经失去了其统治地位，目前只是徒有虚名。陈友仁的照会收到他们的答复时他所代表的政权正在消失,他在残破与恐怖笼罩的武汉被潮水般的事件所阻断,一个政府的外交部长已经名存实亡。

到现在为止,就惩治而言,对南京事件负责的高层官员已经以人类历史上少有的快捷与彻底得到了惩罚。而责任与赔偿的问题则应站在不同的角度来看。无论长江南北目前混乱状态中产生什么政府,都要对英国公民因为内战所遭遇的暴行负责,并向其要求赔偿与补救。英王陛下政府希望这样一个政府成立,它应该放弃排外政策,这一政策使它的前任政府翻船。它应该承担它的全部责任,清算过去,在合理的修约基础上建立起一个更好的未来,所有外国政府已表示愿意接受修约,英王陛下政府也已提出了一个可行的计划。一个新国民政府看起来正在南京产生。现在在预测它的力量与政策还早,但是我现在就可以说,因为希望不要阻碍任何其他政府在他们所统治的领土上恢复秩序的任务,列强在处理南京事件时会采取温和政策。

BDFA,Part Ⅱ,Series E Asia,1914-1939,Vol.32,China,pp.359-360

台克满①致张伯伦函
(附:1927 年 3 月 31 日陈友仁致台克满照会)
1927 年 4 月 2 日

非常荣幸地向您报告,3 月 24 傍晚通过海军无线电接到南京中国军队抢劫并攻击外国人生命与财产的消息,我立即去外交部见陈友仁,让他采取所有可能的措施来保证南京外国人的安全,并确保武汉提供保护并保持秩序。英国军舰炮轰南京的谣言已经到处散布。这时还不知道谁为南京抢劫负责,认为是在南方军队占领南京的混乱之中发生的这种事情,更可能是张宗昌的山东军队所为,而不是国民军干的。

第二天,也就是 3 月 25 日,我得到了更进一步的消息,情况变得更

---

① 英国汉文参事。

为严重,我再次拜访陈友仁,并强烈抗议所发生的这次史无前例的暴行,并且据报告这次暴行无疑是国民军士兵干的。我努力使他感受到情形的严重性。我让他尽力保证仍然逗留该城的外国人撤离时的安全,包括英王陛下的总领事,据报道受伤后躺在领事馆中。我将部分海军电报的内容交给他看,这些内容清楚地显示昨天英美军舰只是在救人的最后一刻才开火的,但是我清楚指出事情又在向危急方向发展,除非仍在城里的外国人安全撤离,不得不再次开火,而且外国海军部队为了拯救外国人的生命什么都不能令其停止。陈友仁好像对这些消息感到极为震惊,向我保证他和他的同志们正在尽最大努力保证南京城内滞留外国人的安全,并给我保证,汉口将保持秩序,提供保护。我警告他,如果后一点有任何问题,我们将不得不采取我们自己的措施。

25 日傍晚晚些时候,传来消息,英王陛下的总领事和南京所有其他外国人,除了那些被杀害的,都已撤离南京。

在接下来的一周里,我因为发生在长江沿岸的几起事件,几次见到陈友仁,每次会晤我都不失时机地让他感受到情形的严重性,和暴行的罪恶。陈友仁坦白被我和美国总领事给他的报告深深震惊了,不能相信暴行是国民军干的。3 月 26 日当我问他其政府的态度时,他做了如我 151 号电报中所报告的陈述,即国民政府仍然在等待报告,但是不管进行攻击的士兵属于哪一方,这些暴行都是中国人所为,国民政府不得不表示歉意。将对此事进行最充分的调查,如果证实与国民军士兵相关,国民政府将负此环境下一个政府应负的适当责任。同时,已经采取所有防范措施来阻止其他地方类似暴行重演。他补充说它对于英国军舰炮轰南京保留意见,但是我强烈要求有鉴于当时的环境不应提出这一问题,并请他不要因为这样做而雪上加霜。

从一开始就非常明显,国民政府计划将暴行归之于北方敌人为了离间其与列强的关系而策动的。我几次警告陈友仁,企图用这种方式躲避责任是愚蠢的,并强调国民军制造暴行的事实,根据英、美、日所有外国报告,已被证明是确凿无疑的,并指出对于其政府来说,唯一要做的就是立刻进行充分补救。他好像真的被我的陈述与论述所震惊,但是每次当我再见他时,发现他又回到了反革命阴谋的老一套上来。3月30与31日,我给了他自南京接到的几个电报的摘要,好像给了他特殊的印象,我给外务部的第229号电报中所载日本报告的大纲也给了他。在31日早晨,关于这个日本报告,他告诉我,他已立刻向日本领事馆寻求证实与进一步的细节,但是日本领事馆不能提供任何确证与细节。我知道他们正在忙着准备一个逃避责任并将此次暴行归咎于其敌人的宣言,但是3月31日早晨这次陈友仁好像充满了疑问与迷惑。然而,同意傍晚晚些时候,他派人找我,并交给我这件陈述(见附件),让我转告你,我170电报中有这份陈述,这儿在第二天早晨见诸报纸。交给我这份文件的同时,他强调这是一份初步的陈述,并说调查正在进行中,并在仔细搜索罪证。关于国民军是暴行制造者的话我已经说尽,所以我只是指出陈述中没有提到赔偿。他答道,这是普遍原则,当然国民政府需负责任的部分理所当然地由他们赔偿,当我进一步要求他解释的更详细一点时,他说这自然包括对于由国民军进行抢劫所造成损失的赔偿。在一个简短的谈话中,为了支持他们所认为的此次暴行是由北方敌人所鼓动的,他告诉我,两个星期以前,张宗昌的一位使者来汉口企图谈判,说如果张的提议遭到国民政府的拒绝,他将想办法离间他们与列强。陈友仁是否真的相信这些反革命阴谋故事的真实性,我不敢确定;然而,好像无疑实际上恰恰相反,如果此次暴行不是基于在过去几个月中恶毒的排外与反英宣传,将外国列强,特别是英国与长江沿岸内战中的北方联系起来,而是在此之外另有其他特殊原因,如果有任何阴谋的话,这一阴谋就是由共产党和极端分子所策划,可能想给蒋介石将军制造麻烦,他是国民党政府中更为温和的因素。

在汉口这儿中国人非常紧张,空气中弥漫着紧张的气氛,由于银行职员的罢工,劳工运动,和此处作为外国共产党代表的中心,外国银行继续关闭,这更加剧了此处的紧张气氛。但是此处表面上非常安静,没有标语,以及其他政治与排外的宣传。

附:1927 年 3 月 31 日陈友仁交来的声明

对南京最近事件进行调查的调查委员会已交来一份初步报告,证实了这一显著事实,这场混乱显然是反动与反革命分子所为,北方叛军与其白俄雇用军失败之后,在混乱状态下,他们鼓动残余叛军(其中许多都穿着从之前被俘国民军士兵获得的军装),与当地地痞攻击与抢劫该城的外国人。

程潜将军指挥的国民军于 3 月 24 日上午 5:30 进入南京,在其完全恢复秩序之前,英、美与日本领事馆受到攻击,几个外国人不幸被杀,一些外国财产遭到抢劫。程潜命令将一些参与攻击与抢劫外国人的暴徒正法。4 到 6 个外国人被报告在混乱中遭到杀害,大约六个受伤。另一方面,估计(需要证明)因英美军舰炮击而造成的中国事故,伤亡超过 100 个。

一方面,国民政府不得不谴责在南京对于英国和其他国家领事馆的攻击,对于死去的外国人,以及受伤的英国总领事和其他外国人深表歉意,同时他们对于英美炮舰炮轰具有众多人口的南京表示强烈抗议。

BDFA,Part Ⅱ,Series E Asia,1914-1939,Vol. 32,China,pp. 407-410

飞利浦①致张伯伦函
1927 年 5 月 16 日

事情如此变幻莫测,没人能预测新成立的南京政府能否长久,在这样的环境下,我确信对于南京我们最好的策略是采取观望与等待的态度,而不急于在该城内重建我们的领馆。而且在采取这一步之前,我认为三个大国都对南京暴行已经有了一个满意的解决。一个大国在其他大国之前重建领事馆将是一个软弱与接受羞辱地位的行动。我相信事情不会以这种方式结束,所有三个领事最终将以一种正式方式同时

---

① 英国代理南京总领事。

回来。

BDFA, Part Ⅱ, Series E Asia, 1914–1939, Vol. 33, China, p. 72

蓝普森致张伯伦函
1927 年 10 月 24 日

你或许有兴趣知道，10 月 14 日通过上海总领事我接到南京政府，关于我是否愿意恢复关于南京事件的谈话的非正式询问。

10 月 21 日我回答道，撇开南京政府不是十分稳固，我还不能与其严肃交往这一事实不说，有鉴于南京事件中负主要责任的程潜将军被委任为南京军事委员会主席，现在官方已对此确认，我不准备对此事重新恢复对话。

你可以把这一消息作为你的文件，但是如果你把它严格保密，我会非常感激。

如果试图同你们政府重开关于解决这一事件的谈判，如果你让我知道，就像我现在做的这样，我会非常高兴。

我认为我们都同意相互通报这件事的有关进展是非常重要的。

BDFA, Part Ⅱ, Series E Asia, 1914–1939, Vol. 33, China, p. 371

蓝普森致张伯伦函附件
1927 年 12 月 28 日

4 月 11 日由英国、美国、日本、法国和意大利总领事在汉口交给陈友仁的解决南京暴行的原有条件是：

1. 严厉惩处对杀戮、人身伤害、侮辱和财产损失负有责任的军队指挥官，以及所有相关人员。

2. 国民军总司令应书面道歉，包括防止针对外国生命与财产的暴动与骚乱发生的书面保证。

3. 对人身伤害与财产损失进行全部赔偿。

有鉴于暴行的性质，这些明显是适当的条件，实际上也是列强能够接受的最低要求。陈友仁 4 月 14 日的回复明显只是为了宣传，没有解决事件的诚意。之后汉口政府很快事实上的消失使再和陈友仁探讨此事已经没有意义，但是张伯伦先生于 5 月 9 日在众议院说："无论长江南北目前混乱状态中产生什么政府，都要对英国公民因为内战所遭遇的暴行负责，并向其要求赔偿与补救。"

当一个新政府在南京成立并继承了武汉政府的责任时，英王陛下政府不希望使其困窘，所以有意没有对他们提出他们的要求。实际上非常希望这个新政府的政要有长远的眼光，自己主动解决这一事件，它明显是未来中英关系中的一个障碍。那时南京政府错过了一个很好的机会，如果抓住的话，可能会产生有深远意义的结果。曾经有个时期他们看似将要迈出正确的一步。今年 5 月我决定访问上海，虽然主要是为了向英国海军和军事首脑咨询，但是一定程度上也是因为我从我的老朋友王宠惠那儿得到暗示，我到上海可能会为一次自由与真诚的会谈提供机会，这次会谈可能会对南京事件有个满意解决，并会全面改善中英关系。然而在上海我没有与伍朝枢或其他南京政府政要有任何直接接触。

BDFA, Part Ⅱ, Series E Asia, 1914–1939, Vol. 33, China, pp. 133–134

蓝普森致张伯伦电
1928 年 2 月 23 日

下面是 2 月 23 日致上海 11 号电，同时将此电告北京（29 号电）：

"我无法判断此时对于南京事件的解决会发生什么事情，但是主要困难可能集中于对于人身伤害与物质损失的赔偿上（参见去年 5 月 3 号电中我们的要求）。我还没有想清楚如果这一困难果真发生了该怎么处理。另一方面，如果坚持让南京政府做我们知道超过他们财政来源的事情更是愚蠢。我们可以冒险接受任何最终并不保证对英国损失进行合理赔偿的解决方案。（原文如此）所以我的意思是我们应该集中力量使南京政府接受承担责任这一总的原则，而赔偿的实际数额与赔付方式最好留给即将在南京成立的联合调查委员会,去年 5 月我向王宠惠提出的这一建议。但这就够了吗？我们不想给对方一个解决方案,然后发现到了赔付的具体问题时他们只是支吾搪塞,什么也拿不出。

如果你仔细考虑这个问题,我将非常高兴。我们希望解决,如果我们能够恰当地解决的话,但是解决办法必须保证国家尊严。一旦我们获得这样的条件,我们向现在南京的当政者提出的条件越简单越好。

你肯定会和许立德(南京总领事,译者注)保持密切联系并就所有这些问题与其相商。如果计划中的调查委员会成立,他自然成为英方代表。"

BDFA,Part Ⅱ,Series E Asia,1914–1939,Vol. 34,China,p. 195

巴尔敦致张伯伦电
1928 年 2 月 28 日

2 月 24 日与黄郛进行了会谈,我们共同回顾了南京事件会谈以来的历史,结果大致如下:

1. 他认为他可以对南京事件表示歉意,但是有鉴于总部严格控制着宣传,直接反对反英情绪的明确方法是多余的。

2. 关于惩罚一事,不能牵扯程潜,但是可以给英方其他人的惩罚计划,并会告知林祖涵已逃走。

3. 对于赔款将要要求的数额,他感到某种程度的忧虑,但是他提出了某种分期付款的计划。

4. 他非常希望保留有关轰炸和修约的条款,并建议对于前者进行赔偿,但是我要求他不要谈论这个问题。

他希望获得解决的目的是加强他自己和他政府的地位,所以从他的角度出发,解决方法必须与这一目的一致。他希望在您到达之前,指派一位代表与我继续会谈,我将王宠惠的方案及其中文补充交给他,这一方案为去年六月会谈破裂负责。美国公使于 2 月 25 日到达,在 2 月

26 日的一次会谈中,他说他已经告诉黄郛,他要直接去汉口,2 月 28 日离开,也许会乘坐战舰到重庆,但是虽然他不拜访南京,黄郛可以与上海的美国总领事就此事件进行非正式会谈,这样的结果可能是他在返程时可能会安排拜访南京。我同意让马慕瑞了解事件的经过与发展,并告诉他我与黄郛的会谈,和你给黄郛的信息。他好像得到了与我自己非常相似的指示,当中国人与日本总领事接触时,美国、日本和英国与中国的会谈就会同时进行,我猜想他会与其他总领事保持联系。2 月 27 日许立德与黄郛讨论了南京英国财产的保护问题,我正在等待消息。

BDFA, Part Ⅱ, Series E Asia, 1914–1939, Vol. 34, China, pp. 201–202

蓝普森致张伯伦电
1928 年 3 月 5 日

3 月 5 号我到达上海,我发现,上次上海 15 号电报之后,英王总领事与黄郛的代表金先生取得了很大进展,现在的情形是:

黄郛准备递给我一份照会,回顾过去未达成解决而作出的努力,并表示准备在 1927 年 6 月 3 日王宠惠草案的基础上继续会谈,以早日解决。

我正答复他同意继续与他在这个基础上谈判。现在正在修改中的所拟实际解决方案将会随后电告。

所作修改在我看来大体上可以接受,假如我正确理解了你在目前情形下的期望,即以合理和不太苛刻的条件来尽快解决这一事件,黄郛对此也非常重视。

目前草案的价值取决于此前交给我的文件中的条件,与第 2、3、4 段一致,我也计划提出一个条件,即总领事在领事馆修理以前,以一种与国家尊严一致的方式回去并居住。我知道黄郛准备提供一个临时住所。

相关领事将被告知大概情形,我会非常高兴尽早得到您可能希望进行如此修改的指示或暗示。

巴尔敦致张伯伦电
1928年3月5日

以下来自英王陛下公使:

"以下是我上封电报所提到的方案:

巴尔敦将通知蓝普森,与金先生非正式会谈的结果,以下几点可以作为解决的基础:

将1和3合并。

1927年6月3日的草案如下:

第1段　外交部部长照会表示歉意,虽然经过调查,发现南京事件是在南京国民政府成立前由共产党鼓动的。

第2段　已经采取或将采取惩罚与南京事件相关人员的具体措施将由南京国民政府主动公布出来,最迟与照会一起,但是与照会分开,并将提前非正式交给英国政府,并由其接受。

(金先生说提到程潜是不可能的。)

巴尔敦将会(? 省略)蓝普森这一叙述。

第3段　签署禁令,禁止任何危害外国生命与财产的暴力与暴乱,该禁令的签署不迟于所说照会,但是与照会分开,将提前非正式交于英国政府,并为英国政府接受。

(金先生建议下达提供保护的命令。巴尔敦认为这与英方的观点不符。)

第4段　国民政府接受根据国际法法规,对于关于造成的人身伤害和财产损失进行赔偿,相应的中英联合委员会将成立,以确定由相关中国人所造成的英国人的实际伤害与财产损失,并估算每起案件所应赔偿数额。

(金先生建议国民党当局将制定一个赔款计划,赔款数额最终由双方商定,并将该计划交给英国公使,双方都非常清楚不会坚持任何无法执行的要求。金先生表示国民政府想要立即修缮南京领事馆。)

第5段　国民政府外交部部长的照会将会提到英国炮舰对于南京的轰炸,并且国民政府殷切地希望英王陛下政府将表示歉意,并对相关损失进行充分赔偿。"

英王陛下政府的回答将大致如下:

英国政府非常抱歉,情形紧迫,所采取措施对于保护英国人的生命与财产绝对必要。在此情形下不能提出任何赔偿问题。

第6段　最后,请允许我希望在南京事件解决后,两国外交关系将开始一个新纪元,并进一步建议,为了消除煽动者利用散布危害中外友好关系的邪恶因素所存在的环境,贵政府将会同意尽快采取措施进行修约,并在平等、相互尊重领土主权的基础上调整重大问题。我冒昧要求阁下将此照会交给阁下政府,并希望给与答复。

英国政府的答复大意是英国政府一直是友好的,对于中国人民渴望对现存条约关系进行重大修订抱有同情,1926年12月18日的宣言,1927年1月28日的7条建议,都证明了这一点,实现这些建议主要取决于国民政府表现出友好与真诚。

BDFA,Part Ⅱ,Series E Asia,1914-1939,Vol.34,China,pp.213-214

蓝普森致张伯伦电
1928年3月8日

现在正在辩论,但这很难免。有人提出建议说我访问南京将会促进解决,但是我坚决的否定了这一意见,明确表示,我已做好准备,南京事件一解决,我就访问南京,以说明解决的重要性,并指派许立德为英王的总领事。我确信这是唯一的选择,也是你会希望我采取的行动。

现在金先生已将第2段与第3段中所说文件的草稿交给我们了,我们已口头建议进行正在思考中的修改。第4段中的赔款数额还没有告诉我们,我预计这将成为需要克服的主要困难。

黄郛还没有来上海,但是可能他会星期五到达这儿,我可能那天晚上会在晚餐时私下与他会面。我不能随南京政府的高兴,在这儿无限期的等下去,我计划宣布我必须下一周末离开,不管解决还是没解决。除非黄郛表现出在那儿真心解决,否则我的其他业务办完后待在这儿也没有意义,我将这么告诉他。

BDFA,Part Ⅱ,Series E Asia,1914-1939,Vol. 34,China,pp. 226-227

梯瑞尔①致巴尔敦电

1928 年 3 月 8 日

以下交给英王陛下公使:

"新草案当然看起来向谈判解决迈进了有希望的一步。然而对于第四段中提到国际法是否意味着中国人将尽可能的减少他们对于可被证明是士兵所造成的损失的责任和赔偿,期待你的意见。国民军总司令也必须要表示歉意,或者是以他的名义对此表示歉意。只要与我们有关,我们谈判解决的目标之一就是要求对未来安全有一个合理的保证,避免遭受这种暴行,而这好像不会从一个不能使其军事领导人道歉的政府那儿得到。然而,你 5 月 31 日的草案完全没有提到总司令,我不清楚你是否认为现在我们被暗示不能坚持此点。

对于第 5 段和第 6 段,我怀疑是否我们应该同意外交部部长的照会应该提到'轰炸'或修约。我非常愿意通过尽可能满足中国人保留面子的希望来促成解决,但是如果不能达成解决,遭受损失的将是国民政府,而不是我们,因为那样我们就不再受我们不能与其他地方政府就有关我们利益的事件进行会商这一假设的制约了。

所以你认为对于中国人来说,仅仅允许他们在事件解决后立即交换的补充照会中提到这几点,这样的让步足够吗?我们战舰所发射的炮弹当然不是普遍意义上对南京的'轰炸',我认为我们不能允许这个

---

① 英国外交部常务次官。

字出现在计划同意了的照会中。我不知道日本和美国公使对于这些谈判持什么态度,因为最终的条件可能要与他们一致,我将非常高兴知道他们的观点。期盼你对以上各点的意见。"

BDFA,Part Ⅱ,Series E Asia,1914–1939,Vol. 34,China,pp. 227–228

蓝普森致张伯伦电
1928 年 3 月 9 日

有鉴于程潜的名字在谈判过程中不可避免的要提到,我必须让你知道,从一开始,中方就告诉巴尔敦,虽然程潜指挥负有责任的第 6 军,但是不存在将其姓名列于对此次暴行负责的人名中。我们对于这个问题不让步将会导致谈判失败。对此我认为他们是认真的。南京政府的处境目前并不稳定,这种刺激有可能会将正在湖南打仗的程潜赶到对方怀抱,这可能会给他们致命一击。我在广州询问有关问题时就得到了这一解释。所以我请您同意在目前的初期谈判中就不要提到他。

BDFA,Part Ⅱ,Series E Asia,1914–1939,Vol. 34,China,p. 230

蓝普森致张伯伦电
1928 年 3 月 10 日

3 月 10 日我第一次与黄郛会晤。此时巴尔敦与黄郛的代表金先生在会谈中已做了大量有价值的初期工作。

你 15 号电报中第 4 段与第 5 段的各点不难满足。对于第 2 段,我一直怀疑有问题的词语,但是公开挑战国际法的应用原则好像显得并不明智。

我们正在寻求将该词改成"对英国生命与财产造成的所有人身伤害和物质损失"。

您来电第 3 段又提出了一个我们以前没有涉及过的问题,我认为,在这个阶段坚持提到国民军总司令将会毫无希望,也就是说,如果英王陛下政府想得到立即解决的话。

如果一切顺利,我希望提出交换一系列文件的草稿。但此时我要求关于赔偿的指示。第 4 段中规定的讨论基础的计划还没有给我。英王陛下政府希望我坚持将现金赔付的正是计划交来作为解决的关键部分吗? 或者他们准备满足于接受南京仅仅承认完全赔偿的责任,只是提供非官方的非正式赔偿计划? 外界人士对于英国应要求赔偿的大略估算为 50 万英镑,但是困难是美国和日本也要提出赔偿数额,南京政府自然尽力避免在他们知道要求赔偿的总额之前使他们自己受制于对我们应赔付的实际数额。

如果解决方案被通过,我建议乘船去南京,正式建立关系并重开总领事馆。

关于与美国和日本公使核对解决方案的条件,在我支配的时间里我几乎看不到怎样来做到这一点。美国公使在去重庆的路上,后者在北京。我们在进行谈判,给他们最后的草案好像就足够了。同时,美国和日本的总领事正在和黄郛的其他代表谈判,他们对我们的谈判非常熟悉。如果更进一步将意味着停止谈判,美国公使和我自己回到北京,这样谈判就会无限期的耽搁下去。

BDFA,Part Ⅱ,Series E Asia,1914–1939,Vol. 34,China,p. 231

蓝普森致张伯伦电

1928 年 3 月 11 日

经过持续的会谈,我们现在达成了下面的共识:

黄郛坚持解决方案的最后照会中第 5 段第 6 段中包括炮击与修约两项。我已告诉他英王陛下政府坚决反对此点。我这一方面已清楚表示我必须坚持要求对于赔偿的精确赔付计划。

最后,我们表示如果他们能够满足我的后一要求,我将建议英王陛下政府满足他们前面的要求。

为了将问题集中到以上各点,并使您能够尽早作出决定,除了赔付计划外,解决方案中的所有文件的文本,修订后几乎都符合你 15 号电报中的要求,黄郛和我已经通过,现在等待您的同意。

这些文件包括:

外交部长最初照会的翻译。

回复草稿。(文本见我的 22 电)

惩处命令的翻译。

保证将来的命令的翻译。(文本见我的 23 号电)

外交部长交来解决方案最后照会的翻译。

回复草稿。(文本见我 24 号电)

(c)和(d)项下的命令将分别签署,但是不能迟于最后照会的签署。

我认为这些文本代表了黄郛在不危及自己地位的情形下所能够答允的最大让步,如果有关赔偿的安排能够为英王陛下政府接受,我希望我可以早日接到授权我在这些条件的基础上解决的权利。

赔付问题可能仍然带来很大的困难。

黄郛现在希望明天回到南京向政治委员会报告。

BDFA, Part Ⅱ, Series E, Vol. 34, p. 232

蓝普森致张伯伦电

1928 年 3 月 12 日

3 月 11 日与黄郛进行了 4 个小时的会谈,但是没有从他那儿得到任何被认为满意的赔付计划。作为第一步,我主要是集中为史密斯和胡伯的死亡,吉尔斯与斯皮尔斯的受伤要求 35,000 英镑的赔偿,剩余部分则按照规定的数额在规定的时间内分期偿付。黄郛的答复是,南京政府没有钱,国民政府绝不会在第二个辛丑和约上签字,并告诉我们一个绝密信息,他能够答允提前赔付所有外国的最大数额是 200,000美元(20,000 英镑),剩余部分一旦由计划中的调查委员会确定,将尽快赔付。

他明显最重视的是对领事馆而不是对死伤的赔偿。我解释称要迎合公众的意见,应将后者放在第一位。

他最后建议将应赔数额分成两部分,(1)个人,(2)其他。国民政府先提前拿出1,200,000美元作为所有国家有关国民的赔付,其他应赔数额由调查委员会确定后分期偿付。我进一步让他确定分期次数与数额,但是他认为这是不可能的,因为他根本不知道美国、日本和其他国家损失的数额。同时对于任何确定的数额都没有保证是不行的,特别是像史密斯夫人和胡伯夫人那样的情况更是不允许这样。前者现在上海,处于贫穷与崩溃的可怜状态。我想这种事件无法利用庚子赔款基金。

黄郛坚决拒绝提供任何可能赞同的任何书面赔偿计划。但是最终他同意这一困难可能会被克服,代之以向中方与英方调查委员会发出相同的指示,赔偿计划实际上就包含在这些指示中。这些指示的措辞可以在会上起草,他准备让我们知道这些指示,不需要附信,以草稿的形式,就像他在两个关于惩治与未来保证的两个政府命令事件中一样。

非常明显,继续向他施加压力也没有用,唯一的选择是:(a)在接到指示前立即破裂,或者(b)报告他的计划,我同意后者。他随即答应立刻向南京的政治委员会递交了给中国调查委员会的指示草稿,下一封电报将电告您草稿的内容,并尽快通过金先生电告结果。同时我答应得到您的指示。

这样现在的情形是如果英王陛下政府希望的话,某种解决就近在眼前了。相应的,我们的要求就降的很低了,而且调查委员会可能在满意的实际赔偿数额问题上无限期拖延。但是当去年决定不立即要求具体赔偿数额,而是先暂时搁置时,能够满足我们所提要求的时刻已经过去了。

另一方面,如果英王陛下政府不准备做出这个解决方案所包含的牺牲,我可以非常容易的告诉黄郛,他的赔偿计划并不充分,英王陛下政府必须要求多少多少的最小数额(或许我可以得到关于可以接受的最小数额的说明),除非这种我们想要的方式被接受,我将立刻返回北方。这非常可能，但是我害怕这可能不会产生所希望的效果。

与英国解决南京事件，特别是在目前，对于南京来说真是非常重要，但是我们也不要忘记，不解决对我们自己也是有害的。它不仅影响我们在长江下游的地位，对我们与控制上海的当局的关系产生负面影响，而且也抵消了现在与南方建立联系的良好影响，并有将国民党当局送入极端主义分子怀抱的危险。这最后的危险是我长期以来注意的一个。我并不是装作这个解决方案非常满意，或者是它不会受到批评，特别是在这个地方以外，但是总体上我更倾向于接受这两个恶果中较轻的一个。

我已向此处相关的四位总领事充分解释了谈判情形（除了所说的200,000 美元，我需保守秘密），以便他们转告他们的公使。我的印象是，总体上来说，他们都认为这些原则下的解决可能是能够获得的最好结果。

我非常高兴尽早获得指示，因为我可能 3 月 15 日会从黄郛那儿获得回信。除非将会达成解决，否则呆在这儿非常难受。

BDFA, Part Ⅱ, Series E Asia, 1914–1939, Vol. 34, China, p. 236–237

蓝普森致张伯伦电

1928 年 3 月 12 日

以下是对所应赔款数额的粗略估算：

1. 个人：1,300,000 美元，350,000 赔付死者与伤者，剩余的赔付个人损失。

2. 其他：3,530,000，其中 2,840,000 美元赔付国际出口公司自己，所有其他赔付都包括在剩余 690,000 美元项下。

BDFA, Part Ⅱ, Series E Asia, 1914–1939, Vol. 34, China, p. 238

张伯伦致巴尔敦转蓝普森电

1928 年 3 月 14 日

南京事件。参见你 3 月 10 日的 19、21、22、23、24、25、26、27 号来电。

非常遗憾,对于计划交换的照会中所包含的解决办法,我只是感觉非常担忧。我不能授权默许外交部部长照会中第 4 段中的措辞,将我们说成"炮击"该城市,虽然该城市被强调不是被"炮击"。开炮只是为了帮助阻止对于英国和其他外国居民的屠杀。这一行动根本不是我们能够表示歉意的行动;我们也不必为此而有负罪感,这从答复的草稿中就可以理解。后者看上去是我们无条件的投降,并暗示了一种侮辱,与对事实的歪曲,对此英王陛下政府在任何情况下都不能够允许。

第 5 段存在同样的情形。12 月的备忘录和修约计划奠定了英王陛下政府对于修约的政策。然而,这个问题与南京事件不能被认为有任何联系,它被插入只是为了暗示对于不平等条约的愤怒是暴行的原因,并为其提供了理由。我非常愿意尽可能促成一个合理的解决,但是向这些不诚实的无理要求妥协什么也得不到。

南京事件的实际解决本身看上去并不比上面所说的两个条件更为满意。虽然我们最初的要求已经被大大削减,我还是准备撤销悔过信中特别指出总司令的责任,虽然他自己应该表示歉意。然而在惩处的命令中,名单给人以只是掩饰的印象。拒绝接受这样的名单,除非你认为所列名单实际上是真正的凶手,因为参与 3 月 24 日的排外暴行而被审讯并枪决,这样是不是更好?

解决价值的另一体现是足够的赔偿,但是 24 号电报中照会草稿给我们的保证是指定一个联合委员会,对于所估计赔付的数额将会足够或将支付都没有保证。而且如果委员们对于他们将遵守的规则有争议的话,没有指定权威来解决争议。这封电报起草后,收到了你的 25、26 和 27 号电报。它们确认了我之前对于现在所提供解决不满意的印象。

这些考虑暗示这样的结论,谈判中中国人追寻的唯一目标是用总体上不满意的解决来从我们这儿换取一个有羞辱性的声明。所以,我认为完全使谈判破裂,并通知国民政府,我们现在必须让他们采取对于此事他们认为合适的行动,这样将更有尊严。如果他们真的希望解决,他们可以,例如,在南京创造条件,使外国人的居住,与我们总领事在那儿恢复居住更为安全,在确定所遭受的所有损失之前,先支付一大笔钱,例如 1,000,000 美元,用于赔偿主要的个人伤亡。如果他们给出这样或相似的证据证明他们真的希望抹去他们好名声上的污点,我们可以恢复谈判,对于双方都很满意的解决就会非常容易达成。但是如果他们更喜欢追寻缺乏真诚的政策,我们只有拒绝任何谈判,让问题悬置。

同时没有解决这一事件完全不会阻碍通过英王陛下的南京总领事与南京政府建立联系,但是国民政府必须采取措施来保持秩序,为英王陛下总领事提供非常安全的适当住所,以促成此事。总而言之,我们是受伤的一方,国民政府必须迈出第一步。如果是这样的话,这么羞辱性的解决即使是为了保护巨大的物质利益怎么能够被证明有道理,更不用说根本不确定他们实际上被保证。

BDFA,Part II,Series E Asia,1914–1939,Vol. 34,China,pp. 245—246

蓝普森致张伯伦电

1928 年 3 月 16 日

所谈条件某些方面明显是应反对的。我同意你不希望提到修约或者开火(正如你电报中所说,没有用"炮击"),虽然我们的答复削弱了其不利影响。赔款的计划也肯定不充分。同时南京政府的困难境况必须被考虑,还有他们照会草稿中所说,他们不是直接对此事负责的人。接下来就需要讨论是按照能够获得的条款解决好呢,还是放弃谈判好。如果要达成解决就必须有某种妥协,获得有利条款的唯一办法就是采取强硬路线,拒绝与南京政府对话,直到事情解决,即使他们到达北京,并看起来要成为中国政府也是如此。对于我来说好像很难采取这样的政策,而且也不明智,因为美国与日本可能会在我们之前解决。至于让此事悬置,不是很清楚这是否可能。就是不管赔款,可能在伦敦看起来可行,我们不能够或者解决,或者回到我们谈判的起点。两边都表现出了友好的感情,谈判失败自然会严重影响我们刚刚建立的声望。即使南京政府满足了您第 5 段中所说的条件,我并不认为一位总领事应该在南京事件解决前就回去。与撤出谈判的危险相比,条款本身对于我来说显得并不重要。我 25 号电报第 7 段所暗示的结果,我愿意再重复一下这个警告。虽然事件的解决中所获结果并不容易估计,但是在伦敦,谈判破裂明显是一个更为严重的事件。所有重要问题:汉口、盐、上海市政代表、海关等等,都会受到损害,而国民党领土上的所有英国臣民和他们的商业都会受到损害。我也担心如果我们对南京当局态度强硬,他们会更为激进,虽然这种事谁也不能确定,俄罗斯对于我们来说是一个例子。共产党现在仍然是中国最有组织的,宋子文非常害怕他们,他告诉我的。所以,我们关心的不仅仅是南京事件,而是我们与国民党整体的关系问题,或许是很危险的。去年 12 月份对俄国人的驱逐自然使其转向其他的外国人寻求帮助,这就会使当前形势以及汉口、广州、上海的贸易转好。谈判破裂将严重影响对于英国善意信心的恢复,而这一信心此时已有了充满希望的回升,将代之以不信任与破灭。这样的机会对于整个中国的破坏性力量来说非常难得,不能失去,可能会对英国的权益造成无法弥补的损失。为了强调破裂这一决定的重要性和严重性,我详细阐述了与此事相关的广泛意义的政策,而不是细节。同时我个人可能与英王陛下政府一样不喜欢相关条款。黄郛的一个秘密代表今天下午将拜访我,之后我将电告并尽力建议与最新发展相一致的最后措施。在我知道国民党是否已接受现在的草案之前,建议对等方案为时过早。

BDFA,Part Ⅱ,Series E Asia,1914–1939,Vol. 34,China,pp. 247–248

蓝普森致张伯伦电

1928 年 3 月 18 日

昨天晚上我和黄郛谈了 3 个小时,按照你 21 号来电中所说向他充分解释了英王陛下政府对于所拟各款的态度。

他则叙述了他在南京为了保证他的政府接受所拟各款而做的努力。党委会中有的成员仍然反对与英帝国主义的任何解决,其他人则并不认为一个一年来没有解决的问题需要现在解决,需要蒋介石、谭延闿和黄郛的影响来说服委员会,除非南京事件解决,否则克服第三国际对于中国和各国,特别是英国的离间将更加困难。即使这样,他仍然被攻击没有坚持对于炮击带给中国人民的损失的赔偿。

他没有通知我就发表了这两个命令,是因为他感到要不就马上发表,要不就永远不发表,现在任何改变已被两个委员会通过的照会草稿的企图,都将意味着重新开始谈判整个问题,没有任何成功的希望。

虽然我竭尽所能向他一点一点的解释我们的目的,他还是坚持自己的立场,而且非常明显,虽然他无疑非常希望解决,但是他并不准备尝试照会草稿以外的不可能。他最后表示更改给赔偿委员会委员的所拟指示,长时间的谈判使他提出在交换照会的一个月内为英国赔偿提供 15,000 英镑,第一次赔付之后的 4 个月内再提供 15,000 英镑,意思是不存在在相关国家中按比例分配的问题,这些钱将由我们自己决定用作两个寡妇估计的应赔数额。他也同意两个委员不同意的情形下,应该提交与该事件没有利害关系的仲裁者,或者由两个委员选择并相互认同。

他个人认为,他已尽可能使英王陛下的总领事回到南京,以及我访问南京,显示出他的政府希望解决的真诚。他已经设法为许立德弄到了最好的房子,并重新装修,蒋介石将军为了迎接我而推迟了出行。

他明确表示,他真的不能再做什么,并且他请求我让英王陛下政府接受现在提出的解决方案,因为已经做了这么多,公众不可避免的关注,并为我拜访南京做好了准备,现在破裂将意味着对于正在总体上向着比较友好关系发展的运动来说是一个严重的倒退，而这个运动正在获得动力，对极端主义分子与他们俄国同情者来说也是一个相应的收获。

在对所有赞成和反对的争论进行了最充分的和最仔细的思考之后，我感觉有必要记录我的意见，拒绝目前所答允的条件将会是一个非常严重的错误。

我强烈的感觉到，接受不会造成损害，可能会有很大好处，而拒绝肯定会对我们目前和将来与国民党政府的关系造成巨大伤害。就北方政府来说，我们永远不会得到比现在能够得到的条件要好，所以我请求可以接到接受这些条件的命令。

黄郛要在上海呆到 3 月 20 日，如果能够在此之前使我能够接到您的最后指示将会有极大的帮助。

昨天日本领事告诉英王陛下总领事，他向东京建议利用这次机会去解决，美国总领事说他希望他的谈判也能够取得解决。

BDFA, Part Ⅱ, Series E Asia, 1914–1939, Vol. 34, China, pp. 253–254

蓝普森致张伯伦电

1928 年 3 月 18 日

我或许应该说得更清楚一点，确定的赔款数额是刚开始的赔偿，继之还会有原先安排得更多赔偿。

BDFA, Part Ⅱ, Series E Asia, 1914–1939, Vol. 34, China, p. 254

张伯伦致巴尔敦转蓝普森电

1928 年 3 月 21 日

我非常赞同你所报告最近这些进展具有非常令人为难的性质，而且现在决裂可能会产生更为严重的情形。

同时，这些进展并没有改变我们对于计划交换照会中牵扯我们在南京开火的侮辱性条款，以及对于修约的整个附加问题的基本反对。

此处我不可能维护这些条款,所以非常遗憾,尽管你紧迫请求,我不能授权你签订条约。

然而,我准备采取另一个办法,并不是因为我认为它令人满意,而是因为你强烈坚持有必要以任何条件来立即解决这一事件。

我准备将两个命令的发布看作南京政府希望接受承担此次事件责任,并防止此种事件在将来发生的象征。我也准备承认现在为接待你和许立德回南京所做的准备是某种公开道歉,以及友好表示。所以如果南京政府令你满意的确认他们先支付 30,000 英镑,并同意放弃交换草稿照会一事,我将授权你前往南京,安排许立德在那儿,让他进行此后有关赔偿的所有谈判。

你当然会认识到即使这一让步,我也将面临严厉的批评,特别是该事件这样解决所涉及的财政方面。所以我也必须坚持,如果日本和美国政府在任何方面获得更多优惠条件,英王陛下政府将保留同样被对待的权利。

BDFA,Part Ⅱ,Series E Asia,1914–1939,Vol. 34,China,p. 258

蓝普森致张伯伦电
1928 年 3 月 22 日

3 月 21 日晚黄郛离开上海前往南京,不再继续等待答复。

今天 3 月 22 日早晨,我见到了他的秘密代理人和顾问张乔,我们整个商谈过程中他作为一个非官方媒介帮助很大。我告诉他英王陛下政府任何情况下都不会准备授权交换包含以任何形式涉及对南京开炮或是修约的照会。

几乎好像是知道了你电报的内容,张立刻主动建议,如果黄同意,可以放弃交换照会的想法,代之以南京政府发布第三个命令,承担照会草稿中所说的全部赔偿,但是不提具体国家,并且然后黄应该邀请指定英方赔款委员帮助中国委员完成命令中的条款,给中国委员的命令不变,规定五个月内支付第一部分英国赔款 300,000 美元。

其后我告诉他现在有两个方案供黄郛选择：

（a）彻底放弃照会草稿中的第 5 与第 6 款，这种情况下我可以签字；或者

（b）—（1）按照计划，发布第三个命令，该命令的内容提前经我同意。

（2）一个双方同意的备忘录将由外交部的金先生和许立德先生签字，记录给中方委员的命令，并另外包括一条款，特意包含了您 25 号电报中最后一段所提各点。

（3）一封双方同意的邀请我们指定英方委员的信函。

如果选择以上所说任何一个方案，我将立刻前往南京。

我已明确表示，这是最后的方案，如果不能接受任何一个，我将在 3 月 25 日离开上海前往北京。

金先生今天晚上亲自前往南京将这一消息告诉黄郛，并带回他的答复。为了防止误解的可能性，许立德将陪同他前往。

我已经利用您第 25 号电报中倒数第二段的授权提出（b）方法。

BDFA,Part Ⅱ,Series E Asia,1914–1939,Vol. 34,China,p. 276

蓝普森致张伯伦电

1928 年 3 月 24 日

今天 3 月 24 日早晨许立德从南京回来了，报告了他此次访问结果如下：

黄郛对于英王陛下政府的态度表示非常遗憾。他不理解为什么英王陛下政府否定了最后的解决方案，只是因为他们知道已包含在了去年六月方案里的几款。他已经大大背离了那一方案，而且为此而招致了骂名。做出让步是为了满足我们的愿望，而现在英王陛下政府突然在多次表示友好后拒绝包括修约。一年来，他一直在为恢复中英友好关系而努力。现在对英国的感情日益升温，突然来了这样一个打击。他真的害怕共产党的活动。我们本来可以通过解决南京事件减缓危

险,但是现在他恐怕人们将会怀疑英国外交部大臣公开演讲的真诚,而且他发现这些事实被公布后很难来解释他自己的立场。他必须向中央委员会准确报告所发生的一切。他必须让人们知道发生了什么,他害怕会得到最坏的结果。肯定会有一个非常严肃的反应。他没有其他选择,因为他已经因为签署两个命令但并没有从我方得到任何反应而招致了谴责。

他的真诚非常明显,而且可以被证明:

(a)他与英国公使会晤后,不顾强烈反对竭尽全力争取解决。他去过上海两次,已经不能够再做更多了。

(b)他不等我方任何行动就签署了两个命令,完全相信他的行动会得到我方慷慨的反应。

(c)他改变了最初的六月方案,将许多他政府中某些成员认为非常关键的问题都放弃了,他为此而遭到了谴责。

(d)尽管困难很大,他还是为总领事准备了他能够在南京找到的最好房间,并做好充分准备进行最热烈的欢迎,而现在他不得不进行解释取消。

(e)他也因为保留一大笔现金以满足赔款的紧急支付而招致骂名。这非常难能可贵。他已经严格地进行了这场游戏,所有事情都被保密,但是现在人们必须知道他不对此次谈判失败负责。

他一再强调,他向他的政府解释这些改动经历了很大困难,他们抱怨有太多的改动,但是他始终力劝接受,而且只是因为相信我们的真诚他才继续前进,做了所有准备。

现在一切都破灭了,他将被严厉谴责,而且他不可能向委员会再提出改动,而没有我们的书面保证,如果接受,我们将认为南京事件结束。

他再次对英王陛下政府此前从未清楚表示拒绝包括修约表示奇怪。对于我们来说确认外交大臣经常说的话肯定没什么意义,但是对于他们来说将其包括进去却意义重大,特别是有鉴于在说服政府中某些成员放弃其它问题时经历的困难。为了他的目的,他必须将修约包括进去,他已经消减了一切可以消减的,并受到了谴责,他不能再做更多。

总之,他现在最大限度能够做到的,提交他的政府同意的就是:

(1)放弃相互道歉,只是相互礼节性拜访,没有任何书面的东西。

(2)在单独的一个照会中提到修约,但是与最后的照会同时递交。

(3)如果接受以上建议,赔款将采纳英国外交大臣关于赔款命令将采取什么形式的建议。

BDFA,Part Ⅱ,Series E Asia,1914–1939,Vol. 34,China,pp. 277–278

蓝普森致张伯伦电

1928 年 3 月 24 日

很明显我呆在上海也没有用了,所以我将于 3 月 25 日离沪赴京。

正如我在 32 号电报中所指出的,我们现在必须面对因南京谈判破裂而可能产生的强烈反响,但是那也在所难免。

对于黄郛给许立德的建议,我认为即使现在采纳它们也不会起到什么作用。他们给我的印象是不能接受。

同时我可以参照中国与日本和美国的谈判结果。许立德在南京居住的问题可以暂时搁置。

BDFA,Part Ⅱ,Series E Asia,1914–1939,Vol. 34,China,pp. 278–279

巴尔敦致张伯伦电

1928 年 3 月 25 日

张乔一直与黄郛保持着私人联系,在其个人要求下,公使阁下推迟了几个小时的开船时间,以便收到黄郛自南京通过金先生送来的个人信息。

金先生不能确保条件(b)会被接受,并明确表示条件(a)不可能被接受。他继续为修约问题辩解,并建议,由于他只是黄郛个人能力范围内的代表,他不能让后者对于他们 3 月 27 日下次会见时政治委员会最终接受条件(b)作出任何保证,即使公使阁下愿意等到那时候。

很明显,任何进一步的讨论或耽搁对于公使阁下来说都是毫无意义的,他于今天中午踏上了到北京的旅程。在他离开之前,他向张建议,双方都应避免让媒体对于谈判搁置和他的离开作不恰当的评论。

BDFA,Part Ⅱ,Series E Asia,1914-1939,Vol.34,China,p.282

张伯伦致蓝普森电

1928 年 3 月 28 日

我推想导致谈判破裂的唯一原因是南京政府坚持关于修约的照会与南京事件最后的解决照会同时递交。

这一推想正确吗? 还有其他实质性重大分歧吗?

如果是这样的话,我应该解释,我一直强烈反对任何关于南京事件解决的文件中包含像修约这样毫不相干的事情,现在也是,因为我不允许,在构成单纯补偿一个严重暴乱的行为中,国民政府能够声明作为此种补偿的代价是他们能够确保将其他事情列入实际解决条款中。然而,正如我 15 号你在上海时给你的电报中所说,我不反对他们在另一份文件中紧接着提出这一问题或其他任何问题,现在我也不反对他们在完成有关解决该事件的照会签字后马上另外递交给你一份关于修约的照会,也不反对你对该问题作友好回答,明确英王陛下政府依然遵守他们 1926 年 12 月与 1927 年 1 月的声明。你好像几乎要达成协议了,我希望你利用现在给你的自由处理的权利尽可能达成一项协议。

BDFA,Part Ⅱ,Series E Asia,1914-1939,Vol.34,China,pp.282-283

蓝普森致张伯伦电

1928 年 3 月 29 日

如下面的解释所示,你第 84 号电报的第一段在某些方面是不正确的。

英王陛下政府反对我 221 到 226 号电报中所报告的解决方案,原因如下：

（a）他们不会允许在解决方案中提到任何有关修约问题或南京炮轰问题。

（b）而关于解决所涉及其他各点，道歉、惩罚或补偿，解决方案的每个方面都不能令人满意，也不充分。

相应地我说服中方谈判者提出一个关于赔偿改善的计划，包括答应 5 个月内支付 300,000 美元，一旦负责估算的官员间产生分歧，将提交仲裁。我再次向英王陛下政府表示应该接受这一修改的解决方案。

英王陛下政府准备接受南京国民政府已经公布并得到我同意的关于他们修改过的赔偿数额的两个命令。这并不是被作为最后的解决方案接受，但是考虑到我所说的谈判决裂的危险，这已足以使我前往南京在那儿设立英王陛下的总领事。同时，英王陛下政府完全拒绝允许有关炮轰或修约问题被包括在解决方案中。

如我 29 号电报中所说，这些命令形成了我放在外交部长面前两个可供选择的方案的基础。第一个选择实质上是，之前交给外交部的修改过的解决方案，但是不能提到修约问题和炮击问题。第二个选择实质上是，对于我能够建议的最具权威的赔偿方式的肯定，另外，如外交部电报的最后一段所要求的，保留享有给予其他国家优惠待遇的权利。

我 3 月 25 日离开上海前和金先生的谈话，以及英王陛下总领事在南京的谈话，都表明，第一个选择是不可能的。南京当局可能能够给予的最好条件是不提炮击问题，但是相应的英方也放弃让他们道歉的要求，而修约问题在提交包含最后解决方案的照会的同时单独递交。结果将会使最后的照会包含非常少的内容，我从您指示的无条件服从性中得出，这将不会为英王陛下政府接受。

而对于第二个选择，我从您第 25 号电报中得出，英王陛下政府不可能认为这样的条款令人满意。而且，从上下文，特别是从那封电报的最后一段来看，看起来，他们并不准备将此作为最后的解决。再者，即使我答应给与关于修约的书面声明，看起来外交部长能否将这个计划提交给南京的政治委员会也很难说,即使他同意将其提交给委员会,两天后才能提交,而且他也不可能保证他们会接受它。

而且,从我收到的决定性指示来看,可以肯定事情已经陷入僵局,也不能找到任何理由来使我要求对指示修改。在我看来,如果我在上海再呆下去,而不能对成功有任何保证,将会使我处于非常尴尬甚至是危险的境地,将会很难向英王陛下政府解释。我推迟启程的事实将被南京当局当做他们可以重新开始讨价还价整个进程的证据。金先生犹疑不决与缺乏诚意的态度充分说明了这一点。

BDFA,Part Ⅱ,Series E Asia,1914–1939,Vol. 34,China,pp. 285–286

蓝普森致张伯伦电
1928 年 4 月 1 日

以下电报来自上海,第 55 号:

有鉴于我 52 与 53 号电报,我认为今天晚上许立德先生与金先生及其同事们会谈的结果知道之前最好不要接触张。

如果他们表示希望与我们根据美国条款解决,我会与张安排恢复谈判的最佳方法,相关方面都不丢脸面。

我个人的意见是美国的结果,优于(a)或(b),通过你的(省略)使其成为可能,我们可以不失尊严的不用再进行谈判而立刻以同样的条款解决,如果中方希望如此的话。可以想的到,他们可能会试图报复,声称对于英帝国主义,我们现在要特别提到万县,等等,但是我认为任何这样的企图都将被我们认为是公开挑衅,并会如此对待。

许立德先生和我都反对您目前返回南京的想法,我们建议,如果发生什么事情,许立德先生拿着照会到北京请您签字就足够了,总司令可能下个月来访问南京,参加某项就职典礼。

BDFA,Part Ⅱ,Series E Asia,1914–1939,Vol. 34,China,p. 290

蓝普森致张伯伦电
1928 年 4 月 1 日

以下来自上海，第 57 号电报：

张今天下午来看我，从黄郛那儿带来一个信息，感谢您的私人信件，并表示希望现在已与美国达成协议，可能与英王陛下政府早日达成协议。

张问英王陛下政府是否会接受基于美国解决方案的条款。我说我将把这个询问转给您，并问您是否会同意向英王陛下政府要求一个明确的指示，并告诉他结果。

张告诉我，在一个私人谈话中，黄郛表示你们的谈判已经为美国谈判铺平了道路，他现在更意识到了您工作的重要性。

张暗示我们可以按照我们自己起草照会的文本，可以简单地将第5、6 段分成单独的文件，但是我指出任何与现在已被接受，很快就会被公布的美国文本的不同，除因我们不同的环境所作必要修改外，都将带有歧视的意味，可能会产生不良印象。

我可以建议将美国照会的文本电告外交部，要求给与指示，是否可以接受以下修改？

1. 美国文本，做尽量少的修改。

2. 将起草的最后的英国文本分成三个文件。

不管哪种情况，我认为我们应该坚持美国（省略）来作为补充备忘录。

BDFA,Part Ⅱ,Series E Asia,1914–1939,Vol.34,China,pp.290–291

4. 中法宁案交涉

中法两国关于解决南京事件致法代办照会
1928 年 10 月 1 日

大中华民国国民政府外交部部长王为照会事。关于去年三月二十四日所发生之南京事件,本部长兹特为贵代办声明,国民政府为欲增进中法两国人民幸有之友谊,准备将该事件立即解决之。兹本部长以国民政府名义对于本事件虽经调查证实完全为共产党于国民政府未建都南京以前所煽动而发生,但对于在宁法国人民所受财产上之损失及身体上之伤害不得不以极诚恳之态度向贵国政府表示歉意。国民政府对于在华法人生命财产业经本其素持之政策实行切实保护,并已施行切实办法以惩办参与该事件之兵士及其他人员。现在共产党及其足以破坏中法人民友谊之恶势力业已消灭,国民政府深信此后保护外人自必较易为力,故特担任对于法侨生命及其正当事业决不致再有同样之暴行及鼓动。国民政府为保持两国友谊起见,对于法侨所受身体上之伤害及财产上之损失预备依照国际公法通行原则及早予以充分之赔偿,为此国民政府提议组织中法调查委员会,以证实在该事件发生地点法人从华人方面所确受之伤害及损失,并估计每案中所应赔偿之数目。相应照请查照见复为荷。须至照会者。

　　右照会
大法国驻华代办

法代办复王部长照会
1928 年 10 月 1 日

　　大法国驻华代办高为照复事。准贵部长十月一日照会内开各节,本代办与贵部长同样准备在维持及发展中法两国人民友谊之基础上解决南京事件,法国政府本此精神承受,对于一九二七年三月二十四日法国人民在南京所受身体上之伤害暴行及物质上之损失而向其表示之诚恳歉意,国民政府明白表示惩办之意思,本代办深为满意,并深信国民政府对于处分犯罪者及惩办应负责之人必能从速履行。国民政府将来当然能以各种办法保护境内法国人民,并保证以后不再发生同类事件。本代办对于设立中法调查委员会,其委员由双方选定以审查及估计各法人在法国民主政府保护下之业产所受物质上一切损失,以备补偿各节深表同意。本代办且确信国民政府履行以上各点之责任时确能发展中法两国之友谊,本此心理,本代办认定于最短期内履行此项责任即可作为根本解决因南京事件而发生之各问题也。相应照复,即请查照为荷。须至照会者。

　　右照会

大中华民国国民政府外交部长王

《南京国民政府外交部公报》第一卷第六号,第 128—129 页

致法代办照会

1928 年 10 月 9 日

　　大中华民国国民政府外交部部长王为照会事。兹本部长为增进中法两国固有之友好关系,提议与贵国政府为进一步之接洽,以平等及互相尊重领土主权为原则,修订现行条约并解决其他悬案。相应照请查照见复为荷。须至照会者。

　　右照会

大法国驻华代办

《南京国民政府外交部公报》第一卷第六号,第 129—130 页

法代办复王部长

1928 年 10 月 9 日

　　大法国驻华代办高为照复事。接准十月九日贵部长照会,表示修改中法两国所订条约并解决两国间悬案之希望等因,准此本代办特向国民政府保证,中国人民以美善之基础努力于政治与司法上之发展,并在可能范围内实现其不为特种义务所限制之主权之愿望,本国人民对之深表同情。法国政府本其传统之自由观念,对于法国人民与中国人民历来所有之友谊深愿重行保证,并希望发生机会,俾两国原有条约上不需要或不适用之条款经双方同意正式修改。相应照复即请查照为

荷。须至照会者。

右照会

大中华民国国民政府外交部长王

5. 中义宁案交涉

中义两国关于解决南京事件来往照会

中义宁案业于本月八日换文解决，吾方照会由王外部长签字，义方复照由义国驻平公使签字后寄交上海义国总领事嘉伦梯氏面递王部长。正式交换两方照会原文如下：

王部长致义公使照会

大中华民国国民政府外交部部长王为照会事。关于去年三月二十四日所发生之南京事件，本部长兹特为贵公使声明，国民政府为欲增进中义两国人民幸有之友谊起见，准备依照近日讨论后互相同意之大纲立将该事件解决之。兹本部长以国民政府名义对于该事件虽经调查证实完全为共产党于国民政府建都南京前所煽动而发生，但对于在宁义人生命之丧失不得不向贵国政府表示其诚恳之歉意。国民政府业经施行切实办法惩办参与该事件之人员，并继续充分保护在华义国侨民之生命财产，此则本部长堪为贵公使通知者也。国民政府依照国际公法通行原则对于在宁义人生命之丧失准备给予相当之赔偿，并提议组织中义联合委员会以估计该项赔偿之数目。相应照请查照见复为荷，须至照会者。

右照会

大义国钦命驻华全权公使华

义公使复王部长照会

大义大利国钦命驻华全权公使华为照复事。接准贵部长本年九月二十四照会内开：为照会事关于去年三月二十四日所发生之南京事件本部长兹特为贵公使声明,国民政府为欲增进中义两国人民幸有之友谊起见,准备依照近日讨论后互相同意之大纲立将该事件解决之。兹本部长以国民政府名义对于该事件虽经调查证实完全为共产党于国民政府建都南京前所煽动而发生,但对于在宁义人生命之丧失不得不向贵国政府表示其诚恳之歉意,国民政府业经施行切实办法惩办参与该事件之人员,并继续充分保护在华义国侨民之生命财产,此则本部长堪为贵公使通知者也。国民政府依照国际公法通行原则对于在宁义人生命之丧失准备给予相当之赔偿,并提议组织中义联合委员会以估计该项赔偿之数目,相应照请查照见复等由,准此。本公使又获悉国民政府之命令及其表示之意思,故代表义大利政府承受贵部长照会,认为一九二七年三月二十四日南京事件业已解决。相应照复贵部长查照为荷,须至照复者。

　　右照会

大中华民国国民政府外交部长王

《南京国民政府外交部公报》第一卷第六号,第 124—126 页

八、日本加紧对东北的扩张

30 年代初期,日本在世界经济危机的影响和打击之下,加紧向中国东北地区的扩张行动。在国内掀起了"满蒙危机"的大肆喧嚣,并在1931 年达到了高潮。其第一阵浪潮是围绕中国东北当局修建所谓"满铁包围网",危及了日本的"生命线"。第二阵浪潮是利用中国政府拟在东北地区"废除治外法权"问题而引起的。在此期间,日本军部根据1931 年度的形势判断,制订了《解决满蒙问题的方策大纲》,规定在一年左右的时间里,对中国东北地区采取军事行动;而关东军则已在东北磨刀霍霍、蠢蠢欲动。为了把"满蒙危机"的浪潮推向顶峰,日本又先后制造了万宝山事件、中村事件。

1931 年 3—4 月间,日本驻长春领事馆怂恿中国奸商郝永德,在长春县三区的万宝山附近租得土地,然后又非法转租给朝鲜人耕种,引起了该地区中、朝两国民众的纠纷。7 月 2 日,日本领事馆警察闯入万宝山村,抢占民房,射杀并逮捕中国农民,制造了"万宝山事件"。日本随后向中国当局提出了无理要求,并在朝鲜掀起了反华排华的浪潮。

在该事件一波未平之际,日本军部和关东军又策划了另外一个事件。6 月初,属于参谋本部部员的陆军步兵大尉中村震太郎,一行四人经过化妆,奉命从索伦前往洮南的兴安屯垦区,从事军事间谍活动。中国东北屯垦军发现后,予以拘留,并将其处决。日本军部在 8 月以后,借"中村事件"大肆渲染,为武力侵占满蒙制造战争舆论。

万宝山事件和中村事件,是日本阴谋侵占中国东北的两个重要事件,实际上就是"九一八"事变的前奏和预演。中国东北当局和国民政府,为此与日本进行了交涉,但均无果而终。

本章主要资料来源:

中国第二历史档案馆编:《中华民国史档案资料汇编》第五辑第一编《外交》,江苏古籍出版社,1994年

中央档案馆、中国第二历史档案馆、吉林省社会科学院合编:《日本帝国主义侵华档案资料选编:九·一八事变》,中华书局,1988年

辽宁省档案馆编:《"九·一八"事变档案史料精编》,辽宁人民出版社,1991年

辽宁省档案馆、吉林省档案馆、中共吉林省委党史研究室合编:《万宝山事件》,吉林人民出版社,1990年

罗家伦主编:《革命文献》第33辑,台北,1964年。

（一）万宝山事件

说明:1931年3—4月间,日本驻长春领事馆怂恿中国奸商郝永德,在长春县三区的万宝山附近租得土地,然后又非法转租给朝鲜人耕种,引起了该地区中、朝两国民众的纠纷。7月2日,日本领事馆警察闯入万宝山村,抢占民房,射杀并逮捕中国农民,制造了"万宝山事件"。日本随后向中国当局提出了无理要求,并在朝鲜掀起了反华排华的浪潮。中日政府为此事进行了12次交涉谈判,但当地农民权益并未得到补偿,后"九一八"事变发生。

1. 东北当局的交涉

长春市政筹备处致驻长春日本领事函
1931年6月3日

第143号

径启者:据长春县报告,乡三区万宝山地方有大帮韩人约二百名,并外雇华工多名,强挖民田,导引伊通河水,业经公安局饬令停工,不听

制止。并据受害地主二百余户来处呈称,该韩人等挖掘沟壕宽约三丈,深在三丈以内不等,长约二十余里;此壕工作强横进行,已完大半,损坏良田一百余垧;将来渠成,一值大水之年,附近良田二千余垧悉将直受水害,等语。经长春县政府一面先将招致韩人之郝永德传押候办;一面呈奉省政府电令实行制止挖沟,勒令解散。据申永均、李福树、金龙洙、崔相基、朱日兴、李锡泰代表韩人百余名,于五月三十一日向县公安局结称,情愿停止工作,于二日内全体回长。乃至六月一日竟翻称,至死不能停工出境。经公安局择要带同申永均、李福树、金龙洙、崔相基、李锡泰、金泰俊、孙炳浩、李向阳、姜日荣、朴成龙等十人解县详讯,挖壕工作类皆垦种稻田之人。并据声称,就中头目计凡李锡昶、朴鲁成、郑替玉、李德瑞、徐龙云、李造化、金东善、沈亨泽、郑元泽九人均住头道沟,壕沟路线均由该头目等指令开挖;后经官府拦阻,当即停止;该头目以沿壕路线占用之地均已租妥,只管开挖,故尔继续工作,等语。长春县政府正查讯间,复据报,又有韩人一百多名仍旧工作,不听制止。除令公安局续派警队前往勒令解散外,特将带城之申永均等十名解送本处讯办,并请严重交涉,将教唆强占民地硬挖沟壕之李锡昶等九名依法严办。至受害各地主一切损害,一俟查明再行续请转饬照数赔偿,等因前来。查租种稻田例须经过官府许可之程序。郝永德租种长春乡三区万宝山民地开辟稻田,并未正式经过核准程序,而暗中勾结之李锡昶等九人辄竟唆令大帮韩人强挖地邻田地至二十余里之长,将来附近民田二千余垧皆将永远受其损害,官府制止,竟敢置若罔闻,实属目无法纪。除将带到申永均等十人先行引渡贵领事查收讯办外,其教唆主要各人犯并希一律依法严办,用彰法纪,而息群怨。所有民户一切损失,一俟查明,再行续洽办理。一面仍将贵方办理情形迅予见复为荷。

《日本帝国主义侵华档案资料选编:九·一八事变》,第75—76 页

长春市政筹备处致吉林省政府代电
1931 年 6 月 7 日第 151 号

关于长春县万宝山鲜人强挖稻田水道一案,本月三、四两日本处致日领原函业经抄陈,计邀钧察。本日接奉钧府歌电,长春县警早已撤退,日警何时撤去? 据复电夺,等因。遵即一再洽询,迄无正确表示,一面催对前函速复。顷据日领第三十八号函称:接准第一四三号及第一四五号来函,内关万宝山附近水田纷争问题,敬已阅悉。查关于本件,其鲜人耕作水田,曾经契约之相手方郝永德与地主间之了解,且契约者郝永德与贵国官宪之手续亦无不完备。是以彼等从事工作,确系完全出于善意。况彼等均系贫弱,今既消费若干之资金,其视现在之工事已下必死之努力。顾刻以垂成之工事,而令其停止,是陷其于完全失望之境,将使彼等有徘徊道途之感。似此情形,前已面谈,今以彼等之生死重大问题,而复令其退去该地,则本官断难承认。且本官前以当地贵我亲密之关系,而对于本件之圆满解决,曾百方譬解,以期无伤感情。惜贵方始终不为采纳,而必欲诉诸强力退去鲜人,则尤为本官最遗憾者也。今所希望贵处长者,仍请对于反对地主及农民出以最善之调停,以期根本之和平圆满解决。再撤退敝方所派警察一节,查敝方派遣之本意,原非对抗贵国军警压迫鲜人之目的,倘或贵方不以退去鲜人为前提,而取圆满解决之方针,且能保证彼处之和平,则无论何时皆可撤退。相应函达查照为荷,等因。查四月十六日郝永德与地主萧翰林等十二户订立租种稻田五百垧之契约内,有此契于县政府批准日发生效力;如县政府不准,仍作无效,等语。该案既未经县正式核准,而同日郝永德与鲜人李升薰等九名订立租种稻田五百垧之契约,亦未经县核准有案,以上两项契约,即令核准,亦只能以萧翰林等允租之地为限。今韩人李升薰等九人所挖通引伊通河水道,竟无端强占二十里内孙永明等二百余户之地,实属不法行为。按照文明各国通行法律,孙永明二百余户既受不法侵害,自应一律回复原状。其鲜人所受损害,让一步言,即属善意,亦只可向郝永德要求赔偿,断无对契约当事人以外之人之所有权而横行占有之理。该领事复函主张各节,核与事实、法律均有未合。现在本处及辽吉各日领既分投交涉,似应据此理由,一致应付,以免纷歧,而资解决。至辽宁日领与主席约定双方先行同时撤退警察,再行据理解决一节,现在县警既已撤退,日警违约不撤,究应如何办理之处,除分电张主席行辕外,理合电请鉴核示遵。

《日本帝国主义侵华档案资料选编:九·一八事变》,第76—78页

长春市政筹备处与日本驻长领事馆关于调查万宝山鲜人垦种稻田开掘水道问题之临时协定办法

1931年6月8日议定

一、中日双方警察即时悉行撤退。

二、本案鲜人与地主农民间之纠纷问题,由双方派员实地会同调查,并延请中日双方调解人协同调查。

本案事实调查完竣后,依照公平最善之办法解决之。

三、该处鲜人应立时停止挖掘及建筑通引伊通河之工作。

四、本案解决后,该处鲜人再行分别去留。在未经解决以前,鲜人停止工作期间,由长春县公安局负保护之责。其业经工作之现状暂不改变。

本案调查完竣后,由双方于最短之时间解决之。

《日本帝国主义侵华档案资料选编:九·一八事变》,第78页

长春市政筹备处致日领函

1931年6月12日

第159号

径启者:双方派员会同前往长春县万宝山实地调查鲜人垦种稻田与该处多数地主农民惹起纠纷势将冲突一案,据会查结果,所挖水道长约二十余里,确系强占未经合意租得之民地;并拟筑堰横断伊通河流,既妨船运交通,且沿岸民田均有广漫淹没之害,该项引水计划,绝对不

能允许，各情，曾于昨日抄附调查结果情形函达贵领事查照在案。本处意旨，该项水道计划，既然绝对难以实行，自无妨按照租得稻田改种旱稻，径与地主改订契约，以免纠纷而起冲突。如因水道用地未能租妥，不愿耕种，原租稻田仅可废弃稻田租约，由本处责成现在长春县羁押之契约对手人郝永德赔偿损失，以示体恤。至该项鲜人现有损失，日前贵领事述及，约达日金三千余元，由本处责令郝永德负责赔偿，亦属顺理成章之事。昨晚贵领事于午后十时迄本日午前二时，为长期之洽谈，本官曾以此项意旨，先行奉告。乃贵领事意旨，以谓"韩人贫弱可悯，所挖水道工作，将次完成，拟令韩人于本日继续实施河流水堰工作，以免有误本年农作"等语。本官聆听之余，至深诧异。查双方会同派员调查以前，贵领事深以当地多数地主农民强烈反对为虞，窃恐发生冲突，警察军队相继从而加入，扩大不幸之纷争，故有会同实地调查之举，冀图和平正当之解决，在本案开始调查未经解决以前，双方警察悉行撤退，鲜人水道一切工作悉行停止，以免冲突，亦为双方议定解决本案之前提，今兹若果幡然舍弃和平正当解决方针，复令鲜人继续水道工作，为扩大双方冲突之导火线；违背原约，实属有伤信义，其不可者一。鲜人强挖水道工作，初未得关系地主之同意，以前犹可托为契约对手人之欺蒙，强以善意自解。会查结果，事实大明，犹复悍然强施工作，则是以前工作皆出于恶意。而贵领事乃竟为恶意行为之主动者，其不可者二。中日两国唇齿相依，韩人在东三省垦种为业者达数十万，我邦一视同仁，初无歧视。今以左袒韩人强占民地，横断航运交通之不法行为，而激起中国地主农民正当防卫之反抗。冲突一起，其损失何堪设想。为息事宁人计，双方只宜本诸良心，公平解决，任何一方，绝不可为无意义之发难者。韩人如果再行继续实施侵害人民固有之合法权利，有意凌侮冲突不祥之事，断难幸免；其不可者三。彼我地方交涉当局，遇事只须抱定和平正当方针，大事可化小事，小事可化无事。如果背道而驰，随时随地，随人随事，均可发生无限之纠纷。今以阴助韩人之不法行为，而执意侵害中国地主农民之合法固有权利，小之则地方群众对于贵领事发生永久之恶感；扩而大之，且将激成中日国民外交之恶感；更旁流而激成中国人民与韩人之恶感。而贵领事乃竟为此事之主动者，不知果何所利而为此；其不可者四。本官对于贵领事平时交谊甚厚，中日两国人民情感日趋敦睦，本官实不愿中日双方国民感情之恶化，尤不愿贵领事为中日双方国民感情恶化之主动者，特为最后忠告；惟贵领事实式图之。如果不肯容纳，而竟发纵指使，出于敌意之恶意行动，所有将来发生一切纠纷损失，应由贵方担负完全责任。特此郑重声明，并希即予见复为荷。

《日本帝国主义侵华档案资料选编：九·一八事变》，第78—80 页

长春日本领事馆致长春市政筹备处函

1931 年 6 月 13 日

第 40 号

径启者：关于长春县万宝山附近水田纷扰事件，前经贵我双方共同调查。其结果，敝方之意见业于最近详细面谈：（一）敝方对于伊通河堰止工事，据农民之观察，诚恐上流沿岸民田有被水侵之患一节，实难承认。盖堰止工事之高度，由河底高约八尺，该河平时水深约三尺，堰止之露出水面者约五尺，使水增高亦不过如此。而堰止附近两岸之高度，其右岸由水面约有一丈三四尺，左岸虽为倾斜面之民田，而高度则与右岸相等。故两岸民田平时被水，实未计及。加之堰止工事高度，已如前述，由河底不过八尺，设使因降雨而增水量，将由堰止上部顺流而去。所以两岸千垧广大区域而虑侵水出者，始终未尝计及。且遇降雨甚多，两岸果有侵水之虞时，而鲜人自必撤去堰止。如民九及民十二之洪水，乃为不可抗力之天灾，此堰止工事自不成问题；（二）妨害伊通河航船交通一节，则以牡丹江可为实例，其于船筏之航行皆通行无碍。确信鲜人对于该河航船往来，不独必有不妨害之办法，且对堰止处之渡船场亦必不妨害其交通。（三）对于水稻之地主，拟以丰富报酬（每垧付稻三石）在交通要路架设水桥，以期无妨交通。但贵方所主张者，以此

事未经地主合意。然则此系中间人之错误，其责固不在鲜人也。查自本件发生以来，本官本乎平素贵我好谊关系，而始终抱定圆满解决之方针。例如五月二十五日贵国公安队殴打鲜人一名，且拟拘留一名，彼时以为贵方必有诚意；故一任措置而未尝诘问。殆于本月一日我方以公安队强拘鲜人十名，始派便衣警察数名前赴现场，此非武力的对抗，乃为保护鲜人之身边计耳。嗣在播种期迫之际，复允贵方提议，共同调查以备解决，且撤回警察，停止鲜人工作，似此种种措施，无一而非表示敝方好意的和平手段。无如贵方自始不特于敝方圆满解决之交涉未能入耳，且拟以强力而使鲜人退去。迨日来当渐趋圆满解决之途，而仍以侵害土地所有以及农民反对理由，为鲜农不法行为之主张。然鲜农初非以恶意而着手工事，此纵不获地主之谅解，亦属中间人之诈欺的行为所致也。若以真象论之，亦甚表同情。故鲜农对于地主正当损害，必有报酬。深望贵处长对于反感，设法缓和。差以贫弱之鲜农，既抱决死之觉悟，复抛去辛勤之资金，假使令其停止垂成之事业，则一般舆论将谓贵国压迫鲜人，深恐民心激昂，不可制止。但此事本系地方案件，以贵方措置失宜而成各地注目之重大化。且目下满洲各地中日不祥事件迭出。此于三姓堡农场问题，更望贵处长慎重措置，以免转为不祥也。相应函达，查照为荷。

《日本帝国主义侵华档案资料选编：九 · 一八事变》，第 80—81 页

长春市政筹备处致日领函

1931 年 6 月 17 日

第 170 号

径启者：六月十六日第四四号公文敬已阅悉。查万宝山鲜人强挖民地开掘水道意图横河筑坝逼引伊通河流一案，据双方会查结果之事实，纯为违背现行法令未有合意契约之不法行为，侵害地主农民之合法固有权利问题，影响所及，对于数千农民生活问题发生直接最大之损害，其事实彰明。历如本处六月十一日第一五八号公函、六月十四日第

一六一号公函所详述,任何国家,任何民族,凡有血气心知之人类,虽在至愚极聩之人,不难片言而决其曲直者。据双方会查之结果,此项横坝河流、通引水道之计划,当然不成问题,断无更有商榷之余地。此时残余附带问题尚待解决者,只是鲜人之去留问题及各当事者间之损害赔偿问题耳。其最后解决办法,业如六月十二日第一五九号公函所述,计邀亮察。何舍何从,希即明白见复,以便早日结束。至暂时滞在之鲜人,贵方最近派遣警察传达停止工作之意旨,固无不可,但意旨既经传达,当然立即饬回。且我方既任保护之责,当然可以监视停止,初无庸贵方之更为多此一举也。再迭据长春县报告,鲜人现正实行运用柳条编筐勒帘预备坝河之举,且贵方派去警察并有维护进行之意响,尤与本月八日双方议定解决办法有违。希即查照前议,即日分别撤回停止,以免别生枝节是为至荷。

《日本帝国主义侵华档案资料选编:九·一八事变》,第82页

长春市政筹备处致日领函

1931 年 6 月 23 日

第 179 号

径启者:万宝山韩人强挖民地开掘水道逼引伊通河流一案,迭准来函先后声明实行,查照六月八日议定解决办法,撤警停工,其残余之鲜人去留问题及各当事者间之损害赔偿问题,业经本处于六月十七日函语贵方意见,以便早日解决在案。乃本日接准长春县政府公文,内开:本月十七日据三姓屯住户王忠富、孟宪恩,官荒屯住户姜远亭等报称,民等田地离伊通河七八里许,近日雨水连绵,上边山水流下,因韩侨将旧有沟渠堵上,水不能下流,民等田地刻被淹潦,如不亟速回复原状,将来更恐受害无穷,等语。又据第三分局报告,姜家窝堡村西一里许来,有韩人七十三名、日警二名,仍行挖壕,并测量筑水池,约一二日即要播种,等语。转请交涉制止前来。查前项引水计划,经双方会查结果,实属侵害地主所有权,并直接有害附近民田者甚巨。此项计划既与六月

八日双方议定，于调查后以公平最善之方法解决本案之宗旨有违，当然
不能继续进行，亟应迅予回复原状，以慰农民之殷望。据报前情，如果
贵方不立加制止，将来反响所及，所有发生一切枝节，应由贵方查照本
处六月十二日函开各节担负一切责任。特此函达查照，务希按照前次
议决办法切实履行，并对于本处解决本案残余问题之原函迅予见复，借
资结束为荷。

《日本帝国主义侵华档案资料选编：九·一八事变》，第 82—83 页

长春市政筹备处致日本领事函

1931 年 7 月 2 日

第 191 号

径启者：顷接本日第五十号公文业于阅悉。查万宝山鲜人，以违背
现行法令未有合意契约之不法行为，侵害农民固有合法权利及阻碍航
运交通事件，经六月八日双方议定调查解决办法，以撤退日警，停止鲜
人工作为解决本案之前提。乃贵方于事实调查完竣后，于同月十二日
复派便衣日警前往现地掩护韩人继续清挖水道横河筑坝之工作，违背
信义，故意以恶意的行为侵害地主农民固有之合法权利。农民不胜忿
恨，忍无可忍，迫不得已，而自动的回复原状，实行其正当防卫之手段，
业于六月二十七日第一八三号公函具述其动机之所在。即如此次来函
所叙，昨日敝方第三分局局长前往弹压不能制止之实际情形，当可憬然
觉悟于暴行侵害之非。（计）〔请〕贵方先后派往警察应即悉数撤回，以
免冲突。如不即予撤回，所有发生冲突及激成事变之一切责任应由贵
方查照本处六月十二日第一五九号公函完全担负。特此再行郑重声
明。至各当事者间之损害赔偿问题，一俟贵方警察实行撤尽后，再由彼
我两方根据各当事者间之请求，按照法律及条理，为公平适当之解决。
准函前因，相应函复查照。

《日本帝国主义侵华档案资料选编：九·一八事变》，第 83—84 页

长春市政筹备处致驻长日领函
1931 年 7 月 2 日

第 192 号

径启者:本日午间长春县转来第二、第三两分局电话报告,本日辰间万宝山农民继续集合,回复河沟原状,日警放枪,实施射击凡三十八弹。农民登即跳入沟壕,群情愤慨万分,各欲夺取枪支对抗,再三劝阻,暂行回家静候交涉解决,幸未激成事变。应请向日领严重交涉,将日警即日悉数撤回,以免发生冲突,等语。查贵方违背前约,续行派警,已属有违信义。乃农民实行正当防卫手段,而为回复原状之行动。贵方派往警察辄敢实弹射击,尤为蛮狠无理之至。应由贵方速将派去警察即日悉数撤回。对于该项警察予以相当之惩罚,以免续再发生枝节,而增加贵方应负之一切责任,是为至盼;并将办理情形即予见复为荷。

《日本帝国主义侵华档案资料选编:九·一八事变》,第84页

长春市政筹备处致驻长春日本领事馆函
1931 年 7 月 8 日

第 197 号

径启者:七月二日第一九一号公函及第一九二号公函曾请贵方将派往万宝山日警即日悉数撤回,并对于开枪射击正当防卫之农民之警官处以相当之惩罚,以免续再别生枝节,更再增加贵方应负之一切责任,等因。迭经派员向贵方洽促,至今迄未实行。并连日迭据报告,现时贵方派往日警强占民房多处及伊通河渡船,妨害附近农民耕作及往来交通,并对沿岸农民柳通任意刈割,作为叠坝之用,随意挖掘战壕,埋藏炸弹等事,不一而足。以民事上之法律问题,根本上已不成立。而贵方竟欲以武力为后盾,实行恶意的暴行胁迫之行为。而贵领事乃竟公然为此事不法行为之主动者,良深遗憾。查贵方意旨,不过偏重鲜人耕作前途之发展,然从不思以暴行胁迫中国农民,影响之所及,其结果且适得其反,正所谓欲以利之适以害之者。且此次万宝山事件,贵方不肯

遵循正轨解决,进而欲以朝鲜地方排斥所在华人为要胁之手段。波流所及,其结果势必引起东省地方排斥所在鲜人之反响。在朝鲜地方华人多不过数万,在东省地方鲜人实际且达百万。两相排斥,何方所损为多,此不可不深长思者。万宝山一处贵方武装警官队亦既穷于派遣,万一将来反响所及,处处发生事端,贵方其将何以善其后。且贵领事命令派遣机关枪警官队,不过欲威压农民使其屈受不法之侵害。以机关枪而侵害农民固有合法之权利,此正如盗匪式之不法行为,其结果断不能得法律上安全保障之根据。在农民心理,以数百成群之胡匪暂受胁迫,而终且自然远飙,彼辈盖见之惯而计之审矣,而何有屈服之可云也。曩昔贵方出兵西伯利亚,兴师数万,屯驻数年,糜款二十亿,结果丝毫无所利得。而现在派往之机关枪警官队不过沧海之一粟,又何足以震慑理直气壮之中国农民者。如贵方始终不悟,即日将警官队悉数撤退,对于本案事件依据法律条理为公平正当之解决,高瞻远瞩,以谋在东省各处现在鲜人根本之安全,而必为激成反动日加扩大之举。则所有发生一切纠纷枝节,以及敝方地主农民所受损失,惟有由贵方查照敝方历次正式严重声明,担负完全责任而已。特再函达,即希查照。

《日本帝国主义侵华档案资料选编:九·一八事变》,第 85—86 页

熙洽致张作相电稿

1931 年 6 月 5 日

辽宁五经九纬路吉林张大帅钧鉴:固密。长春鲜人种稻滋事案,先经该县三区自治区转据民人郝永德呈请雇用入籍鲜人开种稻田,县府批以种稻似尚可行,但契约内容如何? 拟雇人数若干? 应由区查明呈核再行饬遵等语,并未有允认立案之事。讵其时即来鲜人男女一百八十余人侵入三区地面自由挖掘水沟,由姜家窝堡挖至依通河岸,长及十余里,毁坏民田甚多,民众阻挡不理。省府据报以鲜人此种举动显系危害人民公益,并恐激起事故,因令县派警制止挖掘。所派系警察与巡队,并非军队,一面将鲜人设法解散,乃鲜人恃众顽抗不依,当将违法招

雇鲜人之郝永德解县暂押。省府因警队弹压难保鲜人等不因误会并恃人众发生冲突,当又令县将警撤回。岂意,此时日方已派警六名前往干涉。昨日经令长春周处长专就日本派警一层向日领要求即速撤退,至鲜人挖沟种稻事暂且不提交涉,倘或彼方向我抗议,可再以鲜人向例归我保护,不能援引民四新约及鲜人是项行为直是扰乱治安等语,以与驳辩。顷奉钧电,适马县长来省,经即示知并转令周处长告知日领,县警已撤,转诘日警何时撤去。一面嘱马县长劝告民众,听候官厅主持解决,切勿酿生变端,致交涉前途反添障碍。窃意此案鲜人等不经官批准,不听劝,擅集人众侵入乡间,意图霸种已属非是,况复强掘水沟,致十数里间民田全被毁损,将来水患更可危虑。而日领又派警擅入乡区,曲在彼方,毫无疑义。辽领所告各节,以曲为直,均乖事实。此案现因避免冲突,不得不折入交涉(涂)〔途〕径,如日领能顾全公理,当不难得相当解决。容候该处长将折冲情形呈报后随时转禀。特电复陈,敬祈钧核示遵。熙○叩。歌印。

《"九·一八"事变档案史料精编》,第 150—151 页

周玉柄致吉林省政府代电

1931 年 6 月 6 日

为关于长春县万宝山鲜人强挖稻田水道一案与日方交涉经过各情形请鉴核示遵由

吉林省政府钧鉴:关于长春县万宝山鲜人强挖稻田水道一案,本月三、四两日本处致日领原函业经抄陈,计邀钧察。本日接奉钧府歌电长春县警早已撤退,日警何时撤去据复电夺,等因。遵即一再洽询,迄无正确表示,一面催对前函速复。顷据日领第三十八号函称,接准第一四三号及第一四五号来函,内关万宝山附近水田纷争问题,敬已阅悉。查关于本件其鲜人耕作水田,曾经契约之相手方郝永德与地主间之了解,且契约者郝永德与贵国官宪之手续亦无不完备,是以彼等从事工作,确系完全出于善意。况彼等均系贫弱,今既消费若干之资金,其视现在之

工事已下必死之努力,顾刻以垂成之工事而令其停止,是陷其于完全失望之境,将使彼等有徘徊道途之感。似此情形前已面谈,今以彼等之生死重大问题,而复令其退去该地,则本官断难承认。且本官前以当地贵我亲密之关系,而对于本件之圆满解决曾百方譬解,以期无伤感情。惜贵方始终不为采纳,而必欲诉诸强力退去鲜人,则尤为本官最遗憾者也。今所希望贵处长者,仍请对于反对地主及农民出以最善之调停,以期根本之和平圆满解决。再撤退敝方所派警察一节,查敝方派遣之本意,原非对抗贵国军警压迫鲜人之目的,倘或贵方不以退去鲜人为前提,而取(原)〔圆〕满解决方针,且能保证彼处之和平,则无论何时皆可撤退。相应函达查照为荷,等因。查四月十六日郝永德与地主萧翰林等十二户订立租种稻田五百垧之契约,内有此契于县政府批准日发生效力,如县政府不准仍作无效等语。该案既未经县正式核准,面同日郝永德与鲜人李升薰等九名订立租种稻田五百垧之契约,亦未经县核准有案。以上两项契约即令核准,亦只能以萧翰林等允租之地为限,今韩人李升薰等九人所挖通引伊通河水道,竟无端强占二十里内孙永明等二百余户之地,实属不法行为。按照文明各国通行法律,孙永明二百余户既受不法侵害,自应一律回复原状。其鲜人所受损害让一步言,即属善意,亦只可向郝永德要求赔偿,断无对契约当事人以外之人之所有权而横行占有之理。该领事复函主张各节,核与事实法律均有未合。现在本处及辽吉各日领,既分投交涉,似应据此理由一致应付,以免分歧,而资解决。至辽宁日领与主席约定双方先行同时撤退警察再行据理解决一节,现在县警既已撤退,日警违约不撤,究应如何办理之处,除分电张主席行辕外,理合电请鉴核示遵。长春市政筹备处处长周玉柄。鱼印。

《"九·一八"事变档案史料精编》,第 151—152 页

吉林省政府为报万宝山事件及与日领交涉情形
致东北政委会、南京外交部电
1931 年 7 月 6 日

辽宁东北政务委员会钧鉴:纪密。

南京外交部鉴

支江微两电敬悉。长春万宝山案,该县政府于三月间据三区长呈,以县民郝永德在万宝山屯租得荒甸四百余垧,拟招入籍韩人种稻,经县批饬先查契约内容,并未准其立案。讵其时,郝永德即擅引无籍韩人百八十余,蜂拥入境,挖掘宽深约三丈之水道,长二十余里,达伊通河岸。此水道侵占民田甚多,更在河中截流筑坝,逼水灌入水道,以培植稻苗。附近民人,目视所有熟地无故被截两段,河坝即成,水无渲洩,势必由水道中漫溢两岸,数万亩田地又必废弃。当集代表百余,面求县府暨市政处请速制止,否则拼命抗拒。县处曾切谕民众,听候官厅核办,勿轻启事端。一面派警前往弹压,解散韩人,不意我警甫(卧)〔至〕,驻长日领已派警六名到场干涉,韩人恃此顽抗更甚。而日领复转电驻辽总领径向本主席提商结果,双方撤警再议,嗣即令县将警撤回。越二日日警退,当由周处长与驻长日领约定,韩人应先停工,俟双方会查定夺。迨会差后,真相大明,即由处拟具解决方法照知日领。讵日领对我回复掘毁农田,停筑河坝等主张,完全拒绝,反责我方防误鲜人农事。一面又令大帮韩人前来,并令便衣警察十名携带机关枪前往占据民房,托言护视工作。及上月底,彼方水道河坝工事已经完成,本月一日遂有民众三四百人,各持锹锄填塞韩人所开之水道,长及二里有余,日警遽向民众开枪,我警情急强压民众毋许滋事。众愤未洩,转将二区公安局长殴伤。二三两日,纷扰如故。幸彼此未有死伤,而日方反谓我警暗助民众,不准再来。一面曾派日警廿余名前往。本府据报已严电处、县禁止人民妄动,仍责成该处长就外交轨道谈判,以期和平解决。但我方据理力争,彼仍悍然不顾。查此案郝永德招租原契本有县府不准,作无效字样。该郝姓乃又租给无籍韩人恳种,既属违法,水道掘毁民地甚广,事先未得地主同意,他时水患发生,更恐害及二十里内农田生计,且此端一开,韩人将到处倚日护符恃众占垦,后患尤无纪极。故此时殊有无法让步之势。至电通社、大连、长春电讯各节,系日方故造消息,殊非真相。除径履部电东北政委会外,谨将本案经过事实摘要覆请钧核鉴。转电张总领事酌予宣部,以资解释,并乞根据事实向日使严重抗议。仍乞核示复方针为祷。去吉林省政府。鱼电印。

《万宝山事件》,第 123—124 页

吉林省政府为报驻吉日领石射提出解决方案四项办法及所拟对策致东北政委会、外交部电

1931 年 7 月 11 日

辽宁东北政务委员会钧鉴,南京外交部鉴:纪密。长春万宝山鲜人违法种稻案,蒸(10 日)灰电计达。驻吉石射日领,鉴于案情扩大,昨曾来本府声言鲜地仇华事,刻已镇压取缔。兹愿就调人地位,出为调处,当提议鲜人本年如坚令不种水稻,则拟有办法四项:一、赔偿鲜人损失。二、赔偿鲜人本年之生活费。三、此项已来鲜人,任其自由居住。四、来年种稻,出以正式请求手续,省政府予以许可等语。查日领所提第一项,要先审定本案罪责,如果尽在违法私招鲜人之郝永德方面,则救济罢耕失业鲜人之限度,亦仅破郝产而止,断无令地方负担认赔之理。况我农民受损尤大,若鲜人并有应负罪责处,则破郝产以赔偿时,将来或付之公平商洽,似尚有研究余地。至第二项,既无理由,且亦难定标准。第三、四两项,一似许其杂居,一似预允其种稻,均绝对的不能接受者。今朝鲜仇华风潮如此,既与本案联带发生,交涉上能否分别解决,抑并案办理,尤不能不详审酌定。除电外交部、东北政委会核示,暨答覆石射日领,俟转请会、部覆示,再行拟答外,特请鉴核参酌办理,并乞训示。再钧会佳电奉悉,自当遵办,所有本案前后文卷今日已摘要抄录,交邮奉达矣。吉林省政府。真印。

《万宝山事件》,第 130—131 页

张维城[①]致东北政委会函

1931 年 8 月 9 日

东委会外字第 144 号

敬启者:此次朝鲜排华暴动,范围既广,传染更速,不两日间,几遍全土。以全鲜侨胞受害地点而论,平壤一处最为惨烈。事后调查除受伤者不计外,统计侨胞男女惨遭杀戮确已证实身死或并得其葬身之地者,截至七月底止,共数为一百二十六人;此外各地死生不明遍查无踪者,为数尤众。至财产货物之被掠夺毁坏者,平壤约计日金二百五六十万元;此外为数亦不少。维城目击惨状,痛心之外,惟有负咎,遑忍多言。惟自惨案发生以来,以迄今日,侨胞陆续回国之人数,已逾全鲜侨胞人数三分之一。此回国侨胞中,当不乏身受损伤或其亲友间有死伤,其时情势危急,拼死逃出,获全生命,已属万幸,不遑报告领馆,似在意中。据此推想,则目前侨胞死亡损伤之数目,恐未足认为定谳也。(下略)

　　　　　　　《日本帝国主义侵华档案资料选编:九·一八事变》,第 89 页

周玉柄致吉林省政府代电

1931 年 8 月 12 日

吉林省政府钧鉴:本处接准外交部驻辽宁特派员办事处八月六日公函内开,据梨树县呈称,七月二十四日梨树县蓝家堡子得获鹁鸽二只,脚部各带白铁箍,一注(关 5 公 72 ★)、一注(公 5 ★503),并带黑环两个,箍住内铁小盒一个,内盛有日文纸卷一张,其文为七月二日中川义治所报,细译文义,确与万宝山事件有关,除将信鸽摄影暂为饲养,检同照片、译文送请鉴核,等情。查此项译件文又既与万宝山事件有关,自有参考之必要,相应抄件函送查核办理,等因。查警部中川义治为驻

---

　　① 驻朝鲜总领事。

长日领馆警察署主任,驻长日本领事田代重德自六月初间即派该主任常川驻在马家哨口一带,督饬韩人强挖沟壕,硬行横河筑坝。七月一日该处农民号召集合填壕自卫,二日晨间日警竟用机关枪扫射,而同日午后六时四十五分中川义治之报告内称"以第一出张所所长之名义将本案概要报告于田代领事,乃移动全部不使中止某项工事,再以一千余名出动于上水路,当不免有冲突之虞,特此书状报告,祈速示复"等语。似系对于关东厅请求出兵之信鸽。查万宝山事件方六月初旬双方形势正值严重时期,日领田代重德日集驻长军警集议实行武力准备,迭载日文各报。六月八日关东厅长官塚本清治来长,据日方密息,田代报告此事,塚本长官曾有和平解决无庸扩大之谕。同日驻辽宁柳井领事,亦行来长。是晚始双方定议撤警、停工、会查解决办法,其后驻长日警署亦曾奉有同项之电令。故七月二日日方警官虽放枪示威,均向空施放,未敢实行射击酿成彼方先事宣传五三惨案行将再现之结果。兹据同日午后该主任对于关东厅所放信鸽传递之报告,仍复决行继续工事,除警官数十名随带机关枪业已前往外,并请续派千名,以实行暴力侵占之策,其仰承田代重德意旨好乱生事情节至为显然。此项信鸽虽经获得两只,其余未经获得者所报情形,自可想象而得,而关东厅长官竟不为所动,斯亦不幸中之一幸,及柳井领事,等因。奉外务省调查吉黑韩人状况,于七月二十六七两日前往万宝山调查实况,亦知计划之非当。令将沟口填堵,而日警亦于八月八日实行撤退,现时驻在韩人均有去志,此案交涉不久当可告一结束。准函前因,理合抄件电呈鉴核施行。长春市政筹备处处长周玉柄叩。真印。

附抄件

抄件

七月二日午后六时四十五分报告

中川义治

午后六时四十分,中川等一同无事,抵当地我队敢告无事。同日午后五时,暴民等集合于孙永清家,协议何项事件至午后六时四十分,各部落始行退散。当以现在所有人数完全防备,今夜之袭击破觉自信,虽不能预知明日之暴动,更须努力密探于明朝,以鸠报知。并于午后六时四十五分,以同第一出张所所长名义,将本案之概要报告于田代领事。乃移动全部不使中止某项工事,再以一千余名出动于上水路,当不免冲突之虞,特以书状报告,祈速

　　示复。

《"九·一八"事变档案史料精编》,第 164—166 页

长春市政筹备处为调查万宝山事件致吉林省政府电抄件

1931 年 8 月 14 日

　　吉林省政府钧鉴:本月七日接钧府秘书处函知,派张庆云来长,商同本处调查万宝山日警撤退一切情形,等因。本处窃以日警驻在期间,各方报告殊难得具体真相。现在该警既经确定撤退,于实地调查已无若何阻碍,调查该地现状,自可较为详实。当由本处派令周武祥、崔崇绵、魏荣厚一同前往,就于各项事实分别详查,并对于附近形势亦实行测量,以期明确。该员等计于八日晨一同出发前往,十二日晚一同旋长。兹据本处调查各员整理报告,附具实测地图,一并报告到处,除分电驻哈外交部特派员办事处外,理合电呈鉴核、施行。长春市政筹备处,寒。印。

　　调查报告原文附录如次。

　　一、万宝山之位置及形势

　　万宝山镇附近,东西宽约四里,南北长约三里,均属平原,四周均属冈坡,惟西南较(底)〔低〕为出水处。前清嘉庆年间,放荒设镇,划定镇基,原在冈城之上,距离现在镇基约四里许。现时镇基本为当时放荒杂居之所,其后遂渐次繁集,至今商铺十六家,民户九十二家,男女一千一百余口,每月逢三、六、九日赶集一次,而旧时预留镇基,迄未能发达。

　　万宝山在长春县城东北六十五里,镇之西南二十三里为伊通河沿之马家哨口,沿途均有村屯,该河东西附近居民均以此处为往来孔道。

伊通河流自伊通县境向北迂回流转,而至长春县城南,由此东北流五十里,而至马家哨口。长春县城附近河流宽度大抵在二十丈以至三十丈之间,惟至马家哨口东西两岸最狭,约相距十五丈有余。由万宝山马家哨口而北,沿河宽约十里,长约九十五里,均为荒草甸,中间熟地甚少。长春县境以伊通河为界,河北三里即为农安县城,农安县城以北,据传闻亦为同样之荒草甸。由万宝山西南十八里,均为长春县公安局三区辖境,由三区辖境西南五里至伊通河沿为二区辖境,伊通河以东为六区辖境。

二、韩人入境日期及挖掘水沟之经过

该处韩人于四月九日(即旧历二月二十二日)、十日(即旧历二月二十三日)、十三日(旧历二月十六日)三次分批入境。(以上据韩人宋祺缵、朴东祖等所云)。于四月十三日共集韩人百余名,在伊通河沿马家哨口祭伊通河神,并至本村土地庙前祭土地神,实行破土。(以上据农民马福山等十七户结称)四月十八日(即旧历三月初一日)在三区界内张鸿宾等十二户地内开始挖沟,(以上据该处董家屯韩人宋祺缵、朴东祖等所云)此段水沟由孟昭月、蒲草甸界沟西南角起,至盛家屯房西止,长四千二百二十八公尺五十公分,平均宽三公尺,深五十公分,两边堆积余土处各一公尺五十公分,计长华里七里六十一丈有奇。四月月底,当韩人分邦至三区界孙永清等四十一户地内时,惟时韩人凡三十二名,当经地主孙永清、马宝山等十一人前往阻止,鲜人因阻停工。五月一日复来挖掘,孙永清等又往阻止,因阻停工。次日,鲜人约聚一百余名形势汹汹,强行挖沟,孙永清等复往阻止,因鲜人过多,未能解散。嗣经县公安局局长鲁绮带骑、步兵二百余名,于五月二十一日前至马家哨口,于该地段内实行制止,当时鲜人允为解散。该局长去后,鲜人仍未停工,挖沟人数最多时达一百七十余名。此段水沟由孟昭月界沟西南角至马家哨口,长凡五千三百公尺,除旧有水沟一千二百公尺外,其余四千一百公尺平均宽五公尺二十公分,深一公尺十九公分,两边各堆积余土四公尺,计旧有之水沟长,合华里二百零十五丈,新挖水沟长,合华里七里二十一丈有奇。

以上由张鸿宾等十二户地至孙永清等四十一户地,计水沟全长九千五百二十八公尺五十公分,核华里十六里九十七丈有余。距河口长约二里许之水沟,自六月三日便衣日警前往掩护工作后,始行继续挖竣。

七月二十六日,辽宁总领事馆柳井领事等前往调查,询悉人民水沟试水漫散民地情形,当令韩人将河沿沟口堵塞,于三十日实行堵竣。

三、韩人横河筑坝之经过

韩人自六月十二日便衣日警再度前往掩护工作后即从事编组柳帘,预备筑坝工作。二十五日(即旧历五月初十日)刈割附近柳条,实行垒坝。二十八日因土坝漏水停工,七月三日复行增加宽高,均用柳条搭铺及米袋装土堆积而成,越数日筑成,于七月十四日(即旧历五月二十九日)实行放水入沟,共计十日。拟种稻田。沟内之水平均深约一尺。沟水放入拟种稻田区域之水无所归泄,均向邻地漫流而去。实测该处水平,该韩人等拟种稻田区域高于伊通河底二公尺四十公分(约华尺七尺余),横河土坝现在测量实状,坝顶宽三公尺(约华尺九尺余),底宽十六公尺(约华尺五丈),长三十公尺(约华尺九丈余)。惟坝之北段计高出河底五公尺(约华尺一丈五尺余),坝之南段现仅高出河底四公尺(约华尺一丈二尺余)。坝成试水以后,因稻田区域余水无处流泄,韩人旋将坝之中段拆成凹口,放泄水流,以便坝内余水源源流下。近复逐渐下折,现在中段凹口宽六公尺(约华尺二丈),深二公尺五十公分(约华尺七尺余),坝之上游水最深处二公尺六十公分(约华尺八尺),坝之下游水最深处一公尺三十公分(约华尺四尺),坝内水平高于坝外水平计一公尺三十公分(约华尺四尺)。自八月八日日警撤退后,附近五里许之腰窝堡韩人,现在不时前往拆取中段凹处柳条,作为炊爨之用。

四、韩人种稻情形

韩人所租张鸿宾荒甸内,因农时已过,沟坝未成,未及引水入沟分流灌溉,亦未锄去荒草,区成稻池,随意将稻种漫撒于草甸之内,面积约计十余晌,稻苗现仅三寸许,在尺余深荒草丛中零星发现。

五、中日警察在该处撤留之经过

五月二十六日驻长日领馆土屋波平(谐)〔偕〕高桥翻译及日警二名前往万宝山第二公安分局探询韩人房东送县各情,在该区贾家店住宿,次日返腰窝堡。五月三十一日,长春县公安局局长鲁绮,奉令带骑、步警察二百余人前往,留住万宝山一带,制止强挖水沟韩人。

六月三日日本便衣警察数人,携带手枪前往保护韩人,继续完成马家哨口附近二里余长之水道工作。

六月四日,县警为避冲突撤回。六月八日,经市政筹备处与驻长日本领事议定,双方均撤退警察,韩人停止工作,双方派员实地调查后,公平解决。

六月九日辰刻,日警实行撤回。同日,长春市政筹备处外交科长郭承厚、长春县农会总干事吴长春、长春公安局督查长梁学贵及驻长日本领事馆书记生土屋波平、警部中川义治、南满铁路会社长春地方事务所涉外主任笼谷保同往实地调查,于十一日先后回城。

六月十一日午后九时,驻长日领事向市政筹备处声明:次日仍将派警保护韩人继续工作,同时,市政筹备处将会查结果,沟、坝工作于法律、事实均不可行,绝对不能容许各情,函达日领。十二日,复正式函达日领,为最后忠告,如果违约,自由行动,发生一切纠纷应由彼方担负完全责任。而是日,便衣日警数人,携带手枪,果又继续前进,其后迭次抗议,迄未撤回。

七月一日,农人集众三百余人,因水沟中断田地,妨害耕作,实行正当防卫。回复原状。是日午,武装日警携带机枪出发前往。

七月二日晨间,农民集合,正将继续平沟,日警开枪扫射示威,武装日警增至五十余名,便衣队约十余名占住马家哨口四周土墙,并筑有炮台于贺姓房院。午后六时,警部中川义治用信鸽报告关东厅,请续派援千名(以上信鸽由犁树县得获,由辽宁交涉署函知)。是日。马家哨口前屯民户于泽之孙妻于马氏正在分娩之时，日警二名入院强占房屋，形势凶恶，因受惊骇，腹内胎转不能生下。至次日午前十时，卒因受惊，母子均死。

七月四日，驻长日领事馆外务主事藏本英明及巡查后藤种介、长沼秋夫到万宝山第三公安分局要求接见代表人，各人均已他往，未予接见（以上据第三公安分局说）。

七月五日，在水沟以东筑设军用布棚三架，水沟以西搭盖席棚两座，长各十丈，宽各一丈五尺。是日上午，在马家哨口河岸悬挂日本国旗，少顷即移至黄家窝堡北山韩氏坟最高处竖杆悬挂一日（以上据马家哨口住户王青山、贺春荣等说）。

七月十五日，高桥翻译带日警四名到万宝山第三公安分局，探询张鸿宾等地主十二户之年岁、住址，未与答复，旋回马家哨口。是日，日警传知附近民户到马家哨口看演机关枪，演毕，询问该民等前次平沟有无在内。又问，日人买菜，汝等因何不卖。你们知道吗，此为机关枪，一秒钟能发若干响，你们如不怕再有格外举动，我们用此枪即将你们均行打死云云（以上据民户王青山云）。

七月二十六日，辽宁日本总领事馆柳井领事等，因奉外务省命令，调查吉、黑韩人状况，乘车四辆，于是日前往万宝山实地调查，询悉农民沟水引入稻田区域漫淹邻地情形，当令将河沿沟口堵塞；于次日填竣（以上据马家哨口住户于姓所说）。

八月六日，驻长日本领事馆外务主事藏本英明向市政筹备处声明，次日前往马家哨口，带同日警，定于八日尽数撤回。

八月七日，吉林省政府秘书处函知市政筹备处，派张庆云前往调查撤警一切情形，并由处派周武祥、崔崇绵、魏荣厚会同前往会查，均于次晨出发前往。

八月八日午后一时，藏本英明带同日警二十六名，随带大小枪枝及机关枪一架，大车八辆，由马家哨口一律撤回，河沿布棚、席棚均经撤尽。

同时,万宝山第三公安分局辖境内韩人住在处所张鸿宾院内,由局长曹隆标抽调警察六名驻在该处,稗子沟第二公安分局辖境内之马家哨口贺春荣院内由局长田锡贵抽调警察六名,派巡官一人驻在该处。

六、农民损失状况

农民损失可分列如下:

(甲)土地回复原状费,水沟占用农田十九垧八亩五分,除就中之旧日水沟不计外,韩人实挖水沟一万五千六百方(即高一尺,纵横各一丈),恢复原状费每方丈一元,共需哈大洋一万五千六百元。又上项农田肥料恢复原状费共二百零八元(以上均据众农户结称)。

(乙)水沟两旁农田耕作绕越之损失,各户熟地,因水沟隔成两段,沿线虽有土桥可通行人者四处,可通马车者五处,然因日日往来,绕越道路,以致耕作多费时间、工资,此项损失一时暂难算定确数。

(丙)毁损及占用田地之损失,计水沟占用已耕熟地十七垧三亩五分,本年计损失种子、人工、马料费约六十元。又每年出产黄豆、红粮、谷子各十四石七斗。本年共损失各色粮食一百零四石一斗(以上均各农户结称)。

又万宝山沿河淤地一段,东西长四十公尺,南北宽平均十公尺,均被日警占用,或搭帐棚,或挖战壕,又在哨口迤北约有八十公尺孙永斌豆地内,经日警挖战壕一道,宽一公尺,长三十公尺,左近田苗均被蹂躏,本年损失约黄豆十石左右(以上据农民马万山、孙永斌结称)。

又韩人筑坝需用柳条,将沿河柳木强行刈割,计孙永清二十六亩、马万山十亩,于会川三十亩,共计六十六亩,本年共损失柳条三千五百捆(以上据各户结称)。

(丁)堤坝修成试水时被淹田地,河坝修成,因三数日间之短期试水,故试种稻田区域之邻地数段虽曾被水淹,然因漫散极速,又值久晴土燥,故尚无若何损失。但韩殿启在哨口河西之豆地一垧半,被水淹没,又二垧被日警放马蹂躏,二项本年共损失黄豆十七石;又王姓在哨口河西之豆地五垧,计本年损失黄豆三十石(以上均据各该户结称)。

（戊）各户公共杂费,各户因合法权利被害,先后集会赴城请愿,来往川资及旅店各费,此项实数业已实用四百三十六元,此时,本案尚未最后解决,尚难截止(以上均据众农户结称)。

七、现时韩人状况及住在处所

现时住在该处韩人,由吉林省属长春县之卡伦及双阳县暨孤榆树、蛟河、退搏站、烟筒山等处及辽宁省属开源县及十间房等处而来。计蔡源浩、安炳山二户住胜家屯装丰年房二间,沈云泽、权泰斗、李祚和三户住姜家窝棚张景胜房三间半,申海春、姜元祚、柳龙化、郑明书、边相仁、安在植、林镇泰、李致和、朱基守、张信吉十户住张鸿宾房九间半,金龙武、崔世谟、金京全、朴东祖、都五生五户住腰窝棚周泰房三间半,宋祺缵、金海东二户住董家屯孙永昌房二间,以上通共二十二户,其头目九人均住头道沟。

八、调查期间

右开事实,由吉林省政府调查员张庆云暨长春市政筹备处调查员周武祥、崔崇绵、魏荣厚于八月八日同时前往实地调查,十二日旋长。

《中华民国史档案资料汇编》第五辑第一编《外交》,第 321—328 页

外交部特派吉林交涉员致吉林省政府代电
1931 年 8 月 15 日

吉林省政府钧鉴:兹据本处事务员张庆云报告称,奉钧府令派往长春调查万宝山日警撤退一切情形,经于本月七日赴长春商承长春市政筹备处派员周武祥、崔崇绵、魏荣厚一同前往该地就各项事实分别详查,并对于附近形势亦实行测量,以期明确。当于八日晨出发前往,十二日晚一同旋长,等情。兹据该员整理报告附具实测地图一并报告到处,理合电呈钧府鉴核施行。外交部吉林特派员办事处。删印。

附报告一份、图一份(略。报告同上电——编者)。

《"九·一八"事变档案史料精编》,第 166—174 页

2. 国民政府的交涉

外交部驻哈吉林外交特派员办事处呈外交部电

1931 年 7 月 11 日

呈为准长春市政筹备处电陈,鲜人在万宝山地方强挖民地一案,谨将该案交涉经过文件,具报鉴核备查事:窃查关于报载长春县属万宝山地方,鲜人未经县政府许可,擅挖民地二十余里,挖成通水长沟,民众制止,日领派警庇护,节节工作,不服交涉一案。特派员于因公过长时,往晤长春市政筹备处长,询问如何详情,嘱其报处去后,顷准长春市政筹备处宥代电开:五月二十五日长春县政府有日代电报告,万宝山地方韩人强挖民地,开掘水道,逼引伊通河流一案,未能即时制止;自六月一日起驻长春日本领事馆派遣便衣日警,携带手枪掩护,继续工作;同月八日经我方提议,双方派员会同实地调查,再行解决。同日奉天日本林总领事派柳井领事到长调查此事,经彼方协议后,赞成我方提议,并于即日议定调查本案临时办法,藉谋公平正当之解决。乃既经实行会查,事实业已明了,前项水道计划,不特侵害地主所有权,而延长二十里之水道,沿线熟地,悉皆截成两段,尤于农民耕作有妨;且横坝伊通河流,断绝航运往来,不特为现行法令所不许,而因横河筑坝,增高水流之故,其左岸上游数百里倾斜度之民田,约计数千响,悉受经常水害,尤与数千农民生活发生直接之损失。依据法律,衡诸条理,绝无再事商榷之余地。而彼方六月十二日再度派遣之日警,仍未撤回。现值河水盛涨,其编帘筑坝之工作仍事预备,其清挖沟底及实行撒种之行动,亦未实行停止。除由本处于六月十一日将会查事实函达驻长日领查照,并于六月十二日续发出一函为最后之忠告并严重声明:如果该领事再行继续派警阴助韩人不法行为,侵害地主农民固有合法之权利,所有将来发生一切纠纷损失,应由该领事担负完全责任外;其残余问题,现正继续函洽之中。但彼方最后意见尚未明确表示,如果对于我方意旨表示同意,自可告一结束;但目前彼方满蒙政策,似采积极主义,是否就我范围,尚难预定。谨将五月二十五日起至六月二十三日止本案经过往来函件汇订成册,送请分别报部存查。以后交涉情形,容日再达外,特此电达查照等因,准此。查该处对于此案正在交涉进行中,理合将该案交涉经过来往文件一册,抄呈钧部鉴核,先行备查。谨呈外交部。外交部驻哈吉林特派员钟毓。

《革命文献》第 33 辑,第 7215—7217 页

国民政府外交部致东北政委会电
1931 年 7 月 14 日

第 270 号

纪密。万宝山案准吉林省政府真电,并据钟特派员呈送本案文卷到部。查万宝山非垦居区域,鲜农不得前往;地方官负有保护外侨之责,日警何得擅入内地。此两点拟由部照会日方,转饬鲜农退出,即时撤回日警,并声明租约侵害筑坝等问题,由地方会商日领,持平调处,否则按照司法手续解决。如照此分别进行,调处办法应将鲜农租约根本取消。对于日领最近所提第一点,如承租确属善意,所受损失可责成当事人补偿;惟鲜农侵害行为,亦应负责。日领所提二、三、四各点不能承认。至朝鲜仇视华侨案,当由部另案交涉。尊处意见若何? 盼详酌迅电复。

《日本帝国主义侵华档案资料选编:九·一八事变》,第 86—87 页

外交部致日代办照会
1931 年 7 月 22 日

为照会事:迳准吉林省政府电称,长农稻田公司经理郝永德,于本年四月间租得长春县三区万宝山地方生荒熟地约五百垧,租期十年,契约内订明"此契于县政府批准日发生效力,如县政府不准,仍作无效"等语。此项契约未经正式批准,郝永德将上述地亩转租韩人李升薰等

九人耕种，亦以十年为期，此项契约并未呈报地方官署，该韩人李升薰等即擅引韩人百八十余人入境挖掘长约二十余里之水道，通达伊通河岸。此水道侵占附近马宝山等民田，郝永德及韩人李升薰等与该马宝山等，初未有何项之契约。同时复在河中截流筑坝，通水灌入水道，以培稻苗。马宝山等以该韩人等所挖水道及筑坝侵害所有田地，当集代表面求县府及市政筹备处制止，县处切谕民众听候核办，一面派警令韩人停止挖河筑坝工作。不意我警甫到，驻长日领已派警六人到场干涉，韩人恃此顽抗更甚，经辽宁日总领向吉林省主席提商，结果双方撤警再议，嗣即令县将警撤回，越二日，日警始退。当由市政筹备处长与驻长日领约定韩人应先停工，俟双方会查定夺。迨会查后，我方主张回复掘毁农田，停作河坝。讵日领完全拒绝，又令大帮韩人前来，并令便衣警五六十人携带机关枪前往占踞民房。本月一日民众见韩人水道河坝工事毫不停止，忍无可忍，遂各持锹锄填塞此项水道，乃日警遽向民众开枪。虽幸彼此未有死伤，而日方反谓我警暗助民众，复增派日警二十余名前往。吉林省政府据报，严电县处禁止人民妄动，仍责成该处长据理交涉。讵意日方一意坚持，毫无解决希望，请向日使严重交涉，各等因。查韩农在吉省地方垦种，按照宣统元年中日图们江界约，仅以图们江北地方即现延吉、汪清、和龙、珲春四县之特定区域为限，万宝山位长春县北，并非垦居区域。此次韩民李升薰等前往该处垦种，毫无条约根据，乃竟与郝永德订立租佃契约，此项契约亦未呈报地方官署，遽引韩民百八十余人入境，挖掘水道，截流筑坝，以致附近民田被其损害。此种举动既非根据条约，且显然犯有妨害秩序、公共危险及毁弃损坏之刑事嫌疑。受害民户与之理论，竟置不理，不得已乃声请官厅制止，地方官厅有维持公安之责，前往实行制止，乃执行职务内应有之措置。贵国驻长春领事竟以取缔韩农防止冲突为理由，派遣多数警察前往该地，致有七月一日之冲突。自该冲突发生后，日方各报谓为中国地方官厅压迫韩农，故意张大其词，酿成朝鲜各地仇杀华侨之重大惨案，即贵代办本月十一日来照内亦以压迫为言，本部长实难索解。查韩农照约既无前往万宝山地方垦居之权利,应请转饬谕令该韩民等即行退出该地。再驻华日本领馆所设日警,迭经本部照请撤退有案,此次日警擅入内地肆行干涉,实属蔑视中国领土行政主权。经地方官厅迭请撤退,据称系奉贵国领事命令。除设警问题另案奉达外,贵国驻长春领事不按照国际常轨,遽行派警前往携带军械强制协助韩农非法行动,贵国驻长春领事自应负相当责任,所有派往日警应请转饬即行撤退。至韩民李升薰等与郝永德所订契约既无垦居权利,当然不发生效力,应予根本取消。该韩民等如承租确属善意,应由中国地方官查明,责成当事人予以补偿。所有华农因该韩民等挖掘水道及筑坝所受之侵害,亦应由该韩民等负责。关于此项补偿问题,即由本部驻吉特派员与贵国领事持平调处,否则应依司法手续解决。相应照会贵代办,即希查照,迅予分别办理,并盼早日见复为荷。须至照会者。

《革命文献》第 33 辑,第 7218—7220 页

日本驻华公使复外交部照会

1931 年 8 月 26 日

为照会事:关于万宝山事件,准七月二十二日照开等因,业已阅悉,并经迅速转达本国政府在案;兹奉本国政府训令答复如左,不胜荣幸。

(一)外交部长来照中所引用之吉林省政府关于万宝山案之报告,认为其间多有与事实不相符合之处,为公正处理此种事件计,须以真确之事实为根据,是以不得不先将本国政府详查所得之本案真相,以唤起国民政府之注意。

此次在万宝山拟经营水田之韩人农民,系向在敦化、磐石、双阳、桦甸及延吉等处长年安稳从事农业者。自上年敦化事件后,以取缔共产党为口实,受中国地方官之压迫,不得安居,始迁避于长春附属地内。本年四月间经该处有势力之华人及韩人之介绍,与华人郝永德订立万宝山附近荒地五百晌之租借契约,虽并无必须县政府许可云云之条件;惟闻韩农方面为日后计,曾向县长请愿,并经按照地方习惯支付相当礼

金,始得其承认;又经郝永德及其他关系者之斡旋,与水路用地之地主,亦成立谅解,是以四月中旬着手水路工程,至五月下旬约一个半月之间,地方官及关系地主等对于韩农均表示好感,从未受有何等干涉或妨害,工程之大半因以告成。然而嗣后地主等之态度一变,声明反对上项工程;中国地方官亦于五月二十五日突派武装巡警数名到场,除捕去韩人工程监督外,并殴打重伤韩人二名。是以驻长春日本领事即向市政筹备处长要求转行地方官制止暴行,并于得其谅解后,饬令馆员一名带同警官四名及医生一名迅赴该处调查。因万宝山公安分局长声言无压迫韩农之意,被捕韩人亦经释放,形势已归平靖,当即回馆。是月三十日该分局长声称,奉省政府命令,忽派二百名之巡警及马队到场,强制押送正在从事工程之韩人十名离开该处;因之日本领事以调停双方农民及联络中国所派之官宪为目的,六月二日急派便衣警官六名,携带中国护照前往,并为防止纠纷计,使韩人之工作暂行中止。同时联络驻奉天及吉林日本总领事与吉林省政府及中国地方官,对于和平解决方法,百般折冲。复由双方组织联合调查队,经两日实地调查之结果,中国方面承认韩民之承租,实系善意,惟以租约在手续上有缺陷及地主方面之强硬反对为理由,不允韩人留居。是以长春日本领事又提议:华人方面如因此项工程受有损害,当令韩农适当赔偿,交通上如有障碍,应令其讲求建筑桥梁或其他之方法。虽竭尽条理,迭经交涉,不为中国方面所反省;徒延时日,致韩农有失误播种时期之惧,不得已将曾经一旦中止之工程,复行着手进行。七月一日约有中国农民四百名,以武力企图破坏上述工程,以致形势转趋严重;因之日本领事,急向市政筹备处长要求弹压暴民,而该处长以为此项办法,恐无效果,显然回避责任。故为防止双方农民之冲突,有紧急之必要通知华官后,分两次共加派警官十八名,翌二日中国暴民约五百名,复携带武器,再到该处,不听日本警官之镇抚,并向之开枪,以致我方为自卫计,不得已亦开枪还击。日本领事得此报告,即迅派救援警官十三名,同时向华官告急,请其善为办理;华官以日警不撤,无弹压暴民之希望,仍无诚意。因鉴于暴民虽一旦退去,形势难保不发生急变,故于三日又加派警官十名,以备万一。

(二)根据以上事实,约可得下列各项之结论:

第一,韩农之举动全系善意,其根据契约上之行为,认为并无不法失当可以加以非难之处。中国方面以该约未经官厅许可,擅行入境,开始工作一节,征之上开案情,其为不当,甚为显明。又韩农照约既无垦居之权利,该租约当然无效一节,此种论调系根据关于韩农之条约上权利之根本的谬误,日本政府不能承认其理由,容后详述。再中国方面之该处地主等甚为反对之主张,如水道工程损害沿岸民田一节,惟查该处地势,不但少有此项危险,即万一发生水灾,韩农可决开其工程之一部,并预备赔偿华农因此所受之损失。关于水道工程对于地主方面可给予充分之报偿,此节载明于租约中。再因韩人之开垦,使向无何等收获之荒地变为水田,其水道同时成为排水沟,使两旁荒地变成农田,地主方面之利益不为浅尠。鉴于此项事实,上开中国方面之主张,并无理由足资证明当初地主等曾以好意对待韩人,已如上述;其后忽然加以反对,恐不无有所为者在其中为不纯正之划策。惟无论如何,该项主张不能认为系根据于地主方面之真意。要之,韩农并无构成妨害秩序、公共危险及毁弃损害等刑事犯罪之举动,如贵部长所指摘者。征之实地情形,深信甚为明了。

第二,关于朝鲜案之七月七日贵部长照称万宝山事件,中国方面并无压迫韩人之事云云。又关于万宝山案,与日本关系领事会谈时,亦声言吉林省主席及其他之省政府主要当局,毫无排斥韩人之意思,对于地方官亦未令其排斥韩人。惟于万宝山案善后交涉之际,日本领事虽经公正提议,华人如因水道工程受有损失,当责令韩农赔偿,且对于撤去有碍交通之障害,亦允加以适当之考虑,而不为中国官宪所顾及;华警以实力逮捕押送韩人,及对于华农之暴行设辞不加何等制止等事,不得不归纳于中国官宪之根本方针,系在驱逐韩农。不但此项反证为数甚多,并据确实报告,五月初,吉林省政府曾密令长春市政筹备处长,绝对不许新来韩民居住,并对于向来在该处居住者,用适宜手段使其退去云云。当初对于韩农之开垦工作未加妨害之地方官民,忽然变更其态度,可知此种事实,适足以证明此中之消息。

第三,贵部长来照以日警擅自侵入中国内地,肆行干涉,携带武器,强制援助韩农之不法行为云云,是亦不符实情之推断也。盖日领之遣派警官,系因华警以实力压迫韩农所诱起,按照上述甚为明显;况身着便服,携带中国护照,在华官谅解之下行动,其无在该处援助韩农暴行之事,自不待言。并且令鲜人暂停工作,而努力防止双方农民之冲突;嗣因华官不负责取缔华民之暴行,为保护韩农计,始遣派武装警官。此实因有不得已之必要,并无他意。所派警官之数目,先后不过共有四十七八名。吉林省政府以为曾派七八十名,夸张实甚。且据称日警首先向民众开枪,不得不谓为诬妄事实,莫此为甚矣。此项日警,嗣后按照情形渐次减少。及至本月十八日,因该处之实情无再留必要,业经全部撤退。惟日本政府希望嗣后此种不幸不得已复行派警之情事不再发生。再驻华日本领事馆警官,系鉴于保护取缔侨民有须派驻之实情而分属于各馆者,于可能范围内使其留意避免华官之误解,并使其于执行职务时与华警保持连络妥协各节,已详于上年七月十六日本使回复贵部长是年十一月二十九日来文之节略中矣。日本国政府派驻此项警官,毫无侵害中国行政权之意,于取缔保护侨民上,如无不得已之必要,不致使其擅自侵入中国内地各节,亦勿待辩明。

第四,吉林省政府报告中述及该省政府于华民破坏水道工事后,曾电令县处禁止人民妄动,并责成该处长据理交涉;讵意日方一意坚持,毫无解决希望等语。查该处地方官对于取缔中国农民之暴行,虽经日本领事要求,亦显然不肯负责办理各节,有如上述。是以此项华民之暴行,不得不谓为系于华官之默认或无为中得以畅行。再日本领事自本案发生以来,依据韩农租约,并无疵瑕,无被华方驱逐理由之事实,迭经以上开公正之条件与中国地方官交涉,以期圆满解决;而华官并不顾及,且以实力贯彻其驱韩农之根本方针,压制其善意举动,放任农民之暴行,不辞引起形势之纠纷。中国官宪之此项态度与日本领事之措置相比较,何者有理? 已自明显。

要之,关于万宝山案之是非曲直,希望中国政府今就事件之真相,稍加公平之判断。再本案原来不过系属一种细微之地方问题,而使之纠纷扩大有如今日者,实起因于中国方面之驱逐韩人方针。此节甚愿中国政府深切考量。

(三)韩农在东三省得以居住之垦地,以图们江北延吉、汪清、和龙、珲春四县为限,此外条约上并无垦居之权云云之贵部长之论断,本国政府不能承认。盖明治四十二年(宣统元年)之协约,本国始行承认中国在图们江北地方之领土权,中国则承认该处韩侨之垦居权及土地所有权,以为报偿。嗣后两国政府因满洲方面中日之特殊紧密之关系,在条约上须加以规定整理,于大正四年(民国四年)另订关于南满洲及东部内蒙古之条约,因之日本臣民获得在南满洲任便居住往来及营业,并建设各种商工业用之房厂,或为经营农业,得商租其需用地亩等权利,为国民政府所详知;是以日本国臣民之韩人,于延边四县以外之适用上项条约区域内,得以居住往来,经营农业,自不待言。其有商租农业用地之权,在该约明文上不容一点之疑虑。况韩农在万宝山地方与华人订约取得之权利,并非商租权,不过寻常之租地权乎。

(四)韩民之移居满洲,因满韩两地接壤之关系,有久远之历史,其在满洲地方之社会的及经济的贡献,于数十年前,已为世人一般所承认。当初该处地方因人口稀少,土地尚未开垦,地方官曾经重用韩民之农耕上特技,欢迎其移居;其结果,逐年韩民移住者之人数加增,两民族于经济上互相扶助,以致彼此均有利益。韩民今日在满洲所得之地位,并非一朝一夕之事,而满洲农业富源之开发,有赖于韩民者实非尠少。然而近年该处地方之开拓逐渐进行,对于韩民劳力之需要,已不如前;中国官民一变其向来对于韩民之态度,遇事以仇视恶感临之。尔来地方官以种种口实对于韩民之居住、营业,加以直接间接之压迫。最近此项态度,愈无忌惮,满洲各处积极的禁止韩民之移住安居,消极的使其继续居住、营业,感觉困难,不得不认为系实行其根本的驱逐政策之案件频频发生,其中韩民之身体、财产上受有损害者亦不为少。中国官民排斥韩民之口实,似动辄以韩民为日本侵略满蒙之先驱,此种臆断之荒唐无稽,似无特别指摘之必要。即至最近藉口取缔共产党,时有弹压驱逐韩民之事。本国政府鉴于取缔共产党一事,因有关中日两国公共之利害,应由两国协同办理,故对于交换关系共匪之情报等事,及其取缔上之联络妥协方法,曾与东三省当局有所接洽;不幸该当局并无虚心坦怀与我协力办理之胸襟,每每单独取缔。因事前之侦查不周,故常使真正之共匪逃逸,而处罚驱逐与共匪毫无关系之无辜韩民,实深遗憾。如此次移住于万宝山之韩民等,亦系以关系共匪为口实,被敦化方面所驱逐之避难者,其事实有如上述。此项韩民中如确有共党在内,日本驻扎该处之官宪,实无不进行取缔之理。

中国官宪之此项态度,系欲完全否认韩民于已往数十年间与华人亲睦杂居,有无相通,以致安稳造就今日之既成关系之历史的事实;即暂行搁置上开条约上之见解,此种态度于人道上及条理上,亦到底不能认为正当。今其在满同胞,以其多年之贡献,反受排斥之苛待,一般韩民之如何兴奋,此次朝鲜事件足资证明。上开满洲之形势,今后如仍旧放任,益使其民族感情日趋强硬,不无诱发第二第三朝鲜事件之虞;日本政府不得不非常关心以注意之也。

(五)日本政府为在满韩民计,所希冀者无他,但求其享受居住营业之安全,以取得途径,自行筹谋经济上之安定、抬高,同时他方面以其努力开垦荒地,兼利中国,使两者之间,实得共存共荣之结果而已。因之切盼中国官宪,勿以不法及不当之手段任意压迫韩民,禁止其移住安居。本国亦当本其向来所持一贯之方针,使韩民在其居住营业上,于可能范围内不得有损害中国方面之事。前者七月十三日面交朝鲜事件复文之际,关于协商韩民问题之暂行办法,本使奉令对于贵部长有所提议,其主旨亦不外根据上项之方针。

(六)按照上开理由,本国政府希冀万宝山案,以中国方面因韩农开垦水田及其附属工事,如受有不测之损害,当责令其适当赔偿为条件,以图圆满解决。至于阻止韩农安居该处之中国官宪之态度,本国政府对于其国民之职责上有到底不得默视之处,亦希十分谅解为盼。相应照请贵部长查照为荷。须至照会者。

昭和六年八月二十四日

外交部特派员致外交部电

1931 年 8 月 3 日— 9 月 2 日

(1)外交部驻哈吉林特派员钟毓为报告与日领交涉情形及继续办法致外交部电

(1931 年 8 月 3 日)

南京外交部钧鉴:纪密。万宝山案卅、东两电敬悉。前奉养电,已与日领晤商四次。关于日警撤退事,商定日方武装及便衣警察即日撤退,双方听候交涉解决。该领允请示日政府。昨准该领来言,日政府对于双方听候交涉解决一语,不表同意。日方愿自动地撤警,惟以保护鲜人维持工事原状为言。再三辩论,声明我方认日警为无条件撤退。一面饬知地方人民听候交涉解决。在交涉未决期内,当然无何等举动。但此为我方内部之事,非对于日方声明,彼无异议。至撤警日期,彼允于日内定期通知。其余各项,拟俟日警撤退,即与继续会商。兹拟预备提出三项如下:一、万宝山非垦民区域,鲜农应即退出。所订之不合法契约,完全废除,占地、挖沟、堵河、筑坝一律恢复原状。二、中国民户所受之直接一切损失及前项恢复原状所需各费,调查列表,归日方及鲜民担负。三、此后不得再有此等不合法举动,并应将本案之日方责任者加以严重之处分。至钧示韩农承租,如系善意,可责当事人补偿一节,拟以口头与商。当否,请赐电示。并乞指示方针。再将来谈判万宝山非鲜垦区域,要其退出问题,争辩之极,日方恐不免提引民四新约东蒙合办农业一语。我方拟以取消之语答辩,惟最近钧部如再有其它取消有力证据,应请指示,以资对待为叨。回电请吉林省政府译转。钟毓。

江。省政府代印。

《万宝山事件》,第 156 页

(2)外交部驻哈吉林特派员钟毓为报与日领交涉鲜人退出问题给外交部的电稿

(1931 年 8 月 13 日)

南京外交部钧鉴:□密。万宝山鲜农退出事,与日领连商数次。我方提出三项后,日领对于非垦居区域一节极端否认。该次屡提民四新约,再三驳辩,历九时间之久,迄无结果。日方提出两案,其要旨:(一)谓鲜农契约另以合法合理之手续改正之,使人民不受损害。(二)将该农业改为中日合办,各项工事交由中国官宪管理。骤闻之下,至为骇异。因其影射民四新约,当即严词驳拒,未允收受。彼允再提缓和之案。揆其用意,纵可令鲜农退出万宝山,亦拟要求我方允许鲜人,以合法的在东北一带有居住耕作之权。似此情形,不啻民四新约之外创一新例,断难照准。因致鲜人退出一节,一时未易解决。究应如何应付,谨将交涉经过情形撮要电陈,伏乞核示赐以方针。钟。元叩。由省府。

《万宝山事件》,第 158—159 页

(3)外交部驻哈吉林外交特派员办事处呈外交部电

(中华民国二十年八月十三日发十四日收)

南京外交部钧鉴:江密、灰电祗悉。日方撤警事,系六日由长春日领派藏本书记生赴市政筹备处声明八日撤警,同日并准驻吉林石射日领以电话正式通知前因,并无文件。八日会晤日领,我方提议万宝山非鲜民垦居区域,鲜农应即退出;彼提出民四新约主张二三两条,已明载日本臣民有经营农业之权;答以该约已声明废弃;彼以两国订约不能由片面废弃为言;当以该约强迫而成,又为我全国人民所否认,严词驳拒,并以垦种非合办农业,与之力辩。该领谓南满日人有耕作权,意在以长春牵入南满;答以长春原系蒙旗政治,不得指为南满。彼亦不明南满界限之所在。查民四新约原未划定何处为南满、东蒙区域,嗣吉省自行议定,由长春向敦定画一平横线,线南八县为南满;又划长农德岭四县为东蒙,系为内部便于应付,并未经外部照会日方承认。毓查彼时所定区域,本欠稳妥,南满区域似应以奉天省以南、辽河以东为界,是以有以上之辩驳。现日领若舍弃民四新约,则对于我方提出万宝山非鲜民垦居区域一节,即失其条约上根据,其狡计即不得逞。彼又言如此则从前言吉林内地各县及北满一带,已有之鲜农是否全行驱逐,此与民四新约极有关系,原来何以允其居住? 当答自万宝山以外之鲜人,我方向以与本国人一律看待,必须服从中国法律,为我方一时之恩惠主义,拒否由我自由;万宝山案由日方出而干涉,当然不能容纳。再三辩论,尚无结果。谨此电陈,伏乞示遵。钟毓、文(十二日)。

(4)外交部驻哈吉林外交特派员办事处呈外交部电

(中华民国二十年八月二十八日)

呈为转报与万案有关各项文件请鉴核备查事:案准长春市政筹备处删代电开,关于万宝山事件,经辽宁外交部特派员办事处转,据梨树县得获七月二日日警请求关东厅派援千名之信鸽译文函知到处,作为本案之参考;又据长春国民外交后援会,以驻长日领田代重德以武力侵害万宝山农民固有合法权利,同时复唆使朝鲜日报驻长记者金利三连发急电,宣传相反之事实,致引起朝鲜各地屠杀华侨之惨剧,有金利三在吉长日报登载之悔过书为凭,实为万鲜两案之罪魁祸首,请予撤换等情。除于八月十一日各用真日代电,电呈吉林省政府外,相应附上真日两次代电各二件,电请贵处分别存转为荷。等因,附抄件到处,理合检同原抄件一份,备文呈请钧部鉴核备查。谨呈外交部。外交部驻哈吉林特派员钟毓。

(5)外交部驻哈吉林外交特派员办事处呈外交部电

(中华民国二十年九月一日发二日收)

南京外交部钧鉴:密。马电祇悉。鲜农退出事,又与日领会商数次,该领以尚未想出缓和之案,主张休息一星期;后连向催促,该领坚持前议,希冀我方允许鲜人以合法的在万宝山居住耕作,并谓吉省府如不采用压迫鲜人之政策,请以万案允许鲜人垦居,作一证明。强词狡辩,未可理喻。告以万案契约未经核准,根本无效;彼称鲜农系属善意取得,且以日政府重视此案,系为主义问题,无法退让;纵令退让,亦必双方互让,方可解决。并据声称日使已于宥(廿六日),对于中央万案照会,强硬驳复等语。查该领历次措辞,似无就我主张解决本案诚意。究竟日使照复内容如何?该领事如有意延宕,我方应持何种态度?统乞电示祗遵。钟毓叩、东(一日)、吉省府。

《革命文献》第 33 辑,第 7230—7231 页

(6)外交部驻哈吉林外交特派员办事处呈外交部电

(中华民国二十年九月二日)

呈为转报长春六区管界被横河筑坝浸淹良田晌数请鉴核事:案据长春县县长马仲援呈称,案据县公安局局长鲁绮呈称,顷据第六分局长张乃昌呈称,据第二分驻所巡官卢廷报称,自日警督饬韩民在马家哨口河坝筑成之后,逼水横流,致将西(?)职所管境大河沿一带之田禾淹没,当讯据各该地主共七家,出具被淹地亩切结共计九十余晌,该水势现已渗涸,其禾苗枯死者共有四十余晌等语;分局长复查属实,连同地主出具被淹地亩切结,送请鉴核等情,据此;理合抄同切结七纸,备文送请鉴核施行,谨呈等情前来;县长复核被淹地亩情形,尚属实在,除饬详查该被淹形势绘图具报外,理合先行检结备文,呈报鉴核施行等情,并呈送切结七纸到处;除指令外,理合抄同切结七纸,备文呈送钧部鉴核施行。谨呈外交部。外交部驻哈吉林特派员钟毓。

《革命文献》第 33 辑,第 7231 页

外交部致驻哈吉林外交特派员办事处电

1931 年 9 月 5 日

密。万宝山案,日使复照,大意以吉省政府报告,与彼详查所得真相,多有不符,谓韩民之移居满洲有久远之历史,按照民四中日条约,韩农在万宝山有权租种;此次韩农之举动,全系善意,其根据契约上之行为,并无不法失当之处。本案之纠纷扩大,实起因于中国方面之驱逐韩

人方针;希冀中国方面因韩农开垦水田及其附属工事,如受有损害,当责令其赔偿,以图本案之解决。至该处中国官宪阻止韩农安居,日本政府不能默视,对于派遣日警,亦复多所声辩。正审核拟予驳复间,适接马电。查本案症结不在韩农之善意或恶意,而在郝永德之曾否依法取得权利;郝之租契未经县政府正式批准,既属无效,自无权移转于韩农。现令韩农退出无权占有之农田,系中国行使行政权应有之结果,何得谓为压迫政策?所谓双方互让,究属何意?日方苟有提议,亦应以韩农先行退出为前提。仰本此意,再与日领会商,仍电复为要。日使复照随送。外交部,歌。

汪荣宝为调查万宝山事件和朝鲜各地排华情形的密呈抄件
1931 年 8 月 6 日

　　为密呈事:本年七月九日奉部电:朝鲜事件政府甚为重视,请执事前往调查慰问,事毕并希来京一行。等因。当即电请酌带随员一名,馆务交江参事暂行代理。并陈明,在鲜事毕,取道辽燕,顺便调查接洽一切,即行回京。经奉复电照准,旋即订期会晤币原外务大臣,面行通知。即于同月十三日由东京起程,道经神户,即调该馆领事任家丰随行,帮同办理一切。当经遍赴朝鲜滋事各地:釜山、京城、平壤、镇南浦、仁川、新义州等处,所有大略情形业经先后电陈在案。嗣予二十三日离鲜,在安东停留一日,沈阳停留二日,遍晤该地方重要官吏,将所谓万宝山事件始末调查明晰。即由北宁线直接赴平,顺谒张副司令。因探悉津浦南段阻水,立即购买船票,改由海道南行,于本月五日抵沪,本日抵京。查此次被难各地情形,自以平壤为最重,仁川次之,其余各地防范较早,未致酿成巨变。兹将各处情形分别胪陈如次:

　　平壤、镇南浦

　　七月四日晚,镇南浦徐随领因悉京城、仁川发生仇华暴动风潮,因于五日晨正式专电平南、黄海两道厅警察部长、平壤警察署长,又面晤镇南浦警察署长,切托对于华侨妥为保护,并与当地商会商议预防办法。至平壤事件,据该处华侨各界代表声称:五日上午十一时许,据平壤警察署电话,请商会主席往署谈话。其时因主席适回安东,即由常务委员张景贤偕同罗翻译前往,由安藤高等系主任接见,谓本地倘有暴动发生,本署必切实保护。苟遇有鲜人寻衅,望特别容让,并从早闭门,一切可请安心,云云。归会后,即通知各侨谨慎防范。迨至下午七时许,骤然发生暴动,暴徒蚁集,不计其数,手持棍、棒、刀、斧、石块等凶器,并携带电筒,对于华侨家屋不问农工商贾,分队轮流袭击,遇我华人不论男女老幼,恃凶殴打至死,毁掠财物,焚烧帐据,且带有引火燃料,随处设法放火,指挥均用警笛,组织颇为完备,直至翌晨,仍未停止。残忍惨酷,世所罕睹,而各处警察不佩武装,徒手制止,何补于事。及至九日,知遭难惨死者百余人,伤者二百余人。等情。查此次全鲜仇华事件,以平壤为最烈。当地官厅事前接领馆电而不加严重警戒,道厅漫无防范,警署徒托空言。各处暴动既起,又不断然处置。当晚警察既未武装,军队亦不出动,致暴徒全无畏惧,得逞凶顽,其疏忽怠慢,玩视职责,以及藐视我侨生命财产,有如此者。至平壤侨民事务向归镇南浦分馆管辖,因分馆于六日晨知悉其事时,镇南浦方面亦有不稳风声,除与当地商会及日官厅商议紧急处置外,旋由徐随领乘车直赴平壤。讵料抵站时,驿长及随厅人员候接,据谓,我国侨民业经妥为收容,武装警察军队、消防队等均已出动,此后可以无虞。如此对于侨民以及官厅有所嘱事,当代传言,现在徒见亦属无益,况镇南浦形势亦甚紧急,务请速回主持。云云。徐随领不得已允其所请,即时乘车赶回镇南浦。果已于下午二时左右,鲜人到处群集武装,警察随时解散,各侨民纷纷到领馆避难。至僻地农园商铺侨民,亦与警署交涉,派警巡查护送前来,然稍缓者已遭殴打,六时许全部收容竣事。及七时许,暴徒愈聚愈众,警察虽加镇抚,究因人数太少,顾此失彼。我侨农园及一部分商店,仍被投石捣毁,抢掠放火。翌七日起,竟有袭击领馆之说。盖有平壤一部凶徒来浦,从中助势,情形益为险恶。幸六日晚临时装置一电话,直向道厅交涉,加派军警,故得陆续应援,群情以安。虽财产上不免损失,然以收容较早,未成惨剧。八日由徐随领赴平壤视察慰问后,又派定临时调查员会同商会调查员调查平壤、镇南浦及其他地方损失。据查,除回国未能查明者、间接损失未报者尚未记入外,共计平壤损失约在日金二百五十四万五千余元,镇南浦及其他地方损失约在日金十一万七千余元。至平壤死伤人数,据道厅发表为,死九十五人,而我方调查则死一百零九人,伤一百六十三人,生死不明者六十三人。镇南浦伤十九人。荣宝于七月十六日抵京城,以平壤受祸最为惨酷,当晚赴平壤,于十七日晨抵达,即分赴各处视察慰问,先到医学讲习所内慰问收容之被难华侨,该所收容最多时达五千余人,除继续回国者外,截至十七日收容尚有千余人。该收容所内有便所、洗浴所、病舍茅棚、厨房等设备。当经与商会会长孟宪诗商定,由各团体推举代表,于午后赴旅馆与荣宝谈话。嗣又往道立医院探望负伤侨民,是日,尚有百人左右留院疗治,内中大多数均将痊愈,即可出院,此外有一星期或十日亦可见愈。一般病者见荣宝到院探视,均甚欣喜,荣宝慰问时,均称已无痛苦,可即见痊等语。惟有王姓因妻儿被难身死,鸣咽不已,情极可悯。嗣往长山基地予祭死亡侨民,该墓地计分五条,每条据道厅发表葬二十人,每人一棺一穴,惟内有婴孩二人,则合葬一棺,最前一条较短,据称共为九十五人。嗣又往被毁各商店巡视情形。至四时晡中华商会代表孟宪诗、王紫宸、张景贤、许维敏、中华料理同业公会代表王泽国、中华农会代表刘文智等,据称,现在侨民妇孺有数十人愿回中国,恳请设法,当经与官厅交涉备车送回安东。至收容所侨民亦作出所之准备,由华商特选定较大之侨商商店四处,分别收容。其余侨民有仍回菜园耕作者,有归国者,无业之人日方仍允供给食物约计十日,如到时尚不能谋生,则暂由各处华商商会接济。荣宝并于在东京时向华侨发起急赈,朝鲜被难侨民,业由大阪、神户等处捐给国币万余元,现在各处尚在继续筹募中,当可陆续汇至朝鲜。同时日鲜团体等亦有寄赠慰问现金物品者,因系救济性质,均经收受分配矣。嗣经镇南浦徐随领呈报日警察部长查明,平壤华侨死一百零八名,汉川三名,胜湖里一名。

仁川

七月三日午前二时,有鲜人数十名在仁川外里地方向华人理发料理店等投石,打破玻璃及电灯泡等,及至天明,鲜人暴动风声愈急,侨民纷向中国街避难,八时由仁川分事务所蒋主任到警署交涉制止,并一方报告总领馆。至晚八时,鲜人忽群集约有三千人大举暴动,全市顿形混乱,华侨男女均逃避,华商商店门窗被鲜人捣毁,警察不能制止。又由蒋主任与商会傅主席赴警署要求派警武装出动。该署长以未奉道厅命令未便照办。后暴徒结队复向中国街进攻,幸侨民共同协守,未能攻入,遂结队退回,在沿途向华侨店铺飞石乱击,并分头抢掠,是夜侨民虽受伤多人,尚无死亡,华商较大商店亦尚无十分损失。至天明,暴徒虽散,而风声仍紧,由仁川事务所电话总领事馆,请向总督府要求加派武装警察,同时又赴警署质问。午后,张总领事到仁川视察,并往警署交涉,署长称完全负责。迨张领事返京,是晚九时许,据报鲜人复在外里地方鸣锣聚众,集成五千人左右,大举暴动,手持木棒、铁棍、刀斧等,到处搜索击毁,内外里方面所有华商商店,多被暴徒用货物将门撞开,即以斧劈碎,割断电话电线,抢掠撕毁货物,抛弃街心,最后将布匹绸缎或系树干、或绕电杆,警察无力保护。旋分事务所据报,急电张总领事向总督府交涉,主张大队军警来仁援助,同时电知仁川警署,切实保护全府华侨生命财产。至五日上午三时,京城武装警察及宪兵十七名赶到,警察亦服武装,见形势不佳,鸣空枪二响,暴徒始退。至中国街警备森严,幸未冲入。查侨民被殴身死者,计连魁山、李俊吉二名,重伤者卢焕信、王有智二名,经送入医院疗治。一方急运载货汽车,将远近侨民送中国街避难,计约一千五百人,另轻微伤者二十余名。五日晚暴徒在中国街四周聚众数千,希图攻入,幸警察以马队冲散。乃到府外放火,被焚者二处。查分所及商会曾收容约至三千六百侨民。六日起渐见平静,侨民纷纷乘华商"利通"号轮船、日商"共同丸"归国者,计达八千人。此次华侨直接损失约在日金九万左右,尚有间接损失正在详查中也。

京城

京城鲜人暴动,于七月三日午后十时左右发生,侨商处多有鲜人投石击毁门窗玻璃等事,途遇华人,即施殴打。当由总领事馆电话宪兵队及各警察署切实取缔、保护。四日未明,京城府内外华商农工人等纷来领馆报告,各处暴动愈演愈烈,损害已不少。张总领事屡经往总督府请速派武装军警保护。一方由中华商会及各团体代表分访各机关、各报馆,请其缓和华鲜人情感,并由总领事函请朝鲜政务总监,迅筹万全保护办法,并酌派武装军警。其时,华侨来馆避难者已达千余人,五日晨避难来馆者络绎不绝。是日星期,复由总领事馆向总督府提出应急办法四项。旋据电话复称:京城内外乡僻静处华侨,可由警署送至总领馆暂避,各处警察已命充分戒备。京城华侨较多区域,已饬就地切实保护。总领馆当即通知中华商会,派汽车分往龙山、麻浦等载运侨民来馆。是日统计侨民避难人数已达二千数百人。六日,张总领事往访总督府警务局长,请通令各道,加派武装军警取缔制止。旋该局长来馆答称,已严令各道警察警备。是日华侨到馆避难约三千六百人左右,七日,又由各警署派警护送侨民到馆避难者,亦有多起。截至是日前后,统计达三千六七百人。七、八、九日继续由张总领事往总督府交涉,诘问各地暴动尚在续发。据报华民家产被毁者,有徐文升等六十余家;侨民被伤被殴者,有上绪吉等百四十人左右,财物受损失者,有孙君集等二百四十余人。京城府内外侨民,其损失伤害之数,据前述报告,至为酷烈,至确实数目,正在详细调查中。

釜山

自七月四日午前,驻釜山领馆,因闻仁川、京城发生鲜人暴动事,当日即与警署接洽防范,并于五、六两日要求警署道厅,电饬各郡警署竭力保护华侨。七日,朝鲜政务总监经釜山赴京城,由陈领事与总监面商,严厉取缔暴徒。总监答称,自应完全保护。至八日,釜山风声亦甚紧张,各商店难照常营业,惟市面各处华侨妇孺均避难领馆,数约八十余人。是日，中华商会玻璃窗被暴徒击毁二面，晚间，领馆园内亦有小石投入，至夜九时，鲜人集众领馆左侧空道，人数约三百余，势将进攻领馆，时馆外街上早已派警驻守，断绝交通。天雨而鲜人仍不分散。嗣由署长亲至领馆指挥马队，向群众驱逐。惟鲜人竟向马队投石，该队不支而退，情形危急，遂致电宪兵队，旋由宪兵到场，鲜人始散去，时已深夜。九日晨三时，市内牧之岛吴服侨商刘振年，料理店孙振树被暴徒三十余人投石击毁门窗，并将店内货物悉数抛至街心，侨民奔避日人住宅，经警捕获暴徒八名拘往警署，侨民由警护送领馆避难。是晚停业侨商避难至领馆者，约达一百六十余人。十日晚，领馆右侧街路鲜人复集众六七百人，旋经宪兵驱散。十一日，形势较平稳，经领馆与道厅切商保护办法，并决定恢复华侨营业日期。旋由道府各厅答称，已严饬各处竭力取缔暴徒，并召集各民间代表，转谕鲜民务须安分。十二日，大致安稳。至避难领馆、商会及各商号华侨人数，男约三百二十余人，女约六十余人。至十五日晨，荣宝抵釜山视察，尚有少数人存留领馆。开店营业者有四家，尚无事故发生，相约于次日如无问题，即全体开店，照常营业。至釜山以外所辖各境，据各方报告，除庆北大浦里华商元生东门窗货物被毁外，其他各处只击碎玻璃。至华侨因殴致伤者计五人，直接重大损失，现正详细调查。

元山

元山鲜人仇华暴动系于七月四日夜发生。当事起之初，由扬副领事电话各道厅暨各郡警察，认真保护华侨生命财产。一面通知侨民至危急时，可将财产交托警察，迅投元山。至六、七等日，情形紧迫，元山市内外华侨搬至领馆避难者骤达千人。截至十四日止，收容人数达二千三百余人。查侨民因鲜人暴动，受伤较重者计二十一人。此外，有被凶徒追袭，阻河无路，赴水溺毙捞获尸身者，元山、川内里各一人，传说死亡可以证实者三人，尚未证实者十三人，失踪者十九人。此系元山之暴动经过情形也。

新义州

七月七日晚十时,鲜人暴动,麕集五六百人,袭击真砂町华侨。幸各大商店事前得有消息,早已闭门,仅碎门窗玻璃,货物未受损失。领馆于事前经与道知事及警署交涉预防,及至发生暴动,即电知警署派多数警察镇压,旋即散去。华侨均到领馆,所有商会重要账据,亦运至领馆。八日晨,谣言更甚,暴动蜂起,行路华人受伤者颇多。朱领事因风声紧急,即驰至道厅及警署协商,借用汽车将市外侨民运至安全地方,一时来领馆及商会避难者一千二百余人,赴安东者三千五百余人。又以领馆及商会房屋狭小,复将老弱妇稚送往安东,计六百余人。安东县政府、商埠公安局、总商会等指定戏园二家、电影院三家设立收容所五处,妥为安置。是夜,新义州领馆及商会严重警备,侨民所遗商店、空家均有警察巡逻看守,商品家财尚无重大损失。次日调查,受轻伤者十四人。此外,中之岛于七日夜被暴徒击破华商之店门窗玻璃木板者四家;惟东生福商店损失较重,约达百元。警官闻讯出而弹压,暴民转向市外,袭击荒川组工人宿舍,破门闯入,将工人于福京胸胁殴伤致死,尚有五六名负伤者,凶手被捕,连同其他暴行者共拘留四十六人。又有义州郡三成金矿会社工人被暴徒殴死一人。其他地方为云山、北镇、大榆洞、宣川、定州、南市、龟城、扬市、郭山、博川、宁边、义州等处,华侨亦有被殴受伤及商店被袭击者,惟情节尚均不重也。

查此次事变之发生,其直接原因,由于日本、朝鲜各报就万宝山事件捏造事实,扩大宣传,对于朝鲜无知群众肆行煽惑,仁川事变发生最早,即因京城《朝鲜日报》所发行之号外,谓万宝山事件中国人与朝鲜人冲突之结果,朝鲜人被杀者数百名(始则谓二百余名,继则以误传误,谓至八百余名)。以致群情愤激,遂起暴动。我驻鲜各地领事,一经得信,立即要求该地官吏派警弹压,并要求加派武装军警出动。而其时朝鲜总督及政务总监正当新旧更迭之际,总督府绝无负责之人,再四要求,不肯及时下令武装或派宪兵制止,以致各地办法参差,号令不一,而平壤地方,遂成亘古未闻之惨杀。日政府无论如何辩解,决不能辞其责任。而朝鲜总督府及一般日本新闻,尚藉口与万宝山事件中国压迫鲜农激成此举,一似此次朝鲜暴动,其责任当由中国官吏负之者。其颠倒事实实出情理之外。故欲研究此项事件责任之所在,第一不可不精查万宝山事件之真相。兹将在沈所查万宝山事件始末,摘要胪陈如左。

一、肇事之原因

华人郝永德组织稻田公司,租妥三姓堡萧姓张姓之荒地五百响,开种稻田,雇用朝鲜人为之工做,订有契约,呈请长春县政府批准,县政府以事尚可行,须将章程界图呈请核夺后,方能照办。又谕令雇用之韩人不得过二十人。乃郝永德认为已得官府允准,又转租地与韩人沈连泽等九人耕种,召集韩人一百八十余名,遽行开工挖沟引水,破坏民田,经过二十余里,直至伊通河岸,人民起而反对之,阻止韩人工做。日本领事田代派日警前往保护韩人,不令停止工做,我方亦派警前往保护华人。此交涉之所由起也。

二、交涉之经过

长春万宝山人民既起阻止韩侨挖沟引水,韩人恃有日警之势力,不肯停工。当时由长春市政筹备处周处长玉炳与日本田代领事提起交涉。斯时,驻辽宁日本林总领事来谒吉林张主席,报告此事。张主席斯时尚未接到吉林省政府关于此案之报告,乃与林总领事口头约定:两方先将派警撤退,再行和平据理谈判,林已允许。乃张主席命令我方将警撤退,而日本迄未撤退,且督饬韩人进行挖沟益急。经周处长玉炳据理交涉,口头、书面往返辩论,始终无效。

三、日方面之现状

现在韩人挖沟引水已竟工,业引水入田。日警在马家哨口占据民房两所,架设军用帐房三十九架,上悬日本国旗,并架设机关枪四架,又派马警三人来往巡查搜索,在马家哨口附近四五里内不准华人行走。万宝山附近之现状,已似入于日本占领地带内之状态。

四、中国方面之现状

万宝山华人曾经一度聚众,为之填平所挖水沟,经日警开枪射击,幸无伤亡,又经我方警察劝止,静候交涉,华人已尽散去。斯时,吉林张主席由北平返辽宁,林总领事亦由东京返辽宁,相晤后,林愿将此案详细研究,再进行交涉。张主席乃电调交涉特派员钟毓来辽,林亦电调吉林石射领事来辽,使钟与石射当交涉之责任。现在钟与石射均返吉林,约在吉林或哈尔滨谈判此案。但石射前曾自愿调停此事。曾提出四个条件:一、赔偿韩人损失;二、支给韩人本年生活费;三、许可韩人在长春自由居住;四、省政府认可明年使韩人种稻。但此四条,已经省政府表示不能接受矣。林总领事亦曾声明,前此所提出之条件,均作罢论。

照以上所陈,所谓万宝山事件者,只有鲜人以日本势力为后盾压迫华人之事实,绝无中国官吏何等压迫鲜农之举动。所有日韩各纸种种宣传,全属有意簧鼓,耸动听闻,此不惟中国方面众口一词,即日本官宪亦未尝不知其全非事实。如平壤道厅对于朝鲜人之公告,均声明此种新闻多系无根之谈。然则谓朝鲜事变与万宝山事件有原因结果之关系者,其为无理,不辩自明。此项交涉之关键,日方主张一切由彼按国内法办理,检举也、预审也、防止再发也、救济也,一切自行发动,自行办结。而我方则主张用国际交涉,道歉也、惩凶也、保障将来也、赔偿损害也,一切交涉须以双方同意行之。此中纷歧之点,全在责任问题。责任问题明了,以上各节,自可迎刃而解。照现在调查各节,此项责任完全属于彼方,而我方绝对无丝毫责任之可言。所有一切交涉办法,自有国际通例,早在大部洞鉴之中,应请根据既定方针切实进行,以期必胜。至荣宝身膺使任,有保护侨民及增进彼此亲善关系之责。兹于任国领土以内,发生此种巨变,竟致多数侨胞无辜惨死,不能弭患事先,更使将来彼我关系益生隔阂,有违素志,抱疚无穷。应请呈明国民政府准予开缺,以明责任。曷胜感幸之至。谨呈
外交部

驻日本公使汪荣宝
中华民国二十年八月六日

《中华民国史档案资料汇编》第五辑第一编《外交》,第312—321页

国民政府外交部致日本公使照会

1931 年 9 月 15 日

为照复事。关于万宝山案，准外字五三号来照，业经阅悉。查本部七月二十二日去照，根据真确事实，表示处理本案之公正态度，在期早日持平解决，借免纠纷。兹查阅来函所开，与事实真相出入甚多。对于郝永德无权与韩农订立契约，韩农更无权占有万宝山农田各节，尤未加以注意。驯至以日领派遣武装日警援助韩农非法工作为必要，而认中国警察依法解散非法开垦万宝山农田挖沟筑坝之韩农为贯彻压迫方针，殊与本部希望公平解决本案之旨趣大相径庭。中国政府自应再就本案实情，据理答复，以供贵国政府之考虑，而促本案之解决。

一、来照谓中国方面对万宝山案之处理，以压迫韩农为方针等语。查中国方面，对于韩民毫无压迫之意。此次韩农非法开垦万宝山农田，挖沟筑坝，犯及刑事，中国警察维持公安予以阻止，系依法行使政权应有之职责，自不得谓为压迫韩农。乃日方各报竟捏造事实，任意鼓动，酿成朝鲜各地仇杀华侨重大惨案，实属故意使本案纠纷扩大。兹来照仍借口本案以外之事，推断中国方面对于本案以压迫韩农为方针。按诸上述中国方面合法之处理，则此种推断之不切实情，显而易见。

来函以韩农与郝永德租约曾经县长承认与水路用地之地主亦成立谅解，是以四月中旬着手水路工程至五月下旬约一个半月之间，地方官及关系地主等对于韩农均表示好意，未受何等干涉，其后忽加反对，不能认为系根据于地主方面之真意等语。查韩农与郝永德租约，并未经该县长承认有案。据确实报告：四月间，当韩农三十二名分帮至孙永清等四十一户地内时，即经地主孙永清、马宝山等十一人前往阻止，韩农因阻停工。五月一日后来挖掘，孙永清又往阻止，因阻停工。次日韩农约聚一百余名，形势汹汹，强行挖掘，孙永清等复往阻止，因韩农过多，未能解散。嗣经县公安局长鲁绮带警前往实行制止。当时韩农虽允为解散，但该局长去后，韩农仍未停工，挖沟韩人达一百七十余名。自六月三日日警前往掩护工作后，始行继续挖竣。足征韩农着手水路工程，四五月间,地方官认为非法,曾经实行制止;地主等因韩农侵害权利,在此期间迭次加以阻止,并非先表好意,后加反对。迨日领派遣日警掩护,该韩农等始得继续非法工作。中国农民因迫于韩农继续侵犯其权利,不得已集众设法阻止,绝非暴行。中国警察原可维持秩序;殊无来照所称"紧急之必要"。乃日领悍然不顾,陆续增派武装日警至五十余名,便衣队十余名,携带机关枪,向中国农(于)〔民〕扫射。且证诸所得确实消息,当时指挥日警者,尚有加派大批警察之意,显欲令韩农于武装之下完成其非法工作。要之,当地日领派遣武装日警,擅入万宝山强制援助韩农非法工作,实为本案纠纷扩大之主要原因。该日领应负相当责任,业于七月二十二日照达在案。

二、来函谓:"韩农之举动全系善意,其根据契约上之行为并无不法失当可以加以非难之处。"又谓如用水道工程发生水灾,韩农预备赔偿华农因此所受之损失等语。查凡未经依法所得之权利,当然不能为任何处分之标的,尤以不动产权利,须完全无瑕疵方得移转。郝永德原租契约,未经官厅正式核准,自始即属无效。郝永德既未尝以契约取得农田之权利,则不论韩农之承租是否善意,郝永德与韩农间订立之契约不能产生任何权利,实无疑义。郝永德与韩农之契约,在法律上既属无效,其着手开垦之农田,即为侵占。所有开沟筑坝等行动,均属非法。况所掘水沟,在未经核准之租地以外,又损坏多数人之田地,侵害无数人之权利,韩农明知此项举动之非法,而以"预备赔偿华农因此所受之损失"之态度,继续其不法行为,殊难避免刑事上之责任。

三、依照宣统元年中日图们江界约:韩民仅得在图们江北延吉和龙汪清特定区域内垦荒居住。假定本案韩农承租之地在该区域范围以内,亦必以契约之无效不能取得任何权利;矧本案地点在条约允许区域之外,其所订契约又属无效乎!至来照提及民国四年中日条约问题,查该项问题,在上述论断之下,对于本案原属枝节,而中国政府与人民对于此项条约之态度,当为贵国朝野所深知,尤以民国十二年三月间,中国政府照会贵国政府之正式表示最为明晰。贵国政府忽于此时提及此项问题,殊非图谋共存共荣之道,不得不引为遗憾。

四、总之,中国官厅依法取缔不良韩民及韩民不依法而欲取得权利者,贵国方面动辄加以压迫之名。其实中国方面对于韩民毫无压迫之意,事实具在,非可掩饰。兹按照上述理由,韩农不能在万宝山垦居;其与郝永德之契约在法律上当认无效,自不容该韩农等仍在万宝山继续占有农田,应再请转饬勒令该韩农等速即退出该地。至韩农与郝永德间因契约无效而发生之法律关系,自应设法处理;华农方面已受之损失,仍应由韩农及早补偿,以资解决。相应函请贵公使迅予转达贵国政府查照办理;并希见复为荷。

《日本帝国主义侵华档案资料选编:九・一八事变》,第90—92页

3. 报告、总结等

王正廷在中央政治会议报告文

1931 年 7 月 15 日

关于万宝山案及朝鲜排华案,外交部已向国民政府提出书面报告。查万宝山案与朝鲜排华风潮,原是二件事,故外交部决定分别办理。万宝山案起因,因该处朝鲜侨民转租得中国稻田耕种,订立合同时,说明要经过县政府批准,才能发生效力;但该合同迄未批准。嗣以朝鲜人田内水力不够,要掘一条沟,引水到田里,此沟须经过中国人民之土地,长凡二十余里,当时中国农民就不答应。这不但是两国的人民,就是本国人也不会答应的,所以就起而加以阻止;朝鲜人不服,遂即发生冲突。此案之起因如此。冲突发生后,日本派警察保护朝鲜人,中国亦派警到场弹压。冲突时,死伤不多。惟日本竟派警离铁路沿线几百里到中国内地来,这是政治会议于外交上很要注意的一件事。至于朝鲜排华事件,本席在上星期已报告过,说是要看背景而定交涉的策略。有人说日俄备战,日本要将满蒙夺去做战场,所以煽动韩人排华,以为夺取满蒙之导火线。这也是一种说法。韩人排斥华侨风潮发生后,本月八日接

到报告，说情势已趋缓和，日本军警亦开始制止。以本席看起来，背景不是日本政府，但在日本政府以外的一种势力，所谓双重外交。因为自万宝山案发生后，朝鲜各地报纸都说朝鲜侨民快被中国人杀完了，叫韩人起来报复，于是遂有此次惨案发生。自八日起警察才出而制止，中国侨民恐慌异常，要买船票、车票，都买不到，好像要置之死地而后已。外交部据报告后，即提出严重抗议，并为口头交涉，电汪公使向日本政府要求制止韩人暴动。币原外相也答应表示道歉；但对于此次惨案之责任，则无表示。朝鲜官宪筹集抚慰金，给予华侨；领馆电询可否接受？外交部当以此项抚慰，不应接受，以免将来交涉时无真实损失之确据，即覆电不可接受，并另汇往相当之侨民生活费，慰恤金拟请政府发给；一方面派汪公使赴朝鲜调查实际情形，以为交涉之根据。近来朝鲜华侨已能安居如常。我们要日本惩凶、道歉、赔偿损失，并答应保证今后不再发生此项事件。日本人希图卸责，但此次惨案之演成，责任实无可卸，故外交部以为此项交涉，并不困难。但国内各地俟应力持镇静，一切方针仍须请外交组加以讨论也。

《革命文献》第 33 辑，第 7253—7254 页

外交部办理本案向中央报告文

1931 年 7 月 18 日

　　径密启者：关于长春县万宝山地方，因制止鲜农垦种，日警干涉，发生冲突，及鲜人仇视华侨两案发生以来，本部办理情形，业经先后分呈国民政府暨行政院鉴核备案各在案。兹特抄录该项呈文函请查照。此致中央执行委员会秘书处。附抄件两件，第四二六号。中华民国二十年七月十八日。

　　抄分呈国民政府、行政院　呈文　中华民国二十年七月十六日发

　　呈为呈报事：窃查本月二日各报载长春万宝山地方，因制止鲜农垦种，日警干涉，发生冲突，当经本部据电东北政务委员会及吉林省政府查复。准吉林省政府本月六日电称：本案系因长春长农稻田公司经理

郝永德,租得长春县三区荒田五百响,租期十年,契约内订明此契于县政府批准日起发生效力,如未批准,仍作无效等语,此项契约未经正式批准,郝永德即将上述田地转租与鲜人李升薰等九人耕种,亦以十年为期。此项契约并未呈报地方官厅,该鲜人李升薰等即擅引鲜人百八十余人入境,挖掘宽深约三丈余、长二十余里之水道,通达伊通河岸,侵占民田;同时复在河中截流筑坝,逼水灌入水道,以培稻苗。附近农民目睹所有熟地无故被截两段,河坝既成,水无宣泄,势必由水道中漫溢,两岸数万亩田地又必废弃;当集代表,面求县政府及市政筹备处制止。县处切谕民众听候核办,一面派警解散鲜人。讵我警甫到,驻长日领已派警六人到场干涉,鲜人恃此,顽抗更甚。经辽宁日总领事向省主席提商,结果双方撤警再议,日警越二日始退。当由市政筹备处与驻长日领约定:鲜人应先停工,俟双方会查定夺。迨会查后,我方主张回复掘毁农田,停筑河坝;讵日领完全拒绝。又令大帮鲜人前来,并令便衣日警五六十人,携带机关枪前往占据民房。上月底鲜人水道河坝工事完成,本月一日民众忍无可忍,遂各持锹锄填塞水道二里许,日警遽向民众开枪;我警强压民众,毋许滋事,众愤未平,转将公安局长殴伤,幸彼此未有死伤。而日方反谓我警暗助民众,复增派日警二十余名前往。现鲜农仍从事沟坝工作,请根据事实,向日使严重抗议各等因。查万宝山并非垦居区域,鲜农不得前往垦种;地方官负有保护外侨之责,日警擅入内地,尤属蔑视中国领土行政主权,拟即照会日本代办转饬鲜农退出,即时撤回日警。至租约侵害筑坝等问题,并于文内同时声明,即由地方会商日领,持平调处;否则按照司法手续解决。以上办法已由本部密电东北政务委员会详酌核复,一俟复到,当即分别提出交涉。理合将本案办理情形,备文呈请鉴核备案。谨呈。

抄分呈国民政府、行政院　呈文　中华民国二十年七月十四日发

为呈报事:案据驻朝鲜总领事暨鲜属各领馆迭电陈报,朝鲜报纸以万宝山案,耸词激动韩人仇视华侨,自本月三日起群起暴动,蔓延各处,尤以平壤、汉城、仁川等处为烈。华侨纷纷到领馆避难,侨商店户多被

捣毁,约计死伤总数不下数百,已回国者约有数千,正在分别交涉、抚慰各等情。本部当即向日本代办提出抗议,一面电令驻日公使、驻朝鲜总领事,一致要求立予制止暴动,保护华侨,并保留一切交涉之权。据汪使电称:日方对此表示十分歉意,并称已严命镇压,当渐平静;鲜督虽未到任,有人负责,绝不诿卸等语。经又电令该使克期赴鲜,抚慰调查。续据驻朝鲜总领事电称:各方暴动渐告平息,朝鲜官厅拟送慰问金及难侨川资用品,应否接受等情。当以暴动虽告渐息,所有华侨生命财产死伤损失,详细数目正待确查;在此保留交涉期间,自不便遽行接受慰金、川资。经即电复该总领事,除舟车免费及临时用品可酌量允纳外,赠送概拒勿受;俟汪使查报到部,再行依据交涉。现汪使已起程赴鲜。除万宝山事件另案呈报外,理合将韩人暴动仇华案,目下交涉经过情形呈报鉴核备案。谨呈。

《革命文献》第 33 辑,第 7254—7256 页

立法院草拟应付万宝山事件的意见

1931 年 8 月

立法院对于万宝山案及朝鲜排华案应付方法建议文

窃查万宝山日人暴行案及朝鲜大举杀害华侨案,似均系日本侵略满蒙、离间中韩之一种预定阴谋之表现,若不早图抵制,设法自卫,而徒以抗议了事,则将来祸患实有不可胜言者,是以本院迭经讨论之后,佥以为应付此两案之方法,似可分为治标与治本两种,谨分列如左:

甲、治标方法

一、对内速将两案经过情形公告全国,以激发义愤;对外速作国际宣传,使世界明了其真相而取得同情。

二、要求日本正式道歉、惩凶、赔偿、抚恤,并于两个月内恢复旅鲜华侨原状。

三、要求日本切实担保以后旅日、韩华侨之生命财产之安全,并为预防将来暴动之复发,应使华侨得组织有力量之自卫团。

四、中央应密令地方党部及政府指导人民彻底对日经济绝交,坚持勿懈。

乙、治本方法

一、立即取缔日本在华一切无条约根据之非法行动,其虽有条约而经我国否认者,亦同此例(尤应注重日本军警之撤退)。

二、立即取消日本在华由不平等条约取得之一切特殊权利。

三、凡未脱离日本国籍之鲜人,均不承认其有中华民国国籍,以免除二重国籍之纠纷。

四、中央应设法指导人民组织团体,对于日、鲜侨绝对不租借土地。

五、中央对于日本侵略满蒙政策应速确定抵制及发展满蒙根本方案,尤应注意国内移垦。

六、中央应速整理驻外各使领馆以重外交而利宣传。

七、办理外侨登记尤应注重施行中日韩人民彼此出入国境护照制度。

《中华民国史档案资料汇编》第五辑第一编《外交》,第 328—329 页

顾维钧关于万宝山事件之说贴

1932 年 6 月 13 日

争执之事实

一、郝永德之租借　民国二十年四月间中国农民郝永德租得长春县乡三区万宝山地方萧翰林、张鸿宾等生熟荒地约五百垧(每垧等于二四〇〇公方步),租约最后一条订明,如县政府不准,该约仍作无效。

二、未经正式批准即转租于朝鲜人　租约呈请长春县政府批准时,县政府先令详查,再行批准。乃郝永德不待正式批准,即于是月内以类似上项租约之条件转租于朝鲜农民团李升薰等九人,亦未呈明长春县政府。

三、朝鲜人之挖掘水道　李升薰等既与郝永德私订转租契约,立即召引鲜农一百八十人以上在该地开工,首先挖掘宽深各三丈长约二十

余里之灌田水道,以与伊通河通流。

四、对于其他农民之损害、各该农民之抗议　挖掘似此之灌田水道,当然毁坏沿该水道之土地,但其地为另外之中国农民所有,初未与郝永德及鲜人李升薰等签订任何契约,加以李升薰等欲将伊通河流转入灌田水道,又在该河建筑水坝,各该农民见其地为水道穿过,并未经彼等同意,且虑伊通河流为水坝拥阻,该河两旁数千坰之地将不免有泛滥冲毁之虞,且其主要交通航路之伊通河又成为无用,故推举代表一百余人请求县市当局出而干涉,制止该鲜人等继续挖掘。

五、日警保护鲜人　地方当局劝谕各该农民静候批示,然后再行动作,一面派警饬令鲜人停工,但于中国巡警尚未到达之前,长春日本领事业已派遣日警六人前往该地协助鲜人,鲜人有恃日警保护,遂更不服管束。

六、鲜人恃日警保护继续工作　该地方当局企图和平了结失败以后,长春日本领事遣派大批鲜人至万宝山继续挖掘水道,并有携带机关枪之日警约六十名随同前往,彼等强占中国农民之房屋以为总机关,在六月底以前水道、水坝均已筑成。

七、日本武装警察之增加、民气益见激昂　中国农民方面既忍无可忍,遂于七月一日集合约四百人用各种农器前往填塞水道约二里许,日本武装警察出而干涉,遂发生冲突,不料日警竟向中国农民开枪射击,二月三日仍继续冲突,日本领事藉口中国巡警袒护农民,复派武装警察二十余名驰往该地。

八、争执之各要点　关于此项争执之各要点系属如下:(一)郝永德与萧翰林等十二人所订之租地原契约,未经县政府批准,故不发生效力;(二)挖掘水道与阻碍伊通河流,侵犯预订租约以外之中国农民之权利;(三)鲜人在该地耕种之权利,亦系大有问题;(四)日领遣派日警至中国内地干涉中国农民,使事件愈形扩大。

长春地方当局与日领外交上之折冲

九、六月三日长春市政筹备处之抗议　六月三日长春市政筹备处函致长春日本领事抗议略称,郝永德之租约,未经官厅正式批准并无效力,故郝永德无权将该地转租鲜人,至朝鲜人方面之挖掘水道、建筑水坝系侵犯与郝永德租约毫无关系之中国农民之正当权利,应请将违犯中国法律之朝鲜人依法严办,至中国农民之一切损失,一俟查明,请予赔偿云云。

一〇、六月四日之再行抗议　六月四日长春市政筹备处再函日本领事,声明日领事馆现已遣派日警协助鲜人,鲜人遂公开破坏中国法律,不肯服从公安局之命令,应请将日警立即撤回,并令朝鲜人停止工作,其破坏中国法律之朝鲜人犯,亦希依法惩办云云。是日驻吉林之日本总领事为中日双方撤退警察之事,遣派副领事谒吉林省政府主席。

一一、六月六日日领事之复函　六月六日日领函复市政筹备处略称,鲜人在万宝山之耕作水田乃根据契约,彼等从事工作系出于善意,况均系贫困,若非任其饿毙,势难饬令停工,希望贵处长劝谕地主不再反对,听候和平解决,并表示一俟地方秩序可保无虞,甚愿撤回日警云云。

一二、六月八日之临时协定办法　六月八日长春市政筹备处处长与长春日本领事议定临时协定办法如下,中日两方警察即时悉行撤退,本案鲜人与地主、农民间之纠纷问题,由双方派员实地会同调查,并延请中日双方调解人协同调查,本案事实调查完竣后依公平最善之办法解决之,该处鲜人应立时停止挖掘及建筑通引伊通河之工作,本案解决后,该处鲜人再行分别去留,在未经解决以前,由长春县公安局负保护之责,其业经工作之现状,暂不改变,本案调查完竣后,于最短之时间解决之。

六月九日市政筹备处函达长春日领,确认上开临时协定办法,表示希望圆满解决。

一三、中国抄送调查报告(六月十一日)　六月十一日市政筹备处将调查报告抄送日领,此项调查系由日方之日本领事馆馆员二人、南满铁路公司代表一人与华方之市政筹备处职员二人、长春农会代表一人会同办理,该报告内分三部,即租种稻田契约,地主与农民反对之理由及调查结果之意见(见附件三)。

一四、是日又续行交涉　是日下午日领来见市政筹备处处长,该处长表示现已调查明白,鲜人之水道计划如非侵犯中国农民之权利及严重毁坏中国农民之田地,不能实行,但为调停之计,该鲜人等所租自郝永德之地,虽未经官方正式批准,可以准许其改种早稻,如因此受有损失,可责令契约负责人郝永德赔偿,乃日领拒绝此议,坚持鲜人仍须继续工作。

一五、市政筹备处再函日领(六月十二日)　六月十二日长春市政筹备处再函日领,重申前议,并详细说明本案应和平解决之理由,以免酿成重大结果,有碍中日邦交。

一六、日领函复(六月十三日)　六月十三日日领函复市政筹备处,略称,所筑伊通河之水坝,既不致酿成水灾,亦不妨碍航路交通,如因挖掘水道,中国农民之地受有损害,鲜人拟予以相当赔偿,并声明鲜人租地未遵守必要手续,乃系中间人之错误,其责不在鲜人云云。

一七、日领再函市政筹备处　同日,日领再函市政筹备处,详尽说明鲜人之工作,增加附近农民田地之价值,并与各该农民大有裨益之情形。

一八、市政筹备处叙述鲜人违犯之吉林省管理稻田水利章程　六月十四日市政筹备处函达日领,节录吉林省政府公布之吉林省管理稻田水利章程各条,内开:凡大规模之垦种与灌溉,应在省政府立案,经过批准。至于横河作坝、截堵水流以及穿过别户田地之沟渠均应禁止等语。今朝鲜人之工作,显属违背省政府章程云云。

一九、说明水道所致毁坏情形　上函又说明关于赔偿地主损失问题,已竭力与各地主代表接洽,但各该代表(沥)〔历〕诉水道之毁坏有非赔偿所能抵(捕)〔补〕者,除水道所用土地外,所有沿该水道计长二十里之熟地已被截成两段,致地主由其地之此段以至彼段不得不经过桥梁展转绕越,增加路程,以致大耗农时,非赔偿所能抵补。至在伊通河横河作坝,截断水流,既碍长春、农安两县间之航运交通,并妨碍法律所保障之众船户生计。故彼等损害,除令鲜人停止工作外,各该地主已见无法补救。应请贵领事遵照会同调查以前之夙诺,于圆满解决以前,不再进行工作云云。

二〇、日领复函(六月十六日)　六月十六日日领事函复市政筹备处,声明中国农民所虑水灾之损失,如果因在伊通河建筑水坝而发现,则鲜人自当设法补救,目下工程,仅姑为试验。又声明所遣日警,专为维持鲜人秩序,现在鲜人虽作相当准备,但实未复工云云。

二一、中国函请日领撤回日警(六月十七日)　六月十七日市政筹备处又函达日领,声明挖掘水道与伊通河筑坝之损害既甚彰明,断无更有商榷之余地。目下残余问题之尚待解决者,只是鲜人去留问题及各当事者间之损害赔偿问题耳。其解决办法,已如本月十二日公函所述,何舍何从,希既明白见复。又,据报维护鲜人复工,应请注意,并希将日警即日撤回云云。

二二、日鲜两方又违背临时协定办法　六月二十三日市政筹备处又据距伊通河约八里之三姓堡住户呈诉,旧有沟渠为鲜人堵塞,近日雨水连绵,民等田地现被淹没,请予回复原状等情,函达日本领事。并称,又据报告,姜家窝堡村西一里许来有鲜民七十二名,日警二名,掘地泻水,请贵领注意,且声明,此事违背六月八日中日双方所议定之临时协定办法云云。

二三、日领坚持鲜人继续挖掘水道　六月二十六日日领函市政筹备处称,本领事于本月二十四日奉谒面谈,曾经说明主张,表示农时瞬过,应许鲜人进行工作,现在双方当局应视结果如何,是否如中国农民所虑而有浸水之害,然后再行交涉云云。

二四、中国农民毁坏水道　同日日领又函市政筹备处称,乡二区马家哨口附近鲜民数名为华警拘捕,该地农民掘成之水道破坏约十八尺云云。

二五、华方以日领不遵守临时协定办法为遗憾　六月二十七日市政筹备处连致两函于日本领事,第一函重述如许鲜民恢复工作,完竣工程,则中国农民与船户将交受其害,并郑重声明,鲜人动作实系违犯中国法律,又表示日领不照会查发现之事实、赞同公平解决深为遗憾。所有将来发生一切纠纷之损失,应由日领负责云云。第二函说明鲜人挖掘之水道将中国农民之地截成两段,各该农民不得不填塞其一段,以维持其原有之交通。七月二日,日领抗议乡农之行动,称七月一日乡农集合约四百人,前往毁坏一部分水道。

二六、七月一日事件,日方无理之激成 同时市政筹备处函复日领,称万宝山鲜人之行为,并不根据任何有效契约,且违背现行法令,并侵害农民船户之固有合法权利,经六月八日双方议定临时协定办法各条,今贵领事不肯遵守,故七月一日之事件,并非出于意外。查该项办法以停止鲜人工作及完全撤退日警为解决本案之前提,乃贵方反加派日警前往该地,掩护鲜人继续清挖水道横水筑坝之工作,农民无可奈何,迫不得已,实行其正当防卫之手段。该函并表示希望日领鉴于七月一日之事件,当可明了宜照六月八日所议定临时协定办法办理云。

二七、日警向农民开枪 同日市政筹备处向日领提出严重抗议称,据长春县转来报告,本日晨间,万宝山农民继续集合,回复河沟原状,日警放枪实行射击凡三十八响,农民立即跳入壕沟,群情愤慨万分,各欲夺取日警枪支抵抗,再三劝阻,暂行回家等情,应请贵方将日警立即撤退,以免再发生冲突,对于首先开枪之日警,予以严惩云云。

二八、日本武装警察加重之情势、日本之要求 七月八日市政筹备处又致日领一警告之函,重申七月二日之要求,请将日警立即撤退,对于开枪之日警予以严惩。并称,续据报告,日警强占农民房屋,强夺伊通河船只,有碍农民工作与交通,并任意砍伐河岸柳树,以为筑坝之用,且在各处掘挖壕沟安置地雷,似此军事行动,欲以恐吓农民,如再酿成重大事变,将增加贵方之责任,并为蔑视中国法律云云。七月十日吉林日本总领事晋谒吉林省政府主席,提议如照下列各条件可令鲜人不垦种水稻。(一)应赔偿鲜人之损失,(二)应予鲜人一年之生活费,(三)

凡已来华之鲜人得自由居住,(四)鲜人如照合法手续呈请,应于下年准许其垦种水稻。省政府当以为关于第一条,如鲜人确系正当租自郝永德,可令负责对方赔偿鲜人之损失,但中国农民所受之损失,鲜人亦应予以赔偿。至其余三条,绝对不能容纳。自是以后,乃由外交部与日本公使馆交涉,或由特派交涉员与吉林日本总领事交涉。

外交部与日本公使馆往来之文件

二九、外交部致日代办照会(七月二十二日),违背中日图们江满韩定界条款　七月二十二日外交部照会日本代办,于叙述本案事实以后,声明鲜民在吉省地方垦种,按照宣统年中日图们江满韩定界条款,仅以图们江北地方,即现在延吉、汪清、和龙、珲春四县之特定区域为限,万宝山并非垦居区域,此次鲜民李升薰等前往该处垦种,毫无条约根据,乃竟与郝永德订立租佃契约,此项契约,当然无效,且挖掘水道,截流筑坝,以致附近民田被其损害,而又不服中国警察之制止,此种举动,既非根据条约,且触犯刑章,应请转饬该鲜民等即行退出该地。

三〇、日本设警违背一切条约　该照会续称,驻华日本领馆所设日警,迭经本部照请撤退有案。此次贵国驻长春领事擅派警察入中国内地肆行干涉,实为蔑视中国领土主权,且派遣多数警察驻扎内地,致有七月一日贵国武装警察开枪射击中国农民之事变,自该事变发生以后,日方各报故意捏造事实,酿成朝鲜各地仇杀华侨之重大惨案,贵国驻长春领事不按照国际法原则,遽行派警前往内地,携带机关枪强制协助鲜民非法行动,自应负其责任,所有派驻日警,应请转饬即行撤退云云。

三一、外交部催促速撤日警　七月三十日外交部电令吉林特派交涉员转催日本总领事立即撤退日警,惟须保证鲜人安全,保留鲜人工作,经交涉员再三交涉,称日本应无条件撤警,但许以在本案未解决以前,对于已就之工程,不发生非必要之改变,经日总领事应允俟撤警一有定期,即行通知云云。

三二、日警撤退　八月八日特派交涉员报告外交都,称准日本总领事照会称,日警已于是日撤退,由吉林省政府派员监视,于午前撤竣。

交涉员遂与日本总领事商洽鲜人退出万宝山问题,惟该总领事以为按照一九一五年中日条约,鲜人有权居留云云。

三三、鲜人之居留与一九一五年中日条约　八月十二日特派交涉员电陈日本总领事仍以为一九一五年中日条约准予日本人民得在南满与中国人民共同经营农业,经交涉员驳复云云。

三四、关于鲜人垦田工作之日方提案　八月十二日特派交涉员又电陈关于万宝山鲜人垦田工作,日总领事提出两种意见,(一)鲜人转租契约,应照通常手续立案,不使中国农民受有损失;(二)此项开垦事宜应改为中鲜农民合办事业,所有一切工程,均归中国官厅监管。交涉员以其提议含有实行一九一五年中日条约之意,当经拒绝,该总领事微示鲜人虽可退出万宝山,但彼在满洲仍得任便居住,并有权经营农业云云。

三五、日代办照复外交部(八月二十六日)　八月二十六日日本代办送一复文于外交部略谓,鲜人之在万宝山进行垦田工作,实系善意,在未动工以前,经郝永德之斡旋,关于用地开掘灌溉水道一节,已与该地主成立谅解,且该水道不致妨害中国农民熟地,即万一发生水灾,鲜农于紧急时,亦可拆去其工程之一部分,并预备赔偿华农所受之损失,又拟于水道上建筑桥梁以利华农之往来,华农最初对于鲜人,均表好感,嗣后态度一变,系由中国当局唤起,以为压迫在华鲜人计划一部分等语,该复文说明日领派警至万宝山之理由及鲜人在该处所为,系依据一九一五年中日条约云。

三六、中国再请鲜人退出　九月一日吉林特派交涉员报告彼与日领再商洽鲜人退出问题,但日领坚持鲜人得在万宝山继续其合法之居住与经营农业,惟中国政府如不再实行压迫鲜人之政策,则可准华方所请,以为其诚意之证据,交涉员对之,仍固持原来之主张谓,转租契约未经官厅批准,无法律上之价值云云。

三七、外交部之第二次照会(九月十五日)　九月十五日外交部送致日本代办第二次照会,驳正该代办上次复文之说,略谓,来照所称中国方面压迫鲜民之说毫无根据,凡鲜农所为,实越出条约规定以外,违犯中国法律,中国警察之阻止,不过为依法行使行政权应有之职责,自不得谓为压迫鲜农。乃日方各报,故意捏造事实,鼓动鲜人恶感,酿成七月七日朝鲜各地仇杀华侨惨案,使本案纠纷扩大,殊为遗憾。又,来照称鲜农之举动全系善意及鲜农预备赔偿华农因此所受之损失等语,殊无以减轻本案之非法。查郝永德原租契约,未经官厅正式核准,自始不生效力,故彼无权将地转租鲜农,则不论鲜农之承租是否善意,而郝永德与鲜农间订立之契约自属无效。鲜农自未取得合法之权利,可在万宝山开垦,则其举动,无异毁他人之田地,又况地主并未预订上开两契约之任何一约,而鲜农又因开掘水沟毁其田地,彼等明知其举动之非法,而惟以预备赔偿为藉口,似此继续其不法行为,碍难容许云云。

交涉之结局如斯

三八、日本无诚意解决本案　以上简单记述中日间交涉及公文往来之经过,已将双方之主要辩论,以及中国力求和平解决万宝山案之情形,胪举无遗。日本对于本案之延宕政策,本为该国办理国际交涉素无诚意之著例,虽在实行预定兵力侵占计划之时,而仍戴和平为面具,至于中国,则始终为种种和平之努力,以期日本理喻,殊为明显,故外交部第二次照会之发出,正在日本准备兵力准备侵占之时,其答复即为九月十八日之占领沈阳,距该照会之发出仅阅三日,于是万宝山事件遂留为中日悬案之一矣。

三九、日本释放郝永德　自日本侵占东北,万宝山案之种种问题益形纠纷,或更难有圆满之解决,至郝永德违法将其租地擅自转租鲜农,实为招引鲜农至万宝山负责之人,曾经中国地方官厅逮捕加以监禁,至本案解决之时为止。乃日本当局显然诱引郝犯成立利于日鲜人之契约以后,即于九月二十日将彼释放。

结论

四〇、本案特著之事实　欲撮叙本案之曲直,应将特著之事实重述如左:

（一）萧翰林等十二人为甲方与郝永德为乙方所订之原租地契约，并未依法经长春县政府批准，本属无效。

（二）郝永德与鲜农九人订立之转租契约有两种理由，亦不发生效力：㊀租地契约本属无效，郝永德无权将其非法所置之地转租于任何他人。㊁郝永德与鲜农所订之转租契约，亦未依法经县政府批准。

（三）转租契约既不发生效力，鲜农即无权开垦郝永德擅自转租之地。

（四）即使转租契约有效，而其他中国农民并非订约之一方，鲜农亦无权毁坏其田地。

（五）所争之点，不但涉及租地契约范围内外之民地，抑且妨碍长春、农安两县人民公产之伊通河之航运，有害多数船户之生计。

（六）驻长春日本领事无权派警至东三省内地，并无权干涉本案。

（七）按照一九〇九年中日图们江满韩定界条款，朝鲜人无权入万宝山开垦。

（八）日本武装警察开枪射击万宝山农民时，实犯对华类似战争之行为。

（九）日本政府明知无法辩护鲜农在万宝山之举动为合法，故惟言预备赔偿中国农民因此所受之损失。

（一〇）日本政府自认无权派警至东三省内地，惟以形势紧急必须派警为藉词。

（一一）中国地方当局作种种和平之努力，以求本案之和平了结，而日本驻华使领则希图规避，而无诚意。

（一二）长春日领初本赞成中日派员会同调查本案，嗣悉调查结果于日本不利，遂不遵守其信约。

（一三）日本政府自始即无诚意求本案之和平解决，虽外交上仍（带）〔戴〕希望和平解决之假面具，而实正作军事准备，以图占领东三省。

四一、本案为民刑及外交事件 从以上特著之事实观之，显见万宝山案之性质为民事、刑事及外交事件三项,初仅涉及垦地租约之效力问题,乃一种民事案件,照民事本易于解决,其后应服从中国法律之鲜人,在万宝山故意毁坏中国和平民众之田地,并强硬违抗中国官厅之命令,遂变成刑事案件,但亦可照中国刑法处理,迨日方派警擅入东三省内地干涉此事,又成为外交问题及日本武装警察援助鲜人,向中国农民开枪,使事态益增严重,而日本政府又缺乏诚意,致本案圆满解决为不可能之事。故中日条约之破坏,本案种种问题之纠葛、事态之增重、和平了结之无望,日本政府应负其责也。

参与国际联合会调查委员会

中国代表顾维钧

中华民国二十一年六月十三日递于北平

附件一（略）

附件二（略）

附件三

长春市政府委员与日领代表会查万宝山事件之报告

谨将会同长春日本领事馆书记官土屋波平、警部中川义治、南满铁道会社长春地方事务所涉外主任龙国保实地调查万宝山鲜人垦种稻田、挖掘水道与地主农民间纠纷问题之事实,胪陈监核:

第一,租种稻田之契约

长春稻田公司经理郝永德于民国二十六年四月十六日租得长春县乡三区地主萧翰林、张鸿宾、孟昭和、丁会、卢昭善、姜元亨、任富、王中富、孟宪恩、孟宪文、姜圣义、刘振国十二人生荒熟地约五百垧,租期十年,于契约内订明:此契于县政府批准日发生效力,如县政府不准,仍作无效。等语。此项契约,长春县政府并未经正式批准。同时,郝永德以租得前项生荒熟地约五百垧转租于韩人李升薰、李造和、朴鲁星、李锡昶、徐龙浩、金东光、沈亨泽、郑烂玉九人耕种,亦以十年期满。此项契约亦未呈明长春县政府有案。

第二,地主与农民反对之理由

甲、挖掘水道，通引伊通河流，沿途占用民田，初未与各地主有合意之契约。

郝永德只租得萧翰林十二人生熟地五百坰，而所挖水道沿线所占民地长约二十余里，其地为马宝山、马万山、孙朗宣、孙雅泉、马福山、马德山、孙家桐、刘长海、宫世德、李景升、孙永斌、王作宾、刘长有、刘长江、邹太伦、韩德胜、邹耀山、姜洪山、孙万德、孙万英、孙永庆、孙万钟、常自安、田俊、宫德、崔龙、周和、马有青、马振青、张殿明、万均祥、李大发、邹太奎、蔡世宾、侯得禄四十一人所有，初未与郝永德及韩人李升薰等有何项之契约。

乙、前项通引伊通河之水道对于地主农民所及之损害，约分七项：

子、水道掘出之土堆叠两旁，宽约七八丈，长约二十余里，共计毁坏良田四十坰。

丑、水道经过地方均为人民熟地，此项水道将农民各户熟地截成两段，每日耕作农具及耕作之人，均须迂回绕越，所有常年农作时间及工资消费，尤为无限之损失。

寅、为通引伊通河水灌溉稻田，须于旧有河流横筑止水之堰通于水道，因堰堤横阻河流之结果，所有河流上游两旁低下民地约计二千余坰，均将被淹没之害。

卯、郝永德所租拟种稻田区域地势较高，无处泄水，下游低下田地被淹者约数百坰。

辰、水道两岸低下之处，当河水猛溢必侵入田地，约计四五千坰。

巳、河流之马家哨口系河东河西来往孔道，因河中横堰堵水，水势增高，旧日河东河西交通悉为断绝。

午、伊通河为长春、农安夏令航行运输必经之路，中间坝垒丈余，两县公共运输航路悉受阻断之害，沿河居住民户藉航运营生者，不下数百家，其生计悉受损害。

第三，调查结果之意见

查以上水道，既未经各该地主之同意，协定租用契约，强行挖掘，实属不法行为。据该处地主及农民强烈反对之主要理由,第一,水道占用之地各户所有权横被不法侵害;第二,各户农田因水道截成两段,于耕作有重大妨害;第三,伊通河中流筑堰堵水,上下游民田数千坰半受水害;第四,伊通河为长、农两县夏令航运河流,绝对不能中流筑堰妨害航运。基于以上事实,既属侵害多数地主农民之合法固有权利,并于公共航运交通均有妨碍,无论何国人民有此行为,国家断无可能容许之理。

长春市政筹备处外交科郭承厚

长春县农会干事吴长春

中华民国二十年六月十一日

《中华民国史档案资料汇编》第五辑第一编《外交》,第 329—341 页

（二）中村事件

说明:1931 年 6 月初,日本参谋本部部员陆军步兵大尉中村震太郎等一行四人经过化妆,奉命从索伦前往洮南的兴安屯垦区,从事军事间谍活动。中国东北屯垦军发现后,予以拘留,并将其处决。日本军部在 8 月以后,借"中村事件"大肆渲染,为武力侵占满蒙制造战争舆论。

1. 有关函电

汤尔和致吴仲贤电

1931 年 8 月 22 日

家密。乞译转奉九①兄鉴:中村事此间军人方面极为激昂。真相如何? 有何善后办法? 乞密示,以便相机应付。

《日本帝国主义侵华档案资料选编:九 · 一八事变》,第 65—66 页

---

① 奉九,指臧式毅。

臧式毅致汤尔和电

1931 年 8 月 24 日

东京中国使馆：七年新十码。转汤总长尔和兄勋鉴。家密。二十二日电敬悉。中村事前由日方提出，我方以真象未明，业派妥员前往洮属详确调查，以便审慎处理，俟得报告，再行奉闻。特复。弟式。〇二十四日印。

　　　　　　　　　　　《"九·一八"事变档案史料精编》，第 249 页

外交部致东北政务委员会电

1931 年 8 月 25 日

纪密。报载，日本陆军大尉中村于六月二十六日左右在洮索线终点葛根庙附近苏鄂公爷府山中被兴安屯垦队第三团官兵杀害。据驻日使馆电称，此事日外务省仍拟由外交解决等语。究竟实情如何，希饬详查电复为荷。

　　　　　　　《日本帝国主义侵华档案资料选编：九·一八事变》，第 66 页

东北政委会复外交部电稿

1931 年 8 月 26 日

南京外交部勋鉴：纪密。敬电诵悉。此案前据日方口头提出，我方尚未得有报告。现已由边防司令长官公署派员确切调查，俟得报再行奉闻。东北政务委员会。宥机印。

　　　　　　　　　　　《"九·一八"事变档案史料精编》，第 250 页

驻朝鲜总领事馆致东北政务委员会代电

1931 年 8 月 31 日

据报，鲜内报纸近以日本中村大尉遇害，议论激昂，达于沸点，举国民情因之异常愤慨，且有中日开仗谣言。目前，侨胞尽是劫外余生，惊

魂未定,岂堪于韩人之外,更招日人仇怨。驻朝鲜各领馆为谋侨胞安宁,对各驻地报馆及民众团体极思善言解释,藉蠲误会。惟是远道传闻,真相未明,辟谣辩惑,实难措辞。不得已,惟有电达苦衷,恳示案情,俾便转知侨胞,幸甚。

《日本帝国主义侵华档案资料选编:九·一八事变》,第 66 页

汤尔和自东京致吴秘书长电

1931 年 9 月 2 日

尔密。乞译转奉九兄鉴:昨晤南陆相,于中村事态度极严重,于调查迟缓大为不满。尊处调查结果究竟如何? 乞密示,决不漏泄。

《日本帝国主义侵华档案资料选编:九·一八事变》,第 66—67 页

臧式毅复东京汤尔和电

1931 年 9 月 3 日

家密。冬电收悉,中村案此间极为注意,调查明确后,必当妥善处理。惟调查员尚未返省报告,致真相尚不明了,未敢遽陈。顷已由边署催令速查具复。一俟得报,当即奉闻。尚望兄向日方当局及有关各方面随时善言解释,俾免误会为祷!

《日本帝国主义侵华档案资料选编:九·一八事变》,第 67 页

东北政委会复张维城电稿

1931 年 9 月 3 日

朝鲜京城中华民国总领事馆张总领事鉴:诚密。三十一电悉。中村事前据日方口头提及,即由边署派员驰往确查,尚未回报。究竟真相如何,尚不明隙,将来调查明确必当妥善处理。此间日鲜侨民安静如常,并无何种谣言。除俟得报详达外,先此电复,尚希随时解释一切为盼。东北政委会。江印。

《"九·一八"事变档案史料精编》,第 251 页

张学良致荣臻等电
1931 年 9 月 4 日

提前。特急。沈阳荣参谋长翕生兄、臧主席奉久兄鉴：祥密。接汤尔和电，言日方对中村事件表示极严重，谓我方有事推诿，日陆军方面异常愤慨等语。已复以此事真相实不甚悉，并非故事推诿，现正在调查中，如责任确在我方，定予负责者以严重之处置；如日方对此案有何举证，极所乐闻，以为调查之参考，等语。究竟此案真相如何，并与日方交涉之经过，希速详复为盼。张学良。支申秘印。

《"九·一八"事变档案史料精编》，第 251—252 页

臧式毅复张学良等电稿
1931 年 9 月 5 日

急。北平张副司令钧鉴：详密。支申密电敬悉。中村案前经军署派员调查，现已回省。惟所查尚未详尽，顷已派员复查。所有调查情形及与日领谈话经过，由荣参谋长到平晋谒时面陈一切。谨复。臧式○叩。歌印。

《"九·一八"事变档案史料精编》，第 252 页

张学良致臧式毅、荣臻电
1931 年 9 月 6 日

辽宁政委会臧代主席、边署荣参谋长鉴：平密。前于江日复汤尔和一电，文曰：维审转示尊函敬悉种切。查日韩在东北各地居住侨民，曾经官方迭次令饬各地方长官妥加保护在案，最近复经再申前令，一体切实奉行矣。特复。等语。特电查照。张学良。鱼亥秘印。

《"九·一八"事变档案史料精编》，第 252 页

驻朝鲜总领事馆致东北政务委员会公函

1931 年 9 月 6 日

杂字第 79 号

江电敬悉。连日日报登载中村大尉事件,鼓吹武力解决。日人团体甲子俱乐部等又扩大宣传,以致感情恶劣,侨民惊惧。请将事件详情随时电知,以便相机解释。据报载日本政府拟移驻内地师团于朝鲜满洲各五千人,共一万人。除电陈中央外,谨闻。

《日本帝国主义侵华档案资料选编:九 · 一八事变》,第 67 页

外交部致东北政务委员会电

1931 年 9 月 8 日

汉密。宥电悉。中村大尉事件吾方得报告究竟如何①? 日方曾否又来提及②? 日本报载东北当局为此事特派赵欣伯等赴日③,请求谅解,赵氏并在途语人中村事件非官兵所为,乃暴民所为④,今后当严重警戒,并拟对日政府谢罪等情,是否属实,统盼详晰电复为荷。

《日本帝国主义侵华档案资料选编:九 · 一八事变》,第 68 页

东北政务委员会复外交部电

1931 年 9 月 9 日

汉密。宥电悉,中村事尚未得确报,正在切实侦察中。日方已屡来催询,仍须俟查复再答。赵欣伯等系由法学研究会赴日专为考察司法事项,东北当局并未派其担负何项任务。日报所载赵氏谈话,此间毫无

① 此处批有:"未得真相,派员调查中。"
② 此处批有:"屡来提及。"
③ 此处批有:"并无此事。"
④ 此处批有:"未闻有此话。"

所闻知,至其所谈意旨尤无根据。特此奉复。

《日本帝国主义侵华档案资料选编:九·一八事变》,第68页

东北政委会复张维城公函

1931 年 9 月 14 日

径复者:准贵馆杂字第七九号公函,已悉。查中村事件,现正在调查中。俟得确实详报后,当再为详达。此致驻朝鲜总领事。

《"九·一八"事变档案史料精编》,第254页

2. 时评、报告

中村事件

1931 年 9 月 10 日

天津《大公报》社评

近来东北中日交涉中,有所谓"中村事件"者,甚嚣尘上。一部分日本民众为种种误解与感情论所激发,颇有倾听强硬论的形势,此为两国国民交谊计,至足遗憾,吾人愿以一言奉告两国有识人士,幸垂察焉。

查"中村事件",中国负责方面正在调查,尚未为任何公表,故迄现在止,世人所得资料,完全出于日方之公私报道,最负责者当为九月十七日午前十时,关东军司令部及参谋本部所公布,其要点有五,照译如下,以明原委:

一、参谋本部部员陆军步兵大尉中村震太郎(士官学校第三十一期、陆大第四十期生,曾隶高田步兵联队,新潟县人)。率领关东军司令部骑兵曹长井杉延太郎、俄人西罗可夫及蒙古人一名,领得中国官场所发护照,以游历为目的,于六月中旬由中东路西线博克图站附近出发,经济泌河上流地区札赉特府西方苏鄂公府向洮南方面旅行,六月二十七日达洮索地方苏鄂公府(民安镇),即在该地饭店休息进餐;该地奉军兴安屯垦队第三团官兵受上司命令袭之,中村氏虽曾示以护照,终

受拘禁,所携护身手枪、金钱、物品皆被劫掠,以军事侦探嫌疑,于该团代理团长关玉及其他将校监视之下,将一行四人全行枪毙(团长赵冠伍时在奉天)。

二、据当时目击事实之人云,中村大尉曾谓日本陆军何苦必要探察如斯不毛之地,且中日关系颇为圆满之际,毫无窥探无力屯垦军之必要,终不为蒙昧之彼等所信,大尉遂从容就死。中国兵于其死后尚削去其耳鼻,切断四肢,摘出□□(《大公报》原文即如此),惨状不忍卒睹。

三、事后该地公爷府官宪及宪兵力图消灭证据,乃于七月一日在东方山地中将尸身烧毁,并发缄口令,以防泄漏。对于亲日之华人蒙人加以压迫,致私逃者密告于日本官宪。七月上旬以来,日方面极力调查,已知其真相,痛愤不止,将更彻底调查,提出抗议。

四、查中国蹂躏日本正当权益,在洮索地方修筑洮索铁路,其延长达百八十华里;又深恐该地蒙古族苦中国官宪之抑压,行将蠢动,依赖日本而构事,猜嫉日本,蔑视日清通商航海条约正文,阻止日人之入境,遂有此举动;而英、美、德等国工程司可以自由出入该地。

该地公安局长公然收贿,日人赠与少者则要求其离境,以威胁其生业,中国不仅不肯将该地开作市场,且曾驱逐日本领事馆之巡查,此为人所周知之事实,何以言中日共存荣耶。

五、公安屯垦队共三团,以邹作华为督办,自应以镇压土匪、开发地方为任务,而今竟为匪贼所不敢为之惨事,官宪又复予以庇护,如斯则日本内地居住之安全将由何人保障乎。对于此次之不详事件,日本自不能默视,应报告中外,唤起朝野注意,诉诸世界万国之正义,以责中国之无信;一面迅速彻底调查真相,以便解决此案,实为急务中之急务也。

以上为日本官方公布之纪事,自足以激起彼邦国民之注意。迩日该国内外各地有为中村大尉开追悼会者,其多激昂愤慨之辞,自不待论。且闻将有人躬赴蒙古荒野地方,为中村被害事件,拍制电影片,以事宣传者。顾另一方面亦有人传称中村之赴兴安屯垦区,所领护照,系以教育家名义,前往研究历史地理,中国官吏根本不知其为日本军人,故中村实自有其疏忽之处,此亦日方所传之消息,究竟如何,非敢所知。至于被害之说,日方或传有华人蒙人告密,或谓检有中村之金表为证,究亦无从判断其真相,更无从认识其证据力。要之,此案无论如何,中国责任上应速行调查,日本道理上应诉之外交。夫使中村果有合法之护照,在许可游历之区域内旅行考察,华方当然应负保护照料之责任,固不必问其身份如何;藉令有军事侦探嫌疑,亦应送交最近之日本领事馆,妥为处置,断不能加以危害,自酿纠纷。此等关系,中国军官讵能不知? 所虑者蒙疆平原,本多匪患,不预先知照官方保护,则一遇土匪,遭受意外,要非意想以外之事。此际中国负责当局,应从速调查中村原领护照,系何名义? 目的地何在? 所过之处是何情形? 日方即指明曾在洮索苏鄂公府附近地方饭店吃饭,则各该地方岂无踪迹可查? 且果真为中国军队所害,亦断不能一无可信的人证物证。吾人以为:凡国际法上应负之责任,中国政府当然不容诿谢。我方军队果有不法行为,当然应自行引咎法办,此而推诿,是为无责任心;此而左袒,是为怯懦。速调查,速交涉,速了案,此华方之责也。但日方同时应将责任完全证明,然后方可纠问处分。此而武断,是为不公道;此而威胁,是为强暴。盖世界上断无可以片面的硬断人行凶之理也。朝鲜暴动案,日本臣民之朝鲜人,公然组织集团的暴动,杀害平和营业之中国侨民一百余人之多,重轻伤者尚不计,财产毁损数百万,其暴动时期亘五六日之久。此种国际稀有之大惨案,而日本政府乃诿卸国际法上应负之责任。今中村事件纵令实有其事,且皆如日方所传之情形,亦自有国际常轨,可以解决。况真相未明,正在调查,中国官厅初未否认查明后应负之责任;是由性质论,小于朝鲜暴动案者远甚,而日本于朝鲜案,则自称国家无责任,而于中村事件之起,则不待华方之正式调查答复,已盛传用兵之声。八日日本阁议,亦有将实行自认为适宜处置之议决;是岂非恃强凌弱,逸失国际常轨者乎? 虽然,日本国民常识之进步,绝非二三十年前之比,日本内阁,在世界环视之下,应亦不至遽出于卤莽灭裂之手段,以贻两民族间将来无穷之忧。夫中国于此天灾兵祸、惨极人寰之时,凡我官民,尤应隐忍自重，共支危局，应负之责，痛快担负，应办之事，勿令延搁。同时吾人仍愿诉诸日本政治家与其国民之常识，终能控制此国际危机；更愿我国同胞亦发挥常识，善能以静制动，以简御繁，不致卒形成重大冲突，则诚两国国民之共同幸福也。

《革命文献》第 33 辑，第 7387—7390 页

中村事件与今后对日方案

1931 年 9 月 18 日

北平《晨报》社论

中村事件现尚在切实调查之中，是否事实，自非待调查报告后无从悬揣。设为事实，亦不过个人问题，毫无引起国际交涉之理由。徒以日本夸大宣传，唯恐事件不能扩大，谈判不至破裂，对内则竭力煽动，对外则尽量要挟，无谋至此，岂胜浩叹。夫中村以私人资格旅行内地，纵已被害，亦极寻常事，按照国内法，惩凶抚恤，已属极量，何能认为国际事件，提出谈判？况国际交通如是密迩，国际关系又如是复杂，彼此往来居住，难保不发生意外灾变，若一一提起重大交涉，又安能维持相互之友好交谊？我国地方秩序，本不如人，无庸讳言，则偶有此类事件，更不足异。远且不论，即就日本而论，今春苏俄驻日商务代表为日人佐藤所刺，日本依照其国内法惩办凶手，未闻苏俄有提出任何严重抗议之事。商务代表与外交官受同等待遇，苏俄尚能洞察动机，辨别轻重，不为无理要求；则中村事件之不成为国际法上问题，更易明了。日本富豪藤村某最近在美失踪，至今尚难断定生死，亦未闻日本军部对美作强硬之表示。国际间问题本有一定范围，亦有一定原则，非个人意思所得而随便伸缩者。吾人今姑不辩其事实之有无；退一步言，即假定确有其事，日本亦应静待吾国自行究办，何得咄咄逼人如此之甚。

最近数年，日本政党势力较有基础，又以历来人民对军部暴横态度愤愤不平之故，群起反对，军部干涉外交之力量，乃渐形薄弱。日之对华外交，向以二重外交称于世。而近年外务省尚有多少自由余地，未始

非受社会牵制军部之赐。而军部首领自山县有朋物故以后，继起之田中义一亦与世长辞。后进者既无提契统辖之力，复缺平行抗争之望，气焰稍杀，自为时代进化之结果。此次若槻内阁因预算不敷，力求节省经费，故军费一项亦在削减之列。军部中人不独不愿缩减，且有要求增加之暗示。然非使国人皆感觉军备之重要，不足以获得社会之同情。而今日日本对外问题中，最足以刺激人心、又不至引起国际纷争者，莫过对华问题。盖日本自经日俄一战之后，人人皆知满蒙之名，以此煽动，最易收效。我国本无抵抗实力，措词即使过激，亦不至发生国际上失言问题。是以八月初旬，南陆军大臣在各司令官、各师团长会议，首先为压迫我国之主张。自此以后，凡有军人集会，南氏必挟此说以鼓动其军人之敌忾心，日前更利用飞机散布排华传单；甚且捏造华人排日事实，意在激起事变，用为扩军之口实。同时军部所坚持之对华积极政策，亦可以民众与军部之内外夹攻，胁迫外务省唯命是听。此中村事件之由来及其作用也。

土肥原上校为关东军之驻哈特务机关长，此次奉命回日，与军部外务省接洽此后准备武力办法，业就归哈之途。由东京出发时，曾对新闻记者发表谈话，谓此后彼辈在外军人可在领事谅解之下，与中国直接办理外交。此言涵义甚为重要，不可不为充分之注意。昔日所谓二重外交者，不过军部与外务省各就其所特有之途径，与我谈判，彼此方针不必一致，彼此手段不妨差异，要在达到所预定之目标而已。今则在外军人在领事谅解之下，可以直接处理外交事务，是以军部主张压倒外务省，如领事未能以普通外交方式迅图解决时，军部驻外武官可以用特种方法代为交涉。此在日本方面固属变态，即在我国方面，以日本军人为交涉对方，亦失外交常轨，将来不但增加许多无谓纠纷，且有使中日关系益趋恶化之危险。若槻内阁何以如此敷衍军部意见，殊难索解。

吾人就近两月来日本对华布局观之，中村事件不过为预定计划之一，因中村事件乘机要求之事，将接踵而至。南陆军大臣、金谷参谋总长先后发表从速解决悬案之主张，其将以此相逼，殆无疑义。而野心者流竟谓:"中国人不特排日,实系侮日。"无非欲以最富刺激性之言辞,推进日本民众仇华之心理。此类用意,皆有背景,决不可以随便谈话视之。在此环境之下,我之对彼,非有计划,不足以谋自卫。今人之谋我既如是迫切,我之对人岂容疏忽?举国合作对外与统筹全局之整个方案,乃我国今日所最需要之两大问题也。

《革命文献》第 33 辑,第 7391—7393 页

东北外交研究委员会公函
1932 年 2 月 18 日发,24 日收

径启者:查二十年六月间日军部密派大尉中村震太郎,冒黎明学会干事,暗赴兴安屯垦禁止外人游历区域,侦查军事致死一案,日方宣布种种谰言,都非事实。兹将该事件真相开具节略,送请查收,用备交涉参考。相应检同节略一份函请查照。并希赐复为荷。此致外交部。委员长张学良、主任干事王卓然。

中村事件节略

查民国二十年六月间,有日人自称黎明学会干事、农学士中村震太郎,带同日人井杉延太郎及姓名不详之白俄人一名,蒙古人一名,持日发居留民护照,藉游历之名,行军事调查之实(详见日人笔记录),由博克图经过兴安岭各地方,于六月二十六日到达余公府,欲由驻军操场边通过;第三团连长王秉义见其形迹可疑,拦阻盘诘,索验护照;因无中国护照,又言语支离,乃引致团部,讯系游历遇匪,追逃至此。该团恐该日人等受匪害,乃留住团部,候请示管,意在保护出境;因团内饭食粗劣,乃请该日人等到街市饭馆食饭四次,且有官长陪食,直至二十七日下午,全以外宾看待。迨傍晚团长关瑞玑查防归来,细加判断,始疑该日人等为奸细,乃下令检查其身体,竟由裤内搜出日俄文军用地图两张、日记二本、笔记录三张、现洋票一百一十九元、金票两元。一经阅其日记,多系记载调查将来军事上应用各项,知为侦探无疑,即向屯垦公署请示办法;即传令勿再视为宾客,略加看守,而仍饬优待。迨夜深人静

时,守兵因困倦睡去,该日人等竟乘隙由团部后脱逃(团部后无围墙),守兵醒时,见日人等不在,遂即喊告:被看守人全逃。一齐出追。逾时,即闻北山方向有枪声一阵,后乃寂然,追兵亦未归营。该管连长傅长春乃派事务长郭德昌率兵向枪声来处搜索,因有月光,即在东北山下发现日人等尸身,始知追兵因击毙外人,畏罪潜逃。该连长又派兵分路追捕逃兵,卒未获一人,乃归报团长。该团长以误杀外人,恐惹起国际交涉,为卸责起见,乃命将尸体就近焚毁,连同马匹及携带一切物品,除地图、日记、笔录外,一律焚毁,并将骨灰投之河内,以灭行迹。该团内外严守秘密,亦未报告上官。嗣于八月间,日林总领事访臧主席及荣参谋长,面称有日本中村大尉在兴安岭区被害,请予调查等语;当时派军署副官李大铮、关超羽,法官吴瑞绮,宪兵司令陈兴亚等前往该区详密调查,报告情形,与上开完全相符,乃将事件责任团长关瑞玑撤差,监押东北宪兵司令部内,拟从严讯办。并由荣参谋长将该事件真相及中村日记本、日俄文地图、日记、笔录等件提示日本森冈领事查阅,商洽交涉;森冈当时曾拟将中村日记本、日俄文地图、日记、笔录等件索回;以该附件等关系重要,未准所请。讵料九一八事变时,该附件在军署存放,同时失去。关团长亦趁日军进城,脱监遁去。

　　按查此案,中村未领我方护照,擅入禁止外人游历区域,及被监视,又私自脱逃,情弊显然;士兵无识,追捕误伤毙命,实出我方意料之外。至该中村等所携款项,原有日记、账单、出入结存可查,与我方搜得数目完全相符,合并陈明。东北外交研究委员会送。

《革命文献》第33辑,第7381—7383页

中村大尉案件①

　　中村案件之重要。中村上尉案件,据日方意见,谓系中国极端藐视日本在满权益各事件中之绝顶重大的事件。该上尉系于一九三一年之

------

① 原文将"大尉"写作"上尉"。今将标题改为"大尉",但文中之"上尉",一仍其旧。

仲夏,在满洲某荒僻辽远之地方,为中国兵士所杀。

中村系负有陆军使命在满洲内部活动。上尉中村震太郎系日本陆军现役军官,据日本政府所承认,且系奉有日本陆军之使命从事某种工作。当其经过哈埠中国官吏查验其护照时,渠自称为农事专家,中国官吏当即予以警告,谓彼所欲游历之地方,乃群匪丛集之地,并将此项事实载入彼之护照之内。该上尉携有武器,且带有特许药品。据中国方面之所述,此项药品中,有非为医药用之麻醉品在内。

中村上尉及其旅伴为中国兵士所杀。六月九日,中村偕同译员、助手等三人,自中东路西段之宜力克都车站出发。迨至行抵洮南方面之内地某地点时,中村及其旅伴遂为屯垦军第三团团长关玉衡部下之兵士所扣留。旋于数日以后,约为六月廿七日,中村及其同伴二人均为中国兵士所杀,并焚尸以灭迹。

日本方面之主张。日本方面坚称,杀死中村及其旅伴为无理由,且系对于日本陆军及日本国家之大不敬。并称中国在满之当局,迟延正式调查,推卸事件责任,即其所称正竭力确查此案之实情,亦系无有诚意。

中国方面之主张。中国方面首称中村上尉及其旅伴系被暂时扣留,以待查验彼等之执照;盖按照惯例,凡外人游历内地者,均须持该项执照也。并云待遇彼等甚优。至中村上尉则系于意图潜逃时,始为哨兵枪杀。并称曾于中村身上,寻出一日本军用地图及日记两本,足以证明中村不为一陆军之间谍,即系一负有特殊陆军使命之军官。

调查。七月十七日,中村被杀之报告传至驻齐齐哈尔之日本领事。是月月杪,在奉天之日本官吏,即告当地之中国当局,谓已得有确实证据,以证明中村上尉已为中国兵士所杀。八月十七日,在奉天之日本陆军当局,发表中村被害之第一次报告(参阅一九三一年八月十七日《满洲日报》)。同日,林久治郎总领事及东京参谋本部派往满洲调查此案之森赳少佐,即与辽宁省长臧式毅会晤;臧氏当即应允,立即从事调查。

臧氏于会晤之后,即转呈在北平医院中养疴之张学良司令,并转告南京之外交部长,且派遣中国调查员两名,即刻驰往所称之谋害地点从事调查。该两调查员当于九月三日返奉;又代表日本参谋本部独自进行调查之森赳少校,则于九月四日返奉。林久治郎总领事即于四日访华方参谋长荣臻,当由荣告知两调查员之调查结果,不能视为确定与满意,故尚须进行第二次调查。荣臻旋于是日前往北京与张学良司令会商,而于九月七日返奉。

中国图求解决之努力。张学良既知满洲形势之严重,乃即训令省长臧式毅及荣臻将军,即刻就地进行第二次调查。张氏复由其日本陆军顾问处,得悉日本陆军方面对于此事之重视,当复派遣日本少校柴山谦四郎前赴东京,声明渠愿将此案平和解决。柴山于九月十二日抵东京,按照此后报纸之报告,柴并曾声称,张学良司令系诚意欲将中村案件得一早日公平之结束。是时张学良司令业又已派遣高级官吏汤尔和氏,特往东京,会晤日外相币原,以探讨究将以何者为共同立足点,俾得将满洲之各项悬案解决。汤氏曾先后与币原外相、南陆相及其他高级陆军官员商谈。九月十六日,张氏向新闻界发表谈话,则谓按照日方意旨,中村案件将由省长臧式毅及满洲当局自行处置,而不由南京之外交部办理。

派遣就地为第二次调查之中国调查人员于前往中村被害地点后,当于九月十六日晨遄返奉天。九月十八日下午,日本领事晤见荣臻时,荣称:团长关玉衡以应负中村被害之责任,已经于十六日带至奉天,且即将由军事法庭审判。嗣后日人占领奉天,并曾由日方声称,关玉衡实系被禁于一陆军监狱。

九月十二、十三日间,即闻奉天日本总领事林久治郎已报告日本外部,谓荣臻将军既已确实承认中村之死,应由中国军队负责,则"调查人员返奉后,自不难得一和平解决"。又电通社驻奉访员九月十二日曾发一电讯,谓"外传之中国屯垦军杀害日本参谋本部上尉中村震太郎一案,不日可望和平解决"。但许多日本军官之表示,而尤以土肥原上校为最,则以本案应负责之关团长,既已由中国当局带至奉天收押,审讯之期,乃宣称在一礼拜以内,因对于中国努力以图本案之圆满解决,是否具有诚意,仍事继续怀疑。惟是中国当局于十八日下午正式会议之际,既对日本驻奉领事官承认中村之死,应由中国军队负责,并表示愿将本案以外交之途径解决,则似意图解决本案之外交交涉,直至九月十八日之夜,事实上均仍在顺利进行之中。

中村案件之结果。中村案件,较之其他之任何单独事件,实更使日人之忿恨加增,且更使日人鼓吹以强权方法解决满洲中日现存之困难。且是时中日关系正因万宝山事件、朝鲜排华之暴动、日本陆军越过图们江国界之操演,以及青岛方面以反抗当地日本爱国团体之行动、中国暴民所为之暴行等等,特行紧张,遂以使本案自身亦顿增其严重性。

中村系日本现役军官,日方主张采用强硬迅速之陆军动作;即以此为理由,在满洲、在日本,均迭有民众大会,冀以使舆情结晶,一致拥护此项动作。在九月之前两礼拜中,日本报纸时时宣称,军部已决定"此事解决应用武力",因此外别无他法也。

中国方面则谓本案之重要,颇属夸张过甚,以为此不过日本所利用之藉口,冀以达其陆军占据满洲之目的;至于日方所称中国官吏处置本案,缺乏诚意或办理迟缓,则均予以否认。

因有本章所云之种种争议及事件,在一九三一年八月之末,中日两方,关于满洲之关系,遂致非常紧张。惟所谓两国间有三百件未决之案,又为解决各该案件,和平方法已由一方逐渐用尽等语,则均未能证实。实则此之所谓案件者,无宁谓为系由较广大之问题所发生之局势,而此所谓较广大之问题,则又系植根于根本不能相容之政策。双方互诟,中日种种协定中之规定,已为彼方所违犯、所片面解释、所弃置弗顾。双方亦自各有其合法之不平。

就此间所云此方或彼方意图解决各案之努力观察,即可知一部分之努力,系欲以正则的外交交涉及和平方法解决各案。而此项和平方法则尚未用尽;但以长时期之迁延,日人遂不复更能忍耐。陆军方面尤极力主张中村案件应立即解决,且需要求满意之赔偿。各团体如所谓帝国在乡军人会者,则尤极活跃以从事于日本舆情之鼓荡。

九月中,日方关于中国问题之舆情,以中村案件为焦点,极为激昂;且时时有一种论调,以为容许满洲方面有如许未决之悬案,实已使中国当局轻视日本。于是必要时应以武力解决一切悬案之语,遂为一通行之口号。凡武力解决之决议,陆军省、参谋本部等讨论武力计划之会议,以及关于必要时如何实行此项计划所发致关东军司令官,及驻在奉天九月初被召至东京、且主张从速以武力解决一切悬案之土肥原上校之确定的训令,均在各报中随意引载。阅各报,关于此种种方面及其他团体之情感之记载,即可知情势日趋于危险的紧张。

《革命文献》第 33 辑,第 7383—7387 页